三峡大学学科建设项目

U0696038

实用土家语

SHIYONG TUJIAYU

张伟权　张恨 ◎ 著

中国出版集团

世界图书出版公司

广州·上海·西安·北京

图书在版编目（CIP）数据

实用土家语 / 张伟权，张恨著.--广州：世界
图书出版广东有限公司，2015.12（2025.1重印）
ISBN 978-7-5192-0612-3

Ⅰ.①实… Ⅱ.①张… ②张… Ⅲ.①土家语
Ⅳ.①H273

中国版本图书馆 CIP 数据核字(2015)第 321753 号

实用土家语

策划编辑	杨力军
责任编辑	钟加萍
封面设计	高艳秋
投稿邮箱	stxscb@163.com
出版发行	世界图书出版广东有限公司
地　　址	广州市新港西路大江冲25号
电　　话	020-84459702
印　　刷	悦读天下（山东）印务有限公司
规　　格	787mm×1092mm　1/16
印　　张	21.75
字　　数	450 千
版　　次	2015 年 12 月第 1 版　　2025 年 1 月第 2 次印刷
ISBN	978-7-5192-0612-3/H·1018
定　　价	98.00 元

目　录

第一编　土家语基础知识

第三编　土家语示范教材

第四编　土家语旅游应用文

第五编　汉语土家语词汇集锦

第六编　清朝地方志及类书辑录的土家语

凡 例

一．本书的宗旨：便于学习、掌握、普及土家语及其基本知识，适合于土家语入门人群及对土家语有浓厚兴趣的社会人士之用；对土家语教学和土家语研究人员及土家族地区旅游景点的管理人员、导游等，亦有实际操作及指导作用，所以书名叫《实用土家语》。

二．本书的社会意义：首先，通过本书的学习，了解土家语的基本情况，认识土家族的文化与习俗，扩充土家族文化视野。其次，正确发音并说标准土家语，用土家语进行简单的对话与交流。最后，通过本书学习，能阅读书写简单的土家语文章，激起对学习土家语的兴趣；加深对土家语的深刻理解；使读者喜爱土家族这个民族和土家族语言以及内涵丰富的土家族文化。

三．本书体例为编、章、节、目，有的章根据内容需要设有子目，有的章只设节，不设目。

四．为便于读者学习和认读土家语，本书对土家语采用土家语拼音方案（即类似汉语拼音）与国际音标双重记音。

1．为了便于读者对二者的区别，汉语词汇在前。记音次序：前面是土家语拼音方案（简称土家语拼音，下同），后面方括号里是国标音标。

如：美，漂亮 1.re^{53} 2.re^{53}kuo^{21}kui^{53}

[1.ʐe^{53} 2.ʐe^{53}khuo^{21}khui^{53}]

2．示范教材课文中前面的重点单词则把记音的是土家语拼音方案及方括号里是国标音标放在汉语单词前面。如：cuo^{21}xie^{53} [tshuo^{21}ɕie^{53}]（名词）鞋子

3．书中例句，依次是汉语句子、土家语拼音、国际音标，下面还有对应的汉语词汇。如：

汉语:那人是谁?

土家语拼音:ai^{53}　$se^{21}ba^{21}$　$a^{53}so^{21}$

国际音标：　ai^{53}　$se^{21}pa^{21}$　$a^{53}so^{21}$

那　　人(是)　　谁

在土家语旅游应用文中，只有汉语句子、土家语拼音、国际音标，没有对应的汉语词汇，且也没有注明"土家语拼音"、"国际音标"字样。目的是为了简洁。

五. 声调采用数字上标的五度标音法。

六. 有的单词有几个义项，用阿拉伯数字作序号标出。

如:借 1.lu^{35}[lu^{35}]　2.zuo^{53}[$tsuo^{53}$]　3.$cong^{35}$[$tshon^{35}$]

　　4.ong^{53}[on^{53}]

七. 有个别词汇因举例或其他原因，可能在不同的地方重复出现,如某些助词和副词等。

八. 示范教材中,有的课文视其需要附导读、题解、注释等,对一些土家族特有的文化现象尽量做注释指引,以增进读者对土家族文化的了解与欣赏能力。

九. 示范教材中,每一课由重点单词、课文、课文直译和练习四部分组成,既具有组织的缜密性,也具有实际的操作性。

张伟权　张　恨

2015 年 6 月 20 日

概　述

　　土家族有自己的民族语言而没有本民族的文字。土家语是一种独立的民族语言，土家族称土家语为"毕兹煞"bi³⁵zi⁵³sa²¹[pi³⁵tsi⁵³sa²¹]。这是一个偏正词组，"毕兹"bi³⁵zi⁵³[pi³⁵tsi⁵³]是土家族的自称，"煞"sa²¹[sa²¹]的汉意是"话"或"语言"。操土家语的土家族人都称土家语为"毕兹煞"bi³⁵zi⁵³sa²¹[pi³⁵tsi⁵³sa²¹]。没有操土家语的土家山寨和其他族群一律称其为"土家语"。

　　土家语分南北两大方言，两大方言之间的差异很大，尤其是词汇、常用词中间同源词占40%，非同源占60%，二者不能通话交流。

　　南部方言主要分布在湖南省湘西土家族苗族自治州泸溪县潭溪镇的大陂流村、下都村和且己村的小范围内。土家语北部方言主要分布在酉水流域的龙山县坡脚、苗儿滩、靛房、凤溪、他砂、岩冲、长潭、内溪、干溪、贾市、隆头、农车、猛西等乡镇；保靖县的龙溪、拔茅（现改名碗米坡镇）、马王、仙仁、比耳、簸箕、昂洞、普戎等乡镇；永顺县的对山、和平、列夕、太平、西歧、首车、两岔、泽家、西米、青坪、永茂、保坪、石堤、勺哈、抚志、麻岔等乡镇；古丈县的断龙、茄通（现为红石林镇）两个乡镇和高峰乡的零星几个土家族自然寨。这些乡镇大都交通闭塞，经济欠发达地区，重庆市秀山县海洋乡、酉阳县可大乡及湖北省来凤县百福司镇个别土家族山寨还有很少的土家语词汇遗存，但已无人能讲完整的土家语。

土家语现状

　　目前835万土家族人口中，操土家语的约4万人，不到土家族人口的0.5‰；操土家语的人数中能讲一口流利土家语的人就更少了。操土家语的人，以湖南省龙山县最多，该县还有他砂乡和原来的坡脚乡（2002年合并到靛房镇）两个纯土家语乡。目前该县约有3万人操土家语；操南部方言的人数总共不足 800 人。操土家语的人群中,按其对土家语掌握的程度和使用状况可分为 6 级。具体状况见下面土家语使用状况表。

土家语使用状况表

土家语级别	土家语的使用级别的状况	现有人数
1 级	只会讲土家语不会汉语,用土家语交流。这类人不多,只有龙山县一些高山地带的极个别土家族老人	约 50 人
2 级	能流利讲土家语和汉语,用土家语交流。这类人不少,其中有的土家山寨的村干部开会时用土家语交流	约 4000 人
3 级	能讲土家语,也能用土家语交流,但主要还是以汉语方言交流为主。这类人在操土家语人群中占较大比例	约 15000 人
4 级	懂土家语,能讲一些,土家语说得不太流利,用土家语交流语言有障碍。这类人也占有一定比例	约 10000 人
5 级	懂一部分土家语,能讲一些土家语句子,听别人用土家语交流,弄不清对方完整的意思	约 6000 人
6 级	能掌握 100 个左右的土家语词汇	约 4000 人
操土家语人总数		39050 人

土家语的语音系统方面表现为声母都是单辅音,有的辅音送气,有的辅音不送气。没有塞擦浊音。南部方言有浊音,是受当地的佤乡话、苗语的影响,但清浊音对立者很少。

土家语没有唇齿音,有舌边音 l[l] 和鼻音 n[ȵ],舌边音 l[l] 和鼻音 n[ȵ] 的发音是十分明显的。有人说边音 l[l] 和鼻音 n[ȵ] 自由变读,这些说法还得进一步探讨,本书不对此类问题进行纠结。

土家语的韵母有单元音、二合元音、三合元音、鼻化元音和带鼻音尾元音。另外还有专拼借汉词的韵母,有四个声调,其中高平 55 声调不多。

土家语的构词法,主要以词根前和词根后加附加成分为主要方式。复合词很丰富,词素间有联合、修饰、限制、陈述、支配、补充和四声连绵等关系。词汇中有一部分借汉语词汇,有的是全借,有的是半借。动词的体十分丰富,有十多个"体"。形容词有级的区别,有的形容词最多有 6 个级(不同的形容词级的数量不同)。句子的基本语序是主语在句首,宾语在谓语动词之前。领属性定语在中心名词之前,修饰性定语在名词之后,状语在动词、形容词之前,补语在动词、形容词之后。

土家语是濒危语言

　　土家语是一种濒危语言。21 世纪后,土家语的濒危状况引起语言学家的高度重视。2004 年,戴庆夏等在《中国濒危语言个案研究》一书中明确指出:"土家语已是一种濒危语言,其研究对濒危语言的研究以及保留濒危语言语料也具有一定的积极意义。"

　　土家语的濒危原因有二:一是语言的内部因素,二是语言的外部环境。内部因素是指在土家族所居环境狭窄,某些词语尚未产生,不适应社会交流的需要,满足不了社会发展的要求。形成土家语本身的缺陷,社会功能呈弱势状态。另外在语言表达方面缺乏社会竞争力,只能借助其他语言(主要是单词)来完成社会交往的需要。土家语在这方面有明显的不足。比如,它本身就没有数词,只有仅限十以内的几个数量词,就是这几个数量词,最常用的在"一个至六个"以内,虽然也有七个、八个、九个、十个的数量词,但不是常用。这都是由于土家族长期处于落后的小农经济地位, 不需要大型数字进行运算造成的。另外,土家语的词汇有限,现保存约 4000 个独立单词。这是因为土家语很多重要词汇随着汉文化的渗透逐渐消失, 如:土家语称钱为库喏喏 $ku^{35}lu^{53}lu^{21}[khu^{35}lu^{53}lu^{21}]$。在土家山寨很多操纯土家语的老人都说不出钱是库喏喏 $ku^{35}lu^{53}lu^{21}[khu^{35}lu^{53}lu^{21}]$,但是,在同治《保靖县志》和嘉庆版《龙山县志》的《风俗》中都记录了土家语称钱为 "库诺诺"$ku^{35}lu^{53}lu^{21}$ $[khu^{35}lu^{53}lu^{21}]$。而清朝改土归流后都称为铜钱。又如,土家语苞谷的称谓,原来都认为根本没有苞谷的土家语,然而,在湖南保靖县补足村的老人说,土家语称苞谷为爬习 $pa^{21}xi^{21}[pha^{21}ci^{21}]$。但其他地方的土家人没有完全认同,都只知道叫苞谷。也就是说苞谷借用的汉语。

　　土家语濒危的外部原因是由于受汉文化的影响。清朝雍正年间在土家族地区实行的"改土归流"政策,是对土家语一次严重的打击。汉人流官到土家族地区做官,明令土家族不准讲自己的民族语言,并把土家语作为一种陋习革除。乾隆七年(公元 1742 年),永顺知县王伯麟主修的第一部《永顺县志》中明确规定:"一切语言,必照内地(指照汉语),并旧时陋习尽为革除。"把土家语与其他陋习捆绑在一起予以革除。同时,随着社会的发展,土家人与外界的交往频繁,就必然要用汉语相互交流。新中国成立后,由于社会突飞猛进的发展和社会实践的需要,土家语越来越成了一种弱势语言。土地改革时期龙山尚有 12 万人能讲一口流利的土家语,其中有 90%土家山寨的人不会讲汉语,是纯土家语地区。现在纯土家语山寨已经接近消失。特别是改革开放后,土家族地区的大量劳动力走出自己的家园,去外面打工闯荡,有的还学会其他汉语方言,如粤语、吴语等,自己本民族的语言倒是成了附属品。这一现象加速了土家语的濒危。

土家语的濒危,引起语言学家们的高度关注和重视,他们潜心研究和探索后,提出了一些减缓土家语濒危速度的建议和措施。2000 年戴庆厦在《中央民族大学学报》第 2 期上发表的《关于濒危语言研究中定性定位问题的初步思考》,对土家语的濒危性做出比较客观的分析;2001 年徐世璇出版的《濒危语言研究》,对土家语的濒危做了较为透彻的论述并提出警示;2003 年戴庆厦等在《语言科学》创刊号上发表的《濒危语言的语言状态——仙仁土家语个案分析》,对土家语的濒危以个案的形式进行了分析和研究;2004 年 11 月戴庆厦在民族出版社出版的《濒危语言个案研究》,除了对土家语的濒危以个案的形式进行了研究外, 还提出了如何减缓土家语的濒危速度问题;2006 年邓佑玲出版的《民族文化传承的危机与挑战——土家语濒危现象研究》,论述了土家语演变为濒危语言的内部和外部成因,探讨了土家濒危的可能后果以及是否可能传承的问题。

土家语语支

土家语的语支问题在学术界存在一定分歧,主要有五种观点:

一 泰掸语系说。最早对土家语的语支归宿问题的是法国人拉古柏瑞(T. Dc.Lacoupeie),他在《汉语形成以前的中国语言》一书中说:"永顺、保靖等县的土人语言,属于泰掸语系,而藏缅化了的。"

二 彝语支说。20 世纪 50 年代,王静如在《关于湘西土家语言初步意见》一文中说:"湘西土家语是土家人自己特有的语言——这个语言不属于汉语,更不是汉语的方言,也不是苗瑶语族的语言,又不是侗傣语族的语言。湘西土家语乃是在汉藏语系中属于藏缅语族,比较接近彝语的语言,甚至于可以说是彝语支的一个独立语言。"

三　语支未定说。《中国大百科全书·民族卷》在"汉藏语系"词条中把土家语归语支待定系列。田德生等所著《土家语简志》将土家语和藏缅、壮侗、苗瑶语族中的主要语言从基本词汇上做了比较,其结果表明土家语并不接近彝语支语言,同时与藏语支和景颇语支语言也有很大的差异。因此,很难把土家语归入藏缅语族的某一个语支中去。

四　羌语支说。何天贞在《土家语的支属问题》中以黄布凡的《藏缅语300核心词词表》为基础,扩大到400个核心词,在此范围内考察了土家语和藏缅语族的亲缘关系,将土家语同藏缅语族5个语支39种语言54个调查点的词汇材料,逐一进行了比较,从中揭示出同源词的比率及语音演变规律,就语法范畴问题同羌语支语言做了异同比较,认为土家语属于羌语支。

五　土家语支说。戴庆夏、傅爱兰、刘黄菊等在《关于我国藏缅语族系分类问题》一文中对土家语语支有比较详尽的论述:"将藏缅语族分为北部语群和南部语群,土家语归入南部语群中和缅彝语支、白语语支并列独立的土家语语支,土家语支内部只包括土家语的一种语言。该文认为,土家语与缅彝语支语言在语音、词汇、语法上均有不同程度的差异性。甚至以词源数差异较明显。划分不同语支的主要依据是同源词的数量。缅彝语支的语言不同源,有自己的语音形式。其次是语法、语音方面的依据。土家语支与缅彝语支在语法上的最大差别就是土家语的动词、助词具有十分丰富的语法范畴,动词表示'体、趋向、态'等范畴的语法形式十分复杂,而缅彝语支语言动词的形态变化已经大大简化,只在个别范畴上保留极少量的形态成分。在语音上,缅彝语支内的各语言同源词的语音对应规律比较严整,而土家语与缅彝语支之间的语音对应规律则不太严整。"邓佑玲在其《土家语濒危现象研究》一书中也论证了土家语是一个独立的土家语语支。

土家语研究

土家语研究,中华人民共和国成立以后分为三个阶段:第一个阶段是从中华人民共和国成立到1978年;第二个阶段是从1978至1999年;第三个阶段是从2000年至今。

　　第一阶段(1949—1978),主要是在土家族确认过程中对土家语进行实地调查,通过对土家语的调查研究,为土家族被确认为单一民族起了重要作用,同时也激发了有志于研究土家语的专家学者的高度热情。在大量搜集土家语的基本材料基础上,对土家语的语系、语族、语支进行了探索。

　　1950年10月,民族学家杨成志对田心桃专访,田心桃把常用的土家语词汇向杨成志做了较为详细的介绍。后来语言学家罗常培根据田心桃的录音资料,初步推断土家语属于汉藏语系藏缅语族的语言。1952年12月,语言学家严学窘,用拟定词汇和国际音标记录了土家语。严学窘(1910—1991),汉族,江西分宜人。先后在中山大学、中南军政委员会、中南民族学院(今中南民族大学)工作。曾任中南军政委员会民族室主任,中南民族学院副院长和民族研究室主任。是我国著名语言学家,在民族语言学、音韵学领域有卓越的建树,是中国语言学会第一、二、三、四届副会长。主要著作有《〈广韵〉导读》《中国对比语言学浅论》《严学窘民族研究文集》等。严学窘是最早研究土家语的学者之一,早在1951年,他就对在中南民族学院工作的田心桃老师进行了调查访问,并结合《永顺府志》《龙山县志》《凤凰厅志》辑录的土家语和苗语,对土家语进行了比较研究,发现田心桃的发音与方志记载相吻合,既不是汉语,也不像苗语,而是接近于藏缅语族彝语支的语音。

　　1953年,以汪明瑀为代表的中央调查湖南土家小组,先后到龙山县的苗儿滩乡、多谷乡、保靖的昂洞乡及永顺的土家山寨进行调查研究,他们的调查资料为王静如撰写《关于湘西土家语言的初步意见》提供了重要语料。王静如(1903—1990),语言学家、历史学家、民族研究专家。是最早系统研究土家语的学者,土家语研究的奠基人。王静如对土家语的研究主要是为当时确认土家族的民族成分而进行的。虽然当时资料有限,时间很紧,但他以高度的历史责任感,严谨的治学态度,在马克思主义理论指导下,用比较研究的方法,实事求是地提出了自己的观点。王静如的研究不仅为土家族的确认提供了重要的理论依据,同时也奠定了土家语研究的基石。王静如1954年写了《关于湘西土家语言的初步意见》(载中央民族学院编《中国民族问题研究集刊》第4集)一文中指出:"湘西土家语是土家人自己的语言。他们自称为比兹。这个语言不属于汉语,更不是汉语方言;也不是苗瑶语族的语言(包括和土家邻近的湘西苗及仡佬);又不是侗语族的语言(包括与土家较远的布依)。湘西土家语乃是汉藏语系中属于藏缅语族,比较接近彝语的语言,甚至可说是彝语支内的一个独立语言。"他的这一观点成为当时确认土家族的重要依据之一,至今还为学术界所接受。后来由于频繁政治运动和"文化大革命"等"左"的思想干扰,土家语研究处于冬眠时期。

第二阶段(1978—1999),主要是对土家语的原始材料及土家语古籍进行大量的挖掘、搜集和整理出版。

1978年,党的十一届三中全会后,民族研究复兴,土家语研究随着这一大好形势也取得了新的成就。在这个阶段中,专家学者和地方上一些有志于土家语研究的有识之士,对土家语原始材料及土家语古籍进行大量的挖掘、搜集和整理出版,出现了土家语研究的春天。其间编辑和出版了不少的土家语古籍和一些土家语资料、著作。1981年《吉首大学学报》出了《湘西土家族》专辑,系统地介绍了土家语北部方言,并对土家语语音、词汇、语法进行了探讨。1986年田德生等出版了《土家语简志》,1987年叶德书出版了第一套《土家语课本》(一、二册),并用《土家语课本》(一、二册)在龙山的坡脚、靛房、他砂等土家族地区进行双语接龙教学试验,土家语正式进入课堂。同年田心桃出版《土家语词语手册》,该手册给初学土家语的人提供了一条学习土家语的捷径。1988年,彭勃、彭继宽出版了全部由土家语记录的《摆手歌》,此书不仅如实地记载了摆手舞唱词的详细内容,还大量地记录了土家语词汇,为保存土家语做出了重要贡献,具有划时代的意义。1989年彭荣德等出版了用土家语记音的《梯玛歌》。该书记录的是保靖县马王乡向宏清梯玛所演唱的梯玛歌,虽然后半部分是用汉语记录,但是前半部分还是用土家语记录的,能够基本上了解保靖马王派梯玛唱词的大致内容。1991年田荆贵主编《中国土家族习俗》,对土家语进行了全面的介绍。1995年叶德书出版了《土家语研究》(内部资料,土家语论文集),对土家语进行了纵向研究,特别是对土家语古老的哭嫁歌有一定的记录和研究。1998年彭勃出版了《土家语研究及实录》(内部资料),主要记录了土家语词汇,还记录了一些土家语民间故事和部分土家语谚语等。

这一阶段发表了不少研究土家语的学术论文,其中有:《土家语概况》(彭秀模、叶德书:1981年),《土家语动词将行体形态音位变化》(陈康:1982年),《土家语动词情貌》(陈康、彭秀模、叶德书:1983年),《土家语的形容词》(何天页:1983 年),《土家语"大"的特点》(田德生:1984 年),《土家语语音流变》(叶德书、彭秀模:1985 年),《"巴语"和土家语有亲缘关系吗？》(叶德书:1986年),《土家语四音格分析》(田德生:1986 年),《土家族的语言习惯》(叶德书:1991 年),《黔东北土家语初探》(田荆贵:1992 年),《20 世纪土家族研究的回顾与展望》(叶德书:2001 年)等。

在这阶段,1983 年,彭秀模和叶德书创制了《土家语拼音方案》,使土家语第一次有了自己的民族文字符号。在此基础上,1986 年叶德书在龙山推广了"土家·汉双语接龙教学实验",取得了阶段性的成果。

第三阶段(2000 年至今),对土家语进行了全面研究,土家语研究专著大量面世,土家语词典的出版有了零的突破。

2000 年李敬忠出版的《泸溪土家语》是迄今为止唯一的一部研究土家语南部方言专著。2001 年叶德书等出版了《土家语地名考订》。2001 年罗安源、田心桃、廖乔婧出版了《土家人与土家语》,用电脑软件测出了土家语的 4 个声调(具体见土家语声调),罗安源还用拼音字母做土家语的记音。该书作者英籍学者廖乔婧女士参加了土家语的调研,这是外国学者第一次与中国学者合作编辑出版的土家语专著。2002 年张伟权出版了《土家语汉语词典》,结束了土家语没有词典的历史。2004 年张伟权出版了《土家语探微》,全面地对土家语的环境进行了研究和探索。2005 年叶德书出版了《土家语常用口语半月通》。2006 年邓佑玲出版了《土家语濒危现象研究》,此书是第一部专门研究土家语濒危的著作。2006 年陈康出版了《土家语研究》,系统地对土家语北部方言进行了研究,而且还把土家语南部方言和北部方言的词汇进行了对比研究。同年张伟权出版了《汉语土家语词典》,该书是《土家语汉语词典》的姊妹篇,使土家语和汉语互译有了相互参照的工具书,给土家语研究提供了方便。

近年来对土家语十分关注的戴庆厦先生出版了关于土家语的著作和论文。戴庆厦,福建省仙游人,1935 年 6 月 21 日出生于福建省厦门市。中央民族大学一级教授、博士生导师。国际双语协会主席,全国哲学社会科学规划领导小组成员,中国语言文学会副会长,中国民族语言学会副会长,美国语言学学会荣誉成员。现任首都师范大学、南开大学等 21 所高校兼职教授,主要从事语言学、汉藏语系语言学的教学和研究工作。共出版专著 18 部,发表论文 180余篇。曾多次应邀赴美国、法国、瑞典、日本、韩国、新加坡、菲律宾等国讲学或学术访问。2000 年后,戴庆夏带着研究生,多次深入土家语地区进行田野调查,并以湖南省保靖县的仙仁土家语为调查试验点,以仙仁土家语为个案,2004 年主编出版了《中国濒危语言个案研究》,2005 年出版了《仙仁土家语研究》,2006 年主编出版了《汉语与少数民族语言语法比较》。其中《汉语与少数民族语言语法比较》一书专节写了《土家语述宾结构——兼与汉语比较》,第一次把土家语语法同汉语语法进行了比较。

　　这一阶段中,不少学者还发表了不少有关土家语方面的学术论文。其中有《土家语名量词研究》(邓佑玲:2001),《"容美"是汉语西南官话中一个土家语借词》(叶德书:2001),《族际交流与民族语言及文化的变迁》(邓佑玲:20021),《土家语交际功能的历时变化——以坡脚乡为个案》(谭志满:2002),《土家语的支属问题》(何天贞:2003),《土家语形容词简论》(张伟权:2007),《现代汉语与土家语常用合成词结构比较》(张伟权:2008),《土家语情歌的符号学意义》(曹毅:2008),《土家语四个黏附词透视》(张伟权:2009),《土家族语言传承的断代与拯救》(陈廷亮:2011),《土家族语言文化概论》(陈廷亮:2010),《〈苗防备览〉所记土家语词汇校释》(陈廷亮:2010)。

　　总之,这一阶段是土家语研究的黄金时期。无论是土家语专著的出版,还是土家语学术论文的发表,都达到了鼎盛阶段。对土家语研究作出了实质性的贡献。

第一编
土家语基础知识

第一章　土家语语音

土家语的每一个音节都是由声母、韵母、声调组成。声母为单辅音,擦音、塞擦音双分送气和不送气,只有清音没有过浊音;舌尖前、舌根擦音分清、浊。韵母除单元音韵母外,还有很多复合元音和鼻化元音韵母,没有松紧、长短、轻重的对立。

第一节　土家语拼音方案与国际音标

土家语拼音方案实际就是汉语拼音方案的借用。系 20 世纪 80 年代湖南吉首大学民族研究所彭秀模、叶德书创制(其中 f 只作为字母保存,在实际操作中没有应用。另外,根据土家语的需要,创制了复辅音 ng,读音为国际音标的 ŋ)。吉首大学还用该方案编写了土家语课本,曾在土家语地区进行双语接龙教学之用。下面介绍土家语拼音方案(以下简称土家语拼音),并与国际音标相对照,便于读者在阅读本书时参考。

土家语拼音字母:

a b c d e f g h I j k l m n o p q r s t u w x y z

土家语字母与汉语拼音、国际音标对照表

名称	符号										
土家语拼音字母大写	A	B	C	D	E	F	G	H	I	J	K
土家语拼音字母小写	a	b	c	d	e	f	g	h	i	j	k
汉语拼音	a	b	c	d	e	f	g	h	i	j	k
国际音标	a	p	c	t	e	f	k	x	i	tɕ	kh
土家语拼音字母大写	L	M	N	O	P	Q	R	S	T		
土家语拼音字母小写	l	m	n	o	p	q	r	s	t		
汉语拼音	l	m	n	o	p	q	r	s	t		
国际音标	l	m	ņ	o	ph	tɕh	z	s	th		
土家语拼音字母大写	U	V	W	X	Y	Z					
土家语拼音字母小写	u	v	w	x	y	z					
汉语拼音	u	v	w	x	y	z					
国际音标	U	v	w	ç	y	ts					

第二节　土家语语素

音素是最小的语音单位。音素可以分为辅音和元音两大类。气流在口腔或咽喉受阻碍形成的音叫辅音。

气流在口腔或咽喉不受阻碍形成的音叫元音。又叫母音。

土家语辅音：b[p]　p[ph]　m[m]　d[t]　t[th]　n[ɳ]　l[l]　g[k]　k[kh]
　　　　　　h[x]　j[tɕ]　q[tɕh]　x[ɕ]　z[ts]　c[tsh]　s[s]　r[ʐ]

土家语元音：a[a]　o[o]　e[e]　i[i]　u[u]

辅音和元音的主要区别有以下 4 点：

1.辅音发音时，气流在口腔或咽喉的过程中，一定受到某一部位的阻碍，而元音却不受到阻碍。

2.辅音发音时发音器官成阻碍部位特别紧张，而元音发音时，发音器官各部位保持均衡的紧张状态。

3.辅音发音时气流较强，元音发音时气流较弱。

4.辅音发音时声带不一定振动，声音也不响亮。元音发音时声带有所振动，声音比辅音稍微响亮一点，但不像汉语拼音特别响亮。

第三节　土家语发音

土家语是一种比较特殊的语言，它的发音有其自身的特点。

1.土家语无论声母和韵母的发音都很短促，虽然本书借用汉语拼音字母作为土家语的记音，但二者还是有所区别。

2.土家语的声母中没有汉语拼音中的唇齿音 f。

3.土家语韵母中没有汉语拼音中的撮口音 ü。

4.土家语中平舌音比较多，土家语无卷舌音，如汉语拼音中的 zh、ch、sh、r。值得注意的是土家语中也有 r[ʐ]，但发音是平舌不是卷舌。土家语中有个特殊声母 ng[ŋ]，发音以舌根音为主。

5.土家语声母 n[ɳ]的发音值得注意，不能按汉语拼音字母的发音方法，而且发出来的音与汉语拼音也有一定的区别。这是土家语语音的特殊要求。

6. 土家语的韵母很少后鼻韵母，没有汉语拼音中的 ing、neg、ang、uang、iang、ueng、iong。要是说有的话，也就只有一个 ong[oŋ]，但它发音时也不全是后鼻韵母，前鼻韵母的成分要多些。

7. 土家语拼音时节奏很短，不能拉长，一拉长就会走音。这一点特别值得注意。

第四节　土家语声母

土家语声母共有 20 个，具体如下：

b[p]	p[ph]	m[m]	w[w]
d[t]	t[th]	n[n̠]	l[l]
g[k]	k[kh]	h[x]	ng[ŋ]
j[tɕ]	q[tɕh]	x[ɕ]	z[ts]
c[tsh]	s[s]	r[ʐ]	y[y]

土家语声母都是单辅音声母（有的专家把 ph、tɕ、ts 等归为复辅音）。特别是土家语声母中有一个 ng[ŋ]。这是汉语拼音中所没有的，是土家语中常用的一个声母。如土家语中第一人称代词"nga^{35}[ŋa^{35}]（我）"，就得由 ng[ŋ] 和 a[a] 相拼而成，ng[ŋ] 在土家语拼音中的使用频率很高。然而，一般非土家语地区操汉语方者对 ng[ŋ] 的发音很不标准，这些地方学土家语的人发这个音有一定的难度。

土家语声母、国际音标记音及其性质表

		塞音		鼻音	边音	塞擦音		擦音		半元音	喉音
		清不送气	清送气			清不送气	清送气	清	浊		
双唇	土家语拼音	b	p	m						w	
	国际音标	p	ph	m						w	
舌尖前	土家语拼音					z	c	s	r	y	
	国际音标					ts	tsh	s	ʐ	y	

续表

		塞 音		鼻音	边音	塞擦 音		擦 音		半元音	喉音
		清不送气	清送气			清不送气	清送气	清	浊		
舌面前	土家语拼音			n		j	q	x			
	国际音标			ȵ		tɕ	tɕh	ɕ			
舌尖中	土家语拼音	d	t		l						
	国际音标	t	th		l						
舌根	土家语拼音	g	k	ng				h			
	国际音标	k	kh	ŋ				x			

一、土家语声母的发音部位

从表中可以看出,土家语的声母是由不同的发音部位和发音方法来决定的。发音时气流受到阻碍的位置叫发音部位,土家语的声母按发音部位的不同可以分为 5 类。

1.双唇音:指双唇阴塞而形成的音。共有 b[p]、p[ph]、m[m]3 个。

2.舌尖前音:指舌尖抵住或接近下齿背而形成的音。共有 z[ts]、c[tsh]、s[s]、r[ʐ]4 个。

3.舌尖中音:指舌尖抵住上齿龈而形成的音,共有 d[t]、t[th]、n[ȵ]、l[l]4 个。

4.舌面音:指舌面抵住或接近上齿龈和硬腭而形成的音。共有 j[tɕ]、q[tɕh]、x[ɕ]3 个。

5.舌根音:指舌根抵住或接近软腭而形成的音。共有 g[k]、k[kh]、h[x]、ng[ŋ]4 个。

二、土家语声母及发音方法

土家语声母的发音方式有阻碍式和清除阻碍式发音方式两种。根据阻碍和清除阻碍的不同方式可以把声母分为塞音、擦音、塞擦音、鼻音和边音五类(见前一节的土家语声母总表)。

1.土家语声母阻碍式发音种类

(1)塞音:发音时两个部位都完全闭塞,软腭上升,堵塞鼻腔的通路,气流冲破而出,爆发成声。共有 b[p]、p[ph]、d[t]、t[th]、g[k]、k[kh]、ng[ŋ]等 7 个。塞音发音时气流不能像汉语拼音一样太强。

(2)擦音:发音时,两个发音部位接近,留下窄缝,软腭上升,堵塞鼻腔的通路,气流从窄缝中挤出,摩擦成音。共有 h[x]、x[ɕ]、s[s]、r[ʐ]等 4 个。特别值得注意的是擦音中 r 的发音不像汉语拼音一样发卷舌音, 舌尖抵住下齿龈只能发平舌音。

(3)塞擦音:发音时,两个发音部位完全闭塞,软腭上升,堵塞鼻腔的通路,气流先把堵塞部位冲开一条窄缝隙,接着从窄缝中挤出,摩擦成声,先破裂,后摩擦,结合成一个音。就是说塞擦音的前半部分是塞音,后半部分是擦音。不能认为是两个辅音(复辅音)。有 j[tɕ]、q[tɕh]、z[ts]、c[tsh]四个。发音时十分短促,不能把声调拖长。

(4)轻鼻音:发音时口腔中两个发音部位完全闭塞,软腭下降,打开鼻腔通路,气流振动声带,从鼻腔通过,共有 m[m]、n[n̩]两个。发音时十分短促,不能把声调拖长。

(5)边音:发音时,舌尖与上齿龈接触,但舌尖的两边仍留有空隙,同时软腭上升,阻塞鼻腔通路,气流振动声带,从舌头两边通过,土家语拼音字母中的边音只有一个 l[l]。l[l]在发音时十分短促,不能把声调拖长。

2.土家语声母清除阻碍式发音种类

清音和浊音

声带是否颤动,可以把土家语里的声母分为清音浊音两类。

(1)清音:发音时声带不颤动,透出的气流不带音,共有 b[p]、p[ph]、d[t]、t[th]、g[k]、k[kh]、h[x]、j[tɕ]、q[tɕh]、x[ɕ]、z[ts]、c[tɕh]、s[s]、r[ʐ]、ng[ŋ]等。

(2)浊音:发音时声带颤动,透出的气流带音,共有 m[m]、n[n̩]、l[l]、r[ʐ]等。

3.土家语声母的气流的强弱辩证

按发音时气流的强弱,可以把土家语声母中的塞音、塞擦音分为送气音和不送气音两类。

(1)送气音:发音时,口腔呼出的气流比较强,它们是 p[ph]、t[th]、k[kh]、q[tɕh]、c[c]等。

（2）不送气音：发音时，口腔呼出气流比较弱，它们是 b[p]、d[t]、g[k]、j[tɕ]、z[ts]、ng[ŋ]等。

4.土家语声母发音部位和发音方法。

b[p]**双唇、不送气、清塞**（是双唇音、不送气音、清音、塞音的简称，下同）。发音时，双唇闭合，软腭上升，声带不颤动，较弱的气流冲破双唇的阻碍，迸裂而出，爆发成声。

P[ph]**双唇、送气、塞音**。发音的情况和 b[p]相同。只是有一股较强的气流冲开双唇。

m[m]**双唇、浊、鼻音**。发音时，双唇闭合，软腭下降，鼻腔畅通。气流振动声带从鼻腔通过。

z[ts]**舌尖前、不送气、清、塞擦音**。发音时，舌尖抵住下齿背，软腭上升，声带不颤动。较弱的气流先把舌尖的阻碍冲开一道窄缝，接着从窄缝中挤出，摩擦成声。

c[tsh]**舌尖前、不送气、清、塞擦音**。发音情况与 z[ts]相同，只是气流较强。

s[s]**舌尖前、清、擦音**。发音时，舌尖接近下齿背，留出窄缝，软腭上升，声带不颤动。气流从舌尖前的窄缝中挤出，摩擦成声。

d[t]**舌尖中、不送气、清、塞音**。发音时，舌尖抵住上齿龈，软腭上升，声带不颤动。较弱的气流冲破舌尖的阻碍，迸裂而出，爆发成声。

t[th]**舌尖中、送气、清、塞音**。发音时，舌尖抵住上齿龈，软腭上升，声带不颤动。较弱的气流冲破舌尖的阻碍，迸裂而出，爆发成声，气流较 d[t]强。

n[ɳ]**舌尖中、浊、轻鼻音**。发音时，舌尖抵住下齿背，软腭上升，打开鼻腔通路，气流振动声带。从鼻腔通过。这是土家语的特殊发音的一个声母。

l[l]**舌尖中、浊、边音**。发音时，舌尖碍住下齿背，软腭上升，气流振动声带，从舌头两边通过。

r[ʐ]**舌尖后、浊、擦音**。发音时，舌尖抵住下齿背，留出窄缝，软腭上升，声带不颤动。气流从窄缝中挤出，摩擦成声。

j[tɕ]**舌面、不送气、清、塞擦音**。发音时，舌尖前部抵住下齿背，软腭上升，声带不颤动。较弱的气流把舌面的阻碍冲开，形成一道窄缝，接着从窄缝中挤出，摩擦成声。

q[tɕh]**舌面、送气、清、塞擦音**。发音情况与 j[tɕ]相同，只是气流较强。

x[ç]舌面、清、擦音。发音时,舌尖抵住下齿龈,留出窄缝,声带不颤动。气流从舌面的窄缝中挤出,摩擦成声。

g[k]舌根、不送气、清、塞音。发音时,舌根抵住软腭,软腭后部上升,声带不颤动。较弱的气流冲破舌根的阻碍,爆发成声。

k[kh]舌根、送气、清、塞音。发音状况与g[k]相同,只是气流较强。

h[x]舌根、送气、浊、塞擦音。发音时,舌根接近软腭,留出窄缝,软腭上升,声带不颤动。气流从舌根的窄缝中挤出,摩擦成声。

ng[ŋ]音韵学家又把它称为疑母(沈祥源等主编《实用汉语音韵学》,山西教育出版社,1990 年版第 15 页)舌根、浊、轻鼻前音。发音时,舌根抵住软腭,软腭下降,打开鼻腔通路,气流振动声带,从鼻腔通过。汉语拼音中 ng[ŋ]不做声母,只做韵尾,这是土家语拼音的需要所特殊设置的。

第五节　土家语韵母

土家语韵母共有 24 个,分单韵母、复韵母和鼻韵母三类。其中单元音韵母 5 个;复元音韵母 11 个;半鼻音韵母 6 个;鼻音尾韵母 2 个。

土家语单元音韵母:a[a]　o[o]　e[e]　i[i]　u[u]

土家语复元音韵母:ie[ie]　ia[ia]　iu[iu]　ai[ai]　ao[au]　ou[ou]
　　　　　　　　　ui[ui]　ua[ua]　ei[ei]　iao[iau]　uai[uai]

轻鼻音韵母:in[in]　an[an]　en[en]　ian[ian]　uan[uan]　uen[uen]

鼻音尾韵母:ong[oŋ]

一、土家语单韵母的发音部位及方法

由单元音构成的韵母叫做单韵母,土家语单韵有 a[a]、o[o]、e[e]、i[i]、u[u]都是舌面元音。

舌面元音的发音主要是由不同的口腔形式造成的,舌头的升降伸缩和唇形的平展圆敛都可以造成不同形式的共鸣器, 因而形成各种不同音色的元音。舌位、唇形始终不变的元音就是单元音。

下面具体了解土家语单元音的发音。

a[a]舌面、央、低、不圆唇元音。发音时,口张开,舌位低,舌头居中央,唇形不圆。发音时不能像汉语拼音把音拖得长，即一发出音就停止。

o[o]**舌面、后、半高、圆唇元音**。发音时，口半闭，舌位半高，舌头后缩，唇拢圆。发音短促。

e[e]**舌面、后、半高、不圆唇元音**。发音时，口半闭，舌位半高，舌头后缩，但双唇要自然张开。发音短促。

i[i]**舌面、前、高、不圆唇元音**。发音时，唇呈扁平状，舌头向前伸，舌尖抵住下齿背。发音短促。

u[u]**舌面、后、高、圆唇元音**。发音时，双唇拢圆，留一个小孔，舌头往后缩，舌根接近软腭。发音短促。

二、土家语复韵母的发音部位及方法

土家语中有复韵母 ai[ai]、ei[ei]、ao[au]、ou[ou]、ia[ia]、ie[ie]、iao[iau]、iu[iu]、ua[ua]、uai[uai]、ui[ui]等，由复元音构成，又叫复元音韵母。复元音指的是发音时舌位唇形有变化的元音。复元音由两个元音组成部分的叫做"二合元音"，由三个元音组成部分的叫做"三合元音"。

有的韵母可分为韵头、韵腹、韵尾三部分。三者的轻重长短不一致。

韵头只有i、u两个。都是高元音。发音短而轻，只表示韵母发音的起点，一发音就滑向另一个元音了。韵头常常介于声母和韵腹之间，所以叫介音或介母。

韵腹是韵母的主干。比起韵头、韵尾来，声音最清晰、响亮，也叫"主要元音"。一般由a、o、e充当。

韵尾只限于主要元音后头的i、u(o)，只表示韵母的滑动方向，音质含混而不太固定。

复韵母加韵尾或仅是韵腹(无韵尾)都可成韵身或韵尾。它与韵头(介音)相对立，韵文的押韵主要是韵头的后面部分。

三、土家语轻鼻音韵母的发音方法

轻鼻音韵母又叫半鼻音韵母：in[in] an[an] en[en] ian[ian] uan[uan] uen[uen]；轻鼻音韵母的发音方法，参考土家语复韵母的发音部位及方法：

土家语韵母结构表

韵　母			
	韵头(介音)	韵　身	
		韵腹 (主要元音)	韵　尾 (高元音或鼻辅音)
土家语拼音	i	o	u
国际音标	i	o	u
土家语拼音		a	i
国际音标		a	i
土家语拼音	u	o	
国际音标	u	o	
土家语拼音		e	
国际音标		e	
土家语拼音		i	n
国际音标		i	n
土家语拼音		u	
国际音标		u	

复韵母有的叫前响复元韵母,如:ai[ai]、ou[ou];有的叫中响复元韵母,如:iou[iou]、uai[uai]和后响复元音韵母,如:ia[ia]、ie[ie]。

1.前响复元韵母

ai[ai]、ei[ei]、ao[au]、ou[ou]都是前响复韵母。发音时,前头的元音清晰响亮,后头的元音模糊,音值不太固定。只表示舌位滑动的方向。

2.中响复元音韵母

iao[iau]、iou[iou]、uai[uai]、uei[uei]都是中响复元韵母。发音时,中间的元音清晰响亮,前面的元音轻短,后面的元音含混。音值不太固定,只表示舌位滑动的方向。

3.后响元音韵母

ia[ia]、ie[ie]、ua[ua]都是后响复元韵母,发音时,前头的元音轻短,只表示舌位从那里开始移动,后头的元音清晰响亮。

轻鼻前韵母

土家语的轻鼻前韵母(注意"轻鼻前"三个字,有的又称为半鼻韵母)有7个:

an[an]、ian[ian]、uan[uan]、en[en]、in[in]、uen[uen]、ong[oŋ]

轻鼻前音尾韵母由元音和鼻辅音构成，它们不是生硬地拼合在一起，而是鼻音色彩略微增加，这样逐渐由元音的发音状态向鼻辅音过渡，最后，阻碍部位完全闭塞，形成轻鼻辅音。

an[an]、en[en]、in[in]发音时，先发元音，紧接着软腭下降，鼻音色彩逐渐增加，舌尖往上齿龈移动，并住上齿龈发 n[n]的状态，整个韵母发音完毕才除阻。

ian[ian]、uan[uan]、uen[uen]发音时，从前面轻而短的元音(韵头)滑到中间较响亮的主要元音(韵腹)，软腭逐渐下降，鼻腔通路打开，紧接着舌尖抵住上齿龈形成发 n[n]的状态，口腔前部的通道阻塞，整个韵母发音完毕才除阻。

四、土家语鼻音尾韵母的发音方法

土家语鼻音尾韵母:ong[oŋ];ong[oŋ]发音时,先发元音 o[o],紧接着使舌根往软腭移动发 ng[ŋ],ng[ŋ]的发音见前面声母中对它的解释,但后鼻音不能过重。iong[ioŋ]发音时,先发元音 i[i],再按 ong[oŋ]的发音方法,完成 iong[ioŋ]整体发音。

土家语韵母的特点:

1.土家语的韵母中复元音较多。

2.无撮口呼韵母。

3.鼻韵尾 n[n]在实际发音时,口腔形成阻碍部分不完全闭塞,成为轻鼻音,如 an[an]、en[en]、ian[ian]、in[in]、uan[uan]等。

土家语韵母总表

		开口呼	齐齿呼	合口呼
单韵母	土家语拼音		i	u
	国际音标		i	u
	土家语拼音	a	ia	ua
	国际音标	a	ia	ua
	土家语拼音	o		uo
	国际音标	o		uo
	土家语拼音	e	ie	
	国际音标	e	ie	

续表

		开口呼	齐齿呼	合口呼
复韵母	土家语拼音	ai		uai
	国际音标	ai		uai
	土家语拼音	ei		uei
	国际音标	ei		uei
	土家语拼音	ao	iao	
	国际音标	au	iau	
	土家语拼音	ou	iou	
	国际音标	ou	iou	
轻鼻韵母	土家语拼音	an	ian	uan
	国际音标	an	ian	uan
	土家语拼音	en	in	uen
	国际音标	en	in	uen
	土家语拼音			ong
	国际音标			oŋ

注：复韵母 ong[oŋ]归为合口呼并不完全正确,但暂且列在合口呼下,只是权宜之计。

第六节　土家语声调和调值

一、调值

调值是指音节高低升降曲直长短的变化形式。也就是音节的实际读法。为了把调值描写得更具体易懂,一般采用"五度标记法"。五度标记法就是用五度竖标来标记调值对音调的一种方法。具体作法是画一条竖线,分作四格五度,在竖线上把声调的相对主音高标记出来,把相对音高的最高音定为五度,半高音定为四度,中音定为三度,半低音定为二度,最低音定为一度。为了声调的准确,本书采用数字表示声调法。

二、声调

声调是音节的音高变化。土家族语的声调有两大作用,一是使在说土家语过程中能抑扬顿挫,有一定的节奏感。二是有区别词的意义的作用。因为在土家语中的同一个音节,因不同的声调会有不同的意义。

土家语的声调,有多种观点。总括起来有下面 5 种:

1.土家语有 4 个声调,分别是高平(55)、高升(35)、高降(53)和低降(21)。持这观点以彭秀模、叶德书为代表。本书采用这一种观点。

2.土家语有 4 个声调,分别是高平调(55)、高降调(54)、中平调(33)、中升调(35)。此外,还有个变调(31)。持这类观点的以戴庆夏等为代表。

3.土家语 3 个声调,即:高平(55)、高升(35)、低降(21)。持这一观点的以田德生等编写的《土家语简志》为代表。

4.土家语有个 4 个声调,即:44 调,51 调,21 调,24 调。持这一观点的以罗安源为代表。这是罗安源等用电脑软件分析出来的。

5.土家语有 5 个声调,分别是高平(55)、高升(35)、高降(53)和低降(21)、(11)调。因为(11)这个低平调,在土家语的实际应用过程中虽然不是很多,但还是在一些语言环境中有所出现。以前研究者把这个低平调都归到(21)调中,不是十分准确。持这一观点的以张伟权(本书第一作者)为代表。

目前大多数土家语学者认为土家语有 4 个声调:高平调 (55)、低降调(21)、中升调(35)、高降调(53)。

土家语声调示范表

	高平调	低降调	中升调	高降调
调值	55	21	35	53
词例	$a^{55}ma^{55}[a^{55}ma^{55}]$	$li^{21}[li^{21}]$	$ga^{35}[ka^{35}]$	$ha^{53}[xa^{53}]$
汉意	奶奶	讲	吃	缺

第七节　土家语拼读规则

一、土家语拼读规则

土家语的拼读与汉语拼音的拼读的相同点,都是声母与韵母结合后进行拼读,不同点是土家语的发音一般是高亢短促,拼读时收尾很快,不拖音。

土家语的拼读采用两拼法,就是用声母和韵母直接拼成音节,不管韵母的结构简单还是复杂,都把韵母当作一个整体与声母相拼。

如:汉语的"看",土家语是由声母 b[p]和韵母 a[a]拼成,再配上 53 调值,就拼成了 ba^{53}[pa^{53}]。但要一口呼,不能拼成 b[p]+a[a]+53= ba^{53}[pa^{53}]。

再如:汉语的"年",土家语是由声母 l[l]和韵母 ong[oŋ]相拼,再配上 21 调值,就拼成了 long^{21}[loŋ^{21}],中间千万不能停顿,不能拼成 l[l]+o[o]+ng[ŋ]^{21}=long^{21}[loŋ^{21}]。最后的音节一定是一口呼,这样才能准确。

除了拼读要一口呼外,即使是一个词的所有的音节也要连贯去读,如果一个词的所有的音节不连贯,就会使土家语的读音不正确。一般不提倡土家语用汉字记音,也正是基于这方面的考虑。

附:土家语拼音声韵配合表

土家语拼音声韵配合表（此表只列土家语拼音,国际音标可对照）

韵母 声母	a	o	e	i	u	ai	ei	ui	ao	ou	iu	ie	an	en	in	un	ong
b	ba	bo		bi	bu	bai	bei		bao			bie	ban	ben	bin		bong
p	pa	po		pi	pu	pai	pei		pao	pou		pie	pan	pen	pin		pong
m	ma	mo	me	mi	mu	mai	mei		mao	mou	miu	mie	man	men	min		mong
d	da		de	di	du	dai		dui	dao	dou	diu	die	dan		din	dun	dong
t	ta		te	ti	tu	tai		tui	tao	tou	tiu	tie	tan		tin	tun	tong
n	na			ni								nie	nian				
l	la		le	li	lu	lai	lei		lao	lou	liu		lan	len	lin	lun	long
g	ga		ge		gu	gai	gei	gui	gao	gou			gan	gen		gun	gong
k	ka		ke	ki	ku	kai	kei	kui	kao	kou			kan	ken		kun	kong
h	ha		he		hu	hai	hei	hui	hao	hou			han			hun	hong
j				ji							jiu	jie	jian		jin		
q				qi							qiu	qie	qian		qin		
x				xi							xiu	xie	xian		xin		

续表

声母＼韵母	a	o	e	i	u	ai	ei	ui	ao	ou	iu	ie	an	en	in	un	ong
r	ra		re	ri	ru	rai	rei	rui	rao	rou			ran	ren		run	rong
z	za		ze	zi	zu	zai	zei	zui	zao	zou			zan	zen		zun	zong
c	ca		ce	ci	cu	cai	cei	cui	cao	cou			can	cen		cun	cong
s	sa		se	si	su	sai	sei	sui	sao	sou			san	sen		sun	song
ng	nga	ngo				ngai			ngao	ngou			ngan				
y	ya	yo	ye	yi					yao	you			yan		yin		yong
w	wa	wo	we		wu	wai	wei						wan				

第二章 土家语词汇

第一节 土家语词汇结构

土家语词汇与其他语言词汇一样,有它自身的结构规律和构词方式。土家语词汇的结构有两大类,即单纯词与合成词。单纯词又可分为单音节单纯词和多音节单纯词。单音节单纯词如 a²¹[a²¹](取)、nga³⁵[ŋa³⁵](我)、me³⁵[me³⁵](天)等;多音节单纯词如 te⁵³te⁵³[the⁵³the⁵⁵](亮)、ma⁵³kuo⁵³li²¹[ma⁵⁵khuo⁵³li²¹](蚊子)等。土家语的合成词构成有两种形式,一种是"词根十词根",另一种是"词根十附加成分"。词根十词根如:bi³⁵zi⁵³ka²¹ [pi³⁵tsi⁵³kha²¹](土家族)、ta³⁵re⁵³[tha³⁵ʑe⁵³](丑)等; 词根十附加成分如:a²¹ba⁵⁵[a²¹pa⁵⁵](父亲)、a⁵⁵le⁵³[a⁵⁵le⁵³](蛋)等。

一、土家语构词法

土家语的构词法主要有复合词构词法和形态构词法两种。复合词构词法,就是由两个或两个词根按照一定的语法结构关系组成。依据词内各语素之间的句法结构关系,复合词还可分为并列、偏正、主谓、述宾等类型。形态构词法也叫派生式构词,是一种能产生的构词方式,以附加成分为主要手段。附加成分有前加和后加两种,没有中加成分。

二、土家语借词

由于社会文化渗透的原因,土家语词汇中出现了一些借词,大都是汉语借词,其他语种的借词目前尚未发现。在土家语地区有的年轻人说"ok""yes""拜拜" 等零星英语单词, 但这些零星英语单词没有正式进入土家语交流之中,还没有形成一种定势,从外地回乡的年轻人只是偶尔用之。土家语词汇中借用汉语词汇已经进入了土家语词汇系统,而且进入了土家语词汇系统的核心领域。如数词完全是借用汉语,而且历史比较悠久。另外在一般词汇中,如:

"舅舅""老""沙子""社会""报告"等,也充当重要角色,这些词汇原来土家语的读音已经消失,或者原来根本就不存在。随着土家语的濒危,在绝大多数土家语地区,人们交流时汉语已经取代了土家语。

第二节　　土家语词类

土家语的词类(有的也叫词性)可以分为名词、代词、动词、形容词、数量词、副词、连词、介词、助词、叹词、语气词和象声词等十二类。

一、土家语名词

土家语的名词分一般名词、时间名词和方位名词三种。土家语的一般名词是表示人和事物等的名称。这类名词还纪录了土家族的发展史。如有的农作物不是土家族本来就有的,而是后来从外面进的,所以这些农作物的名称就是汉语名称,像绿豆、白菜、菠菜等。

土家语的时间名词表示时间概念。这类名词最大的特点就没有规律性和不完全有规律性。如表示时间的"天",在现代汉语合成词结构中的相同语素是"天",不同语素就是"大后""后""明""今""昨""前"和"上前",这是有规律的。然而, 在土家语常用合成词结构就发生了分野现象。mi^{35} nie^{53}[mi^{35} $n̩ie^{53}$](后天)、mi^{35} da^{53} nie^{53}[mi^{35} ta^{53} $n̩ie^{53}$](大后天)、gei^{35} da^{53} nie^{53}[kei^{35} ta^{53} $n̩ie^{53}$](上前天), 它们的相同语素是 nie^{53} [$n̩ie^{53}$](天);pu^{21} ni^{21}[phu^{21} $n̩i^{21}$](昨天)和 $gei^{35}ni^{53}$[$kei^{35}n̩i^{53}$](前天),它们的相同语素是 nie^{53}[$n̩ie^{53}$];而 lai^{53}[lai^{53}](今天)和 $lao^{35}zi^{53}$[$lau^{35}tsi^{53}$](明天),就没有相同的语素,就连表达方式也不同。同样还有表示时间的"年",汉语中的"后年""明年""今年""去年""前年"都是很有规律性的。而土家语就有所不同, $la^{21}kuo^{21}$[$la^{21}khuo^{21}$](明年)和 $mi^{35}kuo^{53}$[$mi^{35}khuo^{53}$](后年),它们相同的的语素是"kuo[kho]"(其中声调有变化),不相同的语素是 la^{21}[la^{21}]"和"mi^{35}[mi^{35}];$long^{21}bai^{21}$[$lon^{21}pai^{21}$]（今年）、$long^{53}tong^{53}bai^{21}$ [$lon^{53}ton^{53}pai^{21}$]（去年）和 $de^{53}long^{53}bai^{21}$[$te^{53}lon^{53}pai^{21}$](前年)相同的语素是 bai^{21}[pai^{21}],不相同的语素是 $long^{21}$[lon^{21}]、$long^{53}dong^{52}$[$lon^{53}ton^{52}$]、$de^{53}long^{53}$[te^{53} lon^{53}]。上述两组又有一点规律性。

土家语的方位名词,表方位概念。

这类名词有的有规律,有的没有规律。如现代汉语中"东方""西方""南方"和"北方"的结构中,它们相同的语素是"方",不同的语素是"东""西""南""北"。这一组合成词相同的语素和不同的语素组合,就成了"东方""西方""南方"和"北方"4个方位词。它们相同语素"方",是有规律的。而土家语中表示"东方""西方""南方"和"北方"的这组合成词结构也符合这一公式,它们的共同语素是 la^{53}gui^{53}[la^{53}kui^{53}],不同语素分别是 qiao^{21}ga^{53}[tɕhiau^{21}ka^{53}]、qiao^{21}gu^{53}[tɕhiau^{21}ku^{53}]、ge^{21}en^{21}zi^{21}[ke^{21}en^{21}tsi^{21}]和 sa^{53}en^{21}zi^{21}[sa^{53}en^{21}tsi^{21}]。土家语的这组合成词的结构也是有规律的。

现代汉语表方位的合成词的规律是有相同语素是"面",不同语素是"上""下""外""里",有一定的规律性。而土家语这组方位词的结构就不同了,ga^{21}ha^{53}[ka^{21}xa^{53}](上面)和 ba^{21}ti^{21}[pa^{21}thi^{21}](下面)"就完全是两个不同语素构成的词。而 wo^{21}ta^{53}[o^{21}tha^{53}](外面)和 wo^{21}tu^{53}[o^{21}thu^{53}](里面)"两个词里面又都有 wo^{21}[o^{21}]"这一相同的语素。

土家语名词还有许多特殊的表现形式。如:土家语关于"人"的称谓在不同的场合就有不同的称谓。土家语"人"的基本称谓是 luo^{53}[luo^{53}],但 suo^{53}[suo^{53}]、se^{21}ba^{21}[se^{21}pa^{21}]、ma^{55}[ma^{55}]等也都有代表"人"的意思。土家语中的 so^{53}[so^{53}]是说明"何处人";另外用于"谁",表疑问。

如:

汉语:我是山里人。

土家语拼音:nga^{35}　qie^{53}sa^{53}　　suo^{53}

国际音标：　ŋa^{35}　　tɕhie^{53}sa^{53}　suo^{53}

　　　　　　我　　山　里　　人

如:

汉语:那人是谁?

土家语拼音:ai^{53}　　se^{21}ba^{21}　　a^{53}suo^{21}

国际音标：　ai^{53}　　se^{21}pa^{21}　　a^{53}suo^{21}

　　　　　　那　　人(是)　　谁

土家语还有一种称人的词汇 ma^{55}[ma^{55}],可以是复数,也可以是单数。这主要是对施事者的说明,并轻微地带有结构助词"的"意思。

如：

汉语：他们是学生。

土家语拼音：gei⁵³ze²¹　ci⁵³　　tu⁵³ma⁵⁵

国际音标：　kei⁵³tse²¹　tshi⁵³　thu⁵³ma⁵⁵

　　　　　　他们　（是）　　　学生

二、土家语代词

土家语的代词分人称代词、疑问代词和指示代词三种，代词一般充当主语和宾语，与汉语代词功能相似，无特殊之处。人称代词有第一人称代词、第二人称代词和第三人称代词。人称代词又有单数和复数之分。如下表：

人　称		单　数		复　数	
第一人称	土家语拼音	我	nga³⁵	我们	an³⁵ni⁵³
	国际音标	我	ŋa³⁵	我们	an³⁵ȵi⁵³
第二人称	土家语拼音	你	ni³⁵	你们	se³⁵ni⁵³
	国际音标	你	ȵi³⁵	你们	se³⁵ȵi⁵³
第三人称	土家语拼音	他(她)	guo³⁵	他(她)们	gei⁵³ze²¹
	国际音标	他(她)	kuo³⁵	他(她)们	kei⁵³tse²¹

此外还有泛指人称代词和反身代词：泛指人称代词"大家"hu³⁵ni⁵³[xu³⁵ȵi⁵³]和"别人"luo⁵³de⁵³[luo⁵³te⁵³]；反身代词有"自己"guai³⁵duo²¹[kuai³⁵tuo²¹]。

指示代词有近指和远指。如下表：

	近　指		远　指	
土家语拼音	这	gai³⁵	那	ai⁵³
国际音标	这	kai³⁵	那	ai⁵³
土家语拼音	这里	ge²¹	那里	en⁵³ge⁵³
国际音标	这里	ke²¹	那里	en⁵³ke⁵³
土家语拼音	这个	gai³⁵di⁵³	那个	ai⁵³di⁵³
国际音标	这个	kai³⁵ti⁵³	那个	ai⁵³ti⁵³

续表

		近　指		远　指
土家语拼音	这样	$gai^{35}da^{53}ze^{21}$	那样	$ai^{53}ta^{53}ze^{21}$
国际音标	这样	$kai^{35}ta^{53}tse^{21}$	那样	$ai^{53}ta^{53}tse^{21}$
土家语拼音	这时	$gai^{35}huo^{21}zu^{35}$	那时	$ai^{53}xuo^{21}zu^{35}$
国际音标	这时	$kai^{35}xuo^{21}tsu^{35}$	那时	$ai^{53}xuo^{21}tsu^{35}$
土家语拼音	这么	$huo^{21}mu^{53}nie^{21}$	那么	$ai^{53}me^{21}$
国际音标	这么	$xuo^{21}mu^{53}ȵie^{21}$	那么	$ai^{53}me^{21}$

土家语疑问代词分询问人、事物、时间、数量、处所、动作行为等。如下表：

询问人	土家语拼音	谁(哪个)	$a^{55}suo^{21}$		
	国际音标	谁(哪个)	$a^{55}suo^{21}$		
询问事物	土家语拼音	什么	$la^{53}xi^{21}$	哪些	$kei^{21}di^{53}$
	国际音标	什么	$la^{53}ɕi^{21}$	哪些	$khei^{21}ti^{53}$
询问时间	土家语拼音	什么时候	$kei^{21}huo^{21}zu^{35}$	哪时候	$qi^{35}du^{21}$
	国际音标	什么时候	$khei^{21}xuo^{21}tsu^{35}$	哪时候	$tɕhi^{35}tu^{21}$
询问数量	土家语拼音	几	gai^{53}	多少	$gai^{53}lan^{21}$
	国际音标	几	kai^{53}	多少	$kai^{53}lan^{21}$
询问处所	土家语拼音	什么地方	$kei^{21}du^{53}$	哪里	$kou^{35}cai^{21}$
	国际音标	什么地方	$khei^{21}tu^{53}$	哪里	$khou^{35}tshai^{21}$
询问动作行为	土家语拼音	怎么	$qian^{35}nie^{21}$	怎样	$qian^{35}lan^{21}$
	国际音标	怎么	$tɕhian^{35}ȵie^{21}$	怎样	$tɕhian^{35}lan^{21}$

三、土家语动词

土家语的动词有及物动词、不及物动词、能愿动词、判断词几大类。

及物动词如 $zi^{21}ga^{35}$ $[tsi^{21}ka^{35}]$（吃饭）中的 ga^{35} $[ka^{35}]$（吃）、$zi^{21}guo^{35}$ $[tsi^{21}kuo^{35}]$（讨饭）中的 $guo^{35}[kuo^{35}]$（讨）等。

不及物动词如 $zu^{53}zu^{53}$[$tsu^{53}tsu^{53}$]（站）、zi^{35}[tsi^{35}]（哭）、hei^{21}[xei^{21}]（休息）等。

能愿动词如 e^{53}[e^{53}]（会）、$di^{53}xi^{21}$[$ti^{53}çi^{21}$]（能）、duo^{53}[tuo^{53}]（要）等。

土家语判断词　土家语的判断词有两种，一种是判断词 sou^{35}[sou^{35}]，位置在句子的最后面。

如：

汉语：我是老师。

土家语拼音：nga^{35}　$po^{35}ga^{53}$　　sou^{35}

国际音标：　　$ŋa^{35}$　　$pho^{35}ka^{53}$　sou^{35}

　　　　　　　我　　　老师　　　　是

土家语的判断词还有两种表示判断的形式：

第一种形式是"de^{53}……le^{21}[te^{53}……le^{21}]"，犹如古代汉语里的"者……也"句式表判断。

如：

汉语：这田是我耕的。

土家语拼音：gai^{35}　$si^{21}te^{53}$　　nga^{35}　de^{53}　qe^{21}　　le^{21}

国际音标：　kai^{35}　$si^{21}the^{53}$　$ŋa^{35}$　te^{53}　$tçhe^{21}$　le^{21}

　　　　　　　　这　　田　　　我　　　　耕　　　　是

第二种表判断的形式是"de^{53}……$bo^{21}xi^{21}$[te^{53}……$po^{21}çi^{21}$]"

如：

汉语：这米是阿姨还的。

土家语拼音：gai^{35}　$zi^{21}e^{21}$　$nie^{21}nie^{53}$　de^{53}　tuo^{53}　$bo^{21}xi^{21}$

国际音标：　kai^{35}　$tsi^{21}e^{21}$　$ȵie^{21}ȵie^{53}$　te^{53}　$thuo^{53}$　$po^{21}çi^{21}$

　　　　　　　　这　　米　　　阿姨　　　　还　　　是

土家族语的动词有现在时、过去时和将来时。土家语动词的现在时和过去时就用动词的本格，没有什么变化，但是将来时却因不同的韵母发生变化，而这些动词时态又由"体"来限制，土家语动词"体"的表现比较丰富。

时态 动词韵尾	动词本格	过去时现在时	将来时	将来时 变化状况
a	ga^{53}[ka^{53}]（砍）	ga^{53}[ka^{53}]	ga^{53}[kai^{53}]	a 变 i
o	luo^{21}[luo^{21}]（骂）	luo^{21}[luo^{21}]	luai^{35}[luai^{35}]	o 变 uai
e	te^{35}[the^{35}]（摘）	te^{35}[the^{35}]	tai^{35}[thai^{35}]	e 变 ai
i	li^{21}[li^{21}]（讲）	li^{21}[li^{21}]	lei^{21}[lei^{21}]	i 变 ei
u	gu^{21}[ku^{21}]（上）	gu^{21}[ku^{21}]	kuei^{21}[kuei^{21}]	u 变 uei
ie	nie^{53}[ɲie^{53}]（笑）	nie^{53}[ɲie^{53}]	nai^{53}[ɲai^{53}]	ie 变 ai
an	ban^{35}[pan^{35}]（煮）	ban^{35}[pan^{35}]	bai^{35}[pai^{35}]	an 变 ai
oŋ	bong^{21}[poŋ^{21}]（埋）	bong^{21}[poŋ^{21}]	ben^{35}[pen^{35}]	oŋ 变 en

　　土家语动词的过去时和现在时都是动词的本格，将来时却发生了变化。其中以"a、e、ie、an"结尾的将来时都变成了"ai"；以"o"结尾的将来时变成了"uai"；以"u"结尾的变成了"uei"；以"i"结尾的将来时变成了"ei"；以"oŋ"结尾的变成了"en"。在具体变格后的声调也有所变化，这要根据实际读音而变化。除此以外，土家语动词的时态变格还有加音节、变声调和不变化的。这些动词在土家语中占的比例很小。

　　土家语动词的时态又分将行时态、进行时态和完成时态。

四、土家语形容词

　　土家语形容词的类别有：表事物性质、表事物形状、表事物质量和表人物心理活动四大类。

1.表事物性质

　　lan^{35}ga^{21}[lan^{35}ka^{21}]（黑）、a^{21}si^{21}[a^{21}si^{21}]（白）、kei^{53}[khei^{53}]（硬）、be^{21}bei^{53}[pe^{21}pei^{53}]（软）、kei^{35}zi^{53}zi^{53} [khei^{35}tsi^{53}tsi^{53}]（苦）、ong^{53}be^{53}la^{53}re^{21}[oŋ^{53}pe^{53}la^{53}ʐe^{21}]（腻）、la^{35} [la^{35}]（密）、ga^{35}ga^{53} [ka^{35}ka^{53}]（稀或亮）、wo^{21}kei^{35}kei^{53}[o^{21}khei^{35}khei^{53}]（漆黑）、ri^{53}[ʑi^{53}]（多）、pu^{53}ci^{21}[phu^{53}tshi^{21}]（少）、gei^{21}[kei^{21}]（热）、sa^{53}[sa^{53}]（冷）等。

2.表事物形状

如：te³⁵ba⁵³[the³⁵pa⁵³]（大）、bi³⁵bi⁵³[pi³⁵pi⁵³]或 suan⁵³[suan⁵³]（小）、e²¹[e²¹]（长）、zong⁵³[tsoŋ⁵³]（短）、gau⁵³ga⁵³ca²¹[kau⁵³ka⁵³tsha²¹]（高）、duo²¹ti⁵³[tuo²¹thi⁵³]（矮）、si³⁵[si³⁵]（肥）、bo²¹luo⁵³luo²¹[po²¹luo⁵³luo²¹]（圆）、bi²¹ta²¹ci²)[pi²¹tha²¹tshi²¹]（胖乎乎）、xi²¹lan⁵³gai²¹[çi²¹lan⁵³kai²¹]（瘦）、ka⁵³bie⁵³cai²¹cai²¹[kha⁵³pie⁵³tshai²¹tshai²¹]（湿漉漉）等。

3.表事物质量

如：ca³⁵[tsha³⁵]（好）、de³⁵ka⁵³la⁵³[te³⁵kha⁵³la⁵³]（坏）、de²¹[te²¹]（烂或断）、tu⁵³zi²¹z²¹[tu⁵³tsi²¹tsi²¹]（重）、ru⁵³ta²¹tai³⁵[zu⁵³tha²¹thai³⁵]（轻）、re⁵³[ʑe⁵³]（美）、ta³⁵re⁵³[tha³⁵ʑe⁵³]（丑）等。

4.表人物心理活动

如：mie⁵³ra⁵³[mie⁵³ʐa⁵³]（愤怒）、li⁵³si²¹[li⁵³si²¹]（高兴）、ka⁵³ca³⁵[kha⁵³tsha³⁵]（舒服）、xi³⁵lan⁵³[çi³⁵lan⁵³]（不舒服）等。

5.土家语形容词的级

土家语形容有级别之分，最高的有六级。即：本级、稍高级、比较高级、很高级、非常高级、最高级。

如形容词"红"：

本级：mia⁵³jia⁵³[mia⁵³tçia⁵³]（红）

稍高级：mia⁵³jia⁵³mia⁵³jia⁵³[mia⁵³tçia⁵³ mia⁵³tçia⁵³]（好红），

比较高级：mia⁵³jia⁵³le²¹ mia⁵³jia⁵³[mia⁵³tçia⁵³le²¹ mia⁵³tçia⁵³]（红又红）

很高级：mia⁵³jia⁵³hui³⁵hui²¹[mia⁵³tçia⁵³xui³⁵xui²¹]（很红）

非常高级：mia⁵³jia⁵xian²¹xian²¹[mia⁵³tçia⁵³çian²¹çian²¹]（非常红）

最高级：mia⁵³jia⁵³xian²¹xian²¹ xi²¹tai³⁵[mia⁵³tçia⁵³çan²¹çan²¹ çi²¹thai³⁵]（最红）。

值得注意的是，不是所有的土家语形容词都有六级，有的只有五级，有的只有四级，有的只有三级，有的只有两级，也有的形容词只有一级。

五、土家语数量词

土家语中只有数量词，没有数词。土家语的数量词都不很发达，仅限汉语的一个、二个、三个、四个、五个、六个、七个、八个、九个、十个以内。

土家语一至十个的对应表示为：

一个：la^{35}bu^{53}[la^{35}pu^{53}]

二个：nie^{53}bu^{53}[ȵie^{53}pu^{53}]

三个：suo^{53}bu^{53}[suo^{53}pu^{53}]

四个：re^{53}bu^{53}[ʑe^{53}pu^{53}]

五个：ong^{53}bu^{53}[oŋ^{53}pu^{53}]

六个：wo^{21}bu^{53}[o^{21}pu^{53}]

七个：nie^{35}bu^{53}[ȵie^{35}pu^{53}]

八个：ye^{35}bu^{53}[ie^{35}pu^{53}]

九个：ge^{35}bu^{53}[ke^{35}pu^{53}]

十个：hei^{35}bu^{53}[xei^{35}pu^{53}]

六、土家语副词

土家语中的副词不是很多,常见的有程度副词、范围副词、频率副词、否定副词、语气副词、关联副词、时间副词和方式副词等。

1.程度副词：

很：ya^{53}[ia^{53}]

非常、极、最：xi^{21}tai^{35}[ɕi^{21}thai^{35}]

特别：le^{21}hong^{53}xin^{21}xin^{21}[le^{21}xoŋ^{53}ɕin^{21}ɕin^{21}]

只或仅：xi^{21}[ɕi^{21}]

2.范围副词：

都：de^{53}[te^{53}]

只(就)仅、仅仅：lan^{21}[lan^{21}](位置在句末)

共：da^{53}ha^{21}[ta^{53}xa^{21}]

总是：hong^{21}huai^{53}[xoŋ^{21}xuai^{53}]

统统、一齐、总共、全都、一概：hu^{35}ni^{53}[xu^{35}ȵi^{53}]

稍微：liao^{21}ʦai^{53}[liau^{21}zai^{53}]

3.频率副词：

又、再：ha^{21}[xa^{21}]

也：be^{53}[pe^{53}]

屡次:jin^{53}duo^{21}[tɕin^{53}tuo^{21}]

一再、再三:en^{21}qie^{53}ci^{53}ca^{53}bo^{21}[en^{21}tɕhie^{53}tshi^{53}tsha^{53}po^{21}]

4.否定副词:

没、没有:tai^{35}[thai^{35}]

没有了:tao^{35}[thau^{35}]

不、莫、别:ta^{53}[tha^{53}]

未:da^{35}[ta^{35}]

不用:ta^{53}duo^{21}[tha^{53}tuo^{21}]

5.肯定副词:

真的、的确:za^{21}zai^{35}hua^{53}[tsa^{21}tsai^{35}xua^{53}]

6.关联副词:

就:hu^{21}[xu^{21}](位置在句尾)

又、还:ha^{21}[xa^{21}]

也:be^{53}[pe^{53}]

那么:ai^{53}me^{21}[ai^{53}me^{21}]

然后:ai^{53}lai^{53}[ai^{53}lai^{53}]

7.时间副词

刚刚、刚才:mo^{53}mo^{21}[mo^{53}mo^{21}]

经常:jin^{53}duo^{21}[tɕin^{53}tuo^{21}]

突然:ta^{35}mu^{53}la^{53}ga^{21}[tha^{35}mu^{53}la^{53}ka^{21}]

先:ta^{35}bie^{21}[ta^{35}pie^{21}]

后:qin^{21}nie^{53}[tɕhin^{21}n̠ie^{53}]

8.方式副词

还:xa^{21}[ha^{21}]

也:pe^{53}[pe^{53}]

七、土家语介词

土家语介词有涉动介词、表示工具方式的介词、表示被动的介词、表示替代的介词等。

1.涉动介词

表示时间处所：

自、自从、从：le^{21}[le^{21}]

沿着：tu^{21}[thu^{21}]

在：la^{21}[la^{21}]（位置在句末）

到、往、向、朝、沿：bo^{21}[po^{21}]

2.表示工具方式的介词

以、用 huo^{21}le^{21}[xuo^{21}le^{21}]

按照、依照：ba^{53}bo^{21}[pa^{53}po^{21}]

表示对象范围：

把、对、对于、同、跟、向：bo^{21}[po^{21}]

表示原因目的：

因、因为、为、为了、为：wei^{35}bo^{53}[uei^{35}po^{53}]

3.表示被动的介词

被：guo^{35}[kuo^{35}]

给：bo^{21}[po^{21}]

让：duo^{21}[tuo^{21}]

叫：pa^{21}qie^{53}[pha^{21}tɕhie^{53}]

把：guo^{35}[guo^{35}]

4.表示替代的介词

替、代、为、给：bo^{21}[po^{21}]

八、土家语助词

土家语助词有结构助词、动态助词、语气助词、复数助词、比况助词等。

1.结构助词

的：nie^{21}[ɳie^{21}]，nie^{21} xi^{21}[ɳie^{21} ɕi^{21}]

地：mo^{21}[mo^{21}]

得：xi^{21}[ɕi^{21}]，di^{53}xi^{21}[ti^{53}ɕi^{21}]

2.动态助词

着：bo^{21}[po^{21}]

了：liao^{55}[liau^{55}]，le^{21}[le^{21}]

过：le^{35}[le^{35}]

3.语气助词

的：duo^{21}[tuo^{21}]、nie^{53}xi^{21}[ȵie^{53}çi^{21}]有时省略 nie^{53}[ȵie^{53}]就是 xi^{21}[çi^{21}]（位置在句末）

吧：ya^{53}[ia^{53}]

吗：suo^{21}[suo^{21}]

呢：le^{21}[le^{21}]

啊：a^{21}nie^{21}[a^{21}ȵie^{21}]

罢了：han^{35}su^{21}[xan^{35}su^{21}]

4.复数助词

们：de^{53}[te^{53}]

5.比况助词

似的、一样、一般：da^{53}ze^{21}[ta^{53}tse^{21}]

九、土家语黏附词

土家语黏附词是附在土家语句子后面的词，从音素角度说，有音节黏附词和双音节黏附词；从词汇的角度说，有虚词黏附词和实词黏附词；从词性角度说，有介词黏附词、助词黏附词、副词黏附词和动词黏附词。所以，土家语的黏附词种类还比较多。下面就对土家语黏附词进行具体分析和研究。

（一）介词性黏附词

la^{21}[la^{21}]（在）

例句：我在山上挖土。

nga^{35}	kan^{21}ku^{53}	li^{53}	ga^{53}	la^{21}
ŋa^{35}	khan^{21}khu^{53}	li^{5}	ka^{53}	la^{21}
我	山上	土	挖	在

（二）副词性黏附词

la^{53}[la^{53}]（表示正在）

例句:他正在吃饭。

guo³⁵　　zi²¹　　ga³⁵　　la⁵³

kuo³⁵　　tsi²¹　　ka³⁵　　la⁵³

他　　　饭　　吃　　正在

la²¹[la²¹](相当于汉语"已经")

例句:我给你已经留好了种子。

nga³⁵　　ni³⁵　　bo²¹　　nie⁵³lan⁵³　　a²¹　　bo²¹　　la²¹

ŋa³⁵　　n̠i³⁵　　po²¹　　n̠ie⁵³lan⁵³　　a²¹　　po²¹　　la²¹

我　　　你　　给　　　种子　　　留着　　已经

la²¹[la²¹](时间副词,相当于汉语"以前")

例句:我们两个以前见过面。

an³⁵　　nia⁵³hu²¹　　da⁵³　　yi²¹bo²¹　　la²¹

an³⁵　　n̠ia⁵³xu²¹　　ta⁵³　　i²¹po²¹　　la²¹

我们　　两个　　　一起　　见过　　以前

xi²¹tai³⁵[çi²¹thai³⁵](程度副词,非常,最)

例句:土家织锦非常美。

xi⁵³lan²¹ka⁵³pu⁵³　　　　re⁵³　　xi²¹tai³⁵

çi⁵³lan²¹kha⁵³phu⁵³　　　ʑe⁵³　　çi²¹thai³⁵

土家织锦　　　　　　美　　非常

(三)助词性黏附词

1.结构助词

nie⁵³xi²¹[n̠ie⁵³çi²¹](的)

例句:这一本书是我不要的。

gai³⁵　　ci⁵³pu⁵³　　la³⁵pu⁵³　　nga³⁵　　ta²¹hong³⁵　　nie⁵³xi²¹

kai³⁵　　tshi⁵³phu⁵³　　la³⁵phu⁵³　　ŋa³⁵　　tha²¹xoŋ³⁵　　n̠ie⁵³çi²¹

这　　　书　　　一本　　我　　不要　　　　的

注:如果 nie⁵³xi²¹[n̠ie⁵³çi²¹]的位置在句中,往往省略前面的 nie⁵³[n̠ie⁵³]音节。

例句:他们家吃的喝的多的是。

gei⁵³ze²¹　　cu⁵³　　ga³⁵xi⁵³　　hu²¹xi²¹　　gai⁵³di²¹

kei⁵³tse²¹　　tshu⁵³　　ka³⁵çi⁵³　　xu²¹çi²¹　　kai⁵³ti²¹

他们　　　家　　吃的　　　喝的　　　多得很

di⁵³xi²¹[ti⁵³çi²¹]（得）

例句：这果子吃得。

gai³⁵　　bu³⁵li⁵³　　ga³⁵　　di⁵³xi²¹

kai³⁵　　pu³⁵li⁵³　　ka³⁵　　ti⁵³çi²¹

这　　　果子　　吃　　得

le²¹[le²¹]（过）

例句：我见过他。

nga³⁵　　guo³⁵　　yi²¹　　le²¹

ŋa³⁵　　kuo³⁵　　i²¹　　le²¹

我　　他　　见　　过

bo²¹[po²¹]（相当于汉语"着"）

例句：你去我看着。

ni³⁵ei³⁵，nga³⁵　　ba⁵³　　bo²¹

ȵi³⁵　ei³⁵，ŋa³⁵　　pa⁵³　　po²¹

你　去　我　　看　　着

hu²¹[xu²¹]与bo²¹[po²¹]结合组成合成词 bo²¹hu²¹[po²¹xu²¹]，也相当于汉语助词"着"，　但语气上有些紧迫感。

例句：妈妈在家等着你。

a²¹　nie⁵⁵　　cu⁵³　　ni³⁵　ti⁵³　　bo²¹　hu²¹

a²¹　ȵie⁵⁵　　tshu⁵³　　ȵi³⁵　thi⁵³　　po²¹　xu²¹

妈妈　　家里　　你　等　着

bo²¹la²¹[po²¹la²¹]（相当于汉语正在……着）

例句：妈妈正在家里等着你。

a²¹nie⁵³　　cu⁵³　　ni³⁵　ti⁵　　bo²¹　la²¹

a²¹ȵie⁵³　　tshu⁵³　　ȵi³⁵　thi⁵　　po²¹　la²¹

妈妈　　家里　　你　等　着　正在

bo²¹la²¹[po²¹la²¹]（有时相当于汉语"过"）

例句:我见过他。

nga^{35}　guo^{53}　yi^{21}　　bo^{21}la^{21}

ŋa^{35}　　kuo^{53}　i^{21}　　　po^{21}la^{21}

我　　　他　　见　　　过

2.语气助词

ya^{53}[ia^{53}](相当于汉语"吧")

例句:我们一起去吧。

an^{35}　　da^{53}　　ei^{35}　　ya^{53}

an^{35}　　ta^{53}　　ei^{35}　　ia^{53}

我们　　一起　　去　　　吧

suo^{21}[suo^{21}](相当于汉语"吗")

例句:你还未去吗?

ni^{35}　　ha^{21}　　ei^{35}　　da^{53}nie^{53}　suo^{21}

n̠i^{35}　　xa^{21}　　ei^{35}　　ta^{53}n̠ie^{53}　suo^{21}

你　　　还　　去　　　未　　　　吗

liao^{55}[liau^{55}](相当于汉语"了")

例句:牛把谷子吃完了。

wu^{35}　　guo^{53}　li^{35}bu^{53}　ga^{35}　ji^{53}　liao^{55}

u^{35}　　　kuo^{53}　li^{35}pu^{53}　ka^{35}　tɕi^{53}　liau^{55}

牛　　　把　　　谷子　　吃　　完　　了

le^{53}[le^{53}](相当于汉语"了")

例句:他今天晒谷子了。

guo^{35}　lai^{53}　　li^{35}bu^{53}　lan^{21}lan^{53}　le^{53}

kuo^{35}　lai^{53}　　li^{35}pu^{53}　lan^{21}lan^{53}　le^{53}

他　　今天　谷子　　　晒　　　了

gu^{21}[ku^{21}](相当于"了")

例句:你去我不去了。

ni^{35} ei^{35} nga^{35} ta^{53}　ei^{35}　gu^{21}

n̠i^{35} ei^{35} ŋa^{35} tha^{53}　ei^{35}　ku^{21}

你　去　我　不　　去　　了

bo⁵³la²¹[po⁵³la²¹](相当于汉语"了")

例句:我给儿子送了钱。

nga³⁵	luo⁵³bi²¹	bo²¹	tong²¹qian²¹	le³⁵	bo⁵³la²¹
ŋa³⁵	luo⁵³pi²¹	po²¹	thoŋ²¹tɕhian²¹	le³⁵	po⁵³la²¹
我	儿子	给	钱	送	了

nie⁵³[ȵie⁵³](相当于汉语"嘛")

例句:你给我还去一趟嘛。

ni³⁵	nga³⁵	bo²¹	ha²¹	la³⁵qie⁵³	ei³⁵	nie⁵³
ȵi³⁵	ŋa³⁵	po²¹	xa²¹	la³⁵tɕhie⁵³	ei³⁵	ȵie⁵³
你	我	给	还	一趟	去	嘛

nie⁵³[ȵie⁵³](相当于汉语"些")

例句:这花好看些。

gai³⁵	ka⁵³pu⁵³	ba⁵³	ca³⁵	nie⁵³
gai³⁵	kha⁵³phu⁵³	pa⁵³	tsha³⁵	ȵie⁵³
这	花	看	好	些

le⁵³[le⁵³](相当于汉语"哩")

例句:他有一个漂亮老婆哩!

guo³⁵	luo²¹ga²¹ni⁵³	re⁵³kui²¹	lao⁵³	xie³⁵	le⁵³
kuo³⁵	luo²¹ka²¹ȵi⁵³	ʑe⁵³khui²¹	lau⁵³	ɕie³⁵	le⁵³
他	老婆	漂亮	一个	有	哩

le⁵³[le⁵³](相当于汉语的"啊")

如:

我没有见他啊!

nga³⁵	guo⁵³	yi²¹	da³⁵	le⁵³
ŋa³⁵	kuo⁵³	i²¹	ta³⁵	le⁵³
我	他	见	没有	啊

le²¹[le²¹](疑问语气,相当于汉语"吗")

例句:你昨天看见蛇了吗?

ni³⁵	pu²¹ni²¹	wo⁵³	yi²¹	le²¹
ȵi³⁵	phu²¹ȵi²¹	o⁵³	i²¹	le²¹

你　　昨天　　　蛇　见　吗

le^{21}[le^{21}]（惊讶语气,相当于汉语"啦"）

例句:今天要下雨啦!

lai^{53}　　mie^{35}　　ze^{21}　　hu^{21}　　le^{21}

lai^{53}　　mie^{35}　　tse^{21}　　xu^{21}　　le^{21}

今天　　雨　　下　　　要　　啦

le^{21}[le^{21}]还有表判断的意思,并有一种过去时成分。

例句:这话是我说过的。

gai^{35}　　sa^{21}　　nga^{35}　　li^{21}　　le^{21}

kai^{35}　　sa^{21}　　ŋa^{35}　　li^{21}　　le^{21}

这　　话　　我　　说　　是(过的)

liao^{53}le^{21}[liau^{53}le^{21}]（表疑问,相当于汉语"了呢"）

例句:他怎么成这样子了呢?

guo^{35}　　qi^{53}mo^{21}　　han^{35}　　zi^{35}　　liao^{53}　　le^{21}

kuo^{35}　　tɕhi^{53}mo^{21}　　xan^{35}　　tsi^{35}　　liau^{53}　　le^{21}

他　　　怎么　　　这样　　成　　了　　　呢

sa^{21}[sa^{21}]（相当于汉语"呢"）

例句:牛往哪里去了呢?

wu^{35}　　kei^{21}　　bo^{53}　　zao^{21}　　sa^{21}

u^{35}　　khei^{21}　　po^{53}　　tsau^{21}　　sa^{21}

牛　　　哪里　　往　　去了　　呢

wai^{21}[uai^{21}]（相当于汉语"啦"）

例句:狗子趴在这里啦!

ha^{53}le^{21}　　ge^{21}　　pe^{21}　　bo^{21}　　la^{21}　　wai^{21}

xa^{53}le^{21}　　ke^{21}　　phe^{21}　　po^{21}　　la^{21}　　uai^{21}

狗子　　这里　　趴　　着　　在　　啦

(四)肯定与急需性黏附词

hu^{21}[hu^{21}]表肯定语气,相当于汉语的"一定"。

例句:我一定要像那样做。

nga^{35} ai^{53} da^{55}ze^{21} ri^{53} hu^{21}

ŋa^{35} ai^{53} ta^{55}tse^{21} ʑi^{53} xu^{21}

我   那   一样   做   一定

duo^{53}hu^{21}[tuo^{53}xu^{21}]（表肯定）

例句：打得谷子了。

li^{35}bu^{53} ha^{21} duo^{53}hu^{21}

li^{35}pu^{53} xa^{21} tuo^{53}xu^{21}

谷子   打   得了

ti^{21}hu^{21}[thi^{21}xu^{21}]（表非不可）

例句：小米草非扯不可了。

ei^{21} xi^{21}ka^{21}ca^{21} pie^{53} ti^{21}hu^{21}

ei^{21} çi^{21}kha^{21}tsha^{21} phie^{53} thi^{21}xu^{21}

小米   草   扯   非不可

dou^{53}hu^{21}[tou^{53}xu^{21}]（表急需）

例句：你的女儿急需送人了。

ni^{35} nie^{21} biou^{35} luo^{53} bo^{21} le^{35} dou^{53}hu^{21}

ȵi^{35} ȵie^{21} piou^{35} luo^{53} po^{21} le^{35} tou^{53}xu^{21}

你   的   女儿   人   给   送   急需

说明这女儿年纪大了或者是已经和别人有不正当的关系了。

（五）趋动性黏附词

hu^{21}[xu^{21}]也是在土家语中常见一个黏附词。在大多数情况下，hu^{21}[xu^{21}]的汉语意思是表示动作的将行貌。也就是说动作还没有进行，但要即将进行。不过 hu^{21}[xu^{21}]在表示汉语将行貌时，时间上也是有长短可分的，有的要经过比较长的时间段才行动；有的马上就要行动。另外，hu^{21}[xu^{21}]还有其他的意思。如有表趋向的意思，相当于汉语"往"。有的相当于汉语助词"着"，还有的相当于能愿动词汉语的"会"表肯定，或相当于汉语"一定"的意思等。下面举一些关于 hu^{21}[xu^{21}]几种含义的例子。

hu^{21}[xu^{21}]表比较长的时间段才行动的将行貌：

例句：哥哥明年要娶媳妇了。

a²¹kuo⁵³   la²¹kuo²¹   pu³⁵   a²¹ hu²¹

a²¹khuo⁵³   la²¹khuo²¹   phu³⁵   a²¹xu²¹

哥哥   明年   媳妇   娶将(要)

例句：我的儿子要读书了。

nga³⁵ nie²¹   luo⁵³bi²¹   ci⁵⁵   tu⁵³   hu²¹

ŋa³⁵ ȵie²¹   luo⁵³pi²¹   tshi⁵⁵   thu⁵³   xu²¹

我   的   儿子   书   读   (快)要

这句话的意思很模糊，一方面可以理解为"我的儿子"已经快达到读书年龄，具体是多少年龄(时间)还没有一个准确数，可以说是一年，也可以说是半年。另一方面也可以理解为"我的儿子"快要上学的时间。如果以天为标准，可能至少要几天或几十天以上。

hu²¹[xu²¹]表马上就要实施的将行貌：

例句：我们将要吃饭了。

an³⁵ni⁵³   zi²¹   ga³⁵   hu²¹

an³⁵ȵi⁵³   tsi²¹   ka³⁵   xu²¹

我们   饭   吃·要(将)

这里的时间就很短暂，最多就是几分钟。

hu²¹[xu²¹]表马上就要实施的将行貌，但有一种趋向意思在里面：

例句：我将要去挖土。

nga³⁵   li⁵³   ga⁵⁵   hu²¹

ŋa³⁵   li⁵³   ka⁵⁵   xu²¹

我   土   挖   将(去)

这一例句的将行时间不好定位，到底是多久时间是拿不准的，但可以肯定的是不会很长。

hu²¹[xu²¹]与la²¹[la²¹]结合组成合成词la²¹hu²¹[la²¹xu²¹]，表正在进行时。

例句：弟弟正在写字。

an⁵³ngai⁵³   ci⁵³ci⁵³   a³⁵   la⁵³hu²¹

an⁵³ŋai⁵³   tshi⁵³tshi⁵³   a³⁵   la⁵³xu²¹

弟弟   字   写   正在

hu²¹[xu²¹]作能愿动词，相当于汉语"会"：

例句：明天后天(或以后)我会来。

lao³⁵zi⁵³　　mi³⁵nie⁵³　　nga³⁵　en²¹zi²¹　　hu²¹

lau³⁵tsi⁵³　　mi³⁵n̠ie⁵³　　ŋa³⁵　en²¹tsi²¹　　xu²¹

明天　　　　后天　　我　　来　　　会

di⁵³[ti⁵³](要来)

例如：明天后天我来看你

lao³⁵zi⁵³　　mi³⁵nie⁵³　　nga³⁵　ni³⁵　ba⁵³　di⁵³

lau³⁵tsi⁵³　　mi³⁵n̠ie⁵³　　ŋa³⁵　n̠i³⁵　pa⁵³　ti⁵³

明天　　　　后天　　我　　你　看　来

(六)能愿性黏附词

di⁵³hu²¹[ti⁵³xu²¹](来了)

例句：你们等一会儿我就吃来了。

se³⁵　la³⁵dong⁵³　ti⁵³　nie²¹　nga³⁵　ga³⁵　di⁵³hu²¹

se³⁵　la³⁵toŋ⁵³　thi⁵³　n̠ie²¹　ŋa³⁵　ka³⁵　ti⁵³xu²¹

你们　一会　　等　着　我　吃　来了

lu²¹[lu²¹](表示已经行动但还未达目的,有两种形式,一种是离开,一种是走来)

1.表离开

例如：蛇慢慢地溜走了。

wo⁵³　re⁵³re⁵³　mo²¹　xie⁵³　lu²¹

o⁵³　ʐe⁵³ʐe⁵³　mo²¹　ɕie⁵³　lu²¹

蛇　慢慢　地　溜　走了

2.表走来。

例如：我来了。

nga³⁵　en³⁵zi²¹　　lu⁵³

ŋa³⁵　en³⁵tsi²¹　　lu⁵³

我　　来　　了

bo²¹hu²¹[po²¹xu²¹](相当于汉语"着",表肯定)

例句：我一定守着这头牛。

gai^{35}　wu^{35}　nga^{35}　ka^{53}　bo^{21}hu^{21}

kai^{35}　u^{35}　ŋa^{35}　kha^{53}　po^{21}xu^{21}

这　　牛　我　守　　着

duo^{21}[tuo^{21}]（相当于汉语"要"或"需要"）

例如：今年要好好地做阳春。

long^{21}bai^{21}　jie^{35}　cai^{35}　mo^{21}　ri^{53}　duo^{21}

loŋ^{21}pai^{21}　tɕie^{35}　tshai^{35}　mo^{21}　ʑi^{53}　tuo^{21}

今年　　　阳春　好　　地　做　要

di^{53}xi^{21}[ti^{53}ɕi^{21}]（相当于汉语"能够"）

例句：我能够担当这件事

gai^{35}　sa^{21}　nga^{35}　ri^{53}　di^{53}xi^{21}

kai^{35}　sa^{21}　ŋa^{35}　ʑi^{53}　ti^{53}ɕi^{21}

这　事　我　担当　能够

ta^{53}duo^{21}[tha^{53}tuo^{21}]（相当于汉语"不要"）

例句：那牛要角人你不要惹它。

ai^{53}　wu^{35}　luo^{53}　ji^{53}　ni^{35}　guo^{35}　pan^{53}　ta^{53}duo^{21}

ai^{53}　u^{35}　luo^{53}　tɕi^{53}　n̠i^{35}　kuo^{35}　phan^{53}　tha^{53}tuo^{21}

那　牛　人　角　你　它　惹　不要

di^{53}[ti^{53}]（相当于汉语"要来"）

例句：我要吃饭。

nga^{35}　zi^{21}　ga^{35}　　di^{53}

ŋa^{35}　tsi^{21}　ka^{35}　　ti^{53}

我　饭　吃　要来

duo^{53}[tuo^{53}]（相当于汉语"应该"）

例句：叔叔家嫁女子，妈妈应该去。

an^{53}bei^{53}　ka^{21}　biu^{35}　po^{53}　a^{21}nie^{53}　ei^{35}　duo^{53}

an^{53}pei^{53}　kha^{21}　piu^{35}　pho^{53}　a^{21}n̠ie^{53}　ei^{35}　tuo^{53}

叔叔　　家　女儿　嫁　母亲　去　应该

值得注意的是，duo^{53}[tuo^{53}]一般正常情况下的调值为^{53}，有时根据前面句子语气的不同，调值由^{53}变为^{21}，duo^{53}[tuo^{53}]变为duo^{21}[tuo^{21}]。也就是说

由高降调变为低降调，但词的意义不变。

例句：外婆身体不舒服，你应该去探望一下。

ka²¹bu²¹　suo⁵³tou²¹　ka⁵³ca³⁵　da³⁵, ni³⁵ lao⁵³ pa⁵⁵ duo²¹

kha²¹pu²¹　suo⁵³thou²¹　kha⁵³tsha³⁵ ta³⁵, ȵi³⁵ lau⁵³ pa⁵⁵ tuo²¹

外婆　　身体　　舒服　　不　你　一趟　探望　应该

十、土家语词组

土家语词组有联合词组、主谓词组、偏正词组、补充词组、宾述词组、连动词组、兼语词组、宾介词组等。

联合词组，如：

树林竹林 ka²¹kuo²¹　mu⁵³kuo²¹[kha²¹khuo²¹　mu⁵³khuo²¹]

主谓词组，如：

鸟叫 nie²¹bi⁵³　mo³⁵hu⁵³[ȵie²¹pi⁵³　mo³⁵xu⁵³]

偏正词组，如：

红花 ka⁵³pu⁵³　mia⁵³jia⁵³[kha⁵³phu⁵³　mia⁵³tɕia⁵³]

补充词组，如：

吃得好 ga³⁵xi⁵³ca⁵³[ka³⁵ɕi⁵³tsha⁵³]

宾述词组，如：

打油 se²¹si⁵³　ha²¹[se²¹si⁵³　xa²¹]

连动词组，如：

走去看看 ei³⁵le²¹ba⁵⁵ba⁵³[ei³⁵le²¹pa⁵⁵pa⁵³]

兼语词组，如：

派我找牛 nga³⁵ pa²¹qie⁵³ wu³⁵ ni⁵³[ŋa³⁵ pha²¹tɕhie⁵³ u³⁵ ȵi⁵³]

宾介词组，如：

在家里 cu⁵³　gao⁵³　la²¹[tshu⁵³　kau⁵³　la²¹]

第三章　土家语词类的特殊表达形式

土家语是一种表现形式非常丰富的语言，一个词汇有多种表现形式；另外，一个词汇，在不同的语境中有多种变异。值得注意的是，这些多种表现形式，不一定有规律可循，这样就给初学土家语和研究土家语的人带来一些不便。为了准确掌握土家语的这些表现形式，只有认真细致地做田野调查，学习在实践中摸索总结，最后得出正确的结论，才不至于在对土家语的运用中出现混乱，达到能正确掌握土家语并能运用自如的目的。

下面我们对一些特殊的土家语词汇进行辩证分析。

第一节　土家语名词的特殊表达形式

土家语名词的一大特点是她所称谓的同一种人或事物，在不同的意境有多种表现方式，因而形成了土家语的特殊表现形式，弄清土家语名词的特殊表现形式，能增加对土家语的学习兴趣。

下面以"人""孩子""小米""山"为例。

1."人"土家语中不同的场合或语境，就有几种不同的称谓，这些不同的称谓不仅丰富了土家语的表现形式，同时也给土家语增加了一种多角度的选择空间。

人：$luo^{53}[luo^{53}]$、$suo^{53}[suo^{53}]$、$se^{21}ba^{21}[se^{21}pa^{21}]$、$ma^{55}[ma^{55}]$

土家语"人"的基本称谓是 $luo^{53}[luo^{53}]$。

例句：你家有几口人？

$se^{35}cu^{53}$　　　　luo^{53}　　$ga^{53}la^{53}hu^{21}$　　xie^{35}

$se^{35}tshu^{53}$　　　luo^{53}　　$ka^{53}la^{53}xu^{21}$　　$çie^{35}$

你家　　　　　人　　几口　　　　有

土家语中的"人"也可以说成 $suo^{53}[suo^{53}]$，是表示"何处人"，还用于"是谁"，表疑问。

例句：我是山里人。

nga^{35}　$qie^{53}sa^{53}$　　suo^{53}

ηa^{35}　$t\c{c}hie^{53}sa^{53}$　suo^{53}

我　　山里　　　　人

如果 $suo^{53}[suo^{53}]$ 前面的一个音节是低降调,那么 $suo^{53}[suo^{53}]$ 也随之变为低降调 $suo^{21}[suo^{21}]$。

例句:我是河边人。

nga^{35}　$yan^{21}huo^{21}$　suo^{21}

ηa^{35}　$ian^{21}xuo^{21}$　suo^{21}

我(是)　河边　　　人

"人"的土家语还有一种称谓叫 $se^{21}ba^{21}[se^{21}pa^{21}]$,一般常常用于他指。

例句:那人是谁?

ai^{5}　$se^{21}ba^{21}$　$a^{53}suo^{21}$

ai^{5}　$se^{21}pa^{21}$　$a^{53}suo^{21}$

那　　人　(是)　谁

有时指做事的人,土家语也称 $se^{21}ba^{21}[se^{21}pa^{21}]$。

例句:那背柴的人是你父亲。

ai^{35}　ka^{21}　　wo^{53}　$se^{21}ba^{21}$　$se^{35}ba^{21}$

ai^{35}　kha^{21}　o^{53}　$se^{21}pa^{21}$　$se^{35}pa^{21}$

那　　柴　　背(的)人　(是)　你父亲

土家语还有一种称人的词汇 $ma^{55}[ma^{55}]$。可以是复数,也可以是单数。这主要是对施事者的说明,并轻微地带有结构助词"的"意思。

例句:他们是读书人。

$gei^{53}ze^{21}$　ci^{53}　tu^{53}　　ma^{55}

$kei^{53}tse^{21}$　$tshi^{53}$　thu^{53}　ma^{55}

他们　　　书　读　　人

此处的 $ma^{55}[ma^{55}]$ 表复数。

例句:她是织土家织锦的人。

guo^{35}　$xi^{53}lan^{53}ka^{53}pu^{53}$　　ta^{53}　　ma^{55}

kuo^{35}　$\c{c}i^{53}lan^{53}kha^{53}phu^{53}$　tha^{53}　ma^{55}

她　　土家织锦　　　　　织　　人

此处的 ma^{55}[ma^{55}]表单数。

2.土家语中"孩子"也有多种表达形式。

孩子:bai^{53} [pai^{53}]（小孩）、bo^{53}li^{21} [po^{53}li^{21}]（小孩）、qin^{35}ni^{53}kui^{21} [tɕhin^{35}ni^{53}kui^{21}]（小孩）、qi^{35}de^{53}[tɕhi^{35}te^{53}]（孩子们）、bai^{53}de^{53}[pai^{53}te^{53}]（孩子们）、te^{21}bi^{53}te^{21}sai^{53}[the^{21}pi^{53}the^{21}sai^{53}]（孩子们）。

土家语这些对孩子的称谓也是有讲究的,在不同的语言环境对孩子的称谓有所不同。

土家语对孩子的基本称谓是 bai^{53}[pai^{53}]和 bo^{53}li^{21}[po^{53}li^{21}]。这一称谓一般是针对婴儿、胎儿。

例句:嫂子怀孕了。

guo^{35}gui^{53}　　me^{21}ci^{21}ke^{53}　　　wo^{21}tu^{53}　　bai^{53}　　xiao^{35}

kuo^{35}kui^{53}　　me^{21}tshi^{21}khe^{53}　　o^{21}thu^{53}　　pai^{53}　　ɕiau^{35}

嫂子　　　　肚子　　　　　　里面　　　孩子　　有了(怀孕了)

例句:姐姐给孩子喂奶。

a^{35}da^{53}　bai^{53}　bo^{21}　man^{21}　　a^{53}ku^{21}　　la^{21}

a^{35}ta^{53}　pai^{53}　po^{21}　man^{21}　　a^{53}khu^{21}　la^{21}

姐姐　　孩子　给　奶　　　喂　　　在

注:土家语 a^{53}[a^{53}]和 ku^{21}[khu^{21}]都是喂的意思,前者应用广泛,后者只专门用于给小孩子喂奶。

以上后句中的土家语对孩子的称谓 bai^{53} [pai^{53}] 也可以换成 bo^{53}li^{21} [po^{53}li^{21}],但一般来说,bo^{53}li^{21}[po^{53}li^{21}]比 bai^{53}[pai^{53}]小孩年龄要大一点。如前一句中的"怀孕"还是很少有人说 bo^{53}li^{21}[po^{53}li^{21}],至少出世以后婴儿才称 bo^{53}li^{21}[po^{53}li^{21}]。

例句:奶奶在家带孩子。

a^{55}ma^{55}　　cu^{53}　　　bo^{53}li^{21}　　ka^{53}　　la^{21}

a^{55}ma^{55}　　tshu^{53}　　po^{53}li^{21}　　ka^{53}　　la^{21}

奶奶　　　家　　　孩子　　带　　在

土家语 qin^{35}ni^{53}kui^{21}[tɕhin^{35}n̩i^{53}khui^{21}]是针对至少能走路的孩子而言。

例句:那孩子很调皮。

ai^{53}　　qin^{35}ni^{53}kui^{21}　　　dai^{35}yan^{35}　　xi^{21}tai^{35}

ai⁵³　　tɕhin³⁵ɳ̩i⁵³khui²¹　　tai³⁵ian³⁵　　çi²¹thai³⁵

那　　孩子　　　　　　讨厌　　　得很

土家语在平常交流中往往把 qin³⁵ni⁵³kui²¹ [tɕhin³⁵ɳ̩i⁵³khui²¹] 只说成 qin³⁵ni⁵³ [tɕhin³⁵ɳ̩i⁵³] 省去后面的 kui²¹ [khui²¹]。上面的 ai⁵³qin³⁵ni⁵³kui²¹dai³⁵yan³⁵xi²¹tai³⁵ [ai⁵³tɕhin³⁵ɳ̩i⁵³khui²¹tai³⁵ian³⁵ çi²¹tai³⁵]。也可以说成：ai⁵³qin³⁵ni⁵³dai³⁵yan³⁵ xi²¹tai³⁵[ai⁵³tɕhin³⁵ɳ̩i⁵³tai³⁵ian³⁵çi²¹tai³⁵]。意思完全是一样的。

qin³⁵de⁵³bai⁵³de⁵³[tɕhin³⁵te⁵³pai⁵³te⁵³]和 qin³⁵de⁵³[tɕhin³⁵te⁵³]是"孩子"的复数,意思是"孩子们"。

例句:孩子们莫闹了。

qin³⁵de⁵³bai⁵³de⁵³　　ta⁵³　　ze³⁵ri⁵³　　gu²¹

tɕhin³⁵te⁵³pai⁵³te⁵³　　tha⁵³　　tse³⁵ʑi⁵³　　ku²¹

孩子们　　　　　　莫　　　闹了

这句话土家语也可以说成：

qin³⁵de⁵³　　ta⁵³　　ze³⁵ri⁵³　　gu²¹

tɕhin³⁵te⁵³　　tha⁵³　　tse³⁵ʑi⁵³　　ku²¹

孩子们　　　莫　　闹了

但是没有说前一句显得生动和具有号召力。

不过在一般日常生活中称 qin³⁵de⁵³[tɕhin³⁵te⁵³]也还是常见。

例句:他们家孩子多。

gei⁵³ze²¹　　cu⁵³　　qin³⁵de⁵³　　ri²¹

kei⁵³tse²¹　　tshu⁵³　　tɕhin³⁵te⁵³　　ʑi²¹

他们　　家　　孩子　　多

还有 te²¹bi⁵³te²¹sai⁵³[the²¹pi⁵³the²¹sai⁵³],是大人们对孩子们带有不耐烦的称谓,也就是说稍微带有一点贬义成分。

例句:孩子们几下子就把饭吃光了。

te²¹bi⁵³te²¹sai⁵³　　ga⁵³dong⁵³　　le²¹　　guo³⁵　　zi²¹　　ga³⁵　　ji⁵³　　liao⁵³

the²¹pi⁵³the²¹sai⁵³　　ka⁵³toŋ⁵³　　le²¹　　kuo³⁵　　tsi²¹　　ka³⁵　　tɕi⁵³　　liau⁵³

孩子们　　　　　几下　　　就　　把　　饭　　吃　　光　　了

从以上例句可以看出,土家语用词对语境的选择是很严格的。

3.土家语中对小米的称谓

土家语中对小米有 3 种称谓：ei²¹[ei²¹]（小米）、wu⁵³suo⁵³[u⁵³suo⁵³]（小米）、bu³⁵li⁵³gai²¹[pu³⁵li⁵³kai²¹]（小米）

土家语对小米的称谓也是很有讲究的。小米的基本称谓是 ei²¹[ei²¹]，它是对小米的整个植株的称谓。从植株的秧苗、生长期的植株和小米穗都称为 ei²¹ [ei²¹]。即使是小米种也要称为 ei²¹nie⁵³lan⁵³ [ei²¹n̩ie⁵³lan⁵³]，其中的 nie⁵³lan⁵³[n̩ie⁵³lan⁵³]是汉语"种子"的意思。

例句：今年山上的小米长势非常好。

long²¹bai²¹	kan²¹ku⁵³	nie⁵³	ei²¹	ong³⁵	xi⁵³	ca³⁵	xi⁵³tai³⁵
loŋ²¹pai²¹	khan²¹khu⁵³	n̩ie⁵³	ei²¹	oŋ³⁵	çi⁵³	tsha³⁵	çi⁵³thai³⁵
今年	山上	的	小米	长	得	好	非常

如果说小米收回家后脱了粒，就要叫 bu³⁵li⁵³gai²¹[pu³⁵li⁵³kai²¹]。

例句：你家今年收了几斗小米？

se³⁵cu⁵³	long²¹bai²¹	bu³⁵li⁵³gai²¹	ga⁵³po⁵³	ti²¹
se³⁵tshu⁵³	loŋ²¹pai²¹	pu³⁵li⁵³kai²¹	ka⁵³pho⁵³	thi²¹
你家	今年	小米	几斗	得

如果说是小米已经加工为成品，或者成了能供人食用的食品，那就要说成 wu⁵³suo⁵³[u⁵³suo⁵³]。

例句：小米饭真好吃。

wu⁵³suo⁵³	zi²¹	za²¹zai³⁵hua²¹	ga³⁵	ca³⁵
u⁵³suo⁵³	tsi²¹	tsa²¹tsai³⁵xua²¹	ka³⁵	tsha³⁵
小米	饭	真的	吃	好

4.土家语对山有多种称谓：

土家族是一个山地民族，大多数居住在武陵山区，土家族与山的接触比较多，所以土家语对山的称谓也有多种。分别是：ku⁵³za⁵³ [khu⁵³tsa⁵³]（山）、qie⁵³sa⁵³ [tɕie⁵³sa⁵³]（二级山）、qie⁵³le²¹ [tɕhie⁵³le²¹]（三级山）、khu⁵³le⁵³[ku⁵³le⁵³]（四级山）、ba²¹ji²¹[pa²¹tɕi²¹]（五级山）、kan²¹ku⁵³[khan²¹khu⁵³]（山里）。

土家语对山的基本称谓是 ku⁵³za⁵³[khu⁵³tsa⁵³]，也就是说对所有山的泛称都是 ku⁵³za⁵³[khu⁵³tsa⁵³]。

例句：我们那里山多得很。

an^{35} en^{53}ge^{53} ku^{53}za^{53} ri^{21} xi^{21}tai^{35}

an^{35} en^{53}ke^{53} khu^{53}tsa^{53} ʑi^{21} ɕi^{21}thai^{35}

我们 那里 山 多 得很

下面就看一下不同级别的山的称谓实例。

大山称之为 qie^{53} [tɕie^{53}]；所以在土家族地区的很多大山都带有 qie^{53} [tɕie^{53}]。如湖南省龙山县有 la^{35} qie^{53} [la^{35} tɕhie^{53}]"那且"，duo^{53} qie^{53}[tuo^{53} tɕhie^{53}]"多且"，suan^{53} qie^{53}[suan^{53} tɕhie^{53}]"双且"等，都是大山之名。如果是大山，而且又是群山绵亘，那么就叫 qie^{53}sa^{53}[qie^{53}sa^{53}]"且沙"。在这些大山中有很多土家山寨。这里的土家人别人称之为 qie^{53}sa^{53} so^{53}[tɕhie^{53}sa^{53} so^{53}]。

例句：我是河边人，你是大山人。

nga^{35} yan^{21}huo^{21} suo^{21} ni^{35} qie^{53}sa^{53} suo^{53}

ŋa^{35} ian^{21}xuo^{21} suo^{21} ɲi^{35} tɕhie^{53}sa^{53} suo^{53}

我 河边 人 你 山里 人

比大山稍微小一点的山，土家语称之为 qie^{53}le^{21} [tɕhie^{53} le^{21}]。比 qie^{53}le^{21}[tɕhie^{53} le^{21}]还小一些的山就叫 ku^{53}le^{53}[ku^{53} le^{21}]。如果是独立的小山包，那就叫 ku^{53}za^{53}bi^{21}[khu^{53}tsa^{53}pi^{21}]，或简称为 ku^{53}[khu^{53}]。

值得说明的是，土家语如果是说"山里"或"山上"，有一个专用名词，叫 kan^{21}ku^{53}[khan^{21}khu^{53}]。这是土家人经常用的一个词，因为土家族的生产区大都在"山里"或"山上"。

例句：父母到山上做阳春去了。

nie^{21}ba^{21} kan^{21}ku^{53} jie^{35} ri^{53} lu^{21}

ŋie^{21}pa^{21} khan^{21}ku^{53} tɕie^{35} ʑi^{53} lu^{21}

父母(到) 山上 阳春 做 去了

5.土家语对植物界的叶子有多种称谓

土家语对植物的叶子有多种称谓。分别是 ei^{53}ta^{53} [ei^{53}tha^{53}] 或 e^{53}ta^{53} [e^{53}tha^{53}]（一般泛指）、pu^{35}ta^{53} [phu^{35}tha^{53}]、hu^{53}ta^{53} [xu^{53}tha^{53}]（宽大叶子）、ta^{53}la^{53}[tha^{53}la^{53}]（苞谷叶子）等。

这些称谓都有其的特定内容：ei^{53}ta^{53}[ei^{53}tha^{53}]或 e^{53}ta^{53}[e^{53}tha^{53}]是对纤维比丰富的长形叶子的称谓，如麦子叶、稻谷叶等。

例句：稻谷叶子生虫了(意思有病虫害)。

$li^{35}bu^{53}$　　$ei^{53}ta^{53}$　　$te^{53}pe^{21}$　　　bu^{21}　　$liao^{21}$

$li^{35}pu^{53}$　　$ei^{53}tha^{53}$　　$the^{53}phe^{21}$　pu^{21}　　$liau^{21}$

稻谷　　　叶子　　　　虫　　　生　　　了

$pu^{35}ta^{53}$ 是对大多数叶面不太大的圆形、椭圆形或多边形叶子的称谓。

例句：杜仲树叶可以做药。

$si^{53}mian^{21}ka^{21}mong^{21}$　$pu^{35}ta^{53}$　　yao^{35}　ri^{53}　$di^{53}xi^{21}$

$si^{53}mian^{21}kha^{21}moŋ^{21}$　$phu^{35}tha^{53}$　iau^{35}　$ʑi^{53}$　$ti^{53}çi^{21}$

杜仲树　　　　　　　　　叶　　药　　做　　可以

　$hu^{53}ta^{53}[xu^{53}tha^{53}]$是对那些比较宽大的叶子的称谓，如油桐树叶、土茯苓叶等。

例句：我今天用桐油树叶子吃中饭。

nga^{35}　lai^{53}　　$tong^{21}you^{21}$　$hu^{53}ta^{53}$　　$huo^{21}le^{21}$　$ong^{53}ga^{21}$　ga^{35}

$ŋa^{35}$　lai^{53}　　$thoŋ^{21}iou^{21}$　$xu^{53}tha^{53}$　$xuo^{21}le^{21}$　$oŋ^{53}kha^{21}$　ka^{35}

我　今天　桐油树　　　叶子　　　用　　中饭　　吃

$ta^{53}la^{53}[tha^{53}la^{53}]$是对苞谷叶和一些藤蔓植物的叶子的称谓。

例句：母亲在土里打苞谷叶子准备给牛做饲料。

$a^{21}nie^{53}ruo^{53}ku^{53}$　$bao^{53}gu^{53}ta^{53}la^{53}$　$ha^{21}le^{21}$　　$wu^{35}bo^{53}$　$u^{35}xi^{21}$　ri^{53}

$a^{21}nie^{53}ʐuo^{53}khu^{53}$　$pau^{53}ku^{53}tha^{53}la^{53}$　$xa^{21}le^{21}$　$u^{35}po^{53}$　$u^{35}çi^{21}$　$ʑi^{53}$

母亲　土里　　苞谷　　叶子　打（准备）牛　给　饲料　　做

第二节　土家语动词的特殊表达形式

动词的表现形式包括能愿动词和对其否定的形式（如：要，不要）在内。

比如汉语的"要"这个词，它是一个能愿动词。但是它在不同的使用场合，所表达出的形式就不完全一样。

1.能愿动词"要"的几种形式：

能愿动词有否定能愿动词和肯定能愿动词，如：

$ta^{21}hong^{35}[tha^{21}xoŋ^{35}]$（不要）、$ta^{53}duo^{21}[tha^{53}tuo^{21}]$（不要）、$di^{53}[ti^{53}]$（要）、$duo^{21}[tuo^{21}]$（要）（句末，做黏附词）。其中如果说是加了否定副词"不"，其表现的形式就又不一样了。下面对"要"与"不要"进行介绍。

"要"的土家语的基本表达形式是 di⁵³[ti⁵³]（要）。

例句：我介绍秀英给你做老婆你要不要？

nga³⁵ xiu³⁵yen⁵³ ni³⁵ bo²¹ si⁵³e²¹ luo²¹ga²¹ni⁵³ ri⁵³ ni³⁵ di⁵³ ta²¹hong³⁵

ŋa³⁵ ɕiu³⁵ien⁵³ ȵi³⁵ po²¹ si⁵³e²¹ luo²¹ka²¹ȵi⁵³ ʑi⁵³ ȵi³⁵ ti⁵³ tha²¹xoŋ³⁵

我　秀英　　你　给　介绍　　老婆　　做 你 要　不要

如果回答：我要。

土家语是这样说的：

nga³⁵　di⁵³

ŋa³⁵　ti⁵

我　要

这两句中的汉语"要"，土家语的表现形式都是 di⁵³[ti⁵³]，这是土家语对应汉语"要"的本义。

土家语的"不要"还有一种表达形式 ta⁵³duo²¹[tha⁵³tuo²¹]。

例句：那人很坏你不要惹他。

ai⁵³　luo⁵³　de³⁵ka⁵³la⁵³　ni³⁵　guo³⁵　pan⁵³　ta⁵³duo²¹

ai⁵³　luo⁵³　te³⁵kha⁵³la⁵³　ȵi³⁵　kuo³⁵　phan⁵³　tha⁵³tuo²¹

那　人　很坏　　你　他　惹　不要

但是如果"要"在句子中与后面动词的修饰，那么土家语又会变成另一种表现形式。

例句：爸爸要去。

a²¹ba⁵³　ei³⁵　duo⁵³

a²¹pa⁵³　ei³⁵　tuo⁵³

爸爸　去　要

句子中的"要"duo⁵³[tuo⁵³]放在句末，以黏附词的形式出现。

但是细心的人会发现，其中有一个"不要"，就不是土家语 di⁵³[ti⁵³]与土家语的否定副 ta⁵³[tha⁵³] 词结合，而是与 hong³⁵[xoŋ³⁵] 结合，变成了 ta²¹hong³⁵[tha²¹xoŋ³⁵]，而且 ta⁵³[tha⁵³]的声调也由 ²¹ 变成了 ⁵³。

2.能愿动词"有"与"没有"

能愿动词"有"与"没有"，这也是一个变化较明显的词或词组。xie³⁵ [ɕie³⁵]（有）、xiao³⁵[ɕiao³⁵]（有了）、da⁵³[ta⁵³]，tai³⁵[thai³⁵]（未，没有）、da⁵³nie⁵³[ta⁵³ȵie⁵³]（未，没有）。

如果单独只说"有"，那么土家语就是 xie^{35}[ɕie^{35}]。

例句：我有一双鞋。

nga^{35}　cuo^{21}xie^{53}　　la^{53}ru^{53}　　xie^{35}

ŋa^{35}　　tʂhuo^{21}ɕie^{53}　la^{53}ʐu^{53}　ɕie^{35}

我　　鞋子　　　　一双　　有

xie^{35}[ɕie^{35}]（有）的位置在整个句子的末尾。

如果说：我有了一双鞋。那么土家语的说法不是简单地在 xie^{35}[ɕie^{35}]（有）后面加"了"，而是对 xie^{35}[ɕie^{35}]（有）的表现形式进行了改变，要改变为 xiao^{35}[ɕiau^{35}]（有了）。土家语是这样说的：

例句：我有了一双鞋子。

nga^{35}　cuo^{21}xie^{53}　　la^{53}ru^{53}　　xiao^{35}

ŋa^{35}　　tʂhuo^{21}ɕie^{53}　la^{53}ʐu^{53}　ɕiau^{35}

我　　鞋子　　　　一双　　有了

与上句"我有一双鞋"的句法是一样的，"有了"的位置也在句子末尾。

如果说是对"有"的否定，要说"没有"，那么就有另外的说法。

例句：我没有一双鞋子。

土家语说的形式是：

nga^{35}　cuo^{21}xie^{53}　　la^{53}ru^{53}　　tai^{35}

nŋ^{35}　　tʂhuo^{21}ɕie^{53}　la^{53}ʐu^{53}　thai^{35}

我　　鞋子　　　　一双　　没有

这是 tai^{35}[thai^{35}]（未,没有）修饰名词的时候,如果说是修饰动词,词的形式又会改变。

例句：我没有织背笼。

nga^{35}　wo^{21}sa^{21}　su^{53}　　da^{35}

nŋ^{35}　　o^{21}sa^{21}　　su^{53}　　ta^{35}

我　　背笼　　织　　没有

tai^{35}[thai^{35}]（未,没有）、da^{35}[ta^{35}]（未,没有）的位置都在句子末尾,但是二者只是韵母相同,声母就不同了。

"没有"如果修饰动词,但动作又还没有付诸实施的时候,那么它的表达形式又有所不同。要在 da^{35}[ta^{35}]后面加 nie^{53}[ȵie^{53}],成为 da^{53}nie^{53}[ta^{53}ȵie^{53}]

（未，没有）。所加的 nie^{53}[n̠ie^{53}]有轻微"的"的意思。

例句：我还没有来。

nga^{35}　ha^{21}　en^{21}zi^{21}　da^{53}nie^{53}

nŋ^{35}　xa^{21}　en^{21}tsi^{21}　ta^{53}n̠ie^{53}

我　　还　　来　　　没有

3.动词"去"也有几种形式：

"去"的基本形式是 ei^{35}[ei^{35}]（去），还有 zao^{21}[tsau^{21}]（去了）、ei^{35}lu^{53}[ei^{35}lu^{53}]（将行貌）、ei^{35}la^{53}hu^{21}[ei^{35}la^{53}xu^{21}]（正在进行时）

例句：我往家里去。

nga^{35}　cu^{53}　bo^{21}　ei^{35}

ŋa^{35}　tshu^{53}　po^{21}　ei^{35}

我　　家里　　往　　去

如果说"我准备往家里去"，土家语的表现形式就是：

nga^{35}　cu^{53}　bo^{21}　ei^{35}　lu^{53}

ŋa^{35}　tshu^{53}　po^{21}　ei^{35}　lu^{53}

我　　家里　　往　　去(准备)

如果说"我正在往家里去"，土家语的表现形式是：

nga^{35}　cu^{53}　bo^{21}　ei^{35}　la^{53}　hu^{53}

ŋa^{35}　tshu^{53}　po^{21}　ei^{35}　la^{53}　xu^{53}

我　　家里　　往　　去(正在)

4.动词"来"的几种形式

土家语"来"的基本形式是 en^{21}zi^{21}[en^{21}tsi^{21}]（来），其他的有：en^{21}zou^{35}[en^{21}tsou^{35}]（来了）、ei^{35}[ei^{35}]（走）ei^{35}lu^{53}[ei^{35}lu^{53}]（正在来）、di^{53}[ti^{53}]（要来）、ei^{35} la^{53} hu^{21}[ei^{35} la^{53} xu^{21}]（正在来）与"正在去"相同。

如果单纯地说"来"，土家语就是 en^{21}zi^{21}[en^{21}tsi^{21}]。

例句：我今天来的。

nga^{35}　lai^{53}　en^{21}zi^{21}

ŋa^{35}　lai^{53}　en^{21}tsi^{21}

我　　今天　　来(的)

如果说"来了"，说明动作正在开始进行，土家语就要说成 en^{21}zou^{35}

[en²¹tsou³⁵]。

例句：我今天来了。

nga³⁵　　lai⁵³　　en²¹ zou³⁵

ŋa³⁵　　lai⁵³　　en²¹ tsou³⁵

我　　今天　　来了

如果说是将行貌，还没有实施"来"，土家语就要在en²¹zi²¹[en²¹tsi²¹]后面加上土家族语黏附词hu²¹[xu²¹]。

例句：

我今天要来。

nga³⁵　　lai⁵³　　en²¹zi²¹ hu²¹

ŋa³⁵　　lai⁵³　　en²¹tsi²¹xu²¹

我　　今天　　来（将要）

如果说是正在进行时"正在来"，但与en²¹zou³⁵[en²¹tsou³⁵]稍微有点区别，说明已经走半路，那么就要在en²¹zi²¹[en²¹tsi²¹]后面加la⁵³ hu²¹[la⁵³ xu²¹]。

例句：我正在来。

nga³⁵　　en²¹zi²¹　　la⁵³hu²¹

ŋa³⁵　　en²¹tsi²¹　　la⁵³xu²¹

我　　来　　正在

5.动词"跑"也有不同表现形式

土家语"跑"的基本形式有两种：

po³⁵[pho³⁵]（跑）、tan²¹[than²¹]（跑）。

"跑"的基本形式是po³⁵[pho³⁵]。

例句：他夹着尾巴跑了。

guo³⁵　　se²¹la²¹kan⁵³jian⁵³　　mo²¹　　po³⁵　　lu²¹

kuo³⁵　　se²¹la²¹khan⁵³tɕian⁵³　　mo²¹　　pho³⁵　　lu²¹

他　　尾巴夹　　着　　跑　　了

如果说是带有一点情绪，所说的"跑"土家语就要说tan²¹。这是土家族老人埋怨小孩经常的说法，

例句：这孩子跑了。

gai³⁵　　qin³⁵ni⁵³kui²¹　　tan²¹ lu²¹

kai³⁵　　tɕhin⁵³n̦i⁵³khui²¹　　than²¹　lu²¹

这　　孩子　　　　跑了

"跑"土家语还有两种方言说法,一是龙山县坡脚乡叫 ra⁵³[ʐa⁵³];另一种是龙山县他砂乡叫 hu⁵³ca⁵³[xu⁵³tsha⁵³]。

6.动词"烧"不同表现形式

土家语"烧"的表现形式有 3 种:luo³⁵[luo³⁵](烧)、wu³⁵[u³⁵](烧)、gei²¹[gei²¹](烧)

土家语动词"烧"基本形式两种,一种是 luo³⁵[luo³⁵],另一种是 wu³⁵[u³⁵]。还有一种专用说法 gei²¹[kei²]。

例句:妈妈早上起来烧火。

a²¹nie⁵³　　zao⁵³gu⁵³de²¹　　zu³⁵le²¹　　mi⁵³　luo³⁵

a²¹n̦ie⁵³　　tsau⁵³ku⁵³te²¹　　tsu³⁵le²¹　　mi⁵³　luo³⁵

妈妈　　　早上　　　　起来　　火　烧

luo³⁵[luo³⁵]一般指在家里火坑或厨房里烧火时用。

又例句:爷爷在灶里面烧火。

pa²¹pu⁵³　　　zuo²¹kong²¹　　wo²¹tu⁵³　　mi⁵³　luo³⁵　la⁵³

pha²¹phu⁵³　　tsuo²¹khoŋ²¹　　o²¹thu⁵³　　mi⁵³　luo³⁵　la⁵³

爷爷　　　　灶　　　　里面　　火　烧　在

wu³⁵[u³⁵]主要是用于在野外烧灰、烧渣滓、烧垃圾、烧草之类的东西。

例句:社员们都上山烧灰去了。

se³⁵yan²¹de²¹　　kan²¹ku⁵³　　bu²¹ci⁵³　　　wu³⁵　lu²¹

se³⁵ian²¹te²¹　　khan²¹khu⁵³　　pu²¹tshi⁵³　　u³⁵　lu²¹

社员们　　　　山上　　　　灰　　烧　去了

"烧"还有一种特指,那就是"房子被烧了"的"烧",土家语又有另外一种表达法 gei²¹[kei²]。

例句:他家的房子被烧了。

gei⁵³ze²¹　　nie²¹　　cuo⁵³　　　gei²¹　　liao²¹.

kei⁵³tse²¹　　n̦ie²¹　　tshuo⁵³　　kei²¹　　liau²¹

他家　　　的　　房子　　烧　　了

gei²¹ 还用于词组"发烧"。

例句:她的孩子昨天晚上发烧。

guo³⁵	nie²¹	bo⁵³li²¹	pai⁵³lan⁵³	luo⁵³	gei²¹
kuo³⁵	n̠ie²¹	po⁵³li²¹	phai⁵³lan⁵³	luo	kei²¹
她	的	孩子	昨天晚上	人	发烧

7.土家语动词"借"有几种表现形式

土家语"借"有 4 种表现形式,即:lu³⁵[lu³⁵](借)、cong³⁵[tshoŋ³⁵](借)、zuo⁵³[tsuo⁵³](借)、ong⁵³[oŋ⁵³](借)。这几种表达形式都有特定的范围。

如果说"借钱"的"借", lu³⁵[lu³⁵]、cong³⁵[tshoŋ³⁵]、zuo⁵³[tsuo⁵³]。三种说法都可以。

例句:我向你借点钱。

可以说成:

nga³⁵	ni³⁵	da⁵³	ku³⁵luo⁵³luo²¹	dian³⁵	lu³⁵
ŋa³⁵	n̠i³⁵	ta⁵³	khu³⁵luo⁵³luo²¹	tian³⁵	lu³⁵
我	你	向	钱	一点	借

也可以说成:

nga³	ni³⁵	da⁵³	ku³⁵luo⁵³luo²¹	dian³⁵	cong³⁵
ŋa³⁵	n̠i³⁵	ta⁵³	khu³⁵luo⁵³luo²¹	tian³⁵	coŋ³⁵
我	你	向	钱	一点	借

还可以说成:

nga³⁵	ni³⁵	da⁵³	ku³⁵luo⁵³luo²¹	dian³⁵	zuo⁵³
ŋa³⁵	n̠i³⁵	ta⁵³	khu³⁵luo⁵³luo²¹	tian³⁵	tsuo⁵³
我	你	向	钱	一点	借

如果是借粮食,就只能说 lu³⁵[lu³⁵]。其他说法都不行。

例句:我和你借斗谷子。

nga³⁵	ni³⁵	da⁵³	li³⁵bu⁵³	la⁵³po⁵³	lu³⁵
ŋa³⁵	n̠i³⁵	ta⁵³	li³⁵pu⁵³	la⁵³pho⁵³	lu³⁵
我	你	和	谷子	一斗	借

如果把 lu³⁵[lu³⁵]换成 cong³⁵[tshoŋ³⁵]、zuo⁵³[tsuo⁵³]、ong⁵³[oŋ⁵³]中的哪一种都是错误的。

如果说是借用具,那就只能说 ong⁵³[oŋ⁵³]。其他的说法是不行的。

例句:你们家的筛子我借用一下。

se³⁵　cu⁵³　nie⁵³　xie²¹ci²¹　nga³⁵　ong⁵³　le²¹　lao⁵³　si⁵³

se³⁵　tshu⁵³　ɲie⁵³　ɕie²¹tshi²¹　ŋa³⁵　oŋ⁵³　le²¹　lau⁵³　si⁵³

你们　家　　的　筛子　　　我　　借　　来　一下　用

如果把此句中的ong⁵³[oŋ⁵³]换成lu³⁵[lu³⁵]、cong³⁵[tshoŋ³⁵]、zuo⁵³[tsuo⁵³]中的哪一种都是错误的。

由此可见,土家语用词还是有它自己的缜密性和严格性。

8.动词"砍"也有不同表现形式

土家语"坎"有5种表现形式:ga⁵³[ka⁵³](砍)、ta⁵³[tha⁵³](砍)、la⁵³[la⁵³](砍)、si³⁵si⁵³[si³⁵si⁵³](带修理或修整性的砍)、za³⁵[tsa³⁵](砍茅草、小灌木等)

动词"砍"土家语最基本的表现形式是ga⁵³[ka⁵³]。

例句:哥哥用沙刀砍柴。

a²¹kuo⁵³　su⁵³ku⁵³　huo²¹le²¹　ka²¹　ga⁵³

a²¹khuo⁵³　su⁵³khu⁵³　xuo²¹le²¹　kha²¹　ka⁵³

哥哥　　沙刀　　用来　柴　砍

如果说是砍树,也可以用ga⁵³[ka⁵³](砍),但最好还是用ta⁵³[tha⁵³]或la⁵³[la⁵³]。

例句:哥哥用斧头砍树。

a²¹kuo⁵³　ao⁵³kei⁵³　huo²¹le²¹　ka²¹mong²¹　la⁵³

a²¹khuo⁵³　au⁵³khei⁵³　xuo²¹le²¹　kha²¹moŋ²¹　la⁵³

哥哥　　斧头　　用来　树　　砍

也可以说成:

a²¹kuo⁵³　ao⁵³kei⁵³　huo²¹le²¹　ka²¹mong²¹　ta⁵³

a²¹khuo⁵³　au⁵³khei⁵³　xuo²¹le²¹　kha²¹moŋ²¹　tha⁵³

哥哥　　斧头　　用来　树　　砍

如果说是把砍倒的树的枝丫或树叶砍掉,土家语就要说si³⁵si⁵³[si³⁵si⁵³],带有修理或修整的意思。

例句:父亲叫母亲把树丫砍一下。

a²¹ba⁵³　a²¹nie⁵³　pa²¹qie⁵³　　ka²¹mong²¹a³⁵jie⁵³　lao⁵³　si³⁵si⁵³　lian⁵³di²¹

a²¹pa⁵³　a²¹ɲie⁵³　pha²¹tɕhie⁵³　kha²¹moŋ²¹a³⁵tɕie⁵³lau⁵³　si³⁵si⁵³　lian⁵³ti²¹

父亲　　母亲　　叫　　　树丫　　　一　　　砍　　　下

如果说上山砍火畬或砍茅草、芭茅、小杂树之类的植物，就要说 za^{35} [tsa^{35}]。

例句：全家人都上山砍火畬去了。

la^{53}cuo^{53}la^{53}la^{53}　　kan^{21}ku^{53}　　ye^{53}　　za^{35}　lu^{21}

la^{53}tshuo^{53}la^{53}la^{53}　khan^{21}khu^{53}　ie^{53}　tsa^{35}　lu^{21}

全家人　　　　　山上　　　火畬　砍　去(了)

第三节　土家语形容词的特殊表现形式

土家语形容词有多种，其特殊表达形式也十分明显。下面就来看一下几种具有代表性形容词的特殊表达方式。

1.土家语形容词"大"的表现形式

"大"的表现形式有如下有四种：te^{35}ba^{53}[the^{35}pa^{53}]、ci^{53}[tshi^{53}]、bien^{21}ci^{21} [pien^{21}tshi^{21}]、lao^{21}ga^{21}[lau^{21}ka^{21}]

"大"的基本表现形式是 te^{35}ba^{53} [the^{35}pa^{53}]，有的方言中是 ci^{35}ba^{53} [tshi^{35}pa^{53}]。只是前面一个音节有点不同，但意思是一样的。这是后面一种"大"的表现形式的一种 ci^{53}[tshi^{35}]的延伸。te^{35}ba^{53}[the^{35}pa^{53}]主要用于限制或修饰名词，它单独应用时也要用 te^{35}ba^{53}[the^{35}pa^{53}]。

限制或修饰名词。如：

例句：我家有一头大水牛。

an^{35}cu^{53}　　ruan^{35}　te^{35}ba^{53}　　lao^{53}　xie^{35}

an^{35}tʂhu^{53}　ʐuan^{35}　the^{35}pa^{53}　lau^{53}　çie^{35}

我家　　水牛　　大　　　一头　有

te^{35}ba^{53}[the^{35}pa^{53}]在土家语中不是能修饰所有的名词，如土家语中的"力气"就不受 te^{35}ba^{53}[the^{35}pa^{53}](大)的修饰。要说"大的力气"，其中的"大"就要改为另一种说法。

例句：他力气大。

guo^{35}　　xie^{53}qi^{21}　　ga^{21}ti^{53}ti^{53}

kuo^{35}　　çie^{53}tɕhi^{21}　ka^{21}thi^{53}thi^{53}

他　　　力气　　　大

句子中的 $xie^{53}qi^{21}$ [$\varsigma ie^{53}t\varsigma hi^{21}$]（力气）要受 $ka^{21}ti^{53}ti^{53}$[$ka^{21}thi^{53}thi^{53}$]（大）来修饰。但是 $ka^{21}ti^{53}ti^{53}$[$ka^{21}thi^{53}thi^{53}$]（大）也只能专门修饰 $xie^{53}qi^{21}$ [$\varsigma ie^{53}t\varsigma hi^{21}$]（力气），对其他名词它就没有权限修饰。

土家语中的"大"还有一种表现形式是 ci^{53}[$tshi^{53}$]，它在土家语中修饰比况句或者充当补语时用。

先看它在比况句中的情形。

例句：我比他大些。

nga^{35}	guo^{35}	ci^{53}	nie^{21}
ηa^{35}	kuo^{35}	$tshi^{53}$	ηie^{21}
我	他	大	些

再看 ci^{53}[$tshi^{53}$]作补语。

例句：你的话讲得太大声了。

ni^{35}	nie^{21}	sa^{21}	li^{21}	xi^{53}	te^{35}	ci^{53}	$liao^{21}$
ηi^{35}	ηie^{21}	sa^{21}	li^{21}	ςi^{53}	the^{35}	$tshi^{53}$	$liau^{21}$
你	的	话	讲	得	太	大	了

如果说对人表示一种不满的态度，土家语地区的汉语方言就有一种说法："你鸡巴大些！"这句话的土家语表现形式是：

ni^{35}	ri^{21}	ci^{53}	nie^{21}
ηi^{35}	zi^{21}	$tshi^{53}$	ηie^{21}
你	鸡巴	大	些

土家语中的 $bien^{21}ci^{21}$[$pien^{21}tshi^{21}$]（大）和 $lao^{21}ga^{21}$[$lau^{21}ka^{21}$]（大）都是用于特指。都是指的个头很大，$lao^{21}ga^{21}$[$lau^{21}ka^{21}$]还有一种特殊的用法，是修饰"官"，如"大官"就要用 $lao^{21}ga^{21}$[$lau^{21}ka^{21}$]。

例句：我家修了一栋大屋。

$an^{35}cu^{53}$	cuo^{53}	$bien^{21}ci^{21}$	$la^{53}cuo^{53}$	su^{35}	$bo^{53}la^{21}$
$an^{35}tshu^{53}$	$tshuo^{53}$	$pien^{21}tshi^{21}$	$la^{53}tshuo^{53}$	su^{35}	$po^{53}la^{21}$
我家	屋	大	一栋	修	了

其中的 $bien^{21}ci^{21}$[$pien^{21}tshi^{21}$]也可以换成 $lao^{21}ga^{21}$[$lau^{21}ka^{21}$]。

$lao^{21}ga^{21}$[$lau^{21}ka^{21}$]的特殊用法修饰"官"。

例句：我们寨子上来了一个大官。

an^{35}　luo^{53}you^5　ga^{35}me^{53}　lao^{21}ga^{21}　lao^{53}　en^{21}zou^{35}

an^{35}　luo^{53}iou^5　ka^{35}me^{53}　lau^{21}ka^{21}　lau^{53}　en^{21}tsou^{35}

我们　寨上　　官　　大　　一个　来了

2.土家语"小"的表现形式

土家语"小"有以下表现形式：suan^{53}[suan^{53}](小)、bi^{21}bi^{53}kui^{21}[pi^{21}pi^{53}khui^{21}]（小）、bi^{35}bi^{53} [pi^{35}pi^{53}]（小）、bi^{21} [pi^{21}]（小）、te^{21}se^{53}kui^{21}[the^{21}se^{53}khui^{21}]（小,有轻视的意味）

土家语中的 "小"基本的表现形式是 suan^{53} [suan^{53}] 和 bi^{21}bi^{53}kui^{21} [pi^{21}pi^{53}khui^{21}]。二者常常交叉使用。但是也有一些细微区别。它和上面所说的 te^{35}ba^{53}[the^{35}pa^{53}]、ci^{53}[tshi^{53}]是对应的。可以组成相对应的反义词。

如：te^{35}ba^{53} [the^{35}pa^{53}]——bi^{35}bi^{53} [pi^{35}pi^{53}],te^{35}ba^{53} [the^{35}pa^{53}]——suan^{53}[suan^{53}]。

也可以是：ci^{53} [tshi^{53}]——bi^{35}bi^{53} [pi^{35}pi^{53}],ci^{53} [tshi^{53}]——suan^{53}[suan^{53}]。

suan^{53} 能修饰或限制名词。

例句：他很小气。

guo^{35}　me^{21}　suan^{53}　xi^{21}tai^{35}ŋ

kuo^{35}　me^{21}　suan^{53}　ɕi^{21}thai^{35}

他　气　小　　很

suan^{53}[suan^{53}](小)在比况句中用得比较多,后面要带黏附词 nie^{21}[ȵie^{21}]（相当于"些"）。

例句：我的儿子小些(这没有把对比者说出来)。

nga^{35} nie^{21} bo^{53}li^{21} suan^{53} nie^{21}

ŋa^{35} ȵie^{21} po^{53}li^{21} suan^{53} ȵie^{21}

我　的　孩子　小　　些

suan^{53}[suan^{53}]有时形容很小的时候,还在后面带有 kuo^{21}kui^{53}[khuo^{21}khui^{53}]两个音节。

例句：这萝卜很小。

gai^{35}　la^{53}be^{53}　suan^{53}kuo^{21}kui^{53}

kai³⁵　la⁵³pe⁵³　　suan⁵³khuo²¹khui⁵³

这　　萝卜　　　很小

suan⁵³[suan⁵³]还可以代指人的"少年时代"或"儿童时代"。

例句:我少年时代是在外婆家度过的。

nga³⁵　suan⁵³　bo²¹　zu³⁵　ka²¹bu²¹　ka²¹cao⁵³　　ka⁵³　le²¹xi²¹

ŋa³⁵　suan⁵³　po²¹　tsu³⁵　kha²¹pu²¹　kha²¹tshau⁵³　kha⁵³　le²¹çi²¹

我　　小　　的　时候　　外婆　　家　　　度过　的

bi³⁵bi⁵³[pi³⁵pi⁵³]表示"小"的意思,在正常情况下用得也比较普遍。

例句:我找个小石头去。

nga³⁵　a²¹ba²¹　bi³⁵bi⁵³　lao⁵³　ni⁵³

ŋa³⁵　a²¹pa²¹　pi³⁵pi⁵³　lau⁵³　n̡i⁵³

我　　　石头　　小　　个　　找(去)

bi³⁵bi⁵³[pi³⁵pi⁵³](小)的情况比较复杂,除了正常的意思是"小"外,还有一些代指。

(1)家禽家畜的崽也称为 bi³⁵bi⁵³[pi³⁵pi⁵³]。

例句:母猪快生崽了。

zi⁵³ni²¹ka²¹　　bi³⁵bi⁵³　long⁵³　hu²¹

tsi⁵³n̡i²¹kha²¹　pi³⁵pi⁵³　loŋ⁵³　xu²¹

母猪　　　　崽　　生　　快(了)

(2)母鸡孵蛋过程称 bi³⁵bi⁵³[pi³⁵pi⁵³]。

例句:母鸡在孵蛋。

ra²¹ni²¹ga²¹　　bi³⁵bi⁵³　pe²¹　la²¹

ẓa²¹n̡i²¹ka²¹　　pi³⁵pi⁵³　phe²¹　la²¹

母鸡　　　　蛋　　孵　　在

严格意义上说例句中 bi³⁵bi⁵³[pi³⁵pi⁵³](蛋)应该是指的孵蛋过程。

(3)bi³⁵bi⁵³[pi³⁵pi⁵³]也可以是人的"少年时代"或"儿童时代"的代称,但在 bi³⁵bi⁵³[pi³⁵pi⁵³]后面要加 kui²¹[khui²¹]。

如前面例句所说:

我少年时代是在外婆家度过的。

nga³⁵　bi³⁵bi⁵³　kui²¹　zu³⁵　ka²¹bu²¹　ka²¹cao⁵³　　ka⁵³　le²¹xi²¹

$ŋa^{35}$ $pi^{35}pi^{53}$ $khui^{21}$ tsu^{35} $kha^{21}pu^{21}$ $kha^{21}tshau^{53}$ kha^{53} $le^{21}çi^{21}$

我 小的 时候 外婆 家 度过 的

(4)有时候 $bi^{35}bi^{53}[pi^{35}pi^{53}]$还指代"少"。

例句:他家人口很少。

$gei^{53}ze^{21}cu^{53}$ ze^{35} $bi^{35}bi^{53}$

$kei^{53}tse^{21}tshu^{53}$ tse^{35} $pi^{35}pi^{53}$

他 家 人口 很少

$bi^{35}bi^{53}[pi^{35}pi^{53}]$(小)在修饰或限制名词时,常常简称 $bi^{35}[pi^{35}]$。

如平常我们说的小姐,就称 $a^{35}da^{53}$ $bi^{35}[a^{35}ta^{53}$ $pi^{35}]$。土家族有一个很特别的习俗,那就是给小孩子取乳名的时候,喜欢用动物或三教九流一类的职业来取名。原因是小孩子的乳名丑一点就易养成人,所以土家乡里什么 $kuo^{21}ha^{21}$ bi^{35} $[khuo^{21}xa^{21}$ $pi^{35}]$(小叫化)"、$ha^{53}le^{21}$ bi^{35} $[xa^{53}le^{21}$ $pi^{35}]$(小狗)、zi^{53} bi^{35} $[tsi^{53}$ $pi^{35}]$(小猪)、ruo^{35} bi^{35} $[ʐuo^{35}$ $pi^{35}]$(小羊)、$ruan^{35}$ bi^{35} $[ʐuan^{35}$ $pi^{35}]$(小水牛)、$luo^{35}ti^{53}$ bi^{35} $[luo^{35}thi^{53}$ $pi^{35}]$(小疙瘩)、$ce^{21}lan^{21}$ $bi^{35}[tshe^{21}lan^{21}$ $pi^{35}]$(小麂子)等,比比皆是,有的一个寨子上有几个同乳名的人,甚至父子乳名相同的也大有人在。另外,土家族还有按排行取乳名的习惯,排行后面也喜欢带 $bi^{35}[pi^{35}]$。如二老 $bi^{35}[pi^{35}]$、三老$bi^{35}[pi^{35}]$、四老 $bi^{35}[pi^{35}]$、五老 bi^{35} $[pi^{35}]$、六老 $bi^{35}[pi^{35}]$等。

除此而外,$bi^{35}bi^{53}[pi^{35}pi^{35}]$修饰名词时大都简称为 $bi^{35}[pi^{35}]$。如小背笼就简称为 $wo^{21}bi^{35}[o^{21}pi^{35}]$,其他的可以类推。

至于土家语把"小"称为 $te^{21}se^{53}kui^{21}[the^{21}se^{53}khui^{21}]$,就有一种轻视的意味。

例句:他的老婆很小。

guo^{35} nie^{21} $luo^{21}ga^{21}ni^{53}$ $te^{21}se^{53}kui^{21}$

kuo^{35} $ȵie^{21}$ $luo^{21}ka^{21}ȵi^{53}$ $the^{21}se^{53}khui^{21}$

他 的 老婆 很小

如果没有带有轻视的意味,土家语就会说成:

guo^{35} nie^{21} $luo^{21}ga^{21}ni^{53}$ $bi^{35}bi^{53}kui^{21}$

kuo^{35} $ȵie^{21}$ $luo^{21}ka^{21}ȵi^{53}$ $pi^{35}pi^{53}khui^{21}$

他 的 老婆 很小

第四节 土家语关于"性别"的表现形式

土家语的性别也有多种表现形式，土家语称成年男性为 luo⁵³ba⁵³de²¹[luo⁵³pa⁵³te²¹]，称成年女性为 luo²¹gan²¹de⁵³ [luo²¹kan²¹te⁵³]，其中的 de²¹[te⁵³]是复数。严格地说 luo⁵³ba⁵³de²¹[luo⁵³pa⁵³te²¹]应是 luo⁵³a⁵³ba²¹de²¹[luo⁵³a⁵³pa⁵³te²¹]的变称，因为省略了其中的一个音节 a⁵³[a⁵³]，意思是雄性。而称女性为 luo²¹gan²¹de⁵³[luo²¹kan²¹te⁵³]，是经过了两个演变过程。第一个过程就是 luo⁵³ni²¹ga²¹ [luo⁵³ȵi²¹ka²¹]（母人），土家语称妻子先也是应为 luo⁵³ni²¹ga²¹[luo⁵³ȵi²¹ka²¹]，但这毕竟还是过于粗俗，人们把它做了调整，将 ni²¹ga²¹[ȵi²¹ka²¹]中的两个音节调换一下位置，就成了 luo²¹ga²¹ni⁵³[luo²¹ka²¹ȵi⁵³]。为了对群体女人有一个称呼，人们又在 luo²¹ga²¹ni⁵³[luo²¹ka²¹ȵi⁵³]上做文章，把韵尾加上 n[n]，再加上代表复数的 de⁵³[te⁵³]，就成了 luo⁵³gan⁵³de²¹[luo⁵³kan⁵³te⁵³]，后来称妻子为 luo²¹ga²¹ni⁵³[luo²¹ka²¹ȵi⁵³]就同它有很大关系。

luo⁵³ba⁵³[luo⁵³pa⁵³]（丈夫）本应是 luo⁵³a⁵³ba²¹[luo⁵³a⁵³pa²¹]，意思是男人。a⁵³ba²¹ [a⁵³pa²¹] 是土家语对雄性动物的称谓，如公狗就称为 ha⁵³le²¹a⁵³ba²¹[xa⁵³le²¹ a⁵³pa²¹]，公羊土家语称为 ruo³⁵a⁵³ba²¹[ʐuo³⁵a⁵³pa²¹]，那么土家语称丈夫为 luo⁵³ a⁵³ba²¹[luo⁵³a⁵³pa²¹]也是实至名归的，后来在土家语的发展过程中，人们认为称丈夫为 luo⁵³a⁵³ba²¹[luo⁵³a⁵³pa²¹]有欠文雅，就干脆省略了其中的 a⁵³ [a⁵³] 音节，成了 luo⁵³ba⁵³ [luo⁵³pa⁵³]。不仅是丈夫 luo⁵³a⁵³ba²¹[luo⁵³a⁵³pa²¹]省略了 a⁵³[a⁵³]音节，土家语称其他动物雄性也有省略 a⁵³[a⁵³]音节的。如公鸡，土家语原本应称为 ra²¹ a⁵³ba²¹[ʐa²¹ a⁵³pa²¹]，后来简称为 ra²¹ba²¹ [ʐa²¹ pa²¹]。还有像公牛，土家语原本应称为wu³⁵a⁵³ba²¹[u³⁵ a⁵³pa²¹]，后来也简称 wu³⁵ ba⁵³[u³⁵ pa⁵³]。土家语称丈夫和公牛的音素中的 ba²¹[pa²¹]的 21 声调变成了 53 声调。

luo²¹ga²¹ni⁵³[luo²¹ka²¹ȵi⁵³]（老婆），这是从 luo²¹gan²¹de⁵³[luo²¹kan²¹te⁵³]演变过来的，本来就是 luo⁵³ni²¹ga²¹[luo⁵³ȵi²¹ka²¹]，其中的 ni²¹ga²¹[ȵi²¹ka²¹]是土家语对雌性动物的称谓。由于称老婆为 luo⁵³ni²¹ga²¹¹[luo⁵³ȵi²¹ka²¹]（母人）有些不太文雅的缘故吧，不知是哪个聪明人，来了一个换位思考，把 luo⁵³ni²¹ga²¹ [luo⁵³ŋi²¹ka²¹]中的 ni²¹ga²¹[ŋi²¹ka²¹]两个音节的位置调动了一下,这样就形成了 luo²¹ga²¹ni⁵³ [luo²¹ka²¹ŋi⁵³],听起来文雅多了。土家族先民就把土家语luo²¹ga²¹ni⁵³[luo²¹ka²¹ŋi⁵³]是对老婆的专门称谓。

至今土家族地区用土家语称父亲为 a⁵³ba²¹[a⁵³pa²¹],也就是说土家语父亲还是保留原始状态,称母亲为 a⁵³ni²¹ [a⁵³ŋi²¹],其实 a⁵³ni²¹ [a⁵³ŋi²¹] 就是luo²¹ga²¹ni⁵³[luo²¹ka²¹ŋi⁵³]中的 ga²¹ni⁵³[ka²¹ŋi⁵³],ga²¹[ka]脱落了其中的声母 g[k],也就是说土家族对母亲的称谓沿袭 luo²¹ga²¹ni⁵³[luo²¹ka²¹ŋi⁵³]的变异,形成了特殊的语言风格。

任何时候一种语言都有它自己的发展规律。土家语也是一样,有其发展的规律。从土家语对男人和女人的称谓就可以看出这一点。

这也正像汉语中称男女也是经过历史的发展和变迁一样。开始时可能男女都称之为公母,后来觉得样称呼太裸露粗鲁,就改为雌雄,再后来人们觉得人毕竟与动物有别,就慢慢文雅了,称为男女。正如汉语丈夫的称谓,由男人到丈夫,由丈夫到老公,由老公到先生。对老婆的称呼就更多了,从婆娘到屋里人,由屋里人到妻子,由妻子到夫人,由夫人到太太,一步一步越来越文雅了。

据说最早对丈夫称为良人,古诗里就有"妾家高楼连苑起,良人持戟明光里"的说法。后来就发展到称郎,根据《说文解字》的说法,夫妻二人的称谓是在"良"字音义上加以区别;在"良"右边加"阝",变成"郎";在"良"左边加"女",就成了"娘"。"郎"作为丈夫的称谓在唐朝很时兴,李白有"郎骑竹马来,绕床弄青梅",李商隐的诗也有"刘郎已恨蓬山远,又隔蓬山一万丛"。至于刘禹锡《游玄都观》和《再游玄都观》诗中的"尽是刘郎去后栽"和"前度刘郎今又来的""郎"又当别论,因为这里的刘郎不是指姓刘的丈夫,而是刘禹锡戏谑性的自称。后来,可能是单音节"郎"称丈夫有些太甜腻了吧,就在"郎"字后面加一个"君"字;在"娘"字后面加一个"子"字,丈夫和妻子就成了表示亲昵的"郎君""娘子"。到了宋朝,由于南北文化交流的影响。在夫妻间的称呼上,有所变化,在宫廷中,称丈夫为"官家";在平民百姓中,称丈夫为"官人"。至今,民间仍对新婚夫妻戏称为"新郎官""新娘子"。这可能是宋代的一种文化留存吧。在宋代,妻子也有称自己的丈夫为"外人"的,还有称丈夫为"外子"的,丈夫称自己的妻子为"内人"。现在西南地区的一些方言还称妻子为"屋里人"的。后来有称丈夫为"老爷"的，"老爷"仅限于官宦人家对老公的称呼。其在家中的尊贵地位不言而喻。

后来随着社会的发展，"男人"成了丈夫的称谓，这一般都是在社会上比较流行的称呼，现在还很普遍。如今在知识界和一些比较高雅的人群中也有把丈夫称之为"先生"的，这是一种"阳春白雪"的称呼，在整个社会上并没有多大的市场。不知何年何月，把丈夫又称之为"老公"，这在社会上有一定的市场。

第四章　土家语语序

土家语的语序有其自身特点,也有一定的规律性,各种性质的词都有其固定的位置,不能随意改动,否则就会产生语病。

第一节　土家语名词语序

土家语名词语序由其充当句子成份来决定,主要有以下几种:

一、名词做主语

名词做主语时语序在句子的开头。

如:

妈妈吃饭。

土家语拼音: $a^{21}nie^{55}$　　zi^{21}　　ga^{35}

国际音标:　$a^{21}\underline{n}ie^{55}$　　$tshi^{21}$　ka^{35}

　　　　　　妈妈　　　饭　　吃

句子中的 $a^{21}nie^{55}[a^{21}\underline{n}ie^{55}]$(妈妈)是名词,是句子的主语,放在句子开头。

二、名词作宾语

名词做宾语时,语序在动词述语前面,也就是有的语法书上说的宾语前置或宾语倒置。

如:

爸爸喝酒。

土家语拼音: $a^{21}ba^{55}$　　$\underline{re}^{35}$　hu^{21}

国际音标:　$a^{21}pa^{55}$　　$\underline{ze}^{35}$　xu^{21}

　　　　　　爸爸　　　酒　　喝

句子中的 $\underline{re}^{35}[\underline{ze}^{35}]$(酒)是名词,是句子的宾语,语序在述语 $hu^{21}[xu^{21}]$(喝)的前面。

如：

弟弟读书。

土家语拼音：an⁵⁵ngai⁵³　　ci⁵³　　　　tu⁵³

国际音标：　an⁵⁵ŋai⁵³　　tshi⁵³　　thu⁵³

　　　　　　弟弟　　　书　　　读

句子中的 ci⁵³[tshi⁵³]（书）是名词，是句子的宾语，语序在述语 tu⁵³[thu⁵³]（读）的前面。

三、名词做定语

土家语名词在句子中做定语时，语序在中心词前面。如：

如：

姐姐的花织得好。

土家语拼音：a³⁵da⁵⁵　　nie²¹　　ka⁵³pu⁵³　　ta⁵³　　xi²¹　ca³⁵

国际音标：　a³⁵ta⁵⁵　　ȵie²¹　　kha⁵³phu⁵³　tha⁵³　çi²¹　tsha³⁵

　　　　　　阿达　　的　　土家锦　　织　　得　好

句子中的 a³⁵da⁵⁵[a³⁵ta⁵⁵]（姐姐）是名词，是句子中 ka⁵³pu⁵³[kha⁵³phu⁵³]的定语，语序在中心词 ka⁵³pu⁵³[kha⁵³phu⁵³]（土家锦）的前面。

四、名词做谓语

名词在句子中做谓语时，语序在主语后面。

如：

我老师。

土家语拼音：nga³⁵　　　po³⁵ga⁵³

国际音标：　ŋa³⁵　　　pho³⁵ka⁵³

　　　　　　我（是）　老师

句子中的 po³⁵ga⁵³[pho³⁵ka⁵³]（老师）是名词，是句子的谓语，语序在主语 nga³⁵[ŋa³⁵]（我）的后面。

五、名词被形容词修饰的语序

名词被形容词修饰时，有时语序在形容词前，有时语序在形容词后。

1.语序在形容词前

如：

牡丹开了红花

土家语拼音：mao^{53}dan^{21}　ka^{53}pu^{53}　　mia^{53}jia^{53}　　pu^{21}

国际音标：　mao^{53}dan^{21}　kha^{53}phu^{53}　mia^{53}tɕia^{53}　pu^{21}

　　　　　　牡丹　　　花　　　　红　　　开

　　句子中的 ka^{53}pu^{53} [kha^{53}phu^{53}]（花）是名词，被形容词 mia^{53}jia^{53} [mia^{53}tɕia^{53}]（红）修饰，语序在形容词 mia^{53}jia^{53}[mia^{53}tɕia^{53}]（红）的前面。

2.语序在形容词后

如：

我的花衣服

土家语拼音：nga^{35}　nie^{21}　ka^{53}pu^{53}　　xi^{53}ba^{53}

国际音标：　ŋa^{35}　n̠ie^{21}　kha^{53}phu^{53}　ɕi^{53}pa^{53}

　　　　　　我　　的　　花　　　衣服

　　句子中的 xi^{53}ba^{53} [ɕi^{53}pa^{53}]（衣服）是名词，被形容词 ka^{53}pu^{53} [kha^{53}phu^{53}]（花）修饰，名词 xi^{53}ba^{53}[ɕi^{53}pa^{53}]（衣服）语序在形容词ka^{53}pu^{53} [kha^{53}phu^{53}]（花）的后面。

六、名词被数量词修饰时的语序

名词被数量词修饰时，语序在数量词之前。

如：

妈妈称了三斤肉。

土家语拼音：a^{21}nie^{55}　si^{21}　suo^{53}qi^{53}　　qi^{53}bo^{21}la^{21}

国际音标：　a^{21}n̠ie^{55}　si^{21}　suo^{53}tɕhi^{53}　tɕhi^{53}po^{21}la^{21}

　　　　　　妈妈　　肉　　三斤　　　　称了

　　句子中的 si^{21}[si^{21}]（肉）是名词，被数量词 suo^{53}qi^{53}[suo^{53}tɕhi^{53}]（三斤）修饰，语序在数量词 suo^{53}qi^{53}[suo^{53}tɕhi^{53}]（三斤）前面。

七、名词被名词或代词修饰时的语序

名词被名词或代词修饰，被修饰的名词语序在修饰的名词或代词之后。

如：

他是我的父亲。

土家语拼音：guo^{35}　　　nga^{35}　　a^{21}ba^{55}

国际音标：　kuo^{35}　　　ŋa^{35}　　a^{21}pa^{55}

　　　　　　他（是）　我（的）　父亲

　句子中的 a^{21}ba^{55}[a^{21}pa^{55}]（父亲）是名词,被代词 nga^{35}[ŋa^{35}]（我）修饰,语序在代词 nga^{35}[ŋa^{35}]（我）后面。

八、名词与连词结合时组成联合词组时的语序

名词与连词 da^{53}ha^{21}[ta^{53}xa^{21}]（和、一起）结合时,连词 da^{53}ha^{21}[ta^{53}xa^{21}]在名词后与其结合成联合词组,起始名词语序在前,紧跟名词语序在后。

如：

母亲和父亲锄草去了。

土家语拼音：a^{21}nie^{55}　　a^{21}ba^{55}　　da^{53}ha^{21}　　li^{53}pu^{35}　　lu^{21}

国际音标：　a^{21}ȵie^{55}　　a^{21}pa^{55}　　ta^{53}xa^{21}　　li^{53}phu^{35}　　lu^{21}

　　　　　　母亲　　　父亲　　　和　　　　锄草　　去了

句子中的 a^{21}nie^{55}　　a^{21}ba^{55}　　da^{53}ha^{21} [a^{21}ȵie^{55}　　a^{21}pa^{55}　　ta^{53}xa^{21}]（母亲和父亲）结合成联合词组,起始名词语序 a^{21}nie^{55}[a^{21}ȵie^{55}]（母亲）语序在前,紧跟名词 a^{21}ba^{55}[a^{21}pa^{55}]（父亲）语序在后。

九、名词和介词组合成介词词组时的语序

名词和介词组合成介词词组时,名词语序在介词之前。

如：

姐姐给爸爸打酒去了。

土家语拼音：a^{35}da^{55}　　a^{21}ba^{55}　　bo^{53}　　re^{35}　　ha^{21}　　lu^{21}

国际音标：　a^{35}ta^{55}　　a^{21}pa^{55}　　po^{53}　　ʐe^{35}　　xa^{21}　　lu^{21}

　　　　　　姐姐　　　爸爸　　给　　酒　　打　　去了

句子中的名词 a^{21}ba^{55}[a^{21}pa^{55}]（父亲）和介词 bo^{53}[po^{53}]（给）组合成介词词组,名词 a^{21}ba^{55}[a^{21}pa^{55}]（父亲）语序在介词 bo^{53}[po^{53}]（给）之前。

第二节 土家语动词语序

土家语动词语序主要有以下几种：动词做谓语的语序，动词做状语的语序，动词组成连动词组时的语序，动词组成兼语词组时的语序。

一、动词做谓语的语序

动词一般做谓语，做谓语时语序在宾语之后，组成宾动词组。

如：

今天我去打野鸡。

土家语拼音：nga^{35} lai^{53}　bao^{35}qi^{21}　hai^{35}

国际音标：　ŋa^{35}　lai^{53}　pau^{35}tɕhi^{21}　xai^{35}

　　　　　　我　　今天　　野鸡　　去打

句子中的动词 hai^{35} [xai^{35}]（去打）作谓语，语序在宾语 bao^{35}qi^{21} [pau^{35}tɕhi^{21}]（野鸡）之后 。

二、动词做状语时的语序

动词做状语时，语序在助词之前。

如：

向铁匠的锄头打得好。

土家语拼音：xian^{35}xie^{53}zuo^{53}　nie^{21}　　pu^{53}kei^{53}　ha^{21}　xi^{21}　ca^{35}

国际音标：　ɕian^{35}ɕie^{53}tsuo^{53}　n̠ie^{21}　phu^{53}khei^{53}　xa^{21}　ɕi^{21}　tsha^{35}

　　　　　　向铁匠　　　　的　　锄头　　打　得　好

句子中的动词 ha^{35}[xa^{35}]（打）作状语，语序在助词 xi^{21}[ɕi^{21}]（得）之前。

三、动词组成连动词组时的语序

动词组成连动词组时的语序，起始动词语序在前，紧跟动词语序在后。

如：

我去山上背柴。

土家语拼音：nga^{35}　kan^{21}ku^{53}　　　ei^{35}le^{53}　ka^{21}　　wai^{53}

国际音标：　ŋa³⁵　　khan²¹khu⁵³　　ei³⁵le⁵³　　kha²¹　　uai⁵³
　　　　　　我　　　　山上　　　　去　　　　柴　　　背

句子中的动词 ei³⁵le⁵³[ei³⁵le⁵³]（去）和动词 wai⁵³[uai⁵³]（背）组成连动词组，起始动词 ei³⁵le⁵³[ei³⁵le⁵³]（去）语序在前，第二动词 wai⁵³[uai⁵³]（背）语序在句末。

四、动词组成兼语词组时的语序

动词组成兼语词组时的语序，受事动宾词组中的动词语序在前，施事动宾词组动词语序在后。

如：

汉语：我派他挖土。

土家语拼音：nga³⁵　　guo³⁵　　pa²¹qe⁵³　　li⁵³　　ga⁵³

国际音标：　ŋa³⁵　　kuo³⁵　　pha²¹tɕhe⁵³　　li⁵³　　ka⁵³
　　　　　　我　　　他　　　派　　　土　　　挖

句子中的受事动宾词组中的动词 pa²¹qe⁵³[pha²¹tɕhe⁵³]（派）语序在前，施事动宾词组动词 ga⁵³[ka⁵³]（挖）语序在后。

第三节　土家语形容词语序

土家语形容词语序主要有以下几种：形容词做谓语的语序，形容词修饰动词时的语序，形容词修饰名词组成偏正词组时的语序，形容词被副词修饰时的语序。

一、形容词做谓语的语序

形容词做谓语时，形容词语序在主语后面。

如：

那人矮小。

土家语拼音：ai⁵³　　luo⁵³　　duo²¹ti⁵³

国际音标：　ai⁵³　　luo⁵³　　tuo²¹thi⁵³
　　　　　　那　　　人　　　矮小

句子中的形容词 $duo^{21}ti^{53}$[$tuo^{21}thi^{53}$](矮小)做谓语,语序在主语 luo^{53}[luo^{53}](人)后面。

二、形容词修饰动词时的语序

形容词修饰动词时有两种情形:一是形容词语序在前,动词语序在后。二是动词语序在前,形容词语序在后。

(一)形容词语序在前,动词语序在后。

如:

你好好地走。

土家语拼音:ni^{35} cai^{35} mo^{21} ei^{35}

国际音标: ni^{35} $tshai^{35}$ mo^{21} ei^{35}

　　　　　你 好好 地 走

句子中的形容词 cai^{35}[$tshai^{35}$](好好)修饰动词 ei^{35}[ei^{35}](走),形容词 cai^{35}[$tshai^{35}$](好好)语序在动词 ei^{35}[ei^{35}](走)之前。动词 ei^{35}[ei^{35}](走)语序在后。

(二)动词语序在前,形容词语序在后。

如:

这菜不好吃。

土家语拼音:gai^{35} $ha^{53}ce^{53}$ ga^{35} $xi^{21}lan^{53}$

国际音标: kai^{35} $xa^{53}tshe^{53}$ ka^{35} $çi^{21}lan^{53}$

　　　　　这 菜 吃 不好

句子中的形容词 $xi^{21}lan^{53}$[$çi^{21}lan^{53}$](不好)修饰动词 ga^{35}[ka^{35}],语序在动词 ga^{35}[ka^{35}](吃)之后。

三、形容词修饰名词组成偏正词组时的语序

形容词修饰名词组成偏正词组时,名词语序在前,形容词语序在后。

如:

我的烂书。

土家语拼音:nga^{35}　nie^{21}　　ci^{53}pu^{53}　　de^{35}ka^{53}la

国际音标:　ŋa^{35}　ɲie^{21}　tʂhi^{53}phu^{53}　te^{35}kha^{53}la

　　　　　我　　　的　　　书　　　　烂

句子中的形容词 de^{35}ka^{53}la [te^{35}kha^{53}la](烂)修饰名词 ci^{53}pu^{53} [tʂhi^{53}phu^{53}](书)组成偏正词组,名词 ci^{53}pu^{53}[tʂhi^{53}phu^{53}](书)语序在前,形容词 de^{35}ka^{53}la[te^{35}kha^{53}la](烂)语序在后。

四、形容词被副词修饰时的语序

形容词被副词修饰时,形容词语序在前,副词语序在后。

如:

李子还未熟哩。

土家语拼音:sa^{53}le^{53}xi^{21}　a^{53}jie^{53}　　da^{35}　　le^{53}

国际音标:　sa^{53}le^{53}ɕi^{21}　a^{53}tɕie^{53}　　ta^{35}　　le^{53}

　　　　　李子　　　熟　　还未　哩

句子中的形容词 a^{53}jie^{53}[a^{53}tɕie^{53}](熟)被副词 da^{35}[ta^{35}](还未)修饰,形容词 a^{53}jie^{53}[a^{53}tɕie^{53}](熟)语序在前,副词 da^{35}[ta^{35}](还未)语序在后。

第四节　土家语副词语序

一、程度副词的语序

程度副词有 hen^{53}[xen^{53}](肯)、xi^{21}tai^{35}[ɕi^{21}thai^{35}](最、得很)等,程度副词语序一般在被修饰的中心词之后。

如:

今天太阳很大。

土家语拼音:lai^{53}　lao^{21}　ci^{53}　　xi^{21}tai^{35}

国际音标:　lai^{53}　lau^{21}　tʂhi^{53}　ɕi^{21}thai^{35}

　　　　　今天　太阳　大　　很

句子中的程度副词 xi^{21}tai^{35}[ɕi^{21}thai^{35}](很)语序在被修饰的中心词 lao^{21}ci^{53}[lau^{21}tʂhi^{53}](太阳)语序之后。

二、时间副词语序

时间副词语做状语时,其语序比较灵活,可以在被修饰的名词或代词前面,也可以在被修饰的名词或代词后面。

时间副词有 $mu^{35}lan^{53}[mu^{35}lan^{53}]$(现在)、$di^{53}gan^{53}[ti^{53}kan^{53}]$(以前、过去)等。

如:

现在我家富裕了。

土家语拼音:$\underline{mu^{35}lan^{53}}$　$an^{35}cu^{53}$　$ye^{21}xao^{35}$

国际音标:　$\underline{mu^{35}lan^{53}}$　$an^{35}tshu^{53}$　$ie^{21}çiau^{35}$

　　　　　　　现在　　　　我家　　　　富裕了

句子中的时间副词 $\underline{mu^{35}lan^{53}}[mu^{35}lan^{53}]$(现在)语序在被修饰的名词 $an^{35}cu^{53}[an^{35}tshu^{53}]$(我家)语序之后,也可以放在 $an^{35}cu^{53}[an^{35}tshu^{53}]$ 之后。

三、频率副词语序

频率副词的语序在名词或代词之后。

频率副词有 $pe^{53}[pe^{53}]$(也)、$ha^{21}[xa^{21}]$(还)等。

如:

这肉好吃,你也吃一下。

土家语拼音:gai^{35}　si^{21}　ga^{35}　　ca^{53},　ni^{35}　$\underline{be^{53}}$　la^{53}　ga^{35}

国际音标:　kai^{35}　si^{21}　ka^{35}　$tsha^{53}$,　$ņi^{35}$　$\underline{pe^{53}}$　la^{53}　ka^{35}

　　　　　　　这　肉　吃　　好,　你　也　一下　吃

句子中的频率副词有 $\underline{be^{53}}[pe^{53}]$(也)的语序在代词 $ni^{35}[ņi^{35}]$(你)语序之后。

四、范围副词语序

范围副词一般都和名词、代词及动词连用,语序在名词或代词后,在动词或宾动词组之前。

范围副词有 $hu^{35}ni^{53}[xu^{35}ņi^{53}]$(都)

如：

你们都吃饭去。

土家语拼音：se^{35}　<u>hu^{35}ni^{53}</u>　zi^{21}　gai^{35}

国际音标：　se^{35}　<u>xu^{35}ŋi^{53}</u>　tsi^{21}　kai^{35}

　　　　　　你们　　都　　饭　　吃(去)

句子中的范围副词有 hu^{35}ni^{53}[xu^{35}ŋi^{53}]（都）的语序在代词 se^{35}[se^{35}]（你们)语序之后。而在宾动词组 zi^{21}gai^{35}[tsi^{21}kai^{35}]之前。

五、然否副词语序

然否副词(有的语法书又叫否定副词)语序一般都都在句子末尾，但少数然否副词 xen^{53}[çen^{53}]（也许）的语序在句首的主语后面。

如：

那人我没见。

土家语拼音：ai^{35}　luo^{53}　nga^{35}　yi^{21}　<u>da^{35}</u>

国际音标：　ai^{35}　luo^{53}　ŋa^{35}　i^{21}　<u>ta^{35}</u>

　　　　　　那　人　我　见　没

句子中的然否副词 <u>da^{35}</u>[ta^{35}]（没）的语序在句子末尾。

然否副词 xen^{53}[çen^{53}]（也许）用于句子的主语后面。

如：

今天母亲也许回来。

土家语拼音：lai^{53}　a^{21}nie^{55}　<u>xen^{53}</u>　song^{53}kuai^{53}

国际音标：　lai^{53}　a^{21}ŋie^{55}　<u>çen^{53}</u>　soŋ^{53}khuai^{53}

　　　　　　今天　母亲　也许　　回来

句子中的然否副词 <u>xen^{53}</u> [çen^{53}]（也许）的语序在句子的主语　a^{21}nie^{55} [a^{21}ŋie^{55}]（母亲）的后面。

第五节　土家语助词语序

土家语助词分结构助词和语气助词两大类，

一、结构助词语序

结构助词有 nie²¹[n̦ie²¹](的)、xi²¹[ɕi²¹](得)、mo²¹[mo²¹](地)等,结构助词语序一般用在修饰名词或动词后面。

如：

天上的事谁都不知道。

土家语拼音：mie³⁵　ga²¹　nie²¹　sa²¹　a⁵⁵suo²¹　de²¹　ha⁵³　tai²¹

国际音标：　mie³⁵　ka²¹　n̦ie²¹　sa²¹　a⁵⁵suo²¹　te²¹　xa⁵³　thai²¹

　　　　　　天　　上　　的　　事　　谁　　都　　知道　　不

句子中的结构助词 nie²¹[n̦ie²¹](的)的语序在修饰名词 mie³⁵ ga²¹[mie³⁵ ka²¹](天上)的后面。

如：

他油打得好。

土家语拼音：guo³⁵　se²¹si⁵³　ha²¹　xi²¹　　ca³⁵

国际音标：　kuo³⁵　se²¹si⁵³　xa²¹　ɕi²¹　　tsha³⁵

　　　　　　他　　　油　　打　　得　　　好

句子中的结构助词 xi²¹[ɕi²¹](得)的语序在修饰动词 ha²¹[xa²¹](打)的后面。

二、语气助词语序

语气助词有 luo²¹[luo²¹](表反诘)、hong²¹[xoŋ²¹](表肯定)、suo²¹[suo²¹](表试探)、la²¹[la²¹](表警示)等。语气助词语序一般用在句末。

如：

你今天背柴去与否。

土家语拼音：ni³⁵　　lai⁵³　ka²¹　　wai⁵³　suo²¹

国际音标：　n̦i³⁵　　lai⁵³　kha²¹　uai⁵³　suo²¹

　　　　　　你　　今天　　柴　　背去　　与否

句子中的语气助词 suo²¹[suo²¹](与否)的语序在句末。

又如：

我自己去哩。

土家语拼音：nga³⁵　duo²¹　ei³⁵　hong²¹

国际音标：　ŋa³⁵　tuo²¹　ei³⁵　xoŋ²¹

　　　　　我　自己　去　哩

句子中的语气助词 hong²¹[xoŋ²¹]（哩）的语序在句末。

第六节　土家语介词语序

土家语介词很多，也很常见。而且有的介词还有一词多义，在土家语交往中经常使用。具体只能从语境确定其内涵。

土家语介词有 da⁵³[ta⁵³]（向）、po⁵³[po⁵³]（沿着或给）、le²¹[le²¹]（从）、kuo³⁵[kuo³⁵]（被或把）、la²¹[la²¹]（在）等。介词 la²¹[la²¹]和名词或代词组成介宾词组，la²¹[la²¹]（在）的语序都在句末。下面看几个例句：

如：

我向你借点粮食。

土家语拼音：nga³⁵　ni³⁵　da⁵³　ye²¹　dian³⁵　lu³⁵

国际音标：　ŋa³⁵　ɲi³⁵　ta⁵³　ie²¹　tian³⁵　lu³⁵

　　　　　我　你　向　粮食　点　借

句子中的介词 da⁵³[ta⁵³]（向）和代词 ni³⁵[ɲi³⁵]（你）组成介词词组，da⁵³[ta⁵³]（向）的语序在代词 ni³⁵[ɲi³⁵]（你）之后。

又如：

爸爸从北京来的。

土家语拼音：a²¹ba⁵⁵　be²¹jin⁵³　le⁵³　en²¹zi²¹

国际音标：　a²¹pa⁵⁵　pe²¹tɕin⁵³　le⁵³　en²¹tsi²¹

　　　　　爸爸　北京　从　来的

句子中的介词 le⁵³[le⁵³]（从）和名词 be²¹jin⁵³[pe²¹tɕin⁵³]（北京）组成介词词组，le⁵³[le⁵³]（从）的语序在名词 be²¹jin⁵³[pe²¹tɕin⁵³]之后。

再如：

我在教育他。

土家语拼音：nga³⁵　guo³⁵　a³⁵ei⁵³　la⁵³

国际音标：　ŋa³⁵　kuo³⁵　a³⁵ei⁵³　la⁵³

　　　　　我　　他　　　教育　　　在

句子中介词 la⁵³[la⁵³]（在）的语序在句末。

第七节　土家语连词语序

　　土家语连词也比较丰富，为土家语的交流增添了不少感情色彩。土家语连词也有它的语序，不能随便置放，否则就会犯土家语语法错误。

　　土家语的连词有 nie²¹[n̠ie²¹]（和）、da⁵³ha²¹[ta⁵³xa²¹]（和）、huo²¹[xuo²¹]（还是）、suo²¹[suo²¹]（还是）、hong²¹huai⁵³[xoŋ²¹xuai⁵³]（总是）、ai⁵³ta⁵³[ai⁵³tha⁵³]（那么或否则）、ai⁵³le⁵³[ai⁵³le⁵³]（然后）、ai⁵³ga²¹me²¹[ai⁵³ka²¹me²¹]（因此）等。

　　连词语序主要有以下几种：

一、连词语序在两个名词或词组中间

　　土家语连词语序在两个名词或词组中间的主要有 nie²¹[n̠ie²¹]（和）。

　　如：

　　姐姐和嫂子打工去了。

　　土家语拼音：a³⁵da⁵⁵　　nie²¹　　ca²¹qi²¹　　　hu²¹　　ri⁵³　lu²¹

　　国际音标：　a³⁵ta⁵⁵　　n̠ie²¹　　tsha²¹tɕhi²¹　xu²¹　　ʑi⁵³　lu²¹

　　　　　　　　　姐姐　　　和　　　嫂子　　　工　　打　去了

　　句子中的连词 nie²¹[n̠ie²¹]（和）的语序，在 a³⁵da⁵⁵[a³⁵ta⁵⁵]（姐姐）ca²¹qi²¹[tsha²¹tɕhi²¹]（嫂子）两个名词中间。

　　而连词 da⁵³ha²¹[ta⁵³xa²¹]（和）的语序在两个名词或词组后面。

　　如：

　　哥哥和父亲打猎去了。

　　土家语拼音：a²¹kuo⁵⁵　　a²¹ba⁵⁵　　da⁵³ha²¹　　si²¹jie⁵³　lu²¹

　　国际音标：　a²¹khuo⁵⁵　　a²¹pa⁵⁵　　ta⁵³xa²¹　　si²¹tɕie⁵³　lu²¹

　　　　　　　　　哥哥　　　父亲　　　和　　　猎　打　去了

　　句子中的连词 da⁵³ha²¹[ta⁵³xa²¹]（和）的语序，在两个名词 a²¹kuo⁵⁵[a²¹khuo⁵⁵]（哥哥）、a²¹ba⁵⁵[a²¹pa⁵⁵]（父亲）的后面。

二、连词语序在两个动词或词组中间

连词语序在两个词或词组中间的主要有 huo^{53}[xuo^{53}](还是、或)。

如：

你把他讲得或讲不得。

土家语拼音：ni^{35} guo^{53} li^{21} <u>huo^{53}</u>   li^{21} ta^{21} ti^{53}

国际音标：ŋi^{35} kuo^{53} li^{21} <u>xuo^{53}</u>   li^{21} tha^{21} thi^{53}

         你（把） 他 讲（得）   或   讲   不得

句子中的连词 huo^{53}[xuo^{53}]（或）的语序，在两个动词 li^{21}[li^{21}]（讲）中间。

土家语连词 suo^{21}[suo^{21}]（还是）的语序与 huo^{53}[xuo^{53}]（或）相同。

如：

你去还是不去？

土家语拼音：ni^{35} ei^{35} <u>suo^{53}</u>   ei^{35} ta^{53}

国际音标：ŋi^{35} ei^{35} <u>suo^{53}</u>   ei^{35} tha^{53}

         你   去   还是   去   不

句子中的连词 <u>suo^{53}</u>[<u>suo^{53}</u>]（还是）语序，在两个动词 ei^{35}[ei^{35}]（去）中间。

三、连词语序在施事主语后面

连词语序在施事主语后面的连词主要有 hong^{21}huai^{53} [xoŋ^{21}xuai^{53}]（总是）等，语序在施事主语后面。

如：

弟弟总是那样说。

土家语拼音：an^{53}ngai^{53} <u>hong^{21}huai^{53}</u>   huo^{35} li^{21}

国际音标：an^{53}ŋai^{53} <u>xoŋ^{21}xuai^{53}</u>   xuo^{35} li^{21}

         弟弟   总是   那样   说

句子中的连词 <u>hong^{21}huai^{53}</u> [<u>xoŋ^{21}xuai^{53}</u>]（总是） 语序，在施事主语 an^{53}ngai^{53}[an^{53}ŋai^{53}]后面。

四、连词语序在后一分句开头

连词语序在后一分句开头，这类情形主要是指假设关系复句的连词，如

ai⁵³ta⁵³ [ai⁵³tha⁵³]（那么、否则）、ai⁵³le⁵³ [ai⁵³le⁵³]（然后、再）、ai⁵³ga²¹me²¹ [ai⁵³ka²¹me²¹]（因此）等。

如：

不说，否则别人不知道。

土家语拼音：li²¹ ta⁵³　　ai⁵³ta⁵³　　luo⁵³de⁵³　　ha⁵³tai³⁵

国际音标：　li²¹ tha⁵³　　ai⁵³tha⁵³　　luo⁵³te⁵³　　xa⁵³thai³⁵

　　　　　　　说不　　　否则　　　别人　　知道不

句子中的连词 ai⁵³ta⁵³ [ai⁵³tha⁵³]（那么、否则）语序，在后一分句开头。

连词 ai⁵³le⁵³ [ai⁵³le⁵³]（然后、再）的语序。

如：

我背柴了，然后去做什么？

土家语拼音：nga³⁵　　ka²¹　　wo⁵³　　le²¹　　ai⁵³le⁵³　　qia⁵³　　ri⁵³

国际音标：　ŋa³⁵　　kha²¹　　o⁵³　　le²¹　　ai⁵³le⁵³　　tɕhia⁵³　　zi⁵³

　　　　　　　我　　柴　　背　　了　　然后　　什么　去做

句子中的连词 ai⁵³le⁵³ [ai⁵³le⁵³]（然后）语序在后一分句开头。

连词 ai⁵³ga²¹me²¹ [ai⁵³ka²¹me²¹]（因此）的语序在后一分句开头。

如：

我小，因此没有参军。

土家语拼音：nga³⁵　suan⁵³　　ai⁵³ga²¹me²¹　　jin⁵⁵　　can⁵⁵　　da³⁵

国际音标：　ŋa³⁵　suan⁵³　　ai⁵³ka²¹me²¹　　tɕin⁵⁵　　tshan⁵⁵　　ta³⁵

　　　　　　　我　　小　　因此　　　军　　参　　没有

第五章　土家语句子成分

土家语句子成分有主语、谓语、宾语、定语、状语、补语等。

主语位于宾语和谓语之前,宾语位于谓语之前主语之后。名词、代词、定语助词和词组做定语时,位于中心词之前,形容词、数量词做定语时位于中心词之后。状语和补语有位于中心词之前的,也有位于中心词之后的。

第一节　土家语的主语

充当土家语的主语是名词、代词、数量词组、联合词组、主谓词组等。主语往往位于句首。

一、名词做主语

汉语:父亲打猎去了。

土家语拼音:a²¹ba⁵⁵　si²¹　jie⁵³　　lu²¹

国际音标:　a²¹pa⁵⁵　si²¹　tɕie⁵³　　lu²¹

　　　　　　父亲　　猎　　打　　去了

例句中的 a²¹ba⁵⁵[a²¹pa⁵⁵](父亲)是名词,做主语。

二、代词做主语

汉语:他山上耕土。

土家语拼音:guo³⁵　kan²¹ku⁵³　li⁵³　　qie²¹

国际音标:　kuo³⁵　khan²¹khu⁵³　li⁵³　　tɕhie²¹

　　　　　　他　　山上　　　土　　耕

例句中的 guo³⁵[kuo³⁵](他)是代词,做主语。

三、数量词组做主语

汉语:三头水牛在吃草。

土家语拼音：<u>ruan³⁵　suo⁵³long⁵³</u>　xi²¹　ga³⁵　la⁵³

国际音标：　ʐuan³⁵　suo⁵³loŋ⁵³　çi²¹　ka³⁵　la⁵³

　　　　　　水牛　　三头　　草　　吃　　在

例句中的 <u>ruan³⁵　suo⁵³long⁵³</u>[ʐuan³⁵　suo⁵³loŋ⁵³](三头水牛)是数量词组,做主语。

四、联合词组做主语

汉语:今天替克和帕尼嘎结婚了。

土家语拼音:lai⁵³　<u>ti⁵³ke⁵³　nie²¹　pa⁵³　ni²¹ga²¹</u>　　yan²¹cen²¹　liao²¹

国际音标：　lai⁵³　<u>thi⁵³khe⁵³　ȵie²¹　pha⁵³　ȵi²¹ka²¹</u>　ian²¹tshen²¹　liau²¹

　　　　　　今天　　　　替克和帕尼嘎　　　　　　结婚　　了

例句中的 <u>ti⁵³ke⁵³　nie²¹　pa⁵³　ni²¹ga²¹</u> [thi⁵³khe⁵³　ȵie²¹　pha⁵³</u>

<u>ȵi²¹ka²¹</u>](替克和帕尼嘎)是联合词组,作主语。

五、主谓词组做主语

汉语:哥哥的小背笼织得好。

土家语拼音:<u>a²¹kuo³⁵　nie²¹　wo²¹　bi⁵³</u>　　su⁵³　xi²¹　ca³⁵

国际音标：　<u>a²¹khuo³⁵　ȵie²¹　o²¹　pi⁵³</u>　　su⁵³　çi²¹　tsha³⁵

　　　　　　哥哥的小背笼　　　　　　　织　　得　　好

例句中的 <u>a²¹kuo³⁵　nie²¹　wo²¹　bi⁵³</u> [a²¹khuo³⁵　ȵie²¹　o²¹　pi⁵³](哥哥的小背笼)是主谓词组,做主语。

第二节　土家语的谓语

充当土家语的谓语的有动词、形容词、数量词组、名词、主谓词组等。

一、动词做谓语

汉语:弟弟背柴去了。

土家语拼音:an⁵³ngai⁵³　ka²¹　　wo⁵³　lu²¹

国际音标：　an⁵³ŋai⁵³　　kha²¹　o⁵³　lu²¹

弟弟　　　　柴　　背　去了

例句中的$(\underline{wo^{53}})[o^{53}]$(背)是动词,做谓语。

二、形容词做谓语

汉语:姐姐很高。

土家语拼音:$a^{35}da^{55}$　　　$\underline{gao^{53}ga^{53}ca^{21}}$

国际音标：$a^{35}ta^{55}$　　　$\underline{kau^{53}ka^{53}tsha^{21}}$

　　　　　　姐姐　　　　　　高很

例句中的 $\underline{gao^{53}ga^{53}ca^{21}}[\underline{kau^{53}ka^{53}tsha^{21}}]$(很高)是形容词,做谓语。

三、数量词组做谓语

汉语:一只手五个指头。

土家语拼音:jie^{35}　　$la^{53}qi^{53}$　　$\underline{jie^{35}mi^{53}ti^{21}ong^{53}zi^{53}}$

国际音标：$\underline{tɕie^{35}}$　$la^{53}tɕhi^{53}$　$\underline{tɕie^{35}mi^{53}thi^{21}oŋ^{53}tsi^{53}}$

　　　　　　手　　一只　　　　指头五个

例句中的 $\underline{jie^{35}mi^{53}ti^{21}ong^{53}zi^{53}}[\underline{tɕie^{35}mi^{53}thi^{21}oŋ^{53}tsi^{53}}]$(五个指头)是数量词组,做谓语。

四、名词做谓语

汉语:姐姐是老师。

土家语拼音:$a^{35}da^{55}$　　　$\underline{po^{35}ga^{53}}$

国际音标：$a^{35}ta^{55}$　　　$\underline{pho^{35}ka^{53}}$

　　　　　　姐姐(是)　老师

例句中的 $\underline{po^{35}ga^{53}}[\underline{pho^{35}ka^{53}}]$(老师)是名词,做谓语。

五、主谓词组做谓语

汉语:她人好。

土家语拼音:guo^{35}　　$\underline{luo^{53}ca^{35}}$

国际音标：kuo^{35}　　$\underline{luo^{53}tsha^{35}}$

她　　　　人好

例句中的 $luo^{53}ca^{35}$[$luo^{53}tsha^{35}$](人好)是主谓词组，做谓语。

第三节 土家语的宾语

土家语充当宾语的有名词、代词及联合词组等。土家语的宾语与汉语宾语的语序相反，要在动词之前。宾语又分直接宾语和间接宾语。

一、直接宾语

即一个句子中只有一个宾语。

汉语：儿子读书。

土家语拼音：$luo^{53}bi^{21}$ ci^{53} tu^{53}

国际音标： $luo^{53}pi^{21}$ $tshi^{53}$ thu^{53}

　　　　　　儿子   书   读

例句中的 ci^{53}[$tshi^{53}$](书)是直接宾语。在动词 tu^{53}[thu^{53}](读)之前。

二、间接宾语

即一个句子中有双宾语。间接宾语是指动词的行为所指向的人。间接宾语由名词或代词充当。间接宾语一般放在直接宾语之前。

汉语：妈妈给我买衣服。

土家语拼音：$a^{21}nie^{55}$ nga^{35} bo^{21} $xi^{53}ba^{53}$ pu^{53}

国际音标： $a^{21}ȵie^{55}$ $ŋa^{35}$ po^{21} $ɕi^{53}pa^{53}$ phu^{53}

　　　　　　妈妈   我   给   衣服   买

例句中的 nga^{35}[$ŋa^{35}$](我)是间接宾语，语序在直接宾语 $xi^{53}ba^{53}$[$ɕi^{53}pa^{53}$](衣服)之前。

第四节 土家语的定语

土家语定语可分为两种情形：

一是土家语名词、代词充当定语时，语序在中心语前，有时需要在后面加助词 $ŋie^{21}$，表领属关系。二是形容词、数量结构词组、动词充当定语时，语序在中心语后，表领属关系、修饰关系和限制关系。形容词、动词或词组在中心语前充当定语，一般需要在定语后面加 nie²¹[n̠ie²¹]，表修饰关系。

一、表领属关系的定语

名词、代词充当定语。

汉语：姐姐的事你管不着。

土家语拼音：a³⁵da⁵⁵　nie²¹　　sa²¹　ni³⁵　li²¹　　ta⁵³　　duo²¹

国际音标：　a³⁵ta⁵⁵　n̠ie²¹　　sa²¹　n̠i³⁵　li²¹　　tha⁵³　tuo²¹

　　　　　　　姐姐　　的　　事　你　管　不　　着

例句中的 a³⁵da⁵⁵[a³⁵ta⁵⁵]（姐姐）是定语，它与 sa²¹[sa²¹]表领属关系。语序在中心词 sa²¹[sa²¹]之前。

二、表修饰关系的定语

形容词充当定语。

汉语：小的房子我不要。

土家语拼音：bi³⁵bi⁵³kui²¹　nie²¹　cuo⁵³　　nga³⁵　ta²¹hong³⁵

国际音标：　pi³⁵pi⁵³khui²¹　n̠ie²¹　tʂhuo⁵³　ŋa³⁵　tha²¹xoŋ³⁵

　　　　　　　　小　　　的　　房子　我　　不要

例句中的 bi³⁵bi⁵³kui²¹[pi³⁵pi⁵³khui²¹]（小）修饰 cuo⁵³[tʂhuo⁵³]（房子），二者是修饰关系。语序在中心词 cuo⁵³[tʂhuo⁵³]（房子）之前。

此外，在形容词、动词后面加助词 bo²¹[po²¹]或 xi³⁵[çi³⁵]充当定语在中心语后时，也表修饰或限制关系。

汉语：冷着的水。

土家语拼音：ce²¹　　wu³⁵qi⁵³qi⁵³　　　po²¹　xi³⁵

国际音标：　tʂhe²¹　u³⁵tʂhi⁵³tʂhi⁵³　　po²¹　çi³⁵

　　　　　　　　水　　冷　　　　着　　的

例句中的 wu³⁵qi⁵³qi⁵³[u³⁵tʂhi⁵³tʂhi⁵³]（冷）是修饰 ce²¹[tʂhe²¹]（水）的，二者是修饰关系。wu³⁵qi⁵³qi⁵³[u³⁵tʂhi⁵³tʂhi⁵³]（冷）语序在中心语 ce²¹[tʂhe²¹]（水）之后。

还有，数量结构词组充当定语时，也表修饰和限制关系。后面多半要加

çie^{35}(有)或其他动词。

汉语：我家有两个姐姐。

土家语拼音：an^{35}cu^{53}　　　a^{35}da^{55}　　nia^{53}hu^{21}　xie^{35}

国际音标：　an^{35}tshu^{53}　　a^{35}ta^{55}　　ȵia^{53}xu^{21}　çie^{35}

　　　　　　我家　　　姐姐　　　两个　　　有

例句中的量词 nia^{53}hu^{21}[ȵia^{53}xu^{21}]（两个）是限制 a^{35}da^{55}[a^{35}ta^{55}]（姐姐）的，二者是限制关系。语序在被限制的中心词 a^{35}da^{55}[a^{35}ta^{55}]（姐姐）的后面。

三、动词充当定语

汉语：游览的地方有许多。

土家语拼音：ge^{21}ci^{53}　　nie^{21}　　　lan^{21}can^{21}　　　gai^{53}lan^{21}　　xie^{35}

国际音标：　ke^{21}tshi^{53}　　ȵie^{21}　　lan^{21}tshan^{21}　　kai^{53}lan^{21}　　çie^{35}

　　　　　　游览　　　　的　　　　地方　　　　许多　　　　有

例句中的 ge^{21}ci^{53} [ke^{21}tshi^{53}]（游览）是动词，充当 lan^{21}can^{21} [lan^{21}tshan^{21}]（地方）的定语。语序在修饰的中心 lan^{21}can^{21}[lan^{21}tshan^{21}]（地方）之前。

四、词组充当定语

汉语：山上的雪白了。

土家语拼音：ku^{53}za^{53} ga^{21}　　nie^{21}　　su^{35}su^{53}　a^{21}si^{21}　liao^{21}

国际音标：　khu^{53}tsa^{53} ka^{21}　ȵie^{21}　su^{35}su^{53}　a^{21}si^{21}　liau^{21}

　　　　　　山上　　　　　　的　　　雪　　　白　　　了

例句中的 ku^{53}za^{53} ga^{21} [khu^{53}tsa^{53} ka^{21}]（山上）是方位词组。充当 su^{35}su^{53}[su^{35}su^{53}]（雪）的定语。ku^{53}za^{53} ga^{21}[khu^{53}tsa^{53} ka^{21}]（山上）的语序在被限制的中心词 su^{35}su^{53}[su^{35}su^{53}]（雪）之前。

第五节　土家语的状语

土家语状语是在谓语词性前或后修饰、限制的部分。形容词、处所、时间名词、数量结构词组、指示代词、动词、副词及其他词组充当状语中心语时语序在中心语前,有时后面加助词 mo²¹[mo²¹]或其他助词。

一、形容词充当状语

汉语:蛇慢慢地爬走了。

土家语拼音: wo⁵³　　re⁵³re⁵³　　　mo²¹　　xie⁵³　　lu²¹

国际音标:　　o⁵³　　　ʐe⁵³ʐe⁵³　　mo²¹　　çie⁵³　　lu²¹

　　　　　　蛇　　　慢慢　　　地　　爬　　走了

例句中的 re⁵³re⁵³[ʐe⁵³ʐe⁵³](慢慢)是形容词,充当动词 xie⁵³[çie53](爬)的状语。语序在动词 xie⁵³[çie⁵³](爬)之前。

二、处所名词或词组充当状语

汉语:老师在黑板上写字。

土家语拼音: po³⁵ga⁵³　　he²¹ban²¹ga²¹　　ci⁵³ci⁵³　　　a³⁵　　la⁵³

国际音标:　pho³⁵ka⁵³　　xe²¹pan²¹ka²¹　　tshi⁵³tshi⁵³　a³⁵　　la⁵³

　　　　　　老师　　　　黑板上　　　　　字　　写　　在

例句中的 he²¹ban²¹ga²¹[xe²¹pan²¹ka²¹](黑板上)是处所名词词组,充当动词 a³⁵[a³⁵](写)的状语,语序在动词 a³⁵[a³⁵](写)前面。

三、时间名词兼数量词组充当状语

汉语:小孩子一夜一夜不睡。

土家语拼音: bo⁵³li²¹　　la³⁵pe⁵³la³⁵pe⁵³　　　nie³⁵　　ta⁵³

国际音标:　po⁵³li²¹　　la³⁵phe⁵³la³⁵phe⁵³　　ȵie³⁵　　tha⁵³

　　　　　　小孩子　　　一夜一夜　　　　睡　　不

例句中的 la³⁵pe⁵³la³⁵pe⁵³[la³⁵phe⁵³la³⁵phe⁵³](一夜一夜)是时间名词兼数量词组充当动词 nie³⁵[ȵie³⁵](睡)的状语,语序在动词nie³⁵[ȵie³⁵](睡)的前面。

四、副词充当状语

汉语:大家都一起吃中饭。

土家语拼音: ong⁵³ga²¹　　hu³⁵ni⁵³　　duo²¹　　da⁵³ha²¹　　ga³⁵

国际音标:　oŋ⁵³ka²¹　　xu³⁵ȵi⁵³　　tuo²¹　　ta⁵³xa²¹　　ka³⁵

　　　　　　中饭　　大家　　都　　一起　　吃

例句中的 duo²¹[tuo²¹](都)是副词,充当 ga³⁵[ka³⁵](吃)的状语。语序在副词 duo²¹[tuo²¹](都)的前面。

五、动词充当状语

汉语:他跑出去了。

土家语拼音:guo³⁵　　po³⁵　　　mo²¹　　zu³⁵ lu²¹

国际音标：kuo³⁵　pho³⁵　　mo²¹　tsu³⁵lu²¹

　　　　　　他　　跑　　　　　出去了

例句中的 po³⁵[pho³⁵](跑)是动词充当动词词组 zu³⁵lu²¹[tsu³⁵lu²¹](出去)的状语。语序在动词词组 zu³⁵lu²¹[tsu³⁵lu²¹](出去)的前面。

第六节　土家语的补语

　　土家语补语位于动词和形容词后,起补充说明的作用。充当补语的有形容词、动词、数量结构词组等。注意,一般补语前面需要加助词或介词 bo²¹[po²¹]、xi²¹[ɕi²¹]、a⁵³le⁵³[a⁵³le⁵³]、le²¹[le²¹]等。

一、动词做补语

汉语:我把他逗笑了。

土家语拼音:nga³⁵　guo⁵³　li²¹　le²¹　nie⁵³　liao²¹

国际音标：ŋa³⁵　kuo⁵³　li²¹　le²¹　ɳie⁵³　liau²¹

　　　　　　我　　他　　逗　　把　　笑　　了

例句中的 nie⁵³[ɳie⁵³](笑)是动词,充当动词 li²¹[li²¹](逗)的补语。语序在动词 li²¹[li²¹](逗)的后面。其中 le²¹[le²¹]是介词,在补语 nie⁵³[ɳie⁵³]前面。

二、形容词做补语

汉语:菜园里的青菜长得茂盛。

土家语拼音:wo⁵³la⁵³wo²¹tu⁵³ nie⁵³ xi³⁵pong⁵³ ong³⁵xi⁵³ xen³⁵ga⁵³lu⁵³lu²¹

国际音标：o̅⁵³la⁵³o̅²¹thu⁵³ɳie⁵³ ɕi³⁵phoŋ⁵³ oŋ³⁵ ɕi⁵³ ʨen³⁵ka⁵³lu⁵³lu²¹

　　　　　菜园　里　　　　的　青菜　　长　得　　　　茂盛

例句中的 xen^{35}ga^{53}lu^{53}lu^{21}[çen^{35}ka^{53}lu^{53}lu^{21}]（茂盛）是形容词充当动词 ong^{35}[oŋ^{35}]（长）的补语。语序在动词 ong^{35}[oŋ^{35}]（长）的后面。其中的 xi^{53}[çi^{53}]是结构助词,在形容词 xen^{35}ga^{53}lu^{53}lu^{21}[çen^{35}ka^{53}lu^{53}lu^{21}]前面。

三、数量词组做补语

汉语:他去了好一阵。

土家语拼音:guo^{35}　　ei^{35}le^{53}　　　ai^{53}te^{21}　　<u>la^{35}xie^{53}</u>　　liao^{21}

国际音标:　kuo^{35}　　ei^{35} le^{53}　　ai^{53}tie^{21}　<u>la^{35}çie^{53}</u>　liau^{21}

　　　　　他　　　去　　　好　　　　一阵　　　了

例句中的 <u>la^{35}xie^{53}</u> [la^{35}çie^{53}]（一阵）是数量词组充当 ei^{35}le^{53}[ei^{35}le^{53}]（去）的补语。语序在动词 ei^{35}le^{53}[ei^{35}le^{53}]（去）的后面。

第七节　土家语的单句

　　土家语的句子可以分为单句和复句两大类。根据句子的结构不同,单句又分为主谓句和非主谓句。复句可以分为联合复句和偏正复句。联合复句又可以分为并列、连贯、转折、选择四种。偏正复句又可以分为假设、条件、因果、目的四种。根据句子的表达功能来分,土家语的句子又可以分为陈述句、疑问句、祈使句、感叹句等。

一、土家语单句

　　单句是由短语或单个的词构成的句子,有特定的语调,能独自表达一定的意思的语言单位,不可再分析出分句的句子。单句有两种类型,一种是主谓句, 主谓句是由主语和谓语组成。另一种是非主谓句,没有主语。

1.主谓句

　　主谓句的谓语是句子结构的核心,因此对主谓句句型的划分主要的依据是谓语的功能。

汉语:今年弟弟要读书。

土家语拼音:long^{21}bai^{21}　　<u>an^{53}ngai^{53}</u>　　ci^{53}　　<u>tui^{53}</u>

国际音标： loŋ²¹ pai²¹　　an⁵³ŋai⁵³　　tshi⁵³　thui⁵³
　　　　　　今年　　　弟弟　　　　书　　读(要)

例句中的 an⁵³ngai⁵³[an⁵³ŋai⁵³](弟弟)是主语 tui⁵³[thui⁵³](读)是谓语，组成主谓句。

2.非主谓句

非主谓句由单个词或主谓短语以外的其他短语构成的单句。非主谓句不可能分析出主语和谓语来，所以不能叫"无主句"。

汉语:禁止小便。

土家语拼音:ei⁵³tshe²¹　tha⁵³　bo²¹

国际音标： ei⁵³tshe²¹　tha⁵³　po²¹
　　　　　小便　　　禁止

例句中的没有主语,只有谓语 tha⁵³ po²¹[tha⁵³ po²¹](禁止),组成非主谓句。

二、单句类型

单句又分陈述句、疑问句、祈使句、感叹句、描写句、叙述句、兼语句、连动句、被动句、把字句等。

1.陈述句

陈述句是用来说明事实的句子。它的后面大都用句号表示。

汉语:他这时候来了。

土家语拼音:guo³⁵　gai³⁵　huo²¹zu³⁵　en³⁵ zou⁵³

国际音标： kuo³⁵　kai³⁵　xuo²¹tsu³⁵　en³⁵ tsou⁵³
　　　　　　他　　这　　时候　　　　来了

2.疑问句

疑问句是按照句子的语气分出来的一个类,它与陈述句、感叹句、祈使句的最大区别就是它具有疑问语气。

汉语:你今年多少岁?

土家语拼音:ni³⁵　long²¹bai²¹　ga⁵³　se⁵³toŋ⁵³　　xiao³⁵

国际音标： ɳi³⁵　loŋ²¹pai²¹　ka⁵³　se⁵³thoŋ⁵³　çiau³⁵
　　　　　　你　　今年　　　多少岁　　　有

3.祈使句

祈使句表示请求、命令等的句子叫祈使句。它的主语是听话人,一般不需要说出来。通常用动词原形结尾。

汉语:你给我拿鞋子来。

土家语拼音:ni^{35}　nga^{35}　bo^{21}　cuo^{21}xie^{53}　　huo^{21}xie^{53}

国际音标：　n̠i^{35}　ŋa^{35}　po^{21}　tshuo^{21}çie^{53}　xuo^{21}çie^{53}

　　　　　　你　　我　　给　　鞋子　　　　拿来

4.感叹句

感叹句带有浓厚感情的句子叫做感叹句,常用来表示快乐、惊讶、悲哀、愤怒、恐惧等多种浓厚的感情,且一般用降语调。

汉语:那兄弟俩可怜!

土家语拼音:ai^{53}　qan^{53}　　nia^{53}hu^{21}　zao^{35}nie^{53}

国际音标：　ai^{53}　tçhan^{53}　n̠ia^{53}xu^{21}　tsau^{35}n̠ie^{53}

　　　　　　那　　兄弟　　俩　　　可怜

5.描写句

描写句,是由数量词对事物做具体的描述,还有用形容词的生动形式或象声词对主题语的形况做描写的句子。

汉语:这屋子坐不了几个人。

土家语拼音:kai^{35}　　cuo^{53}　　luo^{53}　ga^{53}la^{53}hu^{21}　ong^{21}　ti^{53}

国际音标：　kai^{35}　　tshuo^{53}　luo^{53}　ka^{53}la^{53}xu^{21}　oŋ^{21}　　thi^{53}

　　　　　　这　　屋子　　　人　　　几个　　　　坐　　不了

6.叙述句

叙述句与陈述句一样,是陈述一个事实或者说话人的看法。它包括肯定句和否定句两种。

汉语:奶奶家里带小孩。

土家语拼音:a^{55}ma^{55}　　cu^{53}　　bo^{53}li^{21}　ka^{53}

国际音标：　a^{55}ma^{55}　　tshu^{53}　po^{53}li^{21}　kha^{53}

　　　　　　奶奶　　家里　　小孩　　带

7.兼语句

兼语句:用兼语短语充当谓语的主谓句。其主要特点有:它的谓语由一个动宾短语和一个主谓短语套接而成;动宾短语中的动词通常是使令性动词。

汉语:母亲派我背柴。

土家语拼音:a^{55}nie^{55}　　nga^{35}　　pa^{21}qe^{53}　　ka^{21}　　wo^{53}

国际音标:　a^{55}ȵie^{55}　　ŋa^{35}　　pha^{21}tɕhe^{53}　　kha^{21}　　o^{53}

　　　　　　　母亲　　我　　派　　　柴　　背

8.连动句

连动句是用连动短语充当谓语的句子,或者是由连动短语直接构成的句子。如:

汉语:爸爸抱着孩子打牌。

土家语拼音:a^{21}ba^{55}　　bo^{53}li^{21}　　be^{53}　　bo^{21}　　pai^{21}　　ha^{21}

国际音标:　a^{21}pa^{55}　　po^{53}li^{21}　　pe^{53}　　po^{21}　　phai^{21}　　xa^{21}

　　　　　　　爸爸　　孩子　　抱　　着　　牌　　打

9.被动句

被动句是指主语与谓语之间的关系是被动关系,主语是谓语动词所表示行为的被动者,而不是主动者、实施者。汉语表被动的词"被"土家语是 duo^{21}[tuo^{21}]。土家语基本的结构为:主语 + 施事对象 +duo^{21}[tuo^{21}]+ 宾语 + 动作。

汉语:他被我打一顿。

土家语拼音:guo^{35}　　nga^{35}　　duo^{21}　　la^{53}ta^{53}　　ha^{21}

国际音标:　kuo^{35}　　ŋa^{35}　　tuo^{21}　　la^{53}tha^{53}　　xa^{21}

　　　　　　　他　　我　　被　　一顿　　打

本句结构是主语 guo^{35} [kuo^{35}](他)+施事对象 nga^{35} [ŋa^{35}](我)+duo^{21}[tuo^{21}](被)+ 宾语 la^{53}ta^{53}[la^{53}tha^{53}](一顿)+ 动作 ha^{21}[xa^{21}](打)

10.把字句

土家语把字句,与汉语中的一种主动式动词谓语句性质是一样的。这种句式又称为"处置式",因为动词所表示的动作对宾语作出了"处置",例如使其位置或状态改变。汉语的"把"土家语表示为 bo^{21}[[po^{21}]。土家语基本的结构为:主语 + 施事对象 + bo^{21}[po^{21}]+ 宾语 + 动作。

汉语:母亲把我买衣服。

土家语拼音:a^{21}nie^{55}　　nga^{35}　　bo^{21}　　xi^{53}ba^{55}　　pu^{53}

国际音标:　a^{21}ȵie^{55}　　ŋa^{35}　　po^{21}　　ɕi^{53}pa^{55}　　phu^{53}

　　　　　　母亲　　　我　　把　　　衣服　　买

本句结构是主语 a²¹nie⁵⁵[a²¹n̠ie⁵⁵](母亲)＋施事对象 nga³⁵[ŋa³⁵](我)＋bo²¹[po²¹](把)＋宾语 xi⁵³ba⁵⁵[çi⁵³pa⁵⁵](衣服)＋动作 pu⁵³[phu⁵³](买)

第八节　土家语的复句

　　土家语的复句分联合复句和偏正复句两大类。联合复句有并列关系、连贯关系、解说关系、选择关系和递进关系等五个小类。

　　下面各类复句的具体表现形式。

一、并列关系复句

　　并列关系复句是两个或两个以上的简单句用并列连词连在一起构成的句子，其基本结构是"简单句＋并列连词＋简单句"。

　　如：

　　汉语：我们一边做还一边看。

　　土家语拼音：an³⁵ni³⁵　la³⁵dong⁵³　ri⁵³　ha²¹　la³⁵tong⁵³　ba53

　　国际音标：　　an³⁵n̠i³⁵　la³⁵toŋ⁵³　zi⁵³　xa²¹　la³⁵toŋ⁵³　pa⁵³

　　　　　　　　我们　　　一边　　做　还　　一边　　看

本句结构是简单句 an³⁵ni³⁵ la³⁵dong⁵³ ri⁵³[an³⁵n̠i³⁵ la³⁵toŋ⁵³ zi⁵³](我们一边做)＋并列连词 ha²¹[xa²¹](还)＋简单句 la³⁵tog⁵³ ba⁵³[la³⁵toŋ⁵³ pa⁵³](一边看)

二、连贯关系复句

　　连贯关系复句是几个分句在时间上先后相继，事理上先后相承。

　　如：

　　汉语：母亲先砍猪草，后煮饭。

　　土家语拼音：a²¹nie⁵⁵　da³⁵bie²¹ zi²¹xi⁵³ duo⁵³, qi²¹nie⁵³ zi²¹ ban³⁵

　　国际音标：　　a²¹n̠ie⁵⁵ ta³⁵pie²¹ tsi²¹çi⁵³ tuo⁵³, tɕhi²¹n̠ie⁵³ tsi²¹ pan³⁵

　　　　　　　母亲　　先　猪草　砍，　　后　饭　煮

三、解说关系复句

解说复句的分句之间具有解释、说明或总分的关系。根据分句之间意义的关系，可以把解说复句分为以下两类：一是解释或说明关系；二是总说或分说关系。一般是后面分句对前一分句的解说。

如：

汉语：他今天未读书，脑壳痛。

土家语拼音：guo^{35}　lai^{53}　ci^{53}　　tu^{53}　da^{35}，　$kuo^{53}ba^{55}$　　di^{35}

国际音标：　kuo^{35}　lai^{53}　$tshi^{53}$　thu^{53}　ta^{35}，　$khuo^{53}pa^{55}$　ti^{35}

　　　　　　他　今天　书　　读　未，　　脑壳　　　痛

四、选择关系复句

选择关系复句是简介分句之间的关系分列几种情况，要求从中选择一种。

如：

汉语：你今天背柴，或是挑水？

土家语拼音：lai^{53}　ni^{35}　$ka^{21}wai^{53}$，　$ha^{21}si^{21}$　ce^{21}　　kai^{53}

国际音标：　lai^{53}　$ņi^{35}$　$kha^{21}uai^{53}$，　$xa^{21}si^{21}$　$tshe^{21}$　$khai^{53}$

　　　　　　今天　你　柴　背，　还是　　　水　挑

五、递进关系复句

递进关系复句是由两个或两个以上的分句相连，后面分句所表示的意思比前面分句更进一层。分句之间的顺序固定，不能随意变动。

如：

汉语：老师的字写得好，写得快。

土家语拼音：$po^{35}ga^{53}$　nie^{21}　$ci^{53}ci^{53}$　$a^{35}xi^{53}$　ca^{35}，　$a^{35}xi^{53}$　jan^{35}

国际音标：　$pho^{35}ka^{53}$　$ņie^{21}$　$tsi^{53}tsi^{53}$　$a^{35}çi^{53}$　$tsha^{35}$，　$a^{35}çi^{53}$　$tɕhan^{35}$

　　　　　　老师　　的　　字　　写得　好，　写得　　快

六、偏正复句

土家语偏正复句有因果关系、转折关系、假设关系、让步关系、目的关系

等五个小类。

1.因果关系复句

因果关系复句是指正句和偏句之间有原因和结果的关系的句子。偏句说明原因,正句说明结果。一般是偏句在前,正句在后。

如:

汉语:天黑了,下班。

土家语拼音:$la^{21}ye^{35}$ $liao^{21}$, jie^{35} $po^{53}hu^{21}$

国际音标: $la^{21}ie^{35}$ $liau^{21}$, $tɕie^{35}$ $pho^{53}xu^{21}$

天黑了, 班 下

2.转折关系复句

转折复句前面分句提出某种事实或情况,后面分句转而述说与前面分句相反或相对的意思。即后面分句才是说话人所要表达的真正意图。

如:

汉语:这书好看,就是字太小了。

土家语拼音:gai^{35} $ci^{53}hu^{53}$ ba^{53} ca^{35}, $ci^{53}ci^{53}$ lan^{35} $suan^{53}$

国际音标: kai^{35} $tshi^{53}phu^{53}$ pa^{53} $tsha^{35}$, $tshi^{53}tshi^{53}$ lan^{35} $suan^{53}$

这 书 看 好,(就是)字 太小了

3.假设关系复句

假设关系复句,一般由两个有假设关系的分句组成,前一个分句假设存在或出现了某种情况,后一个分句说明由这种假设的情况产生的结果。

如:

汉语:你去,我也去。

土家语拼音:ni^{35} ei^{35}, nga^{35} be^{53} ei^{35}

国际音标: $ȵi^{35}$ ei^{35}, $ŋa^{35}$ pe^{53} ei^{35}

你去, 我 也 去

4.让步关系复句

让步关系复句属于假设复句。假设复句,前一个分句假设存在或出现了某种情况,后一个分句说出假设情况一旦实现产生的结果。两个分句之间是一种假定的条件与结果的关系。

如:

汉语:你不说,我也知道。

土家语拼音:ni^{35} li^{21} ta^{53}, nga^{35} be^{53} ha^{53}ri^{21}

国际音标: ȵi^{35} li^{21} tha^{53}, ŋa^{35} pe^{53} xa^{53}ʑi^{21}

　　　　　你 说 不, 我 也 知道

5.目的关系复句

目的关系复句是一个分句表示实现某种目的或避免某种结果,一个分句表示为此而采取的行为。

如:

汉语:我读书后去当官。

土家语拼音:nga^{35} ci^{53} tu^{53} ga^{35}mie^{53} rei^{53}

国际音标: ŋa^{35} tʃhi^{53} thu^{53} ka^{35}mie^{53} ʑei^{53}

　　　　　我 书 读 官 去当

土家语的复句中还有紧缩复句和多重复句。

七、紧缩复句

紧缩复句也称"紧缩句",指用单句形式表达复句内容的句子。这种句子中间没有语音停顿,张静《汉语语法问题》中说:"这里要说的紧缩复句,是为了使语言简洁明快,主要是在单层复句的基础上紧缩而成的复句。"

如:

汉语:你不说,我也知道。

土家语拼音:ni^{35} li^{21} ta^{53}, nga^{35} be^{53} hao^{53}ri^{21}

国际音标: ȵi^{35} li^{21} tha^{53}, ŋa^{35} pe^{53} xau^{53}ʑi^{21}

　　　　　你 说 不, 我 也 知道

就可以紧缩成:你不说我知道。

土家语拼音:ni^{35} li^{21} ta^{53} nga^{35} hao^{53}ri^{21}

国际音标: ȵi^{35} li^{21} tha^{53} ŋa^{35} xau^{53}ʑi^{21}

　　　　　你 说 不 我 知道

八、多重复句

多重复句是一种内部结构严密而又较为复杂的语言单位。两个或两个以上的复句叫作多重复句。

汉语:他是我的姐夫,我们相距遥远,所以我们之间很少相互往来。

土家语拼音:guo³⁵ nga³⁵ nie²¹ a⁵⁵zuo²¹, an³⁵ni³⁵ da⁵³ong²¹xi²¹ la⁵³e²¹liao²¹

国际音标: kuo³⁵ ŋa³⁵ n̠ie²¹ a⁵⁵tsuo²¹, an³⁵n̠i³⁵ ta⁵³oŋ²¹çi²¹ la⁵³e²¹liau²¹

      他 我 的 姐夫, 我们   相距   遥远

土家语拼音:da⁵³ha²¹ man⁵³ ei³⁵ da⁵³

国际音标: ta⁵³xa²¹ man⁵³ ei³⁵ ta⁵³

      相互   很   往来 少

第九节 土家语的一词多义和
土家语词的声调决定词义

土家语是一种特殊的语言,它能用丰富有形态变化来表示语法意义,土家语的一词多义和音节的声调决定词义现象就是其中之一。

一、土家语的一词多义

土家语一词多义的现象很多,其中有单音节词,也有双音节词,但单音节词的一词多义占绝大多数。在一词多义中,有的是词性相同,有的词性不相同。多义词中,有名词、动词或其他性质的词。

下面我们通过例证来看土家语的一词多义现象。

识别一个土家语单词是否多义的办法,那就看具体语境。无论是词性相同与词性不同都只有这种方法。也就是说这种方法是唯一性的。

(一)单音节词中词性相同的多义词

土家语的 ta²¹[tha²¹]是个多义词,它有 4 个义项,词性都是动词。它的汉语意思分别是:1.浮;2.击(指雷击);3.坐;4.塞。区别 ta²¹[tha²¹]的四个汉语义项,要看语境。

第一个汉语义项"浮"的例句:

大鱼小鱼浮起来。

土家语拼音:song³⁵bi⁵³song³⁵pai⁵³ ta²¹ a xie⁵³

国际音标： soŋ^{35}pi^{53}soŋ^{35}phai^{53}　　<u>tha^{21}</u>　a　çie^{53}

　　　　　　大鱼小鱼　　　　　　　浮　　起来

这句的 <u>ta^{21}[tha^{21}]</u>只有翻译成"浮"才有意义，也才能讲得通，如果翻译成其他义项就不合乎语境和语义。

ta^{21} 的第二个义项"击(指雷击)"的例句：

那一株树被雷击了。

土家语拼音： ai^{53}　ka^{21}mong^{21}　la^{35}zi^{53}　me^{35}　guo^{53}　<u>ta^{21}</u>　liao^{55}

国际音标： ai^{53}　kha^{21}moŋ^{21}　la^{35}tsi^{53}　me^{35}　kuo^{53}　<u>tha^{21}</u>　liau^{55}

　　　　　那　树　　一株　雷　被　击　了

这句语境中 ta^{21}[tha^{21}]的汉义只有"雷击"最合适。其他任何义项都不合适。

ta^{21}[tha^{21}]的第三个汉语义项"坐"的例句：

壳耐家媳妇在那儿坐着。

土家语拼音：kuo^{21}lai^{53}　ka^{21}　pu^{35}　ao^{53}cai^{21}　ta^{21}　bo^{21}

国际音标： khuo^{21}lai^{53}　kha^{21}　phu^{35}　au^{53}tshai^{21}　<u>tha^{21}</u>　po^{21}

　　　　　　壳耐　　家　媳妇　那儿　坐　着

注：汉语的"坐"土家语的本格词是 ong^{21}[oŋ^{21}]，如果把某人的"坐"说成 ta^{21}[tha^{21}]证明这个人很不检点，坐没坐相，站没站相。在这句话的汉语语境中，ta^{21}[tha^{21}]只能翻译成"坐"才符合语境。

ta^{21} 的第四个汉语义项"塞"的例句：

你把角落里的老鼠洞塞了。

土家语拼音：ni^{35}　guo^{53}　a^{53}kou^{53}　nie^{21}　re^{21}　dong^{21}ga^{53}　<u>ta^{21}</u>　bo^{21}

国际音标：ȵi^{35}　kuo^{53}　a^{53}khou^{53}　ȵie^{21}　ze^{21}　toŋ^{21}ka^{53}　<u>tha^{21}</u>　po^{21}

　　　　　你　把　角落　　的　老鼠　洞　塞　了

(二)单音节词性不相同的多义词

又譬如有两个土家语词"wu^{35}[u^{35}]"和"ei^{21}[ei^{21}]"，各有两个不同的词性的汉语义项，两个义项分别是名词和动词。wu^{35}[u^{35}]的两个汉语义项分别是动词"烧"和名词"牛"，ei^{21}[ei^{21}]的两个汉语义项分别是动词"扫"和名词"小米"。

wu^{35}[u^{35}]义项为"烧"的例句：

烧火畬了。

土家语拼音：ye⁵³za³⁵　wu³⁵　liao⁵⁵

国际音标：　ie⁵³tsa³⁵　u³⁵　liau⁵⁵

　　　　　　　火畬　　烧　　了

再看 wu³⁵[u³⁵]义项为"牛"的例句：

用牛耕土了。

土家语拼音：wu³⁵　huo²¹le²¹　li⁵³　qie²¹　liao²¹

国际音标：　u³⁵　xuo²¹le²¹　li⁵³　tɕhie²¹　liau²¹

　　　　　　　牛　用　　土　　耕　　了

很显然,这两个例句中的 wu³⁵[u³⁵]第一句的汉语语义是"烧",第二句的汉语语义是"牛"。

用语境辨别土家语一词多义的义项,是唯一的办法,除此以外别无他法。

(三)双音节土家语中的多义词

双音节中的多义词没有单音节词中多义词的例子多,至于三个以上音节土家语词汇的多义词目前来说还未发现。

双音节土家语中的多义词,也不多。

如：

en²¹qie⁵³[en²¹tɕhie⁵³]是一个语素,是不能把 en²¹[en²¹]和 qie⁵³[tɕhie⁵³]拆成两个词素的,拆开了就没有意义。

en²¹qie⁵³[en²¹tɕhie⁵³]的汉语义项有两个,一个是名词,汉语意思是"耳朵",另一个是动词,汉语意思是"来"。

en²¹qie⁵³[en²¹tɕhie⁵³]为名字"耳朵"的例句：

他耳朵很长。

土家语拼音：guo³⁵　　en²¹qie⁵³　　e²¹ba²¹

国际音标：　kuo³⁵　　en²¹tɕhie⁵³　e²¹pa²¹

　　　　　　　他　　耳朵　　很长

en²¹qie⁵³[en²¹tɕhie⁵³]为动词"来"的例句：

你到我这儿来。

土家语拼音：ni³⁵　　nga³⁵　gao³⁵cai³⁵　　　en²¹qie⁵³

国际音标：n̩i³⁵　ŋa³⁵　kau³⁵tshai³⁵　　en²¹tɕhie⁵³

　　　　　你　　我　　这里　　　　来

前一例句的 en²¹qie⁵³[en²¹tɕhie⁵³]是名词"耳朵"，后一 en²¹qie⁵³[en²¹tɕhie⁵³]
是动词"来"。

二、土家语声调决定词义

音节的声调决定词义现象在汉语中也存在，同一个音节声调不同，其意
义和汉字的写法也不同。

土家语音节的声调决定词义现象普遍存在，同一个音节，只要声调不同，
其意义也就不同。

以 di[ti]音节为例，声调不同其汉语的意思也不同(见下表)：

音　节	汉语义	例　句
di⁵⁵ [ti⁵]	来(动词)	nga³⁵ ong⁵³ga²¹ ga³⁵ di⁵⁵ ŋa³⁵ oŋ⁵³ka²¹ ka³⁵ ti⁵⁵ 我　中饭　吃　来 我(要)来吃中饭
di³⁵ [ti³⁵]	痛(动词)	a²¹ba⁵⁵ ji²¹ di³⁵ liao⁵⁵ a²¹ba⁵⁵ tɕi²¹ ti³⁵ liau⁵⁵ 父亲　脚　痛　了 父亲脚痛了
di²¹ [ti²¹]	挖(动词)	a²¹kuo⁵³ kan²¹ ku⁵³ a²¹pong²¹ di²¹ lu²¹ a²¹khuo⁵³ khan²¹ khu⁵³ a²¹phoŋ²¹ ti²¹ lu²¹ 哥哥　山里　　黄葛　挖　去了 哥哥到山里挖黄葛去了
di⁵³ [ti⁵³]	要(动词)	ai³⁵a²¹ ke⁵³ luo⁵³ re⁵³la⁵³hu²¹ di⁵³ ai³⁵a²¹ khe⁵³ luo⁵³ ze⁵³ la⁵³xu²¹ ti⁵³ 这岩　抬　人　四个　　要 这岩要四个人抬

土家语音节的声调决定词义现象很多，在土家语交流中经常会碰上。只
要认真留心学习和分辨也是容易学的。但首先就要把土家语的声调要发准，
如果声调不准，那就很难说了。声调语音是基础，打好语音基础至关重要。

第二编
土家语社会民俗语言

第一章　土家语地名

　　湘鄂渝黔四省市边的土家族聚居区,至今仍保留着数以万计的土家语地名。虽然如今除湘西少数偏僻的土家山寨的土家族人还会操用土家语外,绝大多数土家族地区已完全不懂土家语,但土家语地名还在很多土家族地区保留着。这些土家语地名是土家族聚居区自然环境的素描,是土家族社会历史发展的轨迹,是土家族文化信息的载体,是土家族语言的活化石,是土家族先民用自己的语言雕刻在大地上的珍贵文化遗产。

第一节　土家语地名结构

　　土家语地名结构主要是从组词的音节角度来分的,它可以分单音节、双音节、三音节、四音节、五音节。

　　单音节的土家语地名很少,仅发现一例:湖南省龙山县靛房镇中心村的一个村民小组叫"僚 liao^{21}[liau^{21}]","僚 liao^{21}[liau^{21}]"是土家语的一个动词,汉语意思是用开水短时间地煮某种食物。土家族地区常常要把吃不完的蔬菜和野菜保留起来,先用开水煮一下,然后晒干备用。土家族就有"僚"青菜、"僚"竹笋的习惯。土家族不仅爱"僚"青菜和竹笋,也是最爱吃"僚"过的青菜和竹笋。所以这个地方叫"僚 liao^{21}[liau^{21}]",也是一种习俗的表征。

　　土家语双音节地名有的是一个单词, 如龙山苗儿滩镇有个叫 "克拉 ke^{55}la^{53}[khe^{55}la^{53}]"的自然寨,"克拉 ke^{55}la^{53}[khe^{55}la^{53}]"的汉语意思是"烟尘"。有的双音节土家语的地名是一个短语。如龙山有个叫洛塔的地方,"洛塔 luo^{21}ta^{35} [luo^{21}tha^{35}]" 是劳塔 lao^{21}ta^{35} [lau^{21}tha^{35}] 的转音,"劳塔 lao^{21}ta^{35}[lau^{21}tha^{35}]"汉语意思是"晒太阳"。因为洛塔平均海拔在 1100 米以上,日照很长,阳光充足,是龙山的"日光之乡"。所以这个地方用土家语命名为洛塔 luo^{21}ta^{35}[luo^{21}tha^{35}],转音成 lao^{21}ta^{35}[lau^{21}tha^{35}](劳塔)十分得体。

　　三音节土家语地名大都是合成词和短语,还有土家语与汉语合成的三音节地名。如靛房镇有个村民小组叫 "日阿古祖 ra^{35}gu^{53}zu^{53}[ʐa^{35}ku^{53}tsu^{53}]",

"日阿古祖 ra³⁵gu⁵³zu⁵³[ẓa³⁵ku⁵³tsu⁵³]"就是"鸡栏",因为过去这里的土家族先民除了做农业生产外,家庭事业的养殖是重要的经济收入,所以就叫"日阿古祖 ra³⁵gu⁵³zu⁵³[ẓa³⁵ku⁵³tsu⁵³]"。

三音节土家语地名中也有是短语的,如龙山坡脚有个"窝拉丘 wo⁵³la⁵³qiou⁵⁵[o⁵³la⁵³tɕhiou⁵⁵]"村。其中的"窝拉 wo⁵³la⁵³[o⁵³la⁵³]"是名词,汉语意思是菜园;"丘 qiou⁵⁵[tɕhiou⁵⁵]"是方位词,汉语意思是"里面"。"窝拉丘 wo⁵³la⁵³ qiou⁵⁵[o⁵³la⁵³ tɕhiou⁵⁵]"就是"菜园里面"。

三音节土家语地名中还有是由土家语与汉语合成的。清朝雍正年间"改土归流"后,由于汉文化的大量进入土家族地区,很多原本双音节的土家语,后面加上汉语词汇变成了三音节地名。即:在原来的土家语地名后面加上了汉语表地形的词汇,如坪、堡、垴、寨等。如苗儿滩镇有个土家山寨叫泽谢坪,原本叫"泽谢 ce²¹xie³⁵[tshe²¹ɕie³⁵]","泽谢 ce²¹xie³⁵[tshe²¹ɕie³⁵]"就是有水,因为这个地方较之其他的土家山寨,水资源要丰富得多。清朝的流官来到这里后,看见这里不仅水资源丰富,而且还是一块小小的盆地,就在泽谢 ce²¹xie³⁵[tshe²¹ɕie³⁵]"后面加上了一坪字,这样就变成了泽谢坪 ce²¹xie³⁵pin²¹[tshe²¹ɕie³⁵phin²¹]。还有其他土家语地名,如:它哥坪、拉达坪、敖拉堡、泽茂堡、那且堡等,在土家语地名后面加垴加寨的例子就更多了。这些都是根据土家族地区地形地貌而命名的。这也说明在清朝改土归流后,有些土家语地名与汉语结合组成了新的地名符号。

四音节土家语地名大多数是邻近的两个土家山寨一起合成的。如龙山县苗儿滩镇有个村叫"锁胡那咱 suo⁵³hu²¹la³⁵za⁵³[suo⁵³xu²¹la³⁵tsa⁵³]",是由"锁胡 suo⁵³hu²¹[suo⁵³xu²¹]"和"那咱 la³⁵za⁵³[la³⁵tsa⁵³]"两个自然寨合成的一个土家语地名。"锁胡 suo⁵³hu²¹[suo⁵³xu²¹]"汉语意思是"要割",是个将行时态动词。"那咱 la³⁵za⁵³[la³⁵tsa⁵³]"汉语意思"半边",是一个数量词。"锁胡那咱 suo⁵³hu²¹la³⁵za⁵³[suo⁵³xu²¹la³⁵tsa⁵³]"的意思就是"要割半边"。这是因为"锁胡 suo⁵³hu²¹[suo⁵³xu²¹]"和"那咱 la³⁵za⁵³[la³⁵tsa⁵³]"两个自然寨都座落在同一座大山上,四周是茂密的森林,是野兽出没的最佳场所。同时也给"锁胡那咱 suo⁵³hu²¹la³⁵za⁵³[suo⁵³xu²¹la³⁵tsa⁵³]"的土家人提供了充足的猎物资源。两个寨常常是联合打猎,打猎后,如果只猎获一头野兽,两个寨就各割半边。然后两个寨的人又把各自的半边猎物进行再分配。久而久之,他们的这样做法得到了外界和两寨人的认可,于是人们就把这种事象作为两个寨的地名。这样就诞生了一个"锁胡那咱 suo^{53}hu^{21}la^{35}za^{53}[suo^{53}xu^{21}la^{35}tsa^{53}]"土家语地名。

土家语地名中还有个别是五音节的,如湘西保靖有一个叫"索米补祖列 suo^{21}mi^{53}bu^{53}zu^{53}le^{53}[suo^{21}mi^{53}pu^{53}tsu^{53}le^{53}]"的地方。这个土家地名有三个概念,"索米 suo^{21}mi^{53}[suo^{21}mi^{53}]"和"补祖 bu^{53}zu^{53}[pu^{53}tsu^{53}]"分别是指的两个自然寨的名称,"索米 suo^{21}mi^{53} [suo^{21}mi^{53}]"自然寨中何姓较多,"补祖 bu^{53}zu^{53}[pu^{53}tsu^{53}]"自然寨中张姓比较多。且这两个自然寨说土家语时,后面总是有一个"列 le^{53}[le^{53}]"的尾音。这样人们称"索米补祖 suo^{21}mi^{53}pu^{53}tsu^{53} [suo^{21}mi^{53}pu^{53}tsu^{53}]"时,就要加上一个"列 le^{53}[le^{53}]"。就成了"索米补祖列 suo^{21}mi^{53}bu^{53}zu^{53}le^{53}[suo^{21}mi^{53}pu^{53}tsu^{53}le^{53}]"。

第二节 土家语地名类型

土家语地名的类型很多,主要有以下几种:

一、以历史人物为土家语地名

土家族的历史人物在土家人的心目中留下了深刻的印象,土家人为了纪念他们,就在他们的活动地以他的名字作为地名。如龙山县洛塔乡有个地名叫"吴作厅 wu^{21}zuo^{21}ten^{35} [u^{21}tsuo^{21}then^{35}]","吴作厅 wu^{21}zuo^{21}ten^{35}[u^{21}tsuo^{21}then^{35}]"因吴作冲而得名。吴作冲是五代末期土家族的一个酋长。"吴作冲 wu^{21}zuo^{21}cong^{35} [u^{21}tsuo^{21}tshoŋ^{35}]"是土家语人名,"吴作 wu^{21}zuo^{21} [u^{21}tsuo^{21}]"就是"力气大","冲 cong^{35} [tshoŋ^{35}]"就是"汉子","吴作冲 wu^{21}zuo^{21}cong^{35}[u^{21}tsuo^{21}tshoŋ^{35}]"就是"力气大的汉子"。吴作冲原本是当时湘西北的土家族首领,五代时楚王马希范封江西人彭瑊为溪州刺史,彭瑊强占了吴作冲的地盘,并把吴作冲赶到偏僻的洛塔山上。彭瑊对偏安一隅的吴作冲还是耿耿于怀,派重兵攻打吴作冲。在这场不对等的战斗中,吴作冲被彭瑊打败,最后战死在洛塔。

后来,土家族先民为了纪念自己的首领吴作冲,就把吴作冲住过的地方叫"吴作厅 wu^{21}zuo^{21}ten^{35}[u^{21}tsuo^{21}then^{35}]"。除此之外,凡是吴作冲的重要活动地都以"吴作 $wu^{21}zuo^{21}$ [$u^{21}tsuo^{21}$]"命名。如永顺老司城附近有"吴作 $wu^{21}zuo^{21}hu^{21}$ [$u^{21}tsuo^{21}xu^{21}$]"村，保靖县的马王乡也有"吴作 $wu^{21}zuo^{21}$ [$u^{21}tsuo^{21}$]"村，龙山县的苗儿滩镇亦有有个村叫"吴作湖 $wu^{21}zuo^{21}hu^{21}$ [$u^{21}tsuo^{21}xu^{21}$]"。

二、以历史事件为土家语地名

土家族历史上也发生了很多事件,有的是土家族先民"筚路蓝缕,以启山林"创业的事迹记录。

湘西龙山里耶镇有个村叫"树木峒 $su^{35}mu^{21}dong^{35}$[$su^{35}mu^{21}ton^{35}$]",这里的"树木 $su^{35}mu^{21}$[$su^{35}mu^{21}$]"不是汉语的树木,土家语的"树木 $su^{35}mu^{21}$[$su^{35}mu^{21}$]"是"祖先"的意思。因为"树木峒$su^{35}mu^{21}dong^{35}$[$su^{35}mu^{21}ton^{35}$]"这个地方是龙山县南半县的彭姓土家先民最先到这里安居的。彭姓后裔为了纪念这重大的历史事件，就把它称为"树木峒 $su^{35}mu^{21}dong^{35}$[$su^{35}mu^{21}ton^{35}$]"。

龙山贾市乡有一个土家山寨叫"蹋苦皮 $ta^{35}ku^{53}pi^{21}$[$tha^{35}khu^{53}phi^{21}$]"。"蹋苦 $ta^{35}ku^{53}$[$tha^{35}khu^{53}$]"汉语意思是做饭用的锅,"皮 pi^{21}[phi^{21}]"的汉语意思是"破","蹋苦皮 $ta^{35}ku^{53}pi^{21}$[$tha^{35}khu^{53}phi^{21}$]"就是"锅破了"。传说三国时,当地土家族的一个部落首领叫鲁力嘎巴,率地方武装与诸葛亮西进的一支部队在这里打了一场遭遇战。战斗十分激烈,虽然诸葛亮的部队是正规军,但由于鲁力嘎巴所率领的地方武装顽强抵抗,给诸葛亮的军队造成了很大的损失,除了人员伤亡外,甚至做饭的锅都给打破了。人们为了纪念鲁力嘎巴的这一丰功伟绩,就把这里命名为"蹋苦皮 $ta^{35}ku^{53}pi^{21}$[$tha^{35}khu^{53}phi^{21}$]"。在"蹋苦皮 $ta^{35}ku^{53}pi^{21}$[$tha^{35}khu^{53}phi^{21}$]"村外还有一处地名叫"葩黑池 $pa^{53}hei^{53}ci^{21}$[$pha^{53}xei^{53}tshi^{21}$]"，据说是诸葛亮部队驻扎之所。"葩黑池 $pa^{53}hei^{53}ci^{21}$[$pha^{53}xei^{53}tshi^{21}$]"中的"葩黑 $pa^{53}hei^{53}$[$pha^{53}xei^{53}$]"就是"汉人驻扎","池 ci^{21}[$tshi^{21}$]"是"场所"。"葩黑池 $pa^{53}hei^{53}ci^{21}$[$pha^{53}xei^{53}tshi^{21}$]"就是"汉人驻扎的场所"。

三、以地形地貌为土家语地名

土家语地名以地形和地貌命名的也很多。

龙山县有个乡叫他砂乡。他砂是该乡的一个村,位置在全乡的中心,成了乡政府所在地,所以就叫他砂乡。"他砂 ta⁵⁵sa⁵⁵ [tha⁵⁵sa⁵⁵]"的汉语意思是"坎"。"他砂 ta⁵⁵sa⁵⁵"[tha⁵⁵sa⁵⁵]"这个自然寨沟壑纵横,且有很多小山堡,平地不多,坎也就自然多了。人们就按地形称它为"他砂 ta⁵⁵sa⁵⁵[tha⁵⁵sa⁵⁵]"。

龙山县洛塔乡有个村叫"窝亏 wo⁵⁵kui⁵⁵ [o⁵⁵khui⁵⁵]","窝亏 wo⁵⁵kui⁵⁵ [o⁵⁵khui⁵⁵]"的汉语意思是"洼地"。这个地方是属于喀斯特地貌,周围是石灰岩石林,中间有一块洼地,近 600 亩,正好适合人居住,这样人们就把这地方叫"窝亏 wo⁵⁵kui⁵⁵[o⁵⁵khui⁵⁵]"。

龙山县苗儿滩镇有一个著名的土家山寨叫捞车。"捞车 lao³⁵ce²¹ [lau³⁵tshe²¹]" 是 "劳池"lao²¹ci²¹ [lau²¹tshi²¹]" 的转音。"劳池 lao²¹ci²¹ [lau²¹tshi²¹]"的汉语意思是"出太阳",捞车是相对于上面的洗车镇而说的。从洗车镇到捞车的沿途都是高山峡谷,到了捞车就有了一片平坝,地势开阔,能看到朗朗的太阳了,所以这个地方就叫"劳池 lao²¹ci²¹[lau²¹tshi²¹]"。后来人们把它转音称为"捞车 lao³⁵ce²¹[lau³⁵tshe²¹]"。

四、以动物为土家语地名

以动物命名的土家语地名也很常见。如龙山县贾市乡兔吐坪村有一个地名叫"利舍苦 li³⁵se⁵³ku⁵³[li³⁵se⁵³khu⁵³]"。因为兔吐坪座落在一座大山的半腰,以前兔吐坪到处是茂密的原始森林,原始森林里面有一只老虎,不仅经常出没糟蹋寨子上的家禽家畜,有的人还在虎口送了命。兔吐坪人为了消除虎患,就由寨上的十几个身强力壮的男性青年组织了一个打虎队。打虎队在寨子后面的山上将老虎打死。从此,那个打死老虎的山就叫做"利舍苦 li³⁵se⁵³ku⁵³[li³⁵se⁵³khu⁵³]"。其中的"利 li³⁵[li³⁵]"就是老虎,"舍 se⁵³[se⁵³]"是"死"。"苦 ku⁵³[khu⁵³]"是"山"。"利舍苦 li³⁵se⁵³ku⁵³[li³⁵se⁵³khu⁵³]"就是"(打)死老虎的山"。

龙山县洗车河镇有一个山寨叫"日阿绒苦 ra³⁵rong²¹ku⁵³ [ʐa³⁵ʐoŋ²¹khu⁵³]","日阿 ra³⁵ [ʐa³⁵]"是"鸡"。"绒 rong²¹ [ʐoŋ²¹]"是动词"叫","苦 ku⁵³[khu⁵³]"是"山"。"日阿绒苦 ra³⁵rong²¹ku⁵³[ʐa³⁵ʐoŋ²¹khu⁵³]"的就是"鸡叫的山"。据"日阿绒苦 ra³⁵rong²¹ku⁵³[ʐa³⁵ʐoŋ²¹khu⁵³]"的土家族王姓的老人说,他们祖先是为逃避仇人的追杀来到这里的。祖先逃出来的时候是晚上,来到这里时正好鸡叫了,精疲力竭,再也走不动了。他们认为走了这么远,仇人也不会追来了,于是就到这里安居落业。他们就把这地方取名"日阿绒苦 ra^{35}rong^{21}ku^{53}[ʐa^{35}ʐoŋ^{21}khu^{53}]"。

五、以植物为土家语地名

土家族聚居区以前植被很好,生态环境十分优异。土家族人民的衣食住行大都是就是以这优异的环境为依托,故土家语地名以植物命名很常见。

龙山县洗车镇是龙山县著名的一个古镇,就是在整个湘西也是很有名气。"洗车"是由两个标准的土家语词汇组合而成的。"洗车"的正确读音是"习彻 xi^{21}ce^{21}[ɕi^{21}tshe^{21}]"。其中的"习 xi^{21}[ɕi^{21}]"汉意是"草","彻 ce^{21}[tshe^{21}]"汉意是"水"。"习彻 xi^{21}ce^{21}[ɕi^{21}tshe^{21}]"就是水草丰茂。从洗车的地理环境来看,洗车这地方地处峡谷之中,镇的南北各有一小块平坝,红岩河与猛西河在这里相汇,还有龙摆尾、那泥湖、苗溪沟、大岔湖、小岔湖、半坡等大小溪水也在这里相汇。水源十分丰富,所以叫"习彻 xi^{21}ce^{21}[ɕi^{21}tshe^{21}]"是很切贴的。后来转音叫"洗车"。

龙山县还有一个叫猛西乡(现并入洛塔乡),它是以一个叫猛西的村而冠名的。"猛西 mu^{53} xi^{21}[mu^{53} ɕi^{21}]"也是土家语,就是"竹林"。因为猛西 mu^{53} xi^{21}[mu^{53} ɕi^{21}]"村无论是过去还是现在,竹子特别多,被当地人称为楠竹(学名叫毛竹)的非常有名。

六、以特殊事象为土家语地名

土家语地名中还有一种情况是以土家先民的特殊事象命名。龙山坡脚乡(现并入靛房镇)是土家语保存完整的一个乡。该地百分之九十以上的人仍然操用土家语。"坡脚"原本叫"坡姐 po^{55}jie^{53}[pho^{55}tɕie^{53}]",是一个土家语地名。"坡姐 po^{55}jie^{53}[pho^{55}tɕie^{53}]"是土家族的一项打猎活动的两个方面。其中"坡 po^{55} [pho^{55}]"是"放","姐 jie^{53} [tɕie^{53}]"是"追赶","坡姐po^{55}jie^{53}[pho^{55}tɕie^{53}]"就是"放和追赶"。远古至今,土家族在打猎的时候,须带上猎狗,先由猎人放猎狗循野兽的臊气去寻觅野兽的巢穴,待猎狗寻觅到野兽后,再把野兽从窝里轰出来,猎人就循踪迹去追赶野兽,直到把野兽追赶猎获到手为止。"坡姐 po^{55}jie^{53}[pho^{55}tɕie^{53}]"是土家族渔猎文化的一个符号,土家人把这一文化符号运用到地名之中,得到了社会的认同。

附:清朝同治版《保靖县志》记载的土家语地名

说明:土家语地名在清朝时的县志和一些类书中有记载,给我们留下了一份宝贵的文化遗产,如清朝同治版《保靖县志》中记载了很多土家语地名,是记录土家语地名最多的县志。该县志是按当时行政区划的"都"来记载的。为使读者对同治版《保靖县志》中的土家语记录状况有所了解,特辑录如下以飨读者。

一都(在县西北抵永顺界)

普戎:$pu^{53}rong^{21}[phu^{53}\rotatebox{0}{z}on^{21}]$

小普戎:$xiao^{53}pu^{53}rong^{21}[\varsigma iau^{53}phu^{53}\,\rotatebox{0}{z}on^{21}]$

玛脑乎:$ma^{55}lao^{53}hu^{21}[ma^{55}lau^{53}xu^{21}]$

打不著:$da^{53}bu^{21}zuo^{21}[ta^{53}pu^{21}tsuo^{21}]$

白坞:$be^{21}wu^{55}[pe^{21}u^{55}]$

桐木枯:$tong^{21}mu^{21}ku^{53}[thon^{21}mu^{21}khu^{53}]$

若西:$ruo^{53}xi^{53}[\rotatebox{0}{z}uo^{53}\varsigma i^{53}]$

黑章:$he^{21}zan^{55}[xe^{21}tsan^{55}]$

芽科疃(音团):$nga^{35}\,kuo^{53}tuan^{21}[ŋa^{35}\,khuo^{53}thuan^{21}]$

他沙:$ta^{53}sa^{53}[tha^{53}sa^{53}]$

上芽吾:$san^{35}nga^{35}wu^{21}[san^{35}ŋa^{35}u^{21}]$

若铁湖:$ruo^{35}te^{53}hu^{21}[\rotatebox{0}{z}uo^{35}the^{53}xu^{21}]$

禾溪:$wo^{21}qi^{55}[o^{21}t\varsigma hi^{55}]$

无梯:$wu^{35}ti^{35}[u^{35}thi^{35}]$

小摆:$xiau^{53}bai^{53}[\varsigma iau^{53}pai^{53}]$

料洞:$liao^{35}dong^{35}[liau^{35}ton^{35}]$

下芽吾:$xia^{35}nga^{35}wu^{21}[\varsigma ia^{35}ŋa^{35}u^{21}]$

止坡溪:$zi^{53}po^{53}qi^{53}[tsi^{53}pho^{53}t\varsigma hi^{53}]$

下坡溪:$xia^{35}po^{53}qi^{53}[\varsigma ia^{35}pho^{53}t\varsigma hi^{53}]$

二都(在县北抵永顺界)

撒壁:$ce^{21}bi^{21}[tshe^{21}pi^{21}]$

若(苦)那枯：ruo³⁵la⁵³ku⁵³[ʐuo³⁵la⁵³khu⁵³]

伯奚溪：be³⁵qi⁵³qi⁵³[pe³⁵tɕhi⁵³tɕhi⁵³]

瑰东：kuai⁵³dong³⁵[khuai⁵³toŋ²¹]

结咱乎：jie³⁵za⁵³hu²¹[tɕie³⁵tsa⁵³xu²¹]

牙麻哈：nga³⁵ma⁵⁵ha⁵³[ŋa³⁵ma⁵⁵xa⁵³]

皂枯：zao⁵³gu⁵³[tsau⁵³ku⁵³]

母车：mu⁵³ce²¹[mu⁵³tshe²¹]

农溪：long³⁵qi⁵³[loŋ³⁵　tɕhi⁵³]

昂家湖：ngan²¹jia⁵⁵　hu²¹[ŋan²¹tɕia⁵⁵　xu²¹]

小昂家：xiao⁵³ngan²¹jia⁵⁵[ɕiao⁵³ŋan²¹tɕia⁵⁵]

孔木洞：kong⁵³mu²¹dong³⁵[khoŋ⁵³mu²¹toŋ³⁵]

小西朋：xiao⁵³xi³⁵pong²¹[ɕiau⁵³ɕi³⁵phoŋ²¹]

要坝：yau³⁵ba³⁵[iau³⁵pa³⁵]

咱科：za⁵⁵kuo⁵³[tsa⁵⁵khuo⁵³]

著落：zuo³⁵luo⁵⁵[tsuo³⁵luo⁵⁵]

积把乎：ji²¹ba⁵⁵hu²¹[tɕi²¹pa⁵⁵xu²¹]

大西朋：da³⁵xi⁵³pong²¹[ta³⁵ɕi⁵³phoŋ⁵³]

动坝：dong³⁵ba³⁵[toŋ³⁵pa³⁵]

蒲湖：pu²¹hu²¹[phu²¹xu²¹]

土皮村：tu⁵³pi²¹cun⁵⁵[thu⁵³phi²¹tshun⁵⁵]

母寨：mu⁵³zai³⁵[mu⁵³tsai³⁵]

逝溪河：si³⁵qi⁵³huo²¹[si³⁵　tɕhi⁵³xuo²¹]

三都(在县东)

牙旗：nga²¹qi²¹[ŋa²¹tɕhi²¹]

结福：jie²¹hu²¹[tɕie²¹xu²¹]

南渭州：lan²¹wei³⁵zou⁵³[lan²¹uei³⁵tsou⁵³]

他沙乎：ta⁵³sa⁵³hu²¹[tha⁵³sa⁵³xu²¹]

怕必洞：pa⁵³bi²¹dong³⁵[pha⁵³pi²¹toŋ³⁵]

梭那西：suo⁵³la⁵³　xi⁵³[suo⁵³la⁵³　ɕi⁵³]

牙它落：nga³⁵ta⁵³luo²¹[ŋa³⁵tha⁵³luo²¹]

梭多坪：suo⁵³duo⁵³pin²¹[suo⁵³tuo⁵³phin²¹]

拔麦：ba⁵⁵me²¹[pa⁵⁵me²¹]

补结：bu⁵³jie²¹[pu⁵³tɕie²¹]

散曹：san³⁵cao²¹[san³⁵tʂhau²¹]

牙补吉：nga³⁵bu⁵³jie²¹[ŋa³⁵pu⁵³ tɕie²¹]

来洞：lai²¹dong³⁵[lai²¹toŋ³⁵]

甲户：ga²¹hu²¹[ka²¹xu²¹]

陇多：long⁵³duo²¹[loŋ⁵³tuo²¹]

聱溪：ao³⁵qi⁵³[au³⁵tɕhi⁵³]

四都(见苗防在县东南)

马惹冲：ma⁵⁵re⁵³cong⁵³[ma⁵⁵ʐe⁵³ tʂhoŋ⁵³]

梯喇吾：ti³⁵la⁵³wu²¹[thi³⁵la⁵³u²¹]

扒吉：ba²¹ji²¹[pa²¹tɕi²¹]

必铁：bi⁵³tie⁵³[pi⁵³thie⁵³]

猛科坪：mong⁵³kuo⁵³pin²¹[moŋ⁵³khuo⁵³phin²¹]

兔书窟：tu³⁵su⁵³ ku⁵³[thu³⁵su⁵³ khu⁵³]

车车乎：ce⁵³ce⁵³hu²¹[tʂhe⁵³tʂhe⁵³xu²¹]

卡科：ka²¹kuo²¹[kha²¹khuo²¹]

积谷：ji²¹gu²¹[tɕi²¹ku²¹]

腊柳：la⁵³liu⁵³[la⁵³liu⁵³]

牙科：a²¹kuo²¹[a²¹khuo²¹]

马脑：ma⁵⁵lao⁵³[ma⁵⁵lau⁵³]

搭普：da⁵³pu⁵³[ta⁵³phu⁵³]

梭西洞：suo⁵³xi⁵³dong³⁵[suo⁵³ɕi⁵³toŋ³⁵]

那洞：la⁵³dong³⁵[la⁵³toŋ³⁵]

车西柯：ce⁵⁵xi⁵⁵kuo⁵³[tʂhe⁵⁵ɕi⁵⁵khuo⁵³]

衣窟窟：yi⁵⁵ku⁵⁵ku⁵⁵[i⁵⁵khu⁵⁵khu⁵⁵]

扁巢：bian⁵³cao²¹[pian⁵³tʂhau²¹]

卡八把：kha⁵³pa²¹pa⁵³[kha⁵³pa²¹pa⁵³]

哄哄寨：hong⁵³hong⁵³zai³⁵[xoŋ⁵³xoŋ⁵³tsai³⁵]

五都(在县东抵永顺界)

巴惹：ba⁵³re⁵³[pa⁵³ʐe⁵³]

车土苦：ce⁵³tu⁵³ku⁵³[tʂhe⁵³thu⁵³khu⁵³]

咱擢坪：za⁵⁵cuo⁵³pin²¹[tsa⁵⁵tʂhuo⁵³pin²¹]

乜乍：nie³⁵za²¹[ɲie³⁵tsa²¹]

上涂乍：san³⁵tu²¹za²¹[san³⁵thu²¹tsa²¹]

下涂乍：xia³⁵tu²¹za²¹[ɕia³⁵thu²¹tsa²¹]

马路：ma⁵⁵lu⁵⁵[ma⁵⁵lu⁵⁵]

米西沟：mi⁵³xi⁵³gou⁵⁵[mi⁵³ɕi⁵³kou⁵⁵]

六都、七都、八都缺

九都(在县西南)

车白：ce⁵³pe²¹[tʂhe⁵³phe²¹]

西落：xi⁵³luo²¹[ɕi⁵³luo²¹]

米他乎：mi⁵³ta⁵³hu²¹[mi⁵³tha⁵³xu²¹]

牙把吉：nga³⁵ba⁵⁵ji²¹[ŋa³⁵pa⁵⁵tɕi²¹]

白吾：bai⁵³wu²¹[pai⁵³u²¹]

朵乐园：duo⁵³luo²¹yan²¹[tuo⁵³luo²¹ian²¹]

衣止甲：yi⁵⁵zi⁵⁵jia²¹[i⁵⁵tsi⁵⁵ tɕia²¹]

米他科：mi⁵³ta⁵³kuo⁵³[mi⁵³tha⁵³khuo⁵³]

押龙崎：ya²¹long²¹yi⁵³[ia²¹loŋ²¹i⁵³]

那洞：la⁵³dong³⁵[la⁵³toŋ³⁵]

著落：zuo²¹luo²¹[tsuo²¹luo²¹]

十都(在胰南)

踏湖：ta³⁵hu³⁵[tha³⁵xu³⁵]

咱土湖：za⁵³tu⁵³hu²¹[tsa⁵³thu⁵³xu²¹]

咱卡湖：za⁵⁵ka⁵⁵hu²¹[tsa⁵⁵kha⁵⁵xu²¹]

苦竹湖：ku⁵⁵zu⁵³hu²¹[khu⁵⁵tsu⁵³xu²¹]

辙大咱：ce²¹da²¹za²¹[tʂhe²¹ta²¹ tsa²¹]

业辙溪：nie⁵³ce²¹qi⁵³[ɲie⁵³tʂhe²¹tɕhi⁵³]

卧当：wo³⁵dan⁵³[o³⁵tan⁵³]

卡棚：ka⁵³pnog²¹[kha⁵³phoŋ²¹]

靛棚：dian³⁵pong²¹[tian³⁵phoŋ²¹]

十一都(在县西南抵四川秀山县)

岩科：a²¹kuo²¹[a²¹khuo²¹]

坝母苦：ba³⁵mu⁵³ku⁵³[pa³⁵mu⁵³khu⁵³]

苦梧：ku⁵³wu²¹[khu⁵³u²¹]

巴咱科：ba⁵⁵za⁵⁵kuo⁵³[pa⁵⁵tsa⁵⁵khuo⁵³]

半湖：ban³⁵hu²¹[pan³⁵xu²¹]

白衣：be⁵³yi⁵⁵[pe⁵³i⁵⁵]

卡济：ka⁵³ji⁵⁵[kha⁵³tɕi⁵⁵]

别那哈：pie⁵⁵la⁵³ ha²¹[phie⁵⁵la⁵³ xa²¹]

染青湖：ran⁵³qin⁵⁵hu²¹[ʐan⁵³tɕhin⁵⁵xu²¹]

鸭湖：ya²¹hu²¹[ia²¹xu²¹]

止科：zi⁵³kuo⁵⁵[tsi⁵³khuo⁵⁵]

禾著：wo²¹zuo²¹[o²¹tsuo²¹]

十二都(县西抵秀山县界抵龙山县界)

里耶：li⁵³ye²¹[li⁵³ie²¹]

鲁碧潭：lu⁵³bi²¹tan²¹[lu⁵³pi²¹than²¹]

落里湖：luo²¹li⁵³hu²¹[luo²¹li⁵³xu²¹]

杉柱：sa⁵⁵zu³⁵[sa⁵⁵tsu³⁵]

他沙：ta⁵³sa⁵³[tha⁵³sa⁵³]

毛鸡著：mao²¹ji⁵³zu⁵[mau²¹tɕi⁵³tsu⁵]

他主：ta⁵³zu⁵³[tha⁵³tsu⁵³]

送亲乎：song³⁵qin⁵⁵hu²¹[soŋ³⁵tɕhin⁵⁵xu²¹]

比耳：bi⁵³e²¹[pi⁵³e²¹]

他步洞：ta⁵⁵bu³⁵dog[tha⁵⁵pu³ton³⁵]

送亲岩：song³⁵qin⁵⁵ngai²¹[soŋ³⁵tɕhin⁵⁵ŋai²¹]

车马畸：ce⁵³ma²¹ji²¹[tshe⁵³ma²¹tɕi²¹]

马连洞：ma⁵⁵lian²¹dong³⁵[ma⁵⁵lian²¹toŋ³⁵]

手扒洞：sou⁵⁵ba²¹dong³⁵[sou⁵⁵pa²¹toŋ³⁵]

十三都(在县西)

若西：ruo³⁵xi⁵³[ʐuo³⁵ɕi⁵³]

舍湖：se⁵³hu²¹[se⁵³xu²¹]

马楼：ma⁵⁵lu²¹[ma⁵⁵lu²¹]

东落：dong⁵³luo²¹[toŋ⁵³luo²¹]

马且溪：ma⁵³qie⁵³qhi⁵³[ma⁵³tɕie⁵³tɕhi⁵³]

补州列：bu⁵³zu⁵⁵le⁵³[pu⁵³tsu⁵⁵le⁵³]

说明：sue²¹min²¹[sue²¹min²¹]

例湖：le³⁵hu²¹[le³⁵xu²¹]

猛西洞：mu⁵³xi⁵³dong³⁵[mu⁵³ɕi⁵³toŋ³⁵]

车土：ce⁵³tu⁵³[tshe⁵³thu⁵³]

若必寨：ruo³⁵bi⁵³zai³⁵[ʐuo³⁵pi⁵³tsai³⁵]

叉鱼溪：ca³⁵yi²¹qi⁵³[tsha³⁵i²¹tɕhi⁵³]

母吾列：mu⁵³wu²¹le²¹[mu⁵³u²¹le²¹]

多补：duo⁵³bu²¹[tuo⁵³pu²¹]

押兔车：ya²¹tu³⁵qie⁵⁵[ia²¹thu³⁵tɕhie⁵⁵]

麦主：me²¹zu⁵³[me²¹tsu⁵³]

芭茅寨：ba⁵⁵mao²¹zai³⁵[pa⁵⁵mau²¹tsai³⁵]

他科：ta³⁵ kuo⁵³[tha³⁵ khuo⁵³]

杀溪河：sa²¹qi²¹huo²¹[sa²¹tɕhi²¹xuo²¹]

母沙：mu⁵³sa²¹[mu⁵³sa²¹]

咱吾列：za⁵³wu⁵⁵le²¹[tsa⁵³u⁵⁵le²¹]

洞客：dong³⁵ke²¹[toŋ³⁵khe²¹]

舍母：se⁵³mu⁵³[se⁵³mu⁵³]

巴科：ba⁵⁵kuo⁵³[pa⁵⁵khuo⁵³]

浓溪湖：long³⁵qi⁵³hu²¹[loŋ³⁵tɕhi⁵³xu²¹]

车必：ce⁵³bi²¹[tshe⁵³pi²¹]

跨湖：kua⁵³xu²¹[khua⁵³xu²¹]

皮匠乎：pi²¹jian³⁵hu²¹[phi²¹tɕian³⁵xu²¹]

车且坝：ce⁵³qie⁵³ba³⁵[tshe⁵³tɕhie⁵³pa³⁵]

车代：ce⁵⁵dai³⁵[tʂhe⁵⁵tai³⁵]

湖革：hu²¹ge²¹[xu²¹ke²¹]

十四都(在县西南)

驼背：tuo²¹bei³⁵[thuo²¹pei³⁵]

迎风庄：yin²¹hong²¹zuan⁵⁵[in²¹xoŋ²¹tsuan⁵⁵]

鸭笼：ya²¹long²¹[ia²¹loŋ²¹]

舍赖：se⁵³lai³⁵[se⁵³lai³⁵]

浦溪坞：pu⁵³qi⁵wu³⁵[phu⁵³tɕhi⁵³u³⁵]

上夜咱：san³⁵ye³⁵za⁵³[san³⁵ie³⁵tsa⁵³]

踏梯：ta³⁵ti⁵³[tha³⁵thi⁵³]

大妥：da³⁵tuo⁵³[ta³⁵thuo⁵³]

巴母湖：ba⁵⁵mu⁵³hu²¹[pa⁵⁵mu⁵³xu²¹]

浦市它：pu⁵³si⁵³ta²¹[phu⁵³si⁵³tha²¹]

母库：mu⁵³ku³⁵[mu⁵³khu³⁵]

十五都(在县西南)

倚洞溪：yi⁵³dong³⁵qi⁵³[i⁵³toŋ³⁵tɕhi⁵³]

西代：xi⁵³dai³⁵[ɕi⁵³tai³⁵]

弩木洞：lu⁵³mu²¹dong³⁵[lu⁵³mu²¹toŋ³⁵]

拿打：la³⁵da⁵³[la³⁵ta⁵³]

著著湖：zu³⁵zu³⁵hu²¹[tsu³⁵tsu³⁵xu²¹]

陇苗坞：long⁵³mu⁵³wu⁵³[loŋ⁵³mu⁵³u⁵³]

夜咱：ye³⁵za⁵³[ie³⁵tsa⁵³]

跨马湖：kua⁵³ma⁵⁵hu²¹[khua⁵³ma⁵⁵xu²¹]

打鸡步：da⁵³ji⁵³bu³⁵[ta⁵³tɕi⁵³pu³⁵]

咱住：za⁵³zu⁵³[tsa⁵³tsu⁵³]

牙住乎：a²¹zu³⁵hu²¹[a²¹tsu³⁵xu²¹]

辙陇：ce²¹long³⁵[tʂhe²¹loŋ³⁵]

牙科：a²¹kuo⁵³[a²¹khuo⁵³]

淇步：qi²¹bu³⁵[tɕhi²¹pu³⁵]

白梧：be²¹wu²¹[pe²¹u²¹]

那西坝：la^{53}xi^{53}ba^{35}[la^{53}ɕi^{53}pa^{35}]

普溪：pu^{53}qi^{53}[phu^{53}tɕhi^{53}]

咱弩湖：za^{53}lu^{53}hu^{21}[tsa^{53}lu^{53}xu^{21}]

小什耶：xiao^{53}si^{21}ye^{21}[ɕiau^{53}si^{21}ie^{21}]

十六都(在县西)

起车：qi^{53}ce^{21}[tɕhi^{53}tshe^{21}]

撒珠坞：sa^{53}zu^{53}wu^{53}[sa^{53}tsu^{53}u^{53}]

咱科洞：za^{53}kuo^{53}dong^{35}[tsa^{53}khuo^{53}toŋ^{35}]

蓝坪：lan^{21}pin^{21}[lan^{21}phin^{21}]

擢溪：cuo^{21}qi^{53}[tshuo^{21}tɕhi^{53}]

列送咱：le^{35}song^{35}za^{53}[le^{35}soŋ^{35}tsa^{53}]

西际：xi^{53}ji^{21}[ɕi^{53}tɕi^{21}]

呼地格：hu^{53}di^{35}ge^{21}[xu^{53}ti^{35}ke^{21}]

马胡：ma^{55}hu^{21}[ma^{55}xu^{21}]

聂铁：nie^{53}te^{21}[ȵie^{53}the^{21}]

小黑章：xiao^{53}he^{21}zan^{55}[ɕiau^{53}xe^{21}tsan^{55}]

鸭笼湖：ya^{21}long^{21}hu^{21}[ia^{21}loŋ^{21}xu^{21}]

松溪：song^{53}qi^{53}[soŋ^{53}tɕhi^{53}]

昂东：ngan^{21}dong^{21}[ŋan^{21}toŋ^{21}]

牙把吉：a^{21}ba^{21}ji^{21}[a^{21}pa^{21}tɕi^{21}]

若协：ruo^{35}xie^{53}[ʐuo^{35}ɕie^{53}]

蔽东：pie^{53}tong^{53}[phie^{53}toŋ^{53}]

咱科：za^{53}khuo^{53}[tsa^{53}khuo^{53}]

禾土溪：wo^{21}tu^{21}qi^{53}[o^{21}thu^{21}tɕhi^{53}]

第二章　土家语人名

《元史》《明史》《明实录》汉文献正史和土家族族谱、土家族聚居地区的方志中记载了许多古代土家语人名。这些人名资料能够反映出古代土家人的命名习俗、价值观、审美观，具有很高的文化史料价值。古代文献中的土家语人名都是根据古代当地汉语方言的读音用汉字记录下来的，这些土家语人名对研究土家族聚居区汉语方言的古代语音也是难得的宝贵资料。

第一节　历史上的土家语人名

土家族在唐朝前没有姓氏，从土家族祖先八部大王的名字就足以证明。土家族的祖先八部大王，是土家族原始时代的八兄弟。当时可能是集体领导，所以土家族说八部大王不是个体，而是由八人组成的一个群体，这能看出原始时期土家族社会组织的大致情况。

八部大王的名字是土家语,他们分别叫:

热朝河舍:$re^{21}cao^{21}huo^{21}se^{35}[ze^{21}tshau^{21}xuo^{21}se^{35}]$

西梯佬:$xi^{53}ti^{53}lao^{53}[ci^{53}thi^{53}lau^{53}]$

里都:$li^{53}du^{53}[li^{53}tu^{53}]$

苏都:$su^{53}tu^{53}[su^{53}du^{53}]$

那乌米:$la^{53}wu^{53}mi^{53}[la^{53}u^{53}mi^{53}]$

拢此也所也冲:

$long^{53}ci^{53}ye^{53}suo^{53}ye^{53}cong^{53}[lon^{53}tshi^{53}ie^{53}suo^{53}ie^{53}tshon^{53}]$

西呵佬:$ci^{53}xuo^{53}lao^{53}[xi^{53}huo^{53}lau^{53}]$

接也会也那飞列也:

$jie^{21}ye^{53}hui^{35}ye^{53}la^{21}hui^{53}le^{21}ye^{53}[tcie^{21}ie^{53}xui^{35}ie^{53}la^{21}xui^{53}le^{21}ie^{53}]$

唐末时期,龙山土家族三个部落首领分别叫:

禾作冲:$wuo^{21}zuo^{21}cong^{53}[wuo^{21}tsuo^{21}tshon^{53}]$

春巴冲:$cun^{53}ba^{55}cong^{53}[tshun^{53}pa^{55}tshon^{53}]$

惹巴冲：$re^{53}ba^{55}cong^{53}[ʑe^{53}pa^{55}tshoŋ^{53}]$

唐朝末期江西人彭瑊入主湘西，为了巩固自己的统治，消灭了龙山土家族三个部落首领禾作冲 $wo^{21}zuo^{21}cong^{53}$ $[o^{21}tsuo^{21}tshoŋ^{53}]$、春巴冲 $cun^{53}ba^{55}cong^{53}$ $[tshun^{53}pa^{55}tshoŋ^{53}]$ 和惹巴冲 $re^{53}ba^{55}cong^{53}[ʑe^{53}pa^{55}tshoŋ^{53}]$，从此彭氏独霸溪州。特别是彭瑊的儿子彭仕愁任溪州刺史后，不服从马楚政权的调遣，双方发生溪州之战。战后，彭氏对湘西土家族的统治更加系统化、规范化。由于彭仕愁有两个副手，一叫向老官人（向宗彦），一叫田好汉，形成了湘西北的三人统治集团。彭仕愁不仅在政治上统治湘西土家族，而且在文化上也做了一些调整。他把汉文化引入土家族地区，强迫当地土家族有汉姓，并号召土家族都得姓彭、向、田，这样彭、向、田三姓成了湘西土家族人口最多的姓氏。彭仕愁在推行汉文化的同时，自己也受到土家族文化的浸染，后来彭仕愁也有了一个土家语名字，叫墨服送 $me^{21}hu^{21}song^{35}[me^{21}xu^{21}soŋ^{35}]$，向老官人也有个土家语名字，叫涅壳赖 $nie^{35}kuo^{53}lai^{53}[ŋie^{35}khuo^{53}lai^{53}]$。由是土家族地区许多的土司都有土家族人名。如：

永顺土司第四届彭允林叫墨即巴：$me^{35}ji^{21}ba^{21}[me^{35}tɕi^{21}pa^{21}]$

永顺土司第十届彭仕曦叫福送：$hu^{21}song^{35}[xu^{21}soŋ^{35}]$

永顺土司第十一届彭师晏叫惹贴送：$re^{53}te^{21}song^{35}[ʑe^{53}the^{21}soŋ^{35}]$

永顺土司第十二届彭师宝叫惹贴恶：$re^{53}te^{21}wo^{21}[ʑe^{53}the^{21}o^{21}]$

永顺土司第十三届彭福宠叫福石宠：$hu^{21}si^{21}cong^{35}[xu^{21}si^{21}tshoŋ^{35}]$

永顺土司第十四届彭安国叫打恶送：$da^{53}wo^{21}song^{35}[ta^{53}o^{21}soŋ^{35}]$

永顺土司南渭州土知州叫恕律：$su^{53}li^{21}[su^{53}li^{21}]$

永顺土司南渭州土知州叫始主俾：$si^{55}zu^{53}bi^{21}[si^{55}tsu^{53}pi^{21}]$

永顺土司南渭州土知州叫惹即送：$re^{53}ji^{21}song^{35}[ʑe^{53}tɕi^{21}soŋ^{35}]$

永顺土司上溪州土知州叫墨直送：$me^{21}zi^{21}song^{35}[me^{21}tsi^{21}soŋ^{35}]$

永顺土司麦着黄洞土长官叫墨和冲：$me^{21}huo^{21}cong^{35}[me^{21}xuo^{21}tshoŋ^{35}]$

永顺土司驴迟洞土官叫达迪：$da^{21}di^{53}[ta^{21}ti^{53}]$

永顺土司驴迟洞土长官叫尔莫踵：$e^{53}mo^{21}zong^{53}[e^{53}mo^{21}tsoŋ^{53}]$

永顺土司驴迟洞土长官叫麦贴送：$me^{21}te^{21}song^{35}[me^{21}the^{21}soŋ^{35}]$

永顺土司麦著黄洞土长官叫答谷踵：$da^{21}gu^{21}zong^{53}[ta^{21}ku^{21}tsoŋ^{53}]$

永顺土司麦著黄洞土长官叫答洛踵：$da^{21}luo^{21}zong^{53}[ta^{21}luo^{21}tsoŋ^{53}]$

永顺土司田家洞土长官叫麦依送：me²¹yi⁵³song³⁵[me²¹i⁵³soŋ³⁵]

永顺土司田家洞土长官叫麦和送：me²¹huo²¹song³⁵[me²¹xuo²¹soŋ³⁵]

永顺土司田家洞土长官叫梭只卡：suo⁵³zi⁵³ka⁵³[suo⁵³tsi⁵³kha⁵³]

唐代散毛安抚使叫墨来送：me²¹lai²¹song³⁵[me²¹lai²¹soŋ³⁵]

宋代散毛宣抚使叫覃野毛：qin²¹ye⁵³mao²¹[tɕhin²¹ie⁵³mau²¹]

元代散毛洞蛮夷官叫勾答什用：

gou⁵³da²¹si²¹yong³⁵[kou⁵³ta²¹si²¹ioŋ³⁵]

元代司壁洞土官叫田驴蹄什用：

tian²¹lu²¹ti²¹si²¹yong³⁵[thian²¹lu²¹thi²¹si²¹ioŋ³⁵]

盘顺府土官叫墨奴什用：me²¹ lu²¹si²¹yong³⁵[me²¹ lu²¹si²¹ioŋ³⁵]

元代散毛大盘蛮叫向木的什用：

xian³⁵mu²¹di²¹si²¹yong³⁵[ɕian³⁵mu²¹ti²¹si²¹ioŋ³⁵]

明代卯洞宣抚使叫向贵什：xian³⁵gui³⁵si²¹[ɕian³⁵kui³⁵si²¹]

明代散毛土酋叫刺惹：la²¹re²¹[la²¹ʐe²¹]

明代大旺宣抚使叫驴蹄什用：lu²¹ti²¹si²¹yong³⁵[lu²¹thi²¹si²¹ioŋ³⁵]

明代卯洞司抚夷将军叫向喇喏：xian³⁵la²¹ruo²¹[ɕian³⁵la²¹ʐuo²¹]

明代卯洞司向喇喏之子叫向那吾：xian³⁵la²¹wu²¹[ɕian³⁵la²¹u²¹]

向那吾之子叫向金俾：xian³⁵jian⁵³bi²¹[ɕian³⁵tɕian⁵³pi²¹]

向落俾：xian³⁵luo³⁵bi²¹[ɕian³⁵luo³⁵pi²¹]

明代桑植土司叫白止俾：be²¹zi⁵³bi³⁵[pe²¹tsi⁵³pi³⁵]

向仁锦衣：xian³⁵ren²¹jin⁵³yi⁵³[ɕian³⁵ʐen²¹tɕin⁵³i⁵³]

明代漫水安抚司叫向墨铁送：

xian³⁵ me²¹te²¹ song³⁵[ɕian³⁵ me²¹the²¹ soŋ³⁵]

明代百户司宣抚使叫向坐海乐俾：

xian³⁵ zuo³⁵ hai⁵³luo³⁵bi²¹[ɕian³⁵ tsuo³⁵xai⁵³luo³⁵pi⁵³]

明代百户司宣抚使向坐海乐俾儿子叫向刺送：

xian³⁵la²¹ song³⁵[ɕian³⁵la²¹ soŋ³⁵]

第二节　土家语乳名

土家族用土家语给小孩取乳名,也有一定的讲究。有如下几类:用不雅观的土家语命名、用动物命名、用物体命名、用动物与不雅共同命名。

一、不雅观的土家语人名

用不雅观的土家语命名,就是取一个丑乳名。土家族风习认为,给小孩子取了丑乳名就易养成人。这主要源于当时土家族地区缺医少药、卫生条件差、小儿成活率低所造成的。这样的习俗现在一些偏远的土家山寨还存在。如把孩子取名为:

糯替 $luo^{35}ti^{53}[luo^{35}thi^{53}]$ 即 "疙瘩"

夺替 $duo^{21}ti^{53}[tuo^{21}thi^{53}]$ 即"矮子"

软色 $ruan^{35}se^{21}[\underset{.}{z}uan^{35}se^{21}]$ 即"水牛屎"

可哈 $kuo^{21}ha^{53}[khuo^{21}xa^{53}]$ 即"叫花子"

有时还在"可哈 $kuo^{21}ha^{53}[khuo^{21}xa^{53}]$"后边加"毕 $pi^{53}[bi^{53}]$",就成了"可哈毕 $kuo^{21}ha^{53}bi^{53}[khuo^{21}xa^{53}pi^{53}]$",即 "小叫花子";"色爬 $se^{21}pa^{21}[se^{21}pha^{21}]$"即"很差的人"或"不中用的人"。在土家族看来,小孩子小时候叫这样的名字,他一生可以躲避灾星,长大后这些不雅的名字还可以给他带来好运气。

二、用动物取土家语人名

土家族还喜欢用动物给小孩子命名,如把孩子取名为:

哈列 $ha^{53}le^{21}[xa^{53}le^{21}]$,即:狗。有时还在后边还有加了一个 "毕 $pi^{21}[pi^{21}]$",这样就成了哈列毕 $ha^{53}le^{21}bi^{21}[xa^{53}le^{21}pi^{21}]$,即:小狗。

有时还加上颜色,取名为哈列浪嘎

$ha^{53}le^{21}lan^{35}ga^{21}[xa^{53}le^{21}lan^{35}ka^{21}]$,即:黑狗。

哈列阿实 $ha^{53}le^{21}a^{21}si^{21}[xa^{53}le^{21}a^{21}si^{21}]$,即:白狗

日阿比 $ra^{21}bi^{53}[\underset{.}{z}a^{21}pi^{53}]$,即:小鸡。

若巴 $ruo^{35}ba^{55}[\underset{.}{z}uo^{35}pa^{55}]$,即:公羊

务比 wu^{35}bi^{53}[u^{35}pi^{53}]，即小牛

软比 ruan^{35}pi^{53}[ʐuan^{35}pi^{53}]，即：小水牛

利巴 li^{35}ba^{55}[li^{35}pa^{55}]，即：公老虎

那几 la^{35}ji^{53}[la^{35}tɕi^{53}]，即：麂子

涅比 nie^{35}bi^{53}[n̠ie^{35}pi^{53}]，即：小鸟

岔茶 ca^{35}ca^{21}[tsha^{35}tsha^{21}]，即：喜鹊

抱七 bao^{35}ci^{21}[pau^{35}tshi^{21}]，即：野鸡

坐哭 zuo^{53}ku^{21}[tsuo^{53}khu^{21}]，即：野猫

耳比 e^{53}bi^{21}[e^{53}pi^{21}]，即：小猴子

利特巴 li^{35}te^{35}ba^{53}[li^{35}the^{35}pa^{53}]，即：大老虎

土家人以山上的动物命名的现象，在新中国成立前比较普遍。现在由于受汉文化的影响，用动物取名的现象较少，但在一些偏僻的土家山寨还是比较常见。

三、用物体命名土家语人名

用物体给小孩命名土家语名字，还得给被命名的物体举行寄拜仪式，这类土家语人名大都是具有一种良好的愿望。如将孩子取名为：

阿八 a^{21}ba^{21}[a^{21}pa^{21}]，即：岩头

苦乍 ku^{53}za^{53}[khu^{53}tsa^{53}]，即：山

日阿古左 ra^{21}gu^{21}zuo^{53}[ʐa^{21}ku^{21}tsuo^{53}]，即：鸡栏

糯冲卡蒙 luo^{35}cong^{53}ka^{21}mong^{21}[luo^{35}tsoŋ^{53}kha^{21}moŋ^{21}]，即：香樟树

若蚩 ruo^{53}ci^{53}[ʐuo^{53}tshi^{53}]，即：土地神

四、动物与不雅共同命名的土家族语人名

在土家族地区，有的父母为双保险，还把土家语人名中把动物和不雅的名字都要用上。如将孩子取名为：

若比可哈 ruo^{35}bi^{55}kuo^{21}ha^{53}[ʐuo^{35}pi^{55}khuo^{21}xa^{53}]，即：小羊叫花子

日阿巴替苦 ra^{21}ba^{21}ti^{53}ku^{53}[ʐa^{21}pa^{21}thi^{53}khu^{53}]，即：公鸡坛子

哈列缸勾池 ha^{53}le^{21}gan^{21}gou^{53}ci^{21}[xa^{53}le^{21}kan^{21}kou^{53}tshi^{21}]，即：弯弯的狗子

子色 zi^{53}se^{21}[tsi^{53}se^{21}]，即：猪屎

这些名字有的不雅到了极点，据说这种情况的出现与一些家庭曾因几个小孩没有成活有关。

第三节　土家语绰号

绰号是一个人长大成人或走向社会后，别人根据他某方面的特点来取的名字。这类名字中有好的，也有不好的，但大部分晓是属于具有诙谐戏谑性质。有的甚至是把一些人的缺陷部位作为绰号的基本素材，这种叫法有违社会公德。土家族人也有给人取绰号的习惯。

一、依据人的体型取绰号

根据人的体型取绰号，这在土家族地区是常见的。如：

柯巴特巴 kuo^{55}ba^{53}te^{35}ba^{53}[khuo^{55}pa^{53}the^{35}pa^{53}]即：大脑袋

柯巴必必 kuo^{55}ba^{53}bi^{53}bi^{53}[khuo^{55}pa^{53}pi^{53}pi^{53}]即：小脑壳

麦胡卡替 mie^{21}hu^{21}ka^{53}ti^{53}[mie^{21}xu^{21}kha^{53}thi^{53}]即：胀鼓鼓的大肚子

柯替嘎 kuo^{35}ti^{53}ga^{21}[khuo^{35}thi^{53}ka^{21}]即：干豇豆

爽渴亏 suan^{53}kuo^{21}kui^{35}[suan^{53}khuo^{21}khui^{35}]即：小个子

同巴 tong^{21}ba^{21}[thoŋ^{21}pa^{21}]即：木桶

依据人的某个特色部位取绰号。如：

依据人的某个特点取绰号是土家族地区的又一大特色。

如某人的腿很长，就叫他：吉儿八 ji^{21}e^{21}ba^{21}[tɕi^{21}e^{21}pa^{21}]，ji^{21}e^{21}ba^{21}[tɕi^{21}e^{21}pa^{21}]即：长脚。

如某人的脸很短，就叫他：固宗渴亏 gu^{35}zong^{53}kuo^{21}kui^{35}[ku^{35}tsoŋ^{53}khuo^{21}khui^{35}]即：很短的脸。

如某人的耳朵很薄，就叫他：恩且沙赛 en^{21}qie^{53}sa^{21}sai^{35}[en^{21}tɕhie^{53}sa^{21}sai^{35}]即：薄耳朵。

二、依据人的行为取绰号

如有人对父母不孝顺，别人给他取名：马可此 ma^{55}kuo^{55}ci^{21}[ma^{55}khuo^{55}tshi^{21}]

即:猫头鹰,据说猫头鹰长大了要把自己的父母吃掉。

如果有的男人行动迟缓而且性格像老婆婆一样唠唠叨叨,就叫他:帕妮 pa⁵³ ni²¹[pha⁵³ n̩i²¹]"即:老婆婆。

如果有的男人步履十分轻巧,就叫他:卡剋里里 ka²¹kei⁵³li⁵³li⁵³ [kha²¹khei⁵³li⁵³li⁵³] 即:静悄悄。

如果有的人不讲究卫生,就叫他:务色特迫 wu³⁵se²¹te⁵³pe²¹ [u³⁵se²¹the⁵³phe²¹]即:牛屎虫。

三、按人的外表器官颜色取绰号

如果一个人的脸很黑,就叫他:固浪嘎 gu³⁵lan³⁵ga²¹[ku³⁵lan³⁵ka²¹]即:黑脸。

如果一个人的脸红,就叫他:固勉加 gu³⁵mian⁵³jia²¹[ku³⁵mian⁵³tɕia²¹]即:红脸。

如果一个人白头发,就叫他:莎起阿实 sa³⁵qi⁵³a²¹si²¹[sa³⁵tɕhi⁵³a²¹si²¹]即:白头发。

四、按人的性格取绰号

这类绰号主要是用一些动物或其他物作比喻。

如果一个人十分呆板,性格十分怯懦,没有一点灵活性,遇事畏首畏尾。在别人眼里就像一具僵尸;就叫他:射土该 se³⁵tu⁵³gai²¹[se³⁵thu⁵³kai²¹]即:尸体样。

如果一个人走路很快,速度像风一样,就叫他:热暑 re³⁵su⁵³[ʐe³⁵su⁵³]即:风。如果一个人做事欠主动,夺一下跳一下,就叫他:克其巴 ke⁵³qi²¹ba²¹ [khe⁵³tɕhi²¹pa²¹]即:蛤蟆。

如果一个人吃菜粗鲁,大夹地往嘴里送,就叫他:习嘎涅务 xi²¹ga³⁵nie⁵³wu³⁵ [ɕi²¹ka³⁵n̩ie⁵³u³⁵]即:吃草的牛。

如果一个人不能接受别人意见,别人给他一提意见他就要反扑,像蜂子螫人一样,就叫他:米妈 mi⁵⁵ma⁵⁵[mi⁵⁵ma⁵⁵]即:蜂子。

如果一个人做事没有主见,胆小怕事,遇事都只能和稀泥,就叫他:爹嘿 de⁵³hei⁵³[te⁵³xei⁵³]即:豆腐。

如果一个人说话不方圆，一开口就像蛇啄人，就叫他：窝其 $wo^{53}qi^{21}$ $[o^{53}t\varphi hi^{21}]$ 即：老恶蛇。

五、拿别人缺陷取绰号

土家族有时就按生理上的缺陷来取绰号。这虽然不礼貌,但在土家语绰号中却客观存在。

给瞎子叫：糯孜 $luo^{35}zi^{53}[luo^{35}tsi^{53}]$ 即：瞎子。

给癫子叫：那铁 $la^{53}te^{53}[la^{53}the^{53}]$ 即：癫子。

给没有手掌的残疾人叫：借苦里 $jie^{35}ku^{53}li^{53}[t\varphi ie^{35}khu^{53}li^{53}]$ 即：没有手掌的残疾人。

给没有没有下肢的人的残疾人叫：吉苦里 $ji^{21}ku^{53}li^{53}[t\varphi i^{21}khu^{53}li^{53}]$ 即：没有下肢的人。

给兔唇的人叫：

炸起哈爬 $za^{35}qi^{53}ha^{53}pa^{21}[tsa^{35}t\varphi hi^{53}xa^{53}pha^{21}]$ 即：缺嘴巴。

给头发很少人叫：

撒起嘎支 $sa^{35}qi^{53}ga^{53}zi^{53}[sa^{35}t\varphi hi^{53}ka^{53}tsi^{53}]$ 即：几根头发。

给屁股很大的人叫：

色拿特巴 $se^{21}la^{21}te^{35}ba^{55}[se^{21}la^{21}the^{35}pa^{55}]$ 即：大屁股。

第三章 土家语称谓

土家语亲属称谓分为直系亲属称谓和旁系亲属称谓。这些亲属有的借用当地汉语方言,如舅舅、舅妈、外公、曾祖父等,其他的都是用土家语称谓。土家语的称谓比较多,有社会称谓和家庭亲属称谓。

第一节 土家语社会称谓

祖宗——树姆 su^{35}mu^{21}[su^{35}mu^{21}]

老人家——老嘎爹 lau^{53}ga^{53}de^{21}[lau^{53}ka^{53}te^{21}]

老公公——拔普 pa^{21} pu^{53} [pha^{21} phu^{53}] 或婆葩池 po^{21}pa^{53}ci^{21} [pho^{21}pha^{53}tshi^{21}]

老婆婆——拔帕 pa^{21} pa^{53} [pha^{21} pha^{53}] 或帕妮池 pa^{35}ni^{21} ci^{21} [pha^{35}ȵi^{21} tshi^{21}]

男子汉——挪巴德 luo^{53}ba^{53}de^{21}[luo^{53}pa^{53}te^{21}]

女人——罗甘爹 luo^{21}gan^{21}de^{53}[luo^{21}kan^{21}te^{53}]

小孩子——馨爹 qin^{35}de^{53}[tɕhin^{35}te^{53}]

亲戚朋友——左尼母尼 zuo^{53}ni^{21}mu^{53}ni^{21}[tsuo^{53}ȵi^{21}mu^{53}ȵi^{21}]

祖父——拔普 pa^{21} pu^{53}[pha^{21} phu^{53}]

祖母——阿妈 a^{55}ma^{55}[a^{55}ma^{55}]

父亲——阿爸 a^{21}ba^{55}[a^{21}pa^{55}],也有叫"阿爸 a^{55}ba^{55}[a^{55}pa^{55})]"的,重音作了更换

母亲——阿涅 a^{21}nie^{53}[a^{21}ȵie^{53}]",也叫 a^{53}nie^{21}[a^{53}ȵie^{21}]的,重音作了更换

伯父——木思阿爸 mu^{21}si^{53}a^{21}ba^{53}[mu^{21}si^{53}a^{21}pa^{53}]

伯母——木思阿涅 mu^{21}si^{53}a^{21}nie^{53}[mu^{21}si^{53}a^{21}ȵie^{53}]

叔叔——安背 an^{55}bei^{53}[an^{55}pei^{53}]

婶娘——木思阿涅 mu^{21}si^{53}a^{21}nie^{53}[mu^{21}si^{53}a^{21}ȵie^{53}]

姑姑——嬷嬷 ma^{21}ma^{55}[ma^{21}ma^{55}]

姑父——喀克 ka²¹ke²¹[kha²¹khe²¹]

哥哥——阿可 a²¹kuo⁵³[a²¹khuo⁵³]

嫂嫂——茶七 ca²¹qi²¹[tʂha²¹tɕhi²¹]

丈夫——挪巴 luo⁵³ba⁵⁵[luo⁵³pa⁵⁵]

妻子——罗嘎尼 luo²¹ga²¹ni⁵³[luo²¹ka²¹ȵi⁵³]

弟弟——安矮 an⁵⁵ngai⁵³[an⁵⁵ŋai⁵³]

姐姐——阿打 a³⁵da⁵³[a³⁵ta⁵³]

妹妹——阿雍 a⁵⁵rong⁵³[a⁵⁵ʐoŋ⁵³]

外祖父——嘎公 ga⁵³gong⁵³[ka⁵³koŋ⁵³]

外祖母——喀卜 ka²¹bu²¹[kha²¹pu²¹]

舅舅——木思阿爸 mu²¹si⁵³a²¹ba⁵³[mu²¹si⁵³a²¹pa⁵³]

舅妈——木思阿涅 mu²¹si⁵³a²¹nie⁵³[mu²¹si⁵³a²¹ȵie⁵³]

姨妈——涅涅 nie²¹nie⁵³[ȵie²¹ȵie⁵³]。

姨父——木思阿爸 mu²¹si⁵³a²¹ba⁵³[mu²¹si⁵³a²¹pa⁵³]

岳父——喀克 ka²¹ke²¹[kha²¹khe²¹]

岳母——嬷嬷 ma²¹ma⁵⁵[ma²¹ma⁵⁵]

第二节　摆手舞土家语称谓

土家族摆手舞有大摆手舞与小摆手舞之分,二者总的称谓及场次称谓也不尽相同。

一、大摆手舞的土家语称谓

大摆手舞,土家语叫 "叶替赫"ye²¹ti⁵³he²¹ [ie²¹thi⁵³xe²¹]。"叶替赫" ye²¹ti⁵³he²¹[ie²¹thi⁵³xe²¹]中的"叶 ye²¹[ie²¹]"是"神","替 ti⁵³[thi⁵³]"是"敬", "赫 he²¹[xe²¹]"是"许愿","叶替赫 ye²¹ti⁵³he²¹[ie²¹thi⁵³xe²¹]"就是"敬神还愿"。所以大摆手舞的规模和场景都十分庞大,气氛也十分热烈。

大摆手舞在演出过程中有很多场次,这些场次也各有土家语称谓。下面择要介绍几种场次称谓。

麦日里日(开天辟地)——mie³⁵ri²¹li⁵³ri²¹[mie³⁵ʑi²¹li⁵³ʑi²¹]。 mie³⁵[mie³⁵] 汉语意思是"天", ri²¹[ʑi²¹]的汉语意思是"做", li⁵³[li⁵³]的汉语意思是"地",

mie³⁵ri²¹li⁵³ri²¹[mie³⁵ʑi²¹li⁵³ʑi²¹]汉语意思是"做天做地",即：开天辟地。

阿雍涅补所（妹妹与哥哥）——a⁵⁵rong⁵³nie²¹bu⁵³suo⁵³[a⁵⁵ʐoŋ⁵³ȵie²¹pu⁵³suo⁵³]。"a⁵⁵rong⁵³[a⁵⁵ʐoŋ⁵³]"汉意是"妹妹","ȵie²¹[ȵie²¹]"汉意是连词"和",bu⁵³suo⁵³[pu⁵³suo⁵³]汉意是哥哥,阿雍涅补所 a⁵⁵rong⁵³nie²¹bu⁵³suo⁵³[a⁵⁵ʐoŋ⁵³ȵie²¹pu⁵³suo⁵³]"汉意是"妹妹和哥哥",即"兄妹成亲"。

挪翁挫套(屋没有了)——luo⁵³ong²¹cuo⁵³tao³⁵[luo⁵³oŋ²¹tshuo⁵³thau³⁵]。luo⁵³[luo⁵³]的汉语意思是"人",ong²¹[oŋ²¹]汉语意思是"坐",cuo⁵³[tshuo⁵³]汉语意思是"屋"或"房子",tao³⁵[thau³⁵]汉语意思是"没有",luo⁵³ong²¹cuo⁵³tao³⁵[luo⁵³oŋ²¹tshuo⁵³thau³⁵]汉语意思就是"住人的房子没有了"。大摆手中的唱词具体内容是"坐人的房子被烧掉了"。

爬帕麻妈——pa²¹pa⁵³ma²¹ma⁵⁵[pha²¹pha⁵³ma²¹ma⁵⁵]。pa²¹pa⁵³ma²¹ma⁵⁵[pha²¹pha⁵³ma²¹ma⁵⁵]是土家族传说中一位女神的土家语人名,她是土家族传说中婴儿的保护神。摆手舞中这一段仪式和唱词,主要是歌颂爬帕麻妈pa²¹pa⁵³ma²¹ma⁵⁵[pha²¹pha⁵³ma²¹ma⁵⁵]的大恩大德,而且还祈求爬帕麻妈pa²¹pa⁵³ma²¹ma⁵⁵[pha²¹pha⁵³ma²¹ma⁵⁵]永远保护小孩子的健康。平时如果是土家族哪一家生了小孩子,也会用红纸剪一张爬帕麻妈 pa²¹pa⁵³ma²¹ma⁵⁵[pha²¹pha⁵³ma²¹ma⁵⁵]的神像,贴在碗柜上方,月母子每餐进餐前都先得敬奉爬帕麻妈 pa²¹pa⁵³ma²¹ma⁵⁵[pha²¹pha⁵³ma²¹ma⁵⁵],然后才能动筷子吃饭。

匠帅帕佩——jian³⁵suai³⁵pa²¹pei³⁵[tɕian³⁵suai³⁵pha²¹phei³⁵]。这是一土家语人名,他是土家族古代民族英雄。在《摆手歌》中专门有一段仪式和唱词歌颂这位土家族英雄。

日客额——ri²¹ke²¹nge²¹[ʑi²¹khe²¹ŋe²¹]。这是一个土家语名字,他也是土家族古代英雄。在《摆手歌》中专门有一段仪式和唱词歌颂这位土家族古代英雄。

地客额——di³⁵ke²¹nge²¹[ti³⁵khe²¹ŋe²¹]"。这是一个土家语名字,他也是土家族古代英雄的名字。在《摆手歌》中专门有一段仪式和唱词歌颂这位土家族古代英雄。

二、小摆手舞的土家语称谓

小摆手舞土家语称"se³⁵ba⁵⁵ri⁵⁵[se³⁵pa⁵⁵ʑi⁵⁵]"。汉字记音为"社巴日"。其中"ri⁵³[ʑi⁵³]",读音是高降调,可译为"做"或"跳",se³⁵ba⁵⁵ri⁵⁵[se³⁵pa⁵⁵ʑi⁵⁵](社巴日)就是"跳摆手";也有称为 se³⁵ba⁵⁵ge²¹ci⁵³[se³⁵pa⁵⁵ke²¹tshi⁵³](社巴格蚩)。

其中的 ge²¹ci⁵³）[ke²¹tshi⁵³]（格蚩）汉语意思是"玩"，se³⁵ba⁵⁵ge²¹ci⁵³ [se³⁵pa⁵⁵ke²¹tshi⁵³]（社巴格蚩）就是"玩摆手舞"；也有叫 se³⁵ba⁵⁵ba⁵⁵ [se³⁵pa⁵⁵pa⁵⁵]（社巴巴）。其中的 ba⁵⁵[pa⁵⁵]是"看"，se³⁵ba⁵⁵ba⁵⁵[se³⁵pa⁵⁵pa⁵⁵] （社巴巴）就是"看摆手舞"。

还有的地方根据小摆手舞的鼓锣声音，称之为 bian³⁵doŋ²¹bian³⁵ [pian³⁵toŋ²¹pian³⁵]（变咚变）。因为摆手舞的鼓点曲牌比较单调，就只"变咚变"的反复，这一称谓严格地说还不能完全说是土家语对小摆手舞的命名。

小摆手舞的舞蹈语汇十分丰富，都是反映土家族的农事活动及日常生活事象，这些舞蹈语汇都是用土家语命名。下面择要介绍小摆手的几种舞蹈称谓。

里嘎（挖土）——li⁵³ga⁵³[li⁵³ka⁵³]

火畬榨（砍火畬）——huo⁵³sa⁵³za³⁵[xuo⁵³sa⁵³tsa³⁵]

里普（耨草）——li⁵³pu³⁵[li⁵³phu³⁵]

丝里习（耨秧）——si⁵³li⁵³xi²¹[si⁵³li⁵³çi²¹]

半几几（磨鹰闪翅）——ban³⁵ji⁵³ji⁵³[pan³⁵tçi⁵³tçi⁵³]

叶窝（背东西）——ye²¹wo⁵³[ie²¹o⁵³]

里里尅食（抖狗蚤）——li⁵³li²¹ki⁵³si²¹[li⁵³li²¹khi⁵³si²¹]

务打几（牛打架）——wu³⁵da⁵³ji⁵³[u³⁵ta⁵³tçi⁵³]"

第三节　梯玛土家语称谓

梯玛是土家族的一种原始宗教，在土家族心目中有至高无上的地位。土家语对它的称谓是梯玛 ti⁵³ma⁵³[thi⁵³ma⁵³]。用汉语目前还没有令人信服的解释。有人解释说其中的"梯 thi⁵³[thi⁵³]"是汉语定的意思，由此而引申成敬，玛 ma⁵³[ma⁵³]的汉语意思是"人"，梯玛 ti⁵³ma⁵³[thi⁵³ma⁵³]的汉语意思是敬神的人。这一说法有点勉强，还有探讨的空间。梯玛的另一种土家语称谓为"月日 ye²¹ri⁵³[ie²¹ʑi⁵³]"。其中"月 ye²¹[ie²¹]"的汉语意思是"神"，"日 ri⁵³[ʑi⁵³]"的汉语意思是做，或者说是敬，"月日 ye²¹ri⁵³[ie²¹ʑi⁵³]"翻译成汉语就是敬神。这还有点离题不远，因为做梯玛的全过程就是敬神。梯玛的汉语名称也有几个，一个是玩土老司，另一个是玩菩萨，还有保靖县和重庆秀山县的梯玛用汉语称之为摇包包。

土家族梯玛在做法事时有许多程序和场次,每堂法事往往要做一个通宵甚至几天几夜。所有程序场次都有土家语称谓,下面择要介绍梯玛的几场法事称谓。

树木吐(敬祖先)——su³⁵mu²¹tu⁵³[su³⁵mu²¹thu⁵³],土家语称"祖先"为"树木"su³⁵mu²¹[su³⁵mu²¹],"吐 tu⁵³[thu⁵³]"是"敬","树木吐 su³⁵mu²¹tu⁵³"[su³⁵mu²¹thu⁵³]就是"敬祖先"。

墨谷(上天)——mie³⁵gu²¹[mie³⁵ku²¹],"墨 mie³⁵[mie³⁵]"汉意是"天","谷 gu²¹[ku²¹]"汉意是"上","墨谷 mie³⁵gu²¹[mie³⁵ku²¹]"汉意是"上天"。

洛神 (汉语意思待考)——luo²¹sen²¹ [luo²¹sen²¹],"洛神 luo²¹sen²¹[luo²¹sen²¹]"按梯玛法事的情节是梯玛上天去和七仙女要孩子的意思。这是整个梯玛法事最精彩的场次,也是梯玛法事的核心场次。因为梯玛法事的最终目的就是为东家还愿,能使东家多子多福,梯玛要到天上七仙女那里去要孩子。把要得的孩子交给东家。七仙女住在天上,梯玛就得上天。梯玛为了上天,要跳、要舞、要唱,时而上凳子,时而下凳子,时而在东家的堂屋里,时而又要跑到东家的院子里,体力消耗十分巨大。有的梯玛在这场次中因体力不济而常常晕倒。所以,土家族地区有一句口头禅说"东家怕算命,梯玛怕洛神"。

摆拢(生孩子)——bai⁵³long⁵³[pai⁵³loŋ⁵³],"摆 bai⁵³[pai⁵³]"汉意是"孩子","拢 long⁵³[loŋ⁵³]"汉意是"生"或"养","摆拢 bai⁵³long⁵³[pai⁵³loŋ⁵³]"汉意是"生孩子"。

利阿食姐(赶白虎)——li³⁵a²¹si²¹jie⁵³[li³⁵a²¹si²¹tɕie⁵³],"利 li³⁵[li³⁵]"汉意是"老虎","阿食 a²¹si²¹[a²¹si²¹]"汉意是"白色","姐 jie⁵³[tɕie⁵³]"汉意是"赶","利阿食姐 li³⁵a²¹si ²¹jie⁵³[li³⁵a²¹si ²¹tɕie⁵³]"汉意是"赶白虎"。

以上是择要对梯玛法事的场次进行简略介绍,实际上的梯玛法事的场次远远不止这些。

第四节　土家族哭嫁歌称谓

土家族哭嫁土家语的称谓是"他爹勒自 ta⁵³de²¹le²¹zi³⁵[tha⁵³te²¹le²¹tsi³⁵]"。"他爹勒 ta⁵³de²¹le²¹[tha⁵³te²¹le²¹]"的汉语意思是"女儿","自 zi³⁵[tsi³⁵]"的汉语意思是"哭"。"他爹勒自 ta⁵³de²¹le²¹zi³⁵[tha⁵³te²¹le²¹tsi³⁵]"汉意是"女儿哭"。

就是女儿在出嫁时的哭，现通俗称之为哭嫁。有的又把哭嫁时所哭的内容称之为哭嫁歌，哭嫁歌是很规范的，也有一些场次，这些场次各自有土家语称谓。下面简介土家族哭嫁歌场次的名称：

骂媒人——图嘎罗

土家语拼音：$tu^{21}ga^{21}\ luo^{21}$

国际音标：　　$thu^{21}ka^{21}\ luo^{21}$

哭母亲——阿涅自

土家语拼音：$a^{21}nie^{53}\ zi^{35}$

国际音标：　　$a^{21}\underset{.}{n}ie^{53}\ tsi^{35}$

哭父亲——阿巴自

土家语拼音：$a^{21}ba^{55}\ zi^{35}$

国际音标：　　$a^{21}pa^{55}\ tsi^{35}$

哭姐姐——阿打自

土家语拼音：$a^{21}da^{55}\ zi^{35}$

国际音标：　　$a^{21}ta^{55}\ tsi^{35}$

哭妹妹——阿冗自

土家语拼音：$a^{55}\ rong^{53}\ zi^{35}$

国际音标：　　$a^{55}\ \underset{.}{z}oŋ^{53}\ tsi^{35}$

哭祖母——阿妈自

土家语拼音：$a^{55}ma^{55}\ zi^{35}$

国际音标：　　$a^{55}ma^{55}\ tsi^{35}$

哭祖父——拔普自

土家语拼音：$pa^{21}pu^{53}\ zi^{35}$

国际音标：　　$pha^{21}phu^{53}\ tsi^{35}$

哭弟弟——安矮自

土家语拼音：$an^{53}ngai^{53}\ zi^{35}$

国际音标：　　$an^{53}ŋai^{53}\ tsi^{35}$

哭姑姑——麻麻自

土家语拼音：$ma^{21}ma^{21}\ zi^{35}$

国际音标 ：　$ma^{21}ma^{21}\ tsi^{35}$

哭姑父——卡克自

土家语拼音：$ka^{21}ke^{21}zi^{35}$

国际音标：　$kha^{21}khe^{21}tsi^{35}$

第五节　茅谷斯土家语称谓

茅谷斯这一文化现象在土家山寨普遍存在,但不同的地方,对其称谓也就相异。据笔者田野调查获悉,茅谷斯的称谓有 20 多种,下面择要介绍 10 余种。

拔帕(老祖宗)

土家语拼音：$pa^{21}pa^{55}$

国际音标：　$pha^{21}pha^{55}$

拔帕格蚩(老祖宗玩耍)

土家语拼音：$pa^{21}pa^{55} ge^{21}ci^{53}$：

国际音标：　$pha^{21}pha^{55} ke^{21}tshi^{53}$

拔帕尼(找老祖宗)

土家语拼音：$pa^{21}pa^{55} ni^{53}$

国际音标：　$pha^{21}pha^{55}ȵi^{53}$

拔帕哈(追老祖宗)

土家语拼音：$pa^{21}pa^{55} ha^{21}$

国际音标：　$pha^{21}pha^{55} xa^{21}$

哭琪卡卜(人熊嘎婆)

土家语拼音：$ku^{21}qi^{21} ka^{21}pu^{21}$

国际音标：　$khu^{21}tɕhi^{21} kha^{21}phu^{21}$

禾撮尼嘎(最古老的猎人)

土家语拼音：$wo^{21}cuo^{21} ni^{21}ga^{21}$

国际音标：　$o^{21}tshuo^{21} ȵi^{21}ka^{21}$

拔普(古老头子)

土家语拼音：$pa^{21}pu^{21}$

国际音标：　$pha^{21}phu^{21}$

拔普卡日(古老头子游戏)

土家语拼音：$pa^{21}pu^{21}ka^{53}$　ri^{53}

国际音标：　$pha^{21}phu^{21}kha^{53}$　z_i^{53}

撤嘎(喝水)

土家语拼音：$ce^{21}ga^{21}$

国际音标：　$tshe^{21}ka^{21}$

送嘎撤嘎(舂碓喝水)

土家语拼音：$song^{35}ga^{53}$　$ce^{21}ga^{35}$

国际音标：　$soŋ^{35}ka^{53}$　$tshe^{21}ka^{35}$

实姐(打猎)

土家语拼音：$si^{21}jie^{53}$

国际音标：　$si^{21}tɕie^{53}$

故事格蚩(玩耍活动)

土家语拼音：$gu^{35}si^{35}$　$ge^{21}ci^{53}$

国际音标：　$ku^{35}si^{35}$　$ke^{21}tshi^{53}$

注：以上括号里的文字是对前面汉字记音的汉语解释。

毛古斯表演也是有场次的，就像戏剧的演出一样。因此有学者认为土家族毛古斯是中国舞蹈的最源头，有学者则认为毛古斯斯是原始戏剧的"活化石"。茅谷斯应该是土家族的原始戏剧，因为它有场次，还有对白。毛古斯的场次也多是土家语名称。

若你——找地

土家语拼音：$ruo^{53}ni^{53}$

国际音标 ：$zuo^{53}ņi^{53}$

借日——做阳春

土家语拼音：$jie^{35}ri^{53}$

国际音标：　$tɕie^{35}z_i^{53}$

习卡查撤——扯草

土家语拼音：$xi^{21}ka^{21}ca^{21}$　　　pie^{53}

国际音标：　$ɕi^{21}kha^{21}tsha^{21}$　$phie^{53}$

欵铁——摘小米

土家语拼音：ei^{21}　　tie^{35}

国际音标：ei²¹　thie³⁵

娶老婆——罗嘎妮阿

土家语拼音：luo²¹ga²¹ni⁵³　a²¹

国际音标：luo²¹ka²¹n̠i⁵³　a²¹

实姐——打猎

土家语拼音：si²¹ jie⁵³

国际音标：si²¹　tɕie⁵³

宋捉——捕鱼

土家语拼音：song³⁵　zuo³⁵

国际音标：soŋ³⁵　tsuo³⁵

涅朗玉——撒种

土家语拼音：nie⁵³lan⁵³　yi³⁵

国际音标：n̠ie⁵³lan⁵³　i³⁵

它爬禄——卖兽皮

土家语拼音：ta³⁵pa²¹　lu²¹

国际音标：tha³⁵pha²¹　lu²¹

色左——药匠(医生)

土家语拼音：se⁵³zuo⁵³

国际音标：se⁵³tsuo⁵³

写哈——打铁

土家语拼音：xie⁵³　ha²¹

国际音标：ɕie⁵³　xa²¹

第四章　土家语谚语及谜语

土家语谚语和谜语,是土家语地区人们经常使用的一种文化现象,他们反映出土家族人的聪明与智慧,大大地丰富了土家族文化的宝库。

第一节　土家语谚语

谚语是俗语的一种,是流传于民间的比较简练而且言简意赅的话语。多数反映了劳动人民的生活实践经验,而且一般都是经过口头传下来的。它多是口语形式的通俗易懂的短句或韵语。土家族人在长期的生产生活实践中也积累了丰富的与天气、生产、日常生活的民间谚语。

土家语谚语很多,下面主要介绍气象谚语、农事谚语、生活谚语三种。

一、气象谚语

气象谚语是指通过观测物象来预测雨晴风雪雷电等自然现象变化的谚语。土家语中这类谚语十分普遍。

汉语:磉礅岩湿了,大雨要来了。

土家语拼音:

san^{53}den^{55}a^{21}ce^{21}zu^{35}liau^{53},　me^{35}ze^{21} ci^{53}pa^{55} en^{21}zou^{35}

国际音标:

san^{53}ten^{55}a^{21}tʃhe^{21}tsu^{35}liau^{53},me^{35}tse^{21} tʃhi^{53}pa^{55}en^{21}tsou^{35}

汉语:雷公先唱歌,有雨也不多

土家语拼音:

me^{35}ta^{55}ce^{21}zi^{55}ge^{55}mo^{35}hu^{21}la^{55},me^{35}ze^{21}xie^{35}han^{35}ri^{21}da^{35}

国际音标:

me^{35}tha^{55}tʃhe^{21}tsi^{55}ke^{55}mo^{35}xu^{21}la^{55},me^{35}tse^{21}çie^{35}xan^{35}ʑi^{21}ta^{35}

汉语：燕子飞上天，明后是晴天；燕子飞得低，明后要下雨。

土家语拼音：

me^{35}ca^{53}ku^{55}li^{55}　me^{35}ka^{21}ra^{55},lau^{35}zi^{55}mi^{35}nie^{55}me^{35}ca^{35}hu^{21}

me^{35}ca^{53}ku^{55}li^{55}ba^{21}ti^{21}ra^{55},lau^{35}zi^{55}mi^{35}nie^{55}me^{35}ze^{21}xu^{21}

国际音标：

me^{35}tsha^{53}khu^{55}li^{55}　me^{35}ka^{21}ʐa^{55},lau^{35}tsi^{55}mi^{35} ȵie^{55}me^{35}tsa^{35}hu^{21}

me^{35}tsha^{53}khu^{55}li^{55}pa^{21}thi^{21}ʐa^{55},lau^{35}tsi^{55}mi^{35}ȵie^{55}me^{35}tse^{21}xu^{21}

汉语：狗吃草草干死，狗喝水雨滔滔。

土家语拼音：

ha^{53}le^{21}xi^{21}ka^{21}ca^{21}ga^{35}ga^{21}sei^{35},ha^{53}le^{21}ce^{21}hu^{21}　ce^{21}ri^{21}sei^{35}

国际音标：

xa^{53}lie^{21}çi^{21}kha^{21}tsha^{21}ka^{35}ka^{21}sei^{35},xa^{53}lie^{21}tshe^{21}xu^{21}tse^{21}ʑi^{21}sei^{35}

汉语：蚂蚁搬家有雨淋，蜘蛛结网天必晴。

土家语拼音：

si^{55}ni^{21}ga^{21}cuo^{53}be^{53}me^{35}ze^{21}hu^{21}，bu^{55}ci^{55}cuo^{21}ri^{53}me^{35}ca^{35}hu^{21}

国际音标：

si^{55}ȵi^{21}ka^{21}tshuo^{53}pe^{53}me^{35}tse^{21}xu^{21},pu^{55}tshi^{55}tshuo^{21}ʑi^{53}me^{35}tsha^{35}xu^{21}

汉语：蚯蚓地上爬，必有大雨下。

土家语拼音：kuai^{35}qi^{21}la^{21}li^{55}ga^{21}xie^{53},me^{35}ze^{21}ci^{53}ba^{55}xie^{35}

国际音标：　khuai^{35}tçhi^{21}la^{21}li^{55}ka^{21}çie^{53},me^{35}tse^{21}tshi^{53}pa^{55}çie^{35}

汉语：今年下大雪，明年谷满仓。

土家语拼音：

long^{21}bai^{21}su^{35}su^{55}zi^{21}xi^{21}ci^{53}ba^{21},la^{21}kuo^{21}li^{35}bu^{53}cu^{53}zuo^{21}ta^{21}ta^{21}

国际音标：

loŋ^{21}pai^{21}su^{35}su^{55}tsi^{21}çi^{21}tshi^{53}pa^{21},la^{21}khuo^{21}li^{35}pu^{53}tshu^{53}tsuo^{21}tha^{21}tha^{21}

汉语:惊蛰不动风,冷到五月中。

土家语拼音:

jin^{55}zi^{55}re^{35}su^{55}bong^{35}long^{55}ta^{55},ong^{55}si^{55}te^{55}ban^{35}guo^{35}ye^{21}sa^{55}nie^{21}

国际音标:

tɕin^{55}tsi^{55}ze^{35}su^{55}poŋ^{35}loŋ^{55}tha^{55},oŋ^{55}si^{55}the^{55}pan^{35}kuo^{35}ie^{21}ȵie^{21}

二、农事谚语

土家族是一个以山地农耕文明为主的民族，在世世代代的农业生产实践中,总结出了许多与农业生产密切相关的农事生产谚语,如何时播种、除草、收获、田间管理等。这些土家语谚语随着土家语的日益濒危也将逐渐消失。

如:

汉语:清明要明,谷雨要淋。

土家语拼音:qin^{55}min^{21}lau^{21}ci^{21}duo^{21},ku^{21}yi^{53}me^{35}ze^{21}duo^{21}

国际音标:　tɕhin^{55}min^{21}lau^{21}tshi^{21}tuo^{21},ku^{21}i^{53}me^{35}tse^{21}tuo^{21}

汉语:端午不涨水,一年没收成。

土家语拼音:duan^{55}wu^{53}ce^{21}ong^{21}ta^{53},la^{55}long^{55}sou^{55}ci^{21}tai^{35}

国际音标:　tuan^{55}u^{53}tshe^{21}oŋ^{21}tha^{53},la^{55}loŋ^{55}sou^{55}tshi^{21}thai^{35}

汉语:立夏不下(雨),犁耙高挂。

土家语拼音:li^{21}xia^{35}ze^{21}ta^{55},　ka^{53}te^{53}pa^{35}kei^{35}kei^{35}

国际音标:　li^{21}ɕia^{35}tse^{21}tha^{55},　kha^{53}thie^{53}pha^{35}khei^{35}khei^{35}

汉语:深耕一寸,顶得上一瓢粪。

土家语拼音:li^{55}a^{55}ri^{55}dian^{35}qie^{21},　se^{21}la^{35}ce^{55}bie^{55}

国际音标:　li^{55}a^{55}zi^{55}tian^{35}tɕhie^{21},se^{21}la^{35}tshe^{55}pie^{55}

汉语:七月下葱,八月种蒜。

土家语拼音:nie^{21}si^{21}huo^{53}cong^{55}ri^{55},　ye^{21}si^{21}si^{21}tuo^{35}se^{55}

国际音标:　ȵie^{21}si^{21}xuo^{53}tshuŋ^{55}zi^{55},ie^{21}si^{21}si^{21}thuo^{35}se^{55}

三、日常生活谚语

土家族人除了将气象和农耕生产知识总结成谚语外,还把日常生活中的许多知识也总结成富于哲理的谚语,既朗朗上口,又能起到教育和传承知识的功能。

如:

汉语:前人栽树,后人乘凉。

土家语拼音:zi^{55}ge^{55}luo^{53}ka^{21}mong^{21}se^{55},ta^{5}nie^{55}luo^{53}me^{35}gu^{55}li^{55}ye^{53}

国际音标:ʦi^{55}ke^{55}luo^{53}kha^{21}moŋ^{21}se^{55},tha^{5}ȵie^{55}luo^{53}me^{35}ku^{55}li^{55}ie^{53}

汉语:狗咬丑的,人捧有的。

土家语拼音:xa^{53}le^{21}ta^{35}re^{55}nie^{55}xi^{55}gai^{35},luo^{53}xie^{35}nie^{55}xi^{55}pong^{21}

国际音标:xa^{53}lie^{21}tha^{35}ʐe^{55}ȵie^{55}ɕi^{55}kai^{35},luo^{53}ɕie^{35}ȵie^{55}ɕi^{55}phoŋ^{21}

汉语:金窝银窝,不如自己的稻草窝。

土家语拼音:kuo^{53}tong^{55}ngo^{53}tong^{55},nga^{35}nie^{55}ke^{55}ca^{55}tong^{55}ta^{55}pe^{55}

国际音标:khuo^{53}thoŋ^{55}ŋo^{53}thoŋ^{55},ŋa^{35}ȵie^{55}khe^{55}tsha^{55}thoŋ^{55}tha^{55}pie^{55}

汉语:勤快勤快,有饭有菜;懒惰懒惰,多得挨饿。

土家语拼音:a^{55}le^{21}le^{21}a^{55}le^{21},ha^{55}ce^{55}xie^{35}ye^{21}xie^{35};ta^{55}le^{21}le^{21}ta^{55}le^{21},li^{35}a^{53}nie^{21}nie^{55}ri^{21}nie^{55}

国际音标:a^{55}le^{21}le^{21}a^{55}le^{21},xa^{55}tshe^{55}ɕie^{35}ie^{21}ɕie^{35};tha^{55}le^{21}le^{21}tha^{55}le^{21},li^{35}a^{53}ȵie^{21}ȵie^{55}ʐi^{21}ȵie^{55}

汉语:娘亲舅大,爷亲叔大。

土家语拼音:a^{21}nie^{53}le^{55}tong^{21}jiu^{35}jiu^{55}ci^{53}nie^{21},a^{21}ba^{53}le^{55}tong^{21}an^{55}bei^{55}ci^{53}nie^{21}

国际音标:a^{21}ȵie^{53}le^{55}thoŋ^{21}tɕiu^{35}tɕiu^{55}tshi^{53}ȵie^{21},a^{21}pa^{53}lie^{55}thoŋ^{21}an^{55}pei^{55}tshi^{53}ȵie^{21}

汉语：人不晓得死活，猴子不会解绳索。

土家语拼音：

luo^{53}qie^{53}si^{21}se^{35}qie^{53}si^{21}long^{55}xa^{53}tai^{35},e^{53}e^{35}la^{55}hei^{35}xi^{55}ha^{53}tai^{35}

国际音标：

luo^{53}tɕhie^{53}si^{21}se^{35}tɕhie^{53}si^{21}loŋ^{55}xa^{53}thai^{35},e^{53}e^{35}la^{55}xei^{35}ɕi^{55}xa^{53}thai^{35}

第二节　土家语谜语

谜语又称为叟辞、隐语等，土家语称"迷子 mi^{35}zi^{53}[mi^{35}tsi^{53}]。谜语主要指暗射事物或文字等供人猜测的隐语，也可引申为蕴含奥秘的事物。 土家语谜语源自土家族古代民间，历经数千年的演变和发展，它是历代土家先民集体智慧创造的文化产物。土家语谜语大致可分为动植物谜语、行为谜语、物品谜语、汉字谜语等。

一、动物谜语

土家语动物谜语的谜面暗射某种动物的形象、特征、习性等，因此谜目就是打一动物，谜底也就是某种动物。

如：

谜面：头摇尾也摇，拉屎不拉尿。谜目：打一家禽；谜底：鸡。

土家语拼音：kuo^{55}ba^{55}le^{21}pong^{35}qi^{53}qi^{21}la,e^{55}ce^{55}buo^{21}ta^{55}se^{21}buo^{21}la^{21}

国际音标：khuo^{55}pa^{55}le^{21}phoŋ^{35}tɕhi^{53}tɕhi^{21}la,e^{55}tshe^{55}puo^{21}tha^{55}se^{21}puo^{21}la^{21}

谜面：嘴巴扁扁，爱下稻田，成群结队，不怕风寒；谜目：打一家禽；谜底：鸭子。

土家语拼音：za^{35}qi^{55}bi^{21}ta^{55}ta^{55},se^{21}ke^{55}dai^{21}ya^{21}ca^{35},ei^{35}zu^{55}a^{35}kuo^{55}ri^{21},sa^{53}xi^{21}dian^{35}ge^{53}ta^{21}

国际音标：tsa^{35}tɕhi^{55}pi^{21}tha^{55}tha^{55},se^{21}khe^{55}tai^{21}ia^{21}tsha^{35},ei^{35}tsu^{55}a^{35}kuo^{55}ʑi^{21},sa^{53}ɕi^{21}tian^{35}ke^{53}ta^{21}

谜面：犁地和耙田，全靠它来干，没吃一粒米，埋头无怨言；谜目：打一家畜；谜底：牛。

土家语拼音：li^{55}qie^{21}se^{21}ke^{55}pa^{35}，hu^{35}ni^{55}guo^{35}ri^{55}la^{55}，zi^{21}e^{21}da^{55}yi^{21}da^{35}，kuo^{55}ba^{55}qi^{53}qi^{21}ta^{35}

国际音标：li^{55}tɕhie^{21}se^{21}khe^{55}pha^{35}，xu^{35}ɲi^{55}kuo^{35}ʐi^{55}la^{55}，tsi^{21}e^{21}ta^{55}i^{21}ta^{35}，khuo^{55}pa^{55}tɕhi^{53}tɕhi^{21}tha^{35}

二、植物谜语

土家语动物谜语的谜面就是暗射某种常见植物物的形状、特征、用途等，因此谜目就是打一植物，谜底也就是某种植物。

如：

谜面：一根树木大又高，全身挂着小尖刀；谜目：打一树种；谜底：杉树。

土家语拼音：

ka^{21}mong^{21}la^{55}mong^{55}ci^{53}you^{35}e^{21}，suo^{55}ti^{21}hu^{35}ni^{55}tuo^{21}tuo^{21}xie^{35}

国际音标：

kha^{21}moŋ^{21}la^{55}moŋ^{55}tshi^{53}iou^{35}e^{21}，suo^{55}thi^{21}xu^{35}ɲi^{55}thuo^{21}thuo^{21}ɕie^{35}

谜面：树木做嫁妆，树叶炒鸡蛋；谜目：打一树种；谜底：椿树。

土家语拼音：ka^{21}tong^{21}jia^{35}lian^{21}ha^{21}，pu^{35}ta^{53}ra^{21}le^{21}ta^{35}

国际音标：kha^{21}thoŋ^{21}tɕia^{35}lian^{21}xa^{21}，phu^{35}tha^{53}ʐa^{21}le^{21}tha^{35}

谜面：树子小又小，果实打滚结，长大红艳艳，吃了泪满面；谜目：打一植物；谜底：红辣椒。

土家语拼音：ka^{21}mong^{21}suan^{53}you^{35}suan^{53}，bu^{35}li^{55}ga^{21}si^{21}jie^{35}，ong^{35}liau^{53}mian^{55}jie^{55}jie^{55}，ga^{35}liau^{53}be^{53}ce^{21}ye^{35}

国际音标：kha^{21}moŋ^{21}suan^{53}iou^{35}suan^{53}，pu^{35}li^{55}ka^{21}si^{21}tɕie^{35}，oŋ^{35}liau^{53}mian^{55}tɕie^{55}tɕie^{55}，ka^{35}liau^{53}pe^{53}tshe^{21}ie^{35}

三、行为谜语

土家语行为谜语的谜面就是暗射日常生活中做某事或某种动作的行为等，因此谜目就是打一行为动作，谜底也就是某种行为。

如：

谜面：一支竹节四寸长，喜怒哀乐肚里装，三眼道出千言语，坐地吹奏如神仙；谜目：打一乐器演奏；谜底：吹咚咚喳。

土家语拼音：mu^{53}nie^{21}la^{35}zi^{55}re^{55}cun^{35}e^{21},xi^{53}lu^{35}ai^{55}luo^{21}me^{21}tu^{35}ye^{35},tong^{21}ga^{35}suo^{55}long^{55}qie^{53}sa^{21}die^{55}li^{21}e^{53},li^{55}ga^{21}ong^{21}bo^{21}mie^{35}sen^{21}xan^{55}da^{53}ze^{21}

国际音标:mu^{53}ɳie^{21}la^{35}tsi^{55}ʐe^{55}tshun^{35}e^{21},ɕi^{53}lu^{35}ai^{55}luo^{21}me^{21}thu^{35}ie^{35},toŋ^{21}ka^{35}suo^{55}loŋ^{55}tɕhie^{53}sa^{21}tie^{55}li^{21}e^{53},li^{55}ga^{21}oŋ^{21}po^{21}mie^{35}sen^{21}ɕan^{55}ta^{53}tse^{21}

谜面:四个兄弟各操一样家伙,乔迁迎亲大家一路高歌;谜目:打一乐器演奏;谜底:打镏子。

土家语拼音:qian^{55}nga^{55}re^{55}la^{21}hu^{35}lao^{53}wa^{21}jia^{55}huo^{53}la^{35}da^{55}za^{53},cuo^{53}su^{35}nie^{55}zuo^{53}a^{21}si^{21}jia^{21}hu^{35}ni^{55}mo^{35}hu^{21}la^{55}

国际音标:tɕhian^{55}ŋa^{55}ʐe^{55}la^{21}xu^{35}lau^{53}ua^{21}tɕia^{55}xuo^{53}la^{35}ta^{55}tsa^{53},tshuo^{53}su^{35}ɳie^{55}tsuo^{53}a^{21}si^{21}tɕia^{21}xu^{35}ɳi^{55}mo^{35}xu^{21}la^{55}

谜面:火苗舔锅底,茶油锅中笑,小饼入锅内,白饼出锅来;谜目:打一做食品;谜底:炸糖徽。

土家语拼音:mi^{53}yi^{35}la^{55}ta^{35}ku^{55}la^{35},ca^{21}zi^{21}se^{21}si^{55}nie^{53}bo^{21}la^{21},bi^{35}kui^{35}ba^{55}ba^{55}qi^{53}le^{21}lu^{21},a^{21}si^{21}xian^{21}xian^{21}jiu^{35}zu^{35}diu^{55}

国际音标:mi^{53}i^{35}la^{55}tha^{35}khu^{55}la^{35},tsha^{21}tsi^{21}se^{21}si^{55}ɳie^{53}po^{21}la^{21},pi^{35}khui^{35}pa^{55}pa^{55}tɕhi^{53}le^{21}lu^{21},a^{21}si^{21}ɕian^{21}ɕian^{21}tɕiu^{35}tsu^{35}tiu^{55}

四、物品谜语

土家语物品谜语的谜面就是暗射日常生产生活中某种物品的形状、功用、特征等,因此谜目就是打一物品,谜底也就是某种用具(工具)。如:

谜面:三个兄弟一块玩,头戴一个大圈圈,终生与锅鼎为伴,一辈子与火结缘;谜目:打一生活用具;谜底:(火坑)三脚架。

土家语拼音:qian^{55}nga^{55}suan^{55}hu^{55}da^{53}ke^{21}ci^{35},kuo^{55}ba^{55}ga^{21}ha^{35}qian^{55}qian^{55}de^{53},yi^{35}si^{55}ta^{35}ku^{55}xie^{55}pong^{55}ta^{55},la^{55}nie^{55}hei^{55}le^{21}mi^{53}da^{55}ha^{21}

国际音标:tɕhian⁵⁵ŋa⁵⁵suan⁵⁵xu⁵⁵ta⁵³ke²¹tshi³⁵,khuo⁵⁵pa⁵⁵ka²¹xa³⁵tɕhian⁵⁵tɕhian⁵⁵te⁵³ , i³⁵si⁵⁵tha³⁵khu⁵⁵ɕie⁵⁵phoŋ⁵⁵ta⁵⁵ , la⁵⁵ȵie⁵⁵xei⁵⁵le²¹mi⁵³ta⁵⁵xa²¹

　　谜面:躺着一个木小伙,天天不怕刀来剁;谜目:打一厨房用具;谜底:砧板。
　　土家语拼音:a²¹kuo⁵³la⁵⁵hu²¹nie³⁵bo⁵⁵la⁵⁵,tuo²¹tuo²¹guo³⁵suo⁵³xi²¹diao³⁵ge⁵³da²¹
　　国际音标:a²¹khuo⁵³la⁵⁵xu²¹ȵie³⁵po⁵⁵la⁵⁵,thuo²¹thuo²¹kuo³⁵suo⁵³ɕi²¹tian³⁵ke⁵³ta²¹

　　谜面:对门树上一个碗,落雨落不满;谜目:打一动物用品;谜底:鸟窝。
　　土家语拼音:te⁵⁵bi⁵⁵ka²¹mong²¹ga²¹qie²¹bi³⁵la³⁵da⁵⁵,la⁵⁵long⁵⁵xei⁵⁵le²¹me³⁵ze²¹ze²¹mo²¹man⁵³da²¹
　　国际音标:thie⁵⁵pi⁵⁵kha²¹moŋ²¹ka²¹tɕhie²¹pi³⁵la³⁵ta⁵⁵,la⁵⁵loŋ⁵⁵xei⁵⁵le²¹me³⁵tse²¹tse²¹mo²¹man⁵³ta²¹

五、汉字谜语

　　字谜是一种文字游戏,也是汉民族特有的一种语言文化现象。它主要根据方块汉字笔画繁复、偏旁相对独立、结构组合多变的特点,运用离合、增损、象形、会意等多种方式创造设制。就是以一个或几个汉字为谜底,这种谜语的编写或是利用了汉字的造字规律,或是利用了汉字形、音、义某一方面的特点,显得既有趣味又有知识内涵。历史上随着汉文化在土家族地区的广泛传播,土家族人也逐渐学习和传播汉文化,汉字的谜语也开始在土家族地区传习。土家族人用土家语对汉字谜语进行创造设制,既体现了土家族人民的聪明才智,也反映了汉文化与土家文化的水乳交融。
　　如:
　　谜面:朝门大大开,马儿走进来;谜目:打一字;谜底:闯。
　　土家语拼音:za³⁵me³⁵tong³⁵bo⁵⁵la⁵⁵,mong²¹lao⁵³qi⁵³le²¹la²¹
　　国际音标:　 tsa³⁵me³⁵thoŋ³⁵po⁵⁵la⁵⁵,moŋ²¹lau⁵³tɕhi⁵³le²¹la²¹

　　谜面:中间一个钩钩,旁边两个兜篼;谜目:打一字;谜底:小。

土家语拼音：kong^{55}kao^{55}gan^{21}gou^{55}li^{55}lao^{55}xie^{35}，se^{35}ta^{35}ti^{35}mi^{55}nie^{55}long^{53}xie^{35}

国际音标：khoŋ^{55}khau^{55}kan^{21}kou^{55}li^{55}lau^{55}ɕie^{35}，se^{35}tha^{35}thi^{35}mi^{55}ȵie^{55}loŋ^{53}ɕie^{35}

谜面：人形小屋架，双手腰间叉，大柱撑得稳，雨晴不用怕；谜目：打一字；谜底：伞。

土家语拼音：luo^{53}bi^{21}ku^{35}li^{55}jia^{35}zi^{53}da^{35}，jie^{35}bi^{35}nie^{55}ci^{55}yao^{55}gan^{55}ga^{21}，ka^{21}tong^{21}ci^{53}ba^{55}zu^{53}xi^{21}ca^{35}，me^{35}ze^{21}lao^{21}ci^{21}tian^{35}ge^{53}da^{21}

国际音标：luo^{53}pi^{21}khu^{35}li^{55}tɕia^{35}tsi^{53}ta^{35}，tɕie^{35}pi^{35}ȵie^{55}tshi^{55}iau^{55}kan^{55}ka^{21}，kha^{21}thoŋ^{21}tshi^{53}pa^{55}tsu^{53}ɕi^{21}tsha^{35}，me^{35}tse^{21}lau^{21}tshi^{21}tian^{35}ke^{53}ta^{21}

第三编

土家语示范教材

第一课　我们是土家族

$$an^{35}ni^{53} \quad bi^{35}zi^{53}ka^{21}$$
$$an^{35}ȵi^{53} \quad pi^{35}tsi^{53}kha^{21}$$

重点单词：

$an^{35}ni^{53}[an^{35}ȵi^{53}]$（代词）我们

$bi^{35}zi^{53}ka^{21}[pi^{35}tsi^{53}kha^{21}]$（名词）土家族

$li^{21}[li^{21}]$（动词）讲

$la^{21}[la^{21}]$（介词）在

$bi^{35}zi^{53}sa^{21}[pi^{35}tsi^{53}sa^{21}]$（名词）土家语

$da^{53}ha^{21}[ta^{53}xa^{21}]$ 1.（连词）和；2.(词组)一起

$ci^{53}[tshi^{53}]$（词组）接壤，相邻，

$nie^{21}[ȵie^{21}]$（助词）的

$ong^{21}[oŋ^{21}]$（动词）1.住；2.坐；3.响

$bo^{21}[po^{21}]$ 1.（助词）着；2.(动词)1.屙；2.逃脱

$an^{35}ni^{53} \quad bi^{35}zi^{53}ka^{21} \quad bi^{35}zi^{53}sa^{21} \quad li^{21} \quad la^{21}$

$an^{35}ȵi^{53} \quad pi^{35}tsi^{53}kha^{21} \quad pi^{35}tsi^{53}sa^{21} \quad li^{21} \quad la^{21}$

我们　　土家族　　　土家　话　讲　在

$xian^{55}wo^{21} \quad yi^{35} \quad qian^{21} \quad da^{53}ha^{21}ci^{53} \quad bo^{21} \quad nie^{21} \quad lan^{21}can^{21} \quad ong^{21}bo^{21}la^{21}$

$çan^{55} \quad o^{21} \quad i^{35} \quad tçhian^{21} \quad ta^{53}xa^{21}tsi^{53} \quad po^{21} \quad ȵie^{21} \quad lan^{21}tshan^{21} \quad oŋ^{21} \quad po^{21} \quad la^{21}$

湘　鄂　渝　黔　一起　接壤　着　的　地方　住　着　在

课文意译：

我们是土家族，讲的土家话。住在湘、鄂、渝、黔边区。

课堂练习：

1.复习巩固重点单词：要求对重点单词的正确发音。特别是 $an^{35}ni^{53}$ 这样

的单词要求发低音,不发汉语拼音的高长音。

2.熟读课文:要求对课文能熟读,有一定的节奏感。

课外练习:

1.默写重点单词。

2.背诵课文。

3.读下列短文。

土家语拼音:

an^{35}cu^{53}　luo^{53}　re^{53}la^{53}hu^{21}　xie^{35}，bi^{35}zi^{53}ka^{21}　suo^{53}　la^{53}hu^{21}xie^{35}，a^{21}ba^{55}、nga^{35}、an^{53}ngai^{53}，a^{21}nie^{53}pa^{53}ka^{21}，kuo^{35}la^{53}e^{21}cu^{53}　nie^{53}　luo^{53}

国际音标:

an^{35}tshu^{53}　luo^{53}　ʐe^{53}la^{53}xu^{21}　ɕie^{35}，pi^{35}tsi^{53}kha^{21}　suo^{53}　la^{53}xu^{21}ɕie^{35}：a^{21}pa^{55}、ŋa^{35}、an^{53}ŋai^{53}，a^{21}ȵie^{53}pha^{53}ka^{21}，kuo^{35}la^{53}e^{21}tshu^{53}　ȵie^{53}　luo^{53}

第二课　山歌二首

ga²¹sa²¹nie⁵³sou⁵³

ka²¹sa²¹ȵie⁵³sou⁵³

重点单词：

luo⁵³de⁵³[luo⁵³te⁵³]（名词）人(们)

mu³⁵lan⁵³[mu³⁵lan⁵³]（副词）现在,如今

ka⁵³[kha⁵³]（动词）1.过；2.守

nie⁵³[ȵie⁵³]（名词）1.生活；2.日子

ta²¹[tha²¹]（副词）不

ca³⁵[tsha³⁵]（形容词）好,幸福

gai⁵³di²¹gai⁵³[kai⁵³ti²¹kai⁵³]（词组）多的是

si⁵³ma⁵³[si⁵³ma⁵³]（动词）忘记

ka²¹mong²¹[kha²¹moŋ²¹]（名词）树木

xin³⁵ga⁵³de²¹[ɕin³⁵ka⁵³te²¹]（形容词）郁葱葱

li⁵³pu⁵³[li⁵³phu⁵³]（名词）底子

yi²¹[i²¹]（动词）看见

nie³⁵bi⁵³[ȵie³⁵pi⁵³]（名词）鸟

bu⁵³cuo²¹[pu⁵³tshuo²¹]（名词）客人

ba⁵³[pa⁵³]（动词）看

re³⁵[ʐe³⁵]（名词）酒

jie²¹[tɕie²¹]（形容词）醉

一、现在生活真幸福

mu³⁵lan⁵³　za²¹zai³⁵　nie⁵³　ka⁵³　ca²¹

mu³⁵lan⁵³　tsa²¹tsai³⁵　ȵie⁵³　kha⁵³　tsa³⁵

an³⁵　ni⁵³　luo⁵³de⁵³　bi³⁵zi⁵³ka²¹

an³⁵　ȵi⁵³　luo⁵³te⁵³　pi³⁵tsi⁵³kha²¹

我们　　　人家　　土家族

mu³⁵lan⁵³　hu³⁵ni⁵³　nie⁵³　ka⁵³　ca²¹

mu³⁵lan⁵³　xu³⁵ȵi⁵³　ȵie⁵³　kha⁵³　tsha²¹

现在　　　都　　　生活　过　　好

ga³⁵xi⁵³　hu²¹xi²¹　gai⁵³di²¹gai⁵³

ka³⁵ɕi⁵³　xu²¹ɕi²¹　kai⁵³ti²¹kai⁵³

吃的　　喝的　　　多的是

dan⁵³　nie²¹　ngen⁵³qin²¹　si⁵³ma⁵³　ta²¹

tan⁵³　ȵie²¹　ŋen⁵³tɕhin²¹　si⁵³ma⁵³　tha²¹

党　　的　　恩情　　　忘记　不

二、这里美景醉迷人

ge²¹du⁵³　ba⁵³ca³⁵　luo⁵³re³⁵jie²¹

ke²¹tu⁵³　pa⁵³tsa³⁵　luo⁵³ʐe³⁵tɕie²¹

ge²¹du⁵³　ka²¹mong²¹　xin³⁵ga⁵³de²¹

ke²¹tu⁵³　kha²¹moŋ²²¹　ɕin³⁵ka⁵³te²¹

这里　　　树木　　　郁葱葱

ca²¹xi⁵³　ce²¹pa²¹　li⁵³pu⁵³　yi²¹

tsha²¹ɕi⁵³　tse²¹pha²¹　li⁵³phu⁵³　i²¹

好的　　　　水　　　底　　看见

nie³⁵bi⁵³　ka⁵³pu⁵³　jin⁵³duo²¹　xie³⁵

ȵie³⁵pi⁵³　kha⁵³phu⁵³　tɕin⁵³tuo²¹　ɕie³⁵

鸟儿　　花朵　　　经常　有

bu⁵³cuo²¹　ba⁵³le²¹　luo⁵³　re³⁵　jie²¹

pu⁵³tshuo²¹　pa⁵³le²¹　luo⁵³　ʐe³⁵　tɕie²¹

客人　　　看了　人　酒　醉

课文意译

一、现在生活真幸福

　　我们叫作土家人,现在生活真幸福。

　　吃的穿的多的是,党的好处永牢记。

二、这里美景醉迷人

　　这里树木郁葱葱,水质清澈底看见。

　　百鸟百花经常有,旅客看了醉迷人。

课堂练习:

反复读两首土家语山歌。

课外作业:

1.默写两首山歌的重点单词。

2.背诵两首土家语山歌。

第三课　我的一家

nga^{35} nie^{21}　la^{53} ma^{55}

ŋa^{35}　ȵie^{21}　la^{53} ma^{55}

重点单词：

cu^{53}[tʂhu^{53}] (方位词)家里

luo^{53}[luo^{53}] (名词)人

pa^{21}pu^{53}[pha^{21}phu^{53}] (名词)祖父,爷爷

a^{55}ma^{55}[a^{55}ma^{55}] (名词)祖母,奶奶

a^{21}nie^{53}[a^{21}ȵie^{53}] (名词)母亲,妈妈

a^{21}ba^{55}[a^{21}pa^{55}] (名词)父亲,爸爸

a^{35}da^{53}[a^{35}ta^{53}] (名词)姐姐

a^{21}kuo^{53}[a^{21}khuo^{53}] (名词)哥哥

nga^{35}[ŋa^{35}] (代词)我

an^{53}ngai^{53}[an^{53}ŋai^{53}] (名词)弟弟

ca^{21}qi^{21}[tsha^{21}tɕhi^{21}] (名词)嫂子

a^{53}zuo^{21}[a^{53}tsuo^{21}] (名词)姐夫

long^{21}bai^{21}[loŋ^{21}pai^{21}] (名词)今年

la^{21}kuo^{21}[la^{21}khuo^{21}] (名词)明年

xie^{53}zuo^{53}[ɕie^{53}tsuo^{53}] (名词)铁匠

po^{35}ga^{53}[pho^{35}ka^{53}] (名词)老师

hei^{53}[xei^{53}] (动词)休息

hu^{21} ri^{53}[xu^{21} ʐi^{53}] (词组)打工

an^{35}　cu^{53}　luo^{53}　ye^{35}la^{21}hu^{21}　xie^{335}

an^{35}　tshu^{53}　luo^{53}　ie^{35}la^{21}xu^{21}　ɕie^{35}

我们　家　人　　八个　　有

pa²¹pu⁵³　　a⁵⁵ma⁵⁵　　a²¹nie⁵³　　a²¹ba⁵⁵

pha²¹phu⁵³　a⁵⁵ma⁵⁵　　a²¹ɳie⁵³　　a²¹pa⁵⁵

祖父　　　　祖母　　　　母亲　　　父亲

a³⁵da⁵³　a²¹kuo⁵³　　nga³⁵　　an⁵³ngai⁵³

a³⁵ta⁵³　a²¹khuo⁵³　　ŋa³⁵　　an⁵³ɳai⁵³

姐姐　　　哥哥　　　我　　　弟弟

long²¹bai²¹　dong⁵³tian⁵⁵　ha²¹　　ca²¹qi²¹　　　ai³⁵

loŋ²¹pai²¹　toŋ⁵³thian⁵⁵　xa²¹　tsha²¹tɕhi²¹　ai³⁵

今年　　　　　冬天　　　还　　　嫂子　　接

la²¹kuo²¹　　a³⁵da⁵³　cuo⁵³zu³⁵　liao⁵⁵　　a⁵³zuo²¹　be⁵³　xiao³⁵

la²¹khuo²¹　a³⁵ta⁵³　tshuo⁵³tsu³⁵　liau⁵⁵　　a⁵³tsuo²¹　pe⁵³　ɕiau³⁵

明年　　　姐姐　　嫁出　　　了　　　姐夫　　也　有了

pa²¹pu⁵³　nie²¹a⁵⁵ma⁵⁵　lao⁵³ga⁵³de²¹　cu⁵³　hei⁵³　bo²¹　la²¹

pha²¹phu⁵³　ɳie²¹a⁵⁵ma⁵⁵　lau⁵³ka⁵³te²¹　tshu⁵³　xei⁵³　po²¹　la²¹

祖父　　　和祖母　　　老人家　　家里　休息　着　在

a²¹ba⁵⁵　xie⁵³zuo⁵³　ri⁵³　　a²¹nie⁵⁵　po³⁵ga⁵³　　ri⁵³

a²¹pa⁵⁵　ɕie⁵³tsuo⁵³　ʑi⁵³　　a²¹ɳie⁵⁵　pho³⁵ka⁵³　ʑi⁵³

父亲　　铁匠　　当　　母亲　　老师　　当

a³⁵da⁵³　a²¹kuo⁵³　wo²¹ta⁵³　hu²¹　ri⁵³　la²¹

a³⁵ta⁵³　a²¹khuo⁵³　o²¹tha⁵³　xu²¹ʑi⁵³　la²¹

姐姐　　哥哥　　外面　　工打　在

nga³⁵　nie²¹　an⁵³ngai⁵³　nia⁵³hu²¹　ha²¹　xiao³⁵tan²¹　wo²¹tu⁵³　ci⁵³　tu⁵³　la²¹

ŋa³⁵　ɳie²¹　an⁵³ɳai⁵³　ɳia⁵³xu²¹　xa²¹　ɕiau³⁵than²¹　o²¹thu⁵³　tshi⁵³　thu⁵³　la²¹

我　和　弟弟　　两个　还　学校　　里面　书　读　在

课文意译：

我们家里有八口人：爷爷、奶奶、爸爸、妈妈、姐姐、哥哥，还有我和弟弟。今年冬天还要娶嫂子，明年姐姐结婚后，姐夫也有了。爷爷和奶奶年事已高，在家休息。爸爸当铁匠，妈妈当老师，姐姐和哥哥在外面打工，我和弟弟还在学校读书。

注释：

汉语中的"书"土家语应该是"ci⁵³ pu⁵³[tʂhi⁵³ phu⁵³]"双音节，但"读书"的习惯说法是"ci⁵³ tu⁵³[tʂhi⁵³ tu⁵³]"，省略了"ci⁵³ pu⁵³[tʂhi⁵³ phu⁵³]"后面的"pu⁵³[phu⁵³]"音节。

课堂练习：

1.反复读"nga³⁵[ŋa⁵³]"（我）直到读准为止。

2.比较土家语称谓与汉语称谓，从中找出一定的规律。

3.掌握土家语对家庭成员的称谓，并能在实践中运用自如。

课外练习：

1.默写并熟读土家语称谓单词。

2.对 hu²¹ri⁵³[xu²¹ ʑi⁵³]（打工）和 ci⁵³tu⁵³[tʂhi⁵³thu⁵³]"（读书）要有深刻的记忆。

第四课　土家山寨

$$bi^{35}zi^{53}ka^{21}luo^{53}yuo^{53}$$
$$pi^{35}tsi^{53}kha^{21}luo^{53}yuo^{53}$$

重点单词：

$luo^{53}you^{53}[luo^{53}iou^{53}]$ (名词)村寨

$za^{35}mo^{53}[tsa^{35}mo^{53}]$ (名词)朝门

$diao^{35}qi^{21}[tiau^{35}tɕhi^{21}]$ (名词)吊脚楼

$ha^{21}[xa^{21}]$ (副词)还

$bi^{53}tiao^{53}[pi^{53}thiau^{53}]$ (名词)草坪或土坪

$qin^{35}de^{53}de^{21}[tɕhin^{35}te^{53}te^{21}]$ (名词)孩子们

$luo^{53}ba^{53}de^{21}[luo^{53}pa^{53}te^{21}]$ (名词)男子汉

$ye^{21}cuo^{21}[ie^{21}tshuo^{21}]$ (名词)摆手堂

$luo^{21}gan^{21}de^{53}[luo^{21}kan^{21}te^{53}]$ (名词)妇女

$a^{35}guo^{53}[a^{35}kuo^{53}]$ (名词)小伙子

$biu^{35}[piu^{35}]$ (名词)女孩子

$dong^{21}dong^{21}kui^{53}[toŋ^{21}toŋ^{21}khui^{53}]$ (名词)咚咚喹

$mie^{35}[mie^{35}]$ (动词)吹

$jia^{55}huo^{53}\ ha^{21}[tɕia^{55}xuo^{53}\ xa^{21}]$ (词组)打镏子

$mie^{35}long^{21}ce^{53}ce^{55}[mie^{35}loŋ^{21}tshe^{53}tshe^{55}]$ (名词)麦龙扯扯(游戏)

$da^{53}san^{55}qi^{21}[ta^{53}san^{55}tɕhi^{21}]$ (名词)打三棋

$wu^{55}zi^{21}huei^{53}[u^{55}tsi^{21}xuei^{53}]$ (名词)五子飞

$ra^{21}[ra^{21}]$ (名词)1.鸡；2.毽子

$a^{21}bu^{35}li^{53}[a^{21}pu^{35}li^{53}]$ (名词)石子

$ge^{21}ci^{53}[ke^{21}tsi^{53}]$ (动词)玩

$xi^{53}tai^{35}[ɕi^{53}thai^{35}]$ (副词)最,非常

bi³⁵zi⁵³ka²¹　luo⁵³you⁵³　a²¹ba²¹　la⁵³cuo⁵³　la⁵³cuo⁵³　la⁵³cuo⁵³　da⁵³ci⁵³　bo²¹xi⁵³

pi³⁵tsi⁵³kha²¹　luo⁵³iou⁵³　a²¹pa²¹　la⁵³tʂhuo⁵³　la⁵³tʂhuo⁵³　la⁵³tʂhuo⁵³　ta⁵³tʂhi⁵³　po²¹ɕi⁵³

土家族　　村寨　青石板路　房子　一栋　一栋　相碍　着的

la⁵³sa⁵³de²¹　za³⁵mo⁵³xie³⁵　la⁵³sa⁵³de²⁵　diao³⁵qi²¹　xie³⁵¹

la⁵³sa⁵³te²¹　tsa³⁵mo⁵³ɕie³⁵　la⁵³sa⁵³te²¹　tiau³⁵tɕhi²¹　ɕie³⁵

有的　　朝门　有　有的　　吊脚楼　有

hu³⁵ni⁵³　luo⁵³you⁵³　ha²¹　ye²¹cuo²¹　la⁵³cuo⁵³　xie³⁵

xu³⁵n̩i⁵³　luo⁵³iou⁵³　xa²¹　ie²¹tʂhuo²¹　la⁵³tʂhuo⁵³　ɕie³⁵

所有　村寨　还　摆手堂　一栋　有

la⁵³long⁵³　la⁵³se⁵³　jie³⁵ri⁵³　ji³⁵　liau²¹　luo⁵³you⁵³　nie²¹　bi³⁵zi⁵³ka²¹

la⁵³loŋ⁵³　la⁵³se⁵³　tɕie³⁵ʐi⁵³　tɕi³⁵　liau²¹　luo⁵³iou⁵³　n̩ie²¹　pi³⁵tsi⁵³kha²¹

每年　　　阳春做　完　了　村寨　的　土家族

lao⁵³ga⁵³de²¹　qin³⁵de⁵³de²¹　luo⁵³ba⁵³de²¹　luo²¹gan²¹de⁵³　a³⁵guo⁵³de²¹　biu³⁵de⁵³

lau⁵³ka⁵³te²¹　tɕhin³⁵te⁵³te²¹　luo⁵³pa⁵³te²¹　luo²¹kan²¹te⁵³　a³⁵kuo⁵³te²¹　piu³⁵te⁵³

老人家　　孩子们　　男子汉　妇女们　小伙子　女孩子

hu³⁵ni⁵³　xi⁵³ba⁵³　a³⁵xi⁵³　da⁵³　lou⁵³you⁵³　bi⁵³tiau⁵³　ei³⁵　le²¹

xu³⁵n̩i⁵³　ɕi⁵³pa⁵³　a³⁵ɕi⁵³　ta⁵³　luo⁵³iou⁵³　pi⁵³thiau⁵³　ei³⁵　le²¹

都　衣　新　穿　寨上　草坪　来到

dong²¹dong²¹kui⁵³mie³⁵　jia⁵⁵　huo⁵³ha²¹　mie³⁵long²¹　ce⁵³ce⁵⁵　ri⁵³　da⁵³san⁵⁵qi²¹　ha²¹　wu⁵⁵zi²¹hei⁵³　ha²¹

toŋ²¹toŋ²¹khui⁵³　mie³⁵　tɕia⁵⁵xuo⁵³xa²¹　mie³⁵loŋ²¹tʂhe⁵³tʂhe⁵⁵　zi⁵³　ta⁵³san⁵⁵tɕhi²¹　xa²¹　u⁵⁵tsi²¹xei⁵³　xa²¹

咚咚喹　吹　镏子　打　麦龙扯扯　玩　打三棋　下　五子飞　下

ra²¹　ha²¹　a²¹bu³⁵li⁵³　zuo³⁵　ge²¹ci⁵³ca³⁵　xi⁵³tai³⁵

za²¹　xa²¹　a²¹pu³⁵li⁵³　tsuo³⁵　ke²¹tsi⁵³tsa³⁵　ɕi⁵³thai³⁵

毽子　踢　岩子　提　玩好　　最

课文意译：

土家族村寨里面一般都是青石板路,房子相互毗连。有的人家有朝门,有的人家有吊脚楼。所有村寨都有摆手堂。

每年的阳春做完后,老人家、小孩子、男子汉、妇女、小伙子、女孩子都穿着新衣不约而同地来到寨子中的草坪里,人们吹咚咚喹、打镏子、玩麦龙扯扯游戏、下打三棋、下五子飞棋、踢毽子、玩捉岩子游戏,真是好玩极了。

注释:

1.dong^{21}dong^{21}kui^{53}[toŋ^{21}toŋ^{21}khui^{53}](咚咚喹)是土家族用三寸长的小竹杆在上面开三个小孔做成的管乐器,与羌笛相似,发出的声音悦耳动听。

2.ja^{55}huo^{53}ha^{21}[tɕa^{55}xuo^{53}xa^{21}](打镏子)是土家族特有的一种打击乐,专门用来渲染喜庆时的气氛之用。

3.mie^{35}long^{21}ce^{53}ce^{55}[mie^{35}loŋ^{21}tshe^{53}tshe^{55}]"麦龙扯扯"是土家族的一种游戏名称,相当于汉族小朋友玩的捉猫猫游戏。

4.da^{53}san^{55}qi^{21} [ta^{53}san^{55}tɕhi^{21}]"打三棋"、wu^{55}zi^{21}huei^{53} [u^{55}tsi^{21}xuei^{21}]"五子飞"是土家族就地取材的棋类。只要随便在地面上画一个打三棋或五子飞棋盘,就可以二人对弈。新中国成立前由于土家族的文娱活动很单调,打三棋和五子飞棋十分盛行。

5.a^{21}bu^{35}li^{53} zuo^{35}[a^{21}pu^{35}li^{53} tsuo^{35}]"捉石子"是土家族的一种游戏:土家族把石头击打成斑鸠蛋大小,游戏时用 5 颗或 7 颗,有具体的游戏规则。游戏时时往上抛,再用手接。按游戏规则边抛边接边念口诀,女孩子玩得居多。

课堂练习:

1.熟读单词,特别是对新的重点单词要读准记牢。

2.描绘土家山寨的大致情况。

3.你们那里有土家山寨没有? 如果有的话也有课文中所记述的那些土家族文化现象吗?

课外作业:

1.用 qin^{35}de^{53}de^{21}[tɕhin^{35}te^{53}te^{21}]"孩子们"造句。

2.用 qi^{53} ka^{53}[tɕhi^{53} kha^{53}]"过年"写篇短文。

3.通过对课文的学习,你觉得土家山寨的最大特点是什么?

第五课　土家人最好客

$bi^{35}zi^{53}ka^{21}$　$bu^{53}cuo^{21}$　$a^{35}ci^{53}$
$pi^{35}tsi^{53}kha^{21}$　$pu^{53}tshuo^{21}$　$a^{35}tshi^{53}$

重点单词：

$mie^{21}zi^{35}[mie^{21}\ tshi^{21}]$（形容词）直爽

$a^{35}ci^{53}[a^{35}tshi^{53}]$（动词）爱，好

$bo^{21}[po^{21}]$（介词）给，把

$cuo^{53}ke^{53}[tshuo^{53}khe^{53}]$（名词）凳子

$le^{35}[le^{35}]$（动词）送

$si^{53}e^{21}[si^{53}e^{21}]$（动词）问

$ra^{35}gu^{53}ce^{21}[za^{35}ku^{53}tshe^{21}]$（词组）茶水

$luo^{53}huo^{21}[luo^{53}xuo^{21}]$（形容词）暖

$sa^{53}[sa^{53}]$（形容词）冷

$guai^{35}duo^{21}[kuai^{35}tuo^{21}]$（代词）自己

$da^{53}ze^{21}[ta^{53}tse^{21}]$ 似的，一样

$hu^{21}[xu^{21}]$（动词）喝

$si^{21}[si^{21}]$（名词）肉

$qia^{53}xi^{21}[tɕhia^{53}ɕi^{2}]$（疑问代词）什么

$de^{53}[te^{53}]$（副词）都

$cuo^{53}[tshuo^{53}]$（动词）带领，引导

$luo^{21}[luo^{21}]$（动词）玩

$bi^{35}zi^{53}ka^{53}$　　$mie^{21}zi^{35}$　　$bu^{53}cuo^{21}$　　$a^{35}ci^{53}$　　$xi^{21}tai^{35}$，
$pi^{35}tsi^{53}kha^{53}$　　$mie^{21}tsi^{35}$　　$pu^{53}tshuo^{21}$　　$a^{35}tshi^{53}$　　$ci^{21}thai^{35}$
土家族人　　　　直爽　　　　客　　　　好　　　　最

bu^{53}cuo^{21}　bi^{35}zi^{53}ka^{21}　luo^{53}cu^{53}　ye^{53}liao^{55}　ni^{35}　bo^{21}　cuo^{53}ke^{53}　le^{35}　ra^{35}gu^{53}　le^{35}

pu^{53}tshuo^{21}　pi^{35}tsi^{53}kha^{21}　luo^{53}tshu^{53}　ie^{53}liau^{55}　n̠i^{35}　po^{21}　tshuo^{53}khe^{53}　le^{35}　za^{53}ku^{53}　le^{35}

客人　　土家族　　人家　　到了　你　给　板凳　送　茶　送

luo^{53}huo^{21}　si^{53}e^{21}　sa^{53}xi^{21}　si^{53}e^{21}　guai^{35}duo^{21}　nie^{21}　cu^{53}　luo^{53}　da^{53}ze^{21}

luo^{53}xuo^{21}　si^{53}e^{21}　sa^{53}çi^{21}　si^{53}e^{21}　kuai^{35}tuo^{21}　n̠ie^{21}　tshu^{53}　luo^{53}　ta^{53}tse^{21}

暖　　问　　冷　　问　　自己　　的　家　人　一样

bu^{53}cuo^{21}　bo^{21}re^{35}　le^{35}mo^{21}　hu^{21}si^{21}　le^{35}bo^{21}　ga^{35}　qia^{53}xi^{21}　cai^{35}　xi^{35}　de^{53}　bu^{53}cuo^{21}　bo^{21}　le^{35}mo^{21}　gai^{35}

pu^{53}tshuo^{21}po^{21}　ze^{35}　le^{35}mo^{21}　xu^{21}si^{21}　le^{35}po^{21}　ka^{35}　tçhia^{53}çi^{21}　tshai^{35}　çi^{53}te^{53}　pu^{53}tshuo^{21}po^{21}　le^{35}mo^{21}　kai^{35}

客人　给　酒　送　着喝　肉　送　给　吃　什么　　好　有　都　客人　给　送　着　吃

bu^{53}cuo^{21}　ge^{21}ci^{53}　yao^{53}qiou^{21}　xie^{35}　bi^{35}zi^{53}ka^{21}　bu^{53}cuo^{21}　cuo^{53}bo^{21}　luo^{21}hu^{21}

pu^{53}tshuo^{21}　ke^{21}tshi^{53}　iau^{53}tçhiou^{21}　çie^{35}　pi^{35}tsi^{53}kha^{21}　pu^{53}tshuo^{21}　tshuo^{53}po^{21}　luo^{21}xu^{21}

客人　　玩　　要求　　有　土家人　　客人　带　着　玩会

课文意译：

土家人性格开朗大方,最好客。如果客人到了土家人家里,他们会热情地给你让座,给你倒茶,还向你问寒问暖,把客人当自己家里人一样。土家人还会给客人送酒喝,送肉吃。只要有什么好吃的,都会慷慨地拿出来让客人受用。如果客人要求游玩,土家族人会热情地带你玩得尽兴、愉快。

注释：

1. 茶水在土家语中有两种说法，一种是课文中所说的 ra^{35}gu^{53}ce^{21}[ʐa^{35}ku^{53}tshe^{21}]，另一种叫 a^{21}ce^{53}[a^{21}tshe^{53}]。

2.土家语中的玩有两种说法,一种课本中说的 ge^{21}ci^{53}[ke^{21}tshi^{53}],另一种本课说的 luo^{21}[luo^{21}],ge^{21}ci^{53}[ke^{21}tshi^{53}]是泛指玩,而 luo^{21}[luo^{21}]带有悠闲游玩的意思。

课堂练习：

1.土家族人最突出的性格特点是什么？

2.抽查学生读重点单词。

课外练习：

1.从 cuo^{53}ke^{53} le^{35}[tshuo^{53}khe^{53} le^{35}]"送板凳"这个词组中，你发现土家语与汉语有什么不同？

2.从课文中土家族向客人 luo^{53}huo^{21} si^{53}e^{21} sa^{53} xi^{21} si^{53}e^{21}[luo^{53}xuo^{21} si^{53}e^{21} sa^{53} çi^{21} si^{53}e^2](问寒问暖)这个词组中，你觉得土家族人有一种什么优秀品质？

第六课 土家山水好旅游

bi^{35}zi^{53}ka^{21} ku^{53}za^{53}ce^{21}pa^{21} ge^{21} ci^{21}ca^{35}

pi^{35}tsi^{53}kha^{21} khu^{53}tsa^{53}tshe^{21}pha^{21} ke^{21}tsi^{21}tsa^{35}

重点单词：

ku^{53}za^{53} ku^{53}[khu^{53}tsa^{53} khu^{53}] (词组)群山

ce^{21}pa^{21}[tshe^{21}pha^{21}] (名词)水(指量多)

song^{53}zao^{53}[soŋ^{53}tsau^{53}] (方位)岸边

ong^{21} bo^{21}[oŋ^{21} po^{21}] (词组)坐着，居住着

me^{35}[me^{35}] (名词)天,天老爷

re^{53}[ʑe^{53}] (形容词)美丽

si^{21}bi^{53}si^{21}pai^{53}[si^{21}pi^{53}si^{21}phai^{53}] (名词)野兽(泛指)

ji^{53}ji^{53}[tɕi^{53}tɕi^{53}] (动词)飞

a^{21}ba^{21} ka^{21}kuo^{21}[a^{21}pa^{21} kha^{21}khuo^{21}] (名词)石林

wo^{21}tu^{53}[o^{21}thu^{53}] (方位)里面

si^{53}li^{53}mu^{35}[si^{53}li^{53}mu^{35}] (词组)迷路

xin^{35}ga^{53} dan^{21} dan^{21}[ɕin^{35}ka^{53} tan^{21} tan^{21}] (词组)绿油油

suo^{53}ti^{21}[suo^{53}thi^{21}] (名词)身体

xin^{35}ga^{53} lu^{53}lu^{53}[ɕin^{35}ka^{53} lu^{53}lu^{53}] (词组)绿茵茵

an^{53}ngai^{53}[an^{53}ŋai^{53}] (名词)针

bi^{53}le^{21}[pi^{53}le^{21}] (动词)掉

a^{21}guo^{53}[a^{21}kuo^{53}] (名词)朋友,伙伴

bi^{35}zi^{53}ka^{21}	ku^{53}za^{53}ku^{53}	ce^{21}pa^{21}	song^{53}zao^{53}	ong^{21} bo^{21} la^{21}
pi^{35}tsi^{53}kha^{21}	khu^{53}tsa^{53}khu^{53}	tshe^{21}pha^{21}	soŋ^{53}tsau^{53}	oŋ^{21} po^{21} la^{21}
土家族	山群	水	边	住 着 在

me³⁵　guo³⁵　bi³⁵zi⁵³ka²¹　　a³⁵ ci⁵³

me³⁵　kuo³⁵　pi³⁵tsi⁵³kha²¹　a³⁵ tshi⁵³

老天　他　　土家族　　　　爱

bi³⁵zi⁵³ka²¹　ku⁵³za⁵³　si²¹ xi²¹　re⁵³　xi²¹tai³⁵

pi³⁵tsi⁵³kha²¹　khu⁵³tsa⁵³　si²¹ çi²¹　ẓe⁵³　çi²¹thai³⁵

土家　　　　山　　长　得　美　不得了

luo⁵³ da⁵³ze²¹ si²¹bi⁵³si²¹pai⁵³ da⁵³ze²¹ me³⁵ga²¹ ji⁵³ji⁵³ nie²¹xi³⁵ da⁵³ze²¹ hu³⁵ni⁵³ xie³⁵

luo⁵³ ta⁵³tse²¹ si²¹pi⁵³si²¹phai⁵³ da⁵³ze²¹ me³⁵ka²¹ tçi⁵³tçi⁵³ ṇie²¹çi³⁵ ta⁵³tse²¹ xu³⁵ṇi⁵³ çie³⁵

人　像　　　野兽　　像　天上　飞　的　像　都　有

ha²¹　a²¹pa²¹　ka²¹kuo⁴¹　gai⁵³lan²¹　xie³⁵

xa²¹　a²¹pa²¹　kha²¹khuo²¹　kai⁵³lan²¹　çie³⁵

还有　石　林　　　许多　有

a²¹ba²¹　ka²¹kuo²¹　wo²¹tu⁵³　ge²¹ci⁵³　si⁵³li⁵³mu³⁵

a²¹pa²¹　kha²¹khuo²¹　o²¹thu⁵³　ke²¹tshi⁵³　si⁵³li⁵³mu³⁵

石　林　　　里面　游玩　路迷

ku⁵³za⁵³　ga²¹ ka²¹mong²¹ xi²¹pa²¹ si²¹ bo²¹ xi⁵³xin³⁵ga⁵³ dan²¹dan²¹ yan⁵³qi³⁵ kuo⁵³ te²¹xie²¹

khu⁵³tsa⁵³ ka²¹ kha²¹mŋ²¹ çi²¹pha²¹ si²¹ po²¹ çi⁵³çin³⁵ka⁵³ tan²¹tan²¹ ian⁵³tçhi³⁵ khuo⁵³the²¹çie²¹

山　　上　树木　花草 生长 得　绿　油油　　氧气　很多

luo⁵³　suo⁵³ti²¹　bo²¹　ca³⁵　xi⁵³tai³⁵

luo⁵³　suo⁵³thi²¹　po²¹　tsha³⁵　çi⁵³thai³⁵

人　身体　　对　益处　非常

bi³⁵zi⁵³ka²¹　ce²¹pa²¹　　xin³⁵ga⁵³lu⁵³lu⁵³ wo²¹tu⁵³ an⁵³ngai⁵³ la³⁵zi⁵³ bi⁵³le²¹de²¹ ba⁵³duo²¹ di⁵³xi²¹

pi³⁵tsi⁵³kha²¹　tshe²¹pha²¹　çin³⁵ka⁵³lu⁵³lu⁵³ o²¹thu⁵³ an⁵³ŋai⁵³ la³⁵tsi⁵³ pi⁵³le²¹ te²¹ pa⁵³tuo²¹ ti⁵³çi²¹

土家地区　水　　清亮亮　　里面 针 一颗 掉落 都 看见 得

bi³⁵zi⁵³ka²¹　ku⁵³za⁵³　ca³⁵　bi³⁵zi⁵³ka²¹　ce²¹pa²¹　　ca³⁵

pi³⁵tsi⁵³kha²¹　khu⁵³tsa⁵³　tsha³⁵　pi³⁵³tsi⁵³kha²¹　tshe²¹pha²¹　tsha³⁵

土家族　　　山　好　土家族　　　水　好

a²¹guo⁵³de⁵³　se³⁵ ni⁵³

a²¹kuo⁵³te⁵³　se³⁵ṇi⁵³

朋友们　　　你们

bi^{35}zi^{53}ka^{21}　　　ge^{21}　　　ge^{21}ci^{53}　　hei^{53}　xie^{53}

pi^{35}tsi^{53}kha^{21}　ke^{21}　　　ke^{21}tshi^{53}　hei^{53}　çie^{53}

土家族　　　　这里　　　旅游　　度假　来

课文意译：

土家族住在山水环抱的地方,老天爷对土家族独有情钟:土家族地区的山长得太美了,有的造型像人,有的像野兽,有的像天上的飞鸟。什么形状都有。还有很多石林,在石林里面玩耍就像在迷宫里一样。

山上生长着非常茂盛的各种树木和花草,山上有很多氧气,对人的身体非常有益处。

土家地区的水清澈明亮,在水里掉一颗针都能看得见。

土家族地区山好水也好!

朋友们:欢迎你们到土家族地区来旅游度假。

注释：

汉语中的"朋友"土家语中有有两种表现形式，一种是课文中的 a^{21}guo^{53} [a^{21}kuo^{53}]，也可以说成伙伴。另一种是 mu^{53}ni^{21} [mu^{53}ȵi^{21}]，有一种说法 zuo^{53}ni^{21} mu^{53}ni^{21} [tsuo^{53}ȵi^{21} mu^{53}ȵi^{21}]，意思就是"亲戚朋友"，"zuo^{53}ni^{21} [tsuo^{53}ȵi^{21}]"汉意是"亲戚"。在日常生活中"a^{21}guo^{53}[a^{21}kuo^{53}]"用得要多一些。

课堂练习：

1.口述土家族地区的地理环境。

2.mie^{35} guo^{35} bi^{35}zi^{53}ka^{21} a^{35}ci^{53}[mie^{35} kuo^{35} pi^{35}tsi^{53}kha^{21} a^{35}tshi^{53}] (老天爷对土家族情有独钟)这句话的深刻含义是什么？

课外作业：

1.把下面的句子填完整并翻译成汉语。

(1)bi^{35}zi^{53}ka^{21} ku^{53}za^{53} si^{21} xi^{21} re^{53} [pi^{35}tsi^{53}kha^{21} khu^{53}tsa^{53} si^{21} çi^{21} ʑe^{53}]＿＿＿＿＿＿＿＿。

(2)an^{53}ngai^{53} la^{35}zi^{53} bi^{53}le^{21} de^{21} ba^{53}duo^{21} [an^{53}ŋai^{53} la^{35}tsi^{53}

pi^{53}le^{21} te^{21} pa^{53}tuo^{21}]_____。

(3)se^{35} bi^{35}zi^{53}ka^{21} ge^{21} ge^{21}ci^{53} hei^{53} [se^{35} pi^{35}ʑi^{53}kha^{21} ke^{21} ke^{21}tʂhi^{53} xei^{53}]_____。

2.把下列词语翻译成汉语。

(1)si^{53}li^{53}mu^{35}[si^{53}li^{53}mu^{35}]：

(2)a^{21}ba^{21} ka^{21}kuo^{21}[a^{21}pa^{21} kha^{21}khuo^{21}]：

(3)xin^{35}ga^{53} dan^{21} dan^{21}[ɕin^{35}ka^{53} tan^{21} tan^{21}]：

第七课　下雨谣

me³⁵ze²¹ga²¹sa²¹

me³⁵tse²¹ka²¹sa²¹

重点单词：

ze²¹[tse²¹] 1.(动词)下；1.(介词)像；3.(形容词)美,漂亮

ce²¹luo²¹li⁵³luo²¹[tshe²¹luo²¹li⁵³luo²¹] (词组)倾盆大雨

song³⁵bi⁵³song³⁵pai⁵³[soŋ³⁵pi⁵³soŋ³⁵phai⁵³] (词组)各种各样的鱼

ta²¹[tha²¹] (动词)1.浮；2.击(指雷击)；3.坐；4.塞

a⁵³pe²¹[a⁵³phe²¹] (名词)穗子

la⁵³ma⁵⁵hei⁵³hei⁵³[la⁵³ma⁵⁵xei⁵³xei⁵³] (词组)家家户户

me³⁵　me³⁵　ze²¹　a　xie⁵³

me³⁵　me³⁵　tse²¹　a　çie⁵³

雨　　雨　　下　　　来

ce²¹luo²¹li⁵³luo²¹　duo²¹　a　xie⁵³

tshe²¹luo²¹li⁵³luo²¹　tuo²¹　a　çie⁵³

倾盆大雨　　　　　流　　　来

song³⁵bi⁵³song³⁵pai⁵³　ta²¹　a　xie⁵³

soŋ³⁵pi⁵³soŋ³⁵phai⁵³　tha²¹　a　çie⁵³

鱼小鱼大　　　　　浮　　　来

si⁵³li⁵³　a⁵³pe²¹　pu²¹　a　xie⁵³

si⁵³li⁵³　a⁵³phe²¹　phu²¹　a　çie⁵³

稻谷　穗子　开　　　来

bu³⁵li⁵³bu³⁵pai⁵³　zi²¹　a　xie⁵³

pu³⁵li⁵³pu³⁵phai⁵³　tsi²¹　a　çie⁵³

各类果子　　　　结　　来

la^{53}ma^{55}hei^{53}hei^{53}　　ye^{21}　e　xie^{53}

la^{53}ma^{55}xei^{53}xei^{53}　　ie^{21}　e　çie^{53}

家家户户　　　　　　粮食　　有

注释：

课文中的第一、二、三、四、五句的最后一个单词前面都有一个 a,第六句的最后一个单词前面有一个 e,都要读轻音,所以没有标调值,目的是使整个句子读起来很顺畅,它们是起单词间的桥梁作用。熟悉土家语的人对这样的句子中有无 a、e 的轻音,感觉是大不一样的。

课文意译：

雨呀！雨呀！下下来吧。

倾盆大雨流下来。

各种鱼类浮上来。

稻谷穗子开起来。

各种果子结起来。

家家户户大丰收。

课堂练习：

1. 巩固复习重点单词, 对动词 ze^{21} [tse^{21}](下)、duo^{21} [tuo^{21}](流)、ta^{21} [tha^{21}](浮)、zi^{21}[tsi^{21}](结)加深记忆和理解。

2.有表情地朗读课文。

课外作业：

1.从课文中的言辞中你觉得这是什么季节？

2.从课文中你理解到土家族小朋友对下雨怀着一种什么样的心情？

3.把下面谜语中汉语的直译转换成汉语的意译。

xie^{53}qi^{21}　　ca^{35}　　a^{35}re^{53}　ci^{53}

çie^{53}tçhi^{21}　tsha^{35}　a^{35}ʐe^{53}　tshi^{53}

力气　　　大　　声音　　大

luo³⁵bu⁵³　sou²¹　guo³⁵　yi²¹　da³⁵
luo³⁵pu⁵³　sou²¹　kuo³⁵　i²¹　ta³⁵
眼睛　　　里　　它　见　未

gei²¹zu³⁵　lan²¹qie⁵³　ra³⁵
kei²¹tsu³⁵　lan²¹tɕhie⁵³　ʑa³⁵
热时　　　扇子　　　扇

sa⁵³　zu³⁵　nie²¹　luo²¹　ca³⁵
sa⁵³　tsu³⁵　ȵie²¹　luo²¹　tsha³⁵
冷　时　娘　　骂　爱

谜底：re³⁵su⁵³[ʑe³⁵su⁵³]（风）

第八课　求雨

$me^{35}ze^{21}guo^{35}$

$me^{35}tse^{21}kuo^{35}$

导读：

土家族大都住在武陵山区,地理环境比较艰苦,常常要经受自然灾害的困扰。在封建社会,土家族的生产力十分低下,在自然灾害面前往往是束手无策,他们只好请巫师梯玛来做求雨祭祀,作为精神寄托和心灵安慰。求雨祭祀前要杀猪宰羊,祭祀过程中梯玛对老天爷和八部大神十分虔诚,梯玛要念求雨歌辞。梯玛的求雨歌辞很生动,特别是为了渲染干旱程度,用比喻的修辞手法进行夸张性的描述,让人耳目一新。

重点单词：

$la^{21}ga^{21}[la^{21}ka^{21}]$ (词组)天旱

$e^{35}la^{53}[e^{35}la^{53}]$ (名词)绳子

$ruo^{21}[zuo^{21}]$ (动词)搓

$la^{53}ga^{21}[la^{53}ka^{21}]$ (名词)坼,皲裂

$qi^{35}qi^{53}[tɕhi^{35}tɕhi^{53}]$ (词组)所有的

$tao^{35}[thau^{35}]$ (词组)没有了

$guo^{35}[kuo^{35}]$ (动词)求,乞讨

$be^{53}[pe^{53}]$ (副词)也

$ye^{53}liao^{55}[ie^{53}liau^{55}]$ (词组)到了

$bu^{35}[pu^{35}]$ (动词)杀

$te^{35}ba^{55}[the^{35}pa^{55}]$ (形容词)大

$ba^{21}bu^{53}$ ye^{21} $te^{35}ba^{55}[pa^{21}pu^{53}$ ie^{21} $the^{35}pa^{55}]$ (名词)八部大神

$kuo^{21}kei^{53}[khuo^{21}khei^{53}]$ (形容词)难

$ze^{35}ha^{53}[tse^{35}xa^{53}]$ 1.(动词)裂开;2.(名词)兔唇

ta^{35}[tha^{35}] （动词)烤;晒

a^{53}jie^{53}[a^{53}tɕie^{53}] （形容词)熟

pi^{35}pi^{53}[phi^{35}phi^{53}] 1.(名词)灰尘,粉;2.(动词)痛

lao^{35}zi^{53}mi^{35}nie^{53}[lau^{35}tsi^{53}mi^{35}ȵie^{53}] （词组)明天后天,引申为以后。

pin^{21}huo^{21} ha^{21}[phin^{21}xuo^{21} xa^{21}] （词组)聚餐

bi^{35}zi^{53}ka^{53} la^{21}ga^{21} nie^{21} long^{21} ye^{53} liao^{55}

pi^{35}tsi^{53}kha^{53} la^{21}ka^{21} ȵie^{21} loŋ^{21} ie^{53} liau^{55}

土家族 天旱 的 年 到了

ruo^{53}ku^{53} ye^{21} ei^{53}ta^{53} e^{35}la^{53} ruo^{21} liao^{55}

ʐuo^{53}khu^{53} ie^{21} ei^{53}tha^{53} e^{35}la^{53} ʐuo^{21} liau^{55}

土里 庄稼 叶子 绳子 搓 了

si^{21}te^{53}ke^{21} wo^{21}tu^{53} la^{53}ga^{21} pi^{21} liao^{21}

si^{21}the^{53}khe^{21} o^{21}thu^{53} la^{53}ka^{21} phi^{21} liau^{21}

水田 里面 坼 开裂 了

ba^{55} bo^{21}mo^{21} qi^{35}qi^{53} bian^{35}hua^{21} tao^{35}

pa^{55} po^{21}mo^{21} tɕhi^{35}tɕhi^{53} pian^{35}xua^{21} thau^{35}

看 着 什么 办法 没有了

bi^{35}zi^{53}ka^{21} ti^{53}ma^{55} pa^{21}qie^{53} me^{35}ze^{21} guo^{35} duo^{21}

pi^{35}tsi^{53}kha^{21} thi^{53}ma^{55} pha^{21}tɕhie^{53} me^{35}tse^{21} kuo^{35} tuo^{21}

土家族 梯玛 请 雨 求 要

ti^{53}ma^{55} me^{35}ze^{21} guo^{35} be^{53} nie^{53} la^{53} ba^{53} duo^{21}

thi^{53}ma^{55} me^{35}tse^{21} kuo^{35} pe^{53} ȵie^{53} la^{53} pa^{53} tuo^{21}

梯玛 雨 求 也 日子 一下 看 要

ba^{53} bo^{21} nie^{21} nie^{53} ye^{53}liao^{55}

pa^{53} po^{21} ȵie^{21} ȵie^{53} ie^{53}liau^{55}

看 的 日子 到了

luo^{53}you^{53} suo^{53} ha^{21} ye^{21}cuo^{21} wo^{21}tu^{53} wu^{35} bu^{35} zi^{53} bu^{35} lie^{53} ye^{21} jin^{35} duo^{53}

luo^{53}iou^{53} suo^{53} xa^{21} ie^{21}tshuo^{21} o^{21}thu^{53} u^{35} pu^{35} tsi^{53} pu^{35} le^{53} ie^{21} tɕin^{35} tuo^{53}

寨子上 人 还要 神堂 里面 牛 杀 猪 杀 用来 神 敬 要

ti^{53}ma^{55}　　ye^{21}　jin^{35}　zu^{35}　ha^{21}　ga^{21}sa^{21}　li^{21}　la^{21}

thi^{53}ma^{55}　ie^{21}　tɕin^{35}　tsu^{35}　xa^{21}　ka^{21}sa^{21}　li^{21}　la^{21}

梯玛　　　　神　　敬　　时　　还要　　歌　唱　在

ti^{35}ma^{55}　　nie^{21}　ga^{21}sa^{21}　huo^{35}mu^{53}　nie^{21}　li^{21}　la^{21}

thi^{35}ma^{55}　ȵie^{21}　ka^{21}sa^{21}　xuo^{35}mu^{53}　ȵie^{21}　li^{21}　la^{21}

梯玛　　　的　　歌　　　这样　　的　　唱　在

mie^{35}　ga^{21}　nie^{21}　ye^{21}　te^{35}ba^{55}

mie^{35}　ka^{21}　ȵie^{21}　ie^{21}　the^{35}pa^{55}

天　　上　　的　　神　　大

ba^{21}bu^{53}　ye^{21}　the^{35}pa^{55}

pa^{21}pu^{53}　ie^{21}　the^{35}pa^{55}

八部　　　神　　　大

se^{35}　nie^{53}　bi^{35}de^{53}　ze^{53}　de^{21}

se^{35}　ȵie^{53}　pi^{35}te^{53}　ʑe^{53}　te^{21}

你们　的　　　子们　　孙　们

la^{21}ga^{21}　le^{21}　kuo^{21}kei^{53}　　xiao^{35}

la^{21}ka^{21}　le^{21}　khuo^{21}khei^{53}　çiao^{35}

天旱　　后　　困难　　　有了

ku^{53}za^{53}　　ga^{21}le^{21}　ze^{35}ha^{53}　liao^{55}

khu^{53}tsa^{53}　ka^{21}le^{21}　tse^{35}xa^{53}　liau^{55}

山　　　　　干得　　嘴裂　　了

li^{53}　ga^{21}le^{21}　mi^{53}　po^{35}　duo^{53}hu^{21}

li^{53}　ka^{21}le^{21}　mi^{53}　pho^{35}　tuo^{53}xu^{21}

大地　干得　　火　放　　得了

a^{21}ba^{21}　ta^{35}　le^{21}　a^{53}jie^{53}　liao^{55}

a^{21}pa^{21}　tha^{35}　le^{21}　a^{53}tɕie^{53}　liau^{55}

岩头　烤　得　　熟　　了

ce^{21}mong^{35}　hu^{21}pa^{21}　pi^{35}pi^{53}　liao^{55}

tshe^{21}moŋ^{35}　xu^{21}pha^{21}　phi^{35}phi^{53}　liau^{55}

水井　　　河流　　　灰起　　了

se³⁵ni⁵³　bi³⁵de⁵³　re⁵³de²¹

se³⁵n̩i⁵³　pi³⁵te⁵³　ʐe⁵³te²¹

你们　　子们　　孙们

nie⁵³　ka⁵³　ta²¹　tiu³⁵

n̩ie⁵³　kha⁵³　tha²¹　thiu³⁵

日子　过　不　了

se³⁵ni⁵³　da⁵³xi⁵³　duo⁵³

se³⁵n̩i⁵³　ta⁵³ɕi⁵³　tuo⁵³

你们　帮助　要

ce²¹luo²¹li⁵³luo²¹　duo²¹　a　xie³⁵

tshe²¹luo²¹li⁵³luo²¹　tuo²¹　a　ɕie³⁵

倾盆大雨　　　　下　来

lao³⁵zi⁵³mi³⁵nie⁵³　wu³⁵　bu³⁵　zi⁵³　bu³⁵

lau³⁵tsi⁵³mi³⁵n̩ie⁵³　u³⁵　pu³⁵　tsi⁵³　pu³⁵

以后　　　　　牛　杀　猪　杀

se³⁵　ha²¹　jin³⁵　duo⁵³nie²¹

se³⁵　xa²¹　tɕin³⁵　tuo⁵³n̩ie²¹

你们　还　敬　要来

ti⁵³ma⁵⁵　nie²¹　ga²¹sa²¹　li²¹　ji³⁵liao⁵⁵　ye²¹　jin³⁵　ji³⁵liao⁵⁵

thi⁵³ma⁵⁵　n̩ie²¹　ka²¹sa²¹　li²¹　tɕji³⁵liau⁵⁵　ie²¹　tɕin³⁵　tɕi³⁵liau⁵⁵

梯玛　的　歌　唱　完了　神　敬　完了

luo⁵³yuo⁵³　suo⁵³　hu³⁵ni⁵³　da⁵³ha²¹　ye²¹cuo²¹　wo²¹tu⁵³　pin²¹huo²¹　ha²¹

luo⁵³yuo⁵³　suo⁵³　xu³⁵n̩i⁵³　ta⁵³xa²¹　ie²¹tshuo²¹　o²¹thu⁵³　phin²¹xuo²¹　xa²¹

全寨　人　大家　一起　神堂　里面　平伙　打

课文意译：

土家族如果遇到干旱年成，旱土作物的叶子都干得像搓的绳子一样，水田里都干得开裂了。遇到这样的年成，土家人实在没有办法，就请梯玛敬神求雨。

梯玛求雨也要选一个好日子。梯玛选的好日子到了，全寨子人到摆手堂里杀牛、杀猪，做敬神的祭品。

梯玛求雨敬神时,还要唱《求雨歌》。其中有一段是这样唱的:

老天爷,

八部大神,

你们的子孙,

天旱后遭难了,

山头干得开口了,

大地干得放得火了,

岩头都烫熟了,

水井和小溪干得都起灰尘了。

你们的子孙日子不好过了,

你们要赶快帮助,

要让倾盆大雨下下来,

以后我们还要杀牛杀猪来敬你们。

梯玛敬完神,唱完歌,

全寨子的人都在摆手堂里聚餐。

课堂练习:

1.你对土家族求雨仪式有什么看法?

2.从土家族求雨仪式中你对土家族过去的生产生活有何感受?

课外作业:

1.求雨歌词中用了哪种修辞手法?

2.对照课文把下面的句子补充完整并翻译成汉语。

(1)ruo^{53}ku^{53} ye^{21} ei^{53}ta^{53}[ʐuo^{53}khu^{53} ie^{21} ei^{53}tha^{53}]＿＿＿＿＿＿
ruo^{21}liao^{55}[ʐuo^{21}liau^{55}]。

(2)si^{21}te^{53}ke^{21} wo^{21}tu^{53}[si^{21}the^{53}khe^{21} o^{21}thu^{53}]＿＿＿＿＿＿＿
pi^{21}liao^{21}[phi^{21}liau^{21}]。

(3)a^{21}ba^{21} ta^{35} le^{21}[a^{21}pa^{21} tha^{35} le^{21}]＿＿＿＿＿＿＿＿＿liao^{55}
[liau^{55}]。

(4)ce^{21}luo^{21}li^{53}luo^{21}[tshe^{21}luo^{21}li^{53}luo^{21}]＿＿＿＿＿＿＿＿。

第九课 农谚

jie³⁵ri⁵³nie²¹sa²¹

tɕie³⁵ʑi⁵³n̠ie²¹sa²¹

重点单词：

si⁵³[si⁵³] 1.(名词) 月；2.(动词)用

wu³⁵[u³⁵] 1.(名词) 牛；2.(动词)烧

lan³⁵ku⁵³[lan³⁵khu⁵³] （名词） 枷档(牛轭)

zuo⁵³[tsuo⁵³] （动词)1.安；2.专用于晒(衣)或搭(衣)

kong⁵³di⁵³mie⁵³xie²¹[khoŋ⁵³ti⁵³mie⁵³ɕie²¹] （词组)声音嘶哑

su³⁵xi⁵³[su³⁵ɕi⁵³] （名词） 板栗

a⁵³tong⁵³[a⁵³thoŋ⁵³] （名词)果子壳(球形)

ze²¹si²¹[tse²¹si²¹] （名词） 蓑衣

ha⁵³[xa⁵³] （动词)1.张(口)；2.缺

be³⁵[pe³⁵] （动词)1.落下；2.露(出来)

zen⁵³ye²¹	si²¹te⁵³	nie⁵³si⁵³	ruo⁵³
tsen⁵³ie²¹	si²¹the⁵³	n̠ie⁵³si⁵³	zuo⁵³
正月	田	二月	土
so⁵³si⁵³	wu³⁵de²¹	lan³⁵ku⁵³	zuo⁵³
so⁵³si⁵³	u³⁵te²¹	lan³⁵khu⁵³	tsuo⁵³
三月	牛儿	枷档	安
zi⁵³bi²¹	mo³⁵hu⁵³	kong⁵³di⁵³	mie⁵³ xie²¹
tsi⁵³pi²¹	mo³⁵xu⁵³	khoŋ⁵³ti⁵³	mie⁵³ ɕie²¹
蝉	叫	声音	嘶哑
nie⁵³lian⁵³	nie⁵³pai⁵³	li⁵³ti²¹	bie³⁵
n̠ie⁵³lian⁵³	n̠ie⁵³phai⁵³	li⁵³thi²¹	pie³⁵

种子	各类	土	下
su³⁵xi⁵³	ka⁵³pu⁵³	ji²¹pa²¹	za³⁵
su³⁵çi⁵³	kha⁵³phu⁵³	tçi²¹pha²¹	tsa³⁵

板栗	花		脚	踩
ze²¹si²¹	de⁵³	bo²¹	ei²¹ si²¹	la³⁵
tse²¹si²¹	te⁵³	po²¹	ei²¹ si²¹	la³⁵

蓑衣	穿 着	小米 草	扯
su³⁵xi⁵³	a⁵³tong⁵³	ha⁵³	
su³⁵çi⁵³	a⁵³thoŋ⁵³	xa⁵³	

板栗	球	张(口)
xie⁵³hui⁵³	li³⁵bu⁵³	ha²¹
çie⁵³xui⁵³	li³⁵pu⁵³	xa²¹

快	稻谷	打

课文意译:

正月田,二月土,三月牛儿安枷档。

蝉鸣叫得声嘶哑,各类种子都得下。

板栗花丝脚下踩,小米扯草是时候。

板栗球张了口,赶快打稻谷。

课堂练习:

1.找几位学生对课文进行相互对答。

2.要学生描述 lan³⁵ku⁵³[lan³⁵khu⁵³](枷档,牛轭)和 ze²¹si²¹[tse²¹si²¹](蓑衣)的样子,并说出它们的用途。

课外作业:

1.背熟课文。

2.用 wu³⁵[u³⁵](牛)、nie⁵³lian⁵³[ȵie⁵³lian⁵³](种子)造句。

3.把重点单词表中有多项意义的词各重抄一遍。

第十课 做阳春

jie^{35}ri^{53}

tɕie^{35}ʑi^{53}

重点单词：

luo^{53}zu^{35}[luo^{53}tsu^{35}]（词组）自古以来

ye^{53}za^{35}[ie^{53}tsa^{35}]（名词）火畬

ei^{21}[ei^{21}] 1.（名词）小米；2.（动词）扫

nie^{53}lan^{53}[ȵie^{53}lan^{53}]（名词）种子

yi^{35}[i^{35}]（动词）撒

mie^{21}jie^{53}[mie^{21}tɕie^{53}]（形容词）饱

ta^{53}ti^{21}[tha^{53}thi^{21}]（词组）不能

si^{21} jie^{53}[si^{21} tɕie^{53}]（词组）打猎

ze^{35}hu^{21}[tse^{35}xu^{21}]（词组）糊嘴

xie^{53}[ɕie^{53}]（名词）铁

xiao^{35}[ɕiau^{35}]（词组）有了，

li^{35}ke^{53}tong^{53}[li^{35}khe^{53}thoŋ^{53}]（名词）犁

huo^{21}le^{21}[xuo^{21}le^{21}]（词组）用来

qie^{21}[tɕhie^{21}]（动词）耕

si^{53}li^{53}se^{53}[si^{53}li^{53}se^{53}]（词组）栽秧

zu^{35}diu^{53}[tsu^{35}tiu^{53}]（词组）出来了

pu^{53}kei^{53}[phu^{53}khei^{53}]（名词）锄头

li^{53}pu^{35}[li^{53}phu^{35}]（词组）薅草

a^{53} ri^{53}[a^{53} ʑi^{53}]（形容词）多

gai^{53}lan^{21}[kai^{53}lan^{21}]（词组）许多

li^{35}bu^{53}[li^{35}pu^{53}]（名词）稻谷

qi^{35}bu^{53}[tɕhi^{35}pu^{53}]（名词）黄豆

duo⁵³bu⁵³[tuo⁵³pu⁵³] （名词）滚豆
ong⁵³ba⁵⁵[oŋ⁵³pa⁵⁵] （名词）高粱
qi⁵³mie²¹[tɕhi⁵³mie²¹] （名词）荞麦
long⁵³mong⁵³[loŋ⁵³moŋ⁵³] （名词）老麦
xie⁵³bu²¹[ɕie⁵³pu²¹] （名词）芝麻
jian³⁵mie²¹[tɕian³⁵mie²¹] （名词）小麦
de³⁵[te³⁵] （动词）记

bi³⁵zi⁵³ka⁵³　　luo⁵³zu³⁵　ji³⁵ri⁵³　nie²¹　luo⁵³de⁵³
pi³⁵tsi⁵³kha⁵³　luo⁵³tsu³⁵　tɕi³⁵zi⁵³　ɳie²¹　luo⁵³te⁵³
土家族　　　历史上　农耕　的　民族

da³⁵bie²¹　ye⁵³za³⁵　wu³⁵ liao⁵⁵　ei²¹ nie⁵³lan⁵³　yi³⁵　ye²¹　dian³⁵kui²¹ ti²¹xi⁵³
ta³⁵pie²¹　ie⁵³tsa³⁵　u³⁵ liau⁵⁵　ei²¹ ɳie⁵³lan⁵³　i³⁵　ie²¹　tian³⁵khui²¹ thi²¹ɕi⁵³
开始　火畬　烧了　小米 种子　撒粮食 很少　　收成

ka³⁵ mo²¹　mie²¹jie⁵³ ta⁵³ti²¹　ha²¹ kan²¹ku⁵³　si²¹ jie⁵³　le²¹　ze³⁵　hu²¹ duo²¹
ga³⁵ mo²¹　mie²¹tɕie⁵³ tha⁵³thi²¹　xa²¹ khan²¹khu⁵³　si²¹ tɕie⁵³　le²¹　tse³⁵　xu²¹ tuo²¹
吃　得　　饱　不　还　　山上　肉　赶 用来　嘴　糊　要

qin²¹nie⁵³　xie⁵³ xiao　li³⁵ke⁵³tong⁵³　xiao³⁵ wu³⁵　huo²¹le²¹　li⁵³　qie²¹ liao²¹
tɕhin²¹ɳie⁵³　ɕie⁵³ ɕiau³⁵　li³⁵khe⁵³thoŋ⁵³　ɕiau³⁵ u³⁵　xuo²¹le²¹　li⁵³ tɕhie²¹ liau²¹
后来　　铁　有了　铧口　　　有了 牛　用　　土　耕　了

cun⁵³tian⁵⁵　si⁵³li⁵³　se⁵³　nie⁵³lan⁵³　ri⁵³　liao²¹
tshun⁵³thian⁵⁵　si⁵³li⁵³　se⁵³　ɳie⁵³lan⁵³　zi⁵³　liau²¹
春天　　　稻秧　　　种子　　下　了

ye²¹ si²¹ mo²¹　zu³⁵diu⁵³ ha²¹ yan⁵³ xi²¹ duo²¹ pu⁵³kei⁵³　huo²¹le²¹　li⁵³pu³⁵　duo⁵³
ie²¹ si²¹ mo²¹　tsu³⁵tiu⁵³ xa²¹ ian⁵³ ɕi²¹ tuo²¹ phu⁵³khei⁵³　xuo²¹le²¹　li⁵³phu³⁵　tuo⁵³
庄稼　生　出来了 还 秧 踩 要 锄头　用　薅草 要

ye²¹　a⁵³ri⁵³　xiao³⁵　ai⁵³lai⁵³　ga³⁵　mo²¹　mie²¹jie⁵³　duo⁵³hu²¹
ie²¹　a⁵³zi⁵³　ɕiau³⁵　ai⁵³lai⁵³　ka³⁵　mo²¹　mie²¹tɕie⁵³　tuo⁵³xu²¹
粮食 多的　有了　才　吃　得　　饱　　　得了

bi³⁵zi⁵³ka⁵³　　si²¹te⁵³pe³⁵ti⁵³　　wo²¹tu⁵³　nie²¹　ye⁵³　yan³⁵su⁵³　gai⁵³lan²¹　xie³⁵ pi³⁵tsi⁵³kha⁵³　si²¹the⁵³phe³⁵thi⁵³　o²¹thu⁵³　n̠ie²¹　ie²¹　ian³⁵su⁵³　kai⁵³lan²¹　çie³⁵

土家族　　　　田土　　　　里　　的　粮食　品种　　许多　　有

li³⁵bu⁵³　bao⁵³gu⁵³　qi³⁵bu⁵³　ei²¹　duo⁵³bu⁵³　ong⁵³ba⁵⁵　qi⁵³mie²¹　long⁵³mong⁵³

li³⁵pu⁵³　pau⁵³ku⁵³　tɕi³⁵pu⁵³　ei²¹　tuo⁵³pu⁵³　oŋ⁵³pa⁵⁵　tɕhi⁵³mie²¹　loŋ⁵³moŋ⁵³

稻谷　　苞谷　　黄豆　　小米　滚豆　　高粱　　荞麦　　　老麦

sao²¹　yan²¹yi⁵³　xie⁵³bu²¹　wan⁵³dou⁵³　jian³⁵mie²¹

sau²¹　ian²¹i⁵³　çie⁵³pu²¹　uan⁵³tou⁵³　tɕian³⁵mie²¹

苕　　洋芋　　芝麻　　　豌豆　　　小麦

bi³⁵zi⁵³ka⁵³　luo⁵³de⁵³　jin⁵³wei⁵³　xi²¹tai³⁵

pi³⁵tsi⁵³kha⁵³　luo⁵³te⁵³　tɕin⁵³uei⁵³　çi²¹thai³⁵

土家族　　　　人　　　聪明　　　得很

gai³⁵di⁵³de²¹　ye²¹huo²¹　le²¹　zi²¹　ri⁵³　ba⁵⁵ba⁵⁵　ri⁵³

kai³⁵ti⁵³te²¹　ie²¹xuo²¹　le²¹　tsi²¹　zi⁵³　pa⁵⁵pa⁵⁵　zi⁵³

这些　　　　　粮食　用来　饭　做　粑粑　做

ga³⁵　ca⁵³　xi⁵³　tai³⁵

ka³⁵　tsha⁵³　çi⁵³　thai³⁵

吃　　好　　得　没有

wo²¹ta⁵³　nie⁵³　bu⁵³cuo²¹　　ga³⁵liao⁵⁵　jin⁵³duo²¹　de³⁵　bo⁵³　xi²¹

o²¹tha⁵³　n̠ie⁵³　pu⁵³tshuo²¹　ka³⁵liau⁵⁵　tɕin⁵³tuo²¹　te³⁵　po⁵³　çi²¹

外面　　　的　　客人　　　吃　了　经常　　记　着　的

课文意译：

土家族历史上是一个农耕民族。开始的时候,采取刀耕火种的方式,在山上烧了火畬就信天撒一把种,粮食收入很少,吃不饱肚子,有时还要到山上打猎来糊口。后来人类发明了铁,有了铧口,用牛耕地。春天的时候,插稻秧、春播下种,然后踩秧,土里庄稼长出来后,用锄头薅草。这样粮食多了,才能吃饱肚子。

土家族田土里生产的粮食品种很多,有稻谷、苞谷、黄豆、小米、滚豆、高粱、荞麦、老麦、苕、洋芋、芝麻、豌豆、小麦等。

土家人很聪明,用这些粮食做饭、做粑粑,味道十分可口,外面的客人到土家山寨吃了这些食品，会留下永恒的记忆。

课堂练习：

过去土家族为什么要上山打猎？

课外作业：

1.把下列单词翻译成汉语(如有几个义项都要列出)。

luo^{53}zu^{35}[luo^{53}tsu^{35}]

ei^{21}[ei^{21}]

nie^{53}lan^{53}[ȵie^{53}lan^{53}]

mie^{21}jie^{53}[mie^{21}tȿie^{53}]

xie^{53}[ɕie^{53}]

xiao^{35}[ɕiau^{35}]

li^{35}ke^{53}tong^{53}[li^{35}khe^{53}thoŋ^{53}]

pu^{53}kei^{53}[phu^{53}khei^{53}]

li^{53}pu^{35}[li^{53}phu^{35}]

a^{53} ri^{53}[a^{53} ʑi^{53}]

2.把下列一段土家语翻译成汉语。

土家语拼音：

bi^{35}zi^{53}ka^{53} luo^{53}de^{53} jin^{53}wei^{53} xi^{21}tai^{35} gai^{35}di^{53}de^{21} ye^{21} huo^{21}le^{21} zi^{21}ri^{53}、ba^{55}ba^{55} ri^{53},ga^{35}ca^{53}xi^{53}tai^{35},wo^{21}ta^{53} nie^{53} bu^{53}cuo^{21} ga^{35}liao^{55}, jin^{53}duo^{21} de^{35} bo^{53}xi^{21}

国际音标：

pi^{35}tsi^{53}kha^{53} luo^{53}te^{53} tɕin^{53}uei^{53}ɕi^{21}thai^{35} kai^{35}ti^{53}te^{2} ie^{21} xuo^{21}le^{21} tsi^{21}ʑi^{53}ȿa^{55}pa^{55} ʑi^{53}, ka^{35}tsha^{53}ɕi^{53}thai^{35} o^{21}tha^{53} ȵie^{53} pu^{53}tshuo^{21} ka^{35}liau^{55}, tɕin^{53}tuo^{21} te^{35} po^{53}ɕi^{21}

第十一课　　土家族的菜蔬

bi³⁵zi⁵³ka⁵³　nie²¹　ha⁵³ce⁵³

pi³⁵tsi⁵³kha⁵³　n̦ie²¹　xa⁵³tshe⁵³

重点单词：

ha⁵³ce⁵³[xa⁵³tshe⁵³]（名词）菜, 菜蔬

ri²¹xi²¹tai³⁵[z̦i²¹ɕxi²¹thai³⁵]（词组）多得很

zi⁵³[tsi⁵³]（名词）猪

sa⁵³[sa⁵³]（名词）鸭

ha⁵³le²¹[xa⁵³le²¹]（名词）狗

ruo³⁵[z̦uo³⁵]（名词）羊

si²¹[si²¹]（名词）肉

wo⁵³la⁵³[o⁵³la⁵³]（名词）菜园

la⁵³be⁵³[la⁵³pe⁵³]（名词）萝卜

xi³⁵pong⁵³[ɕi³⁵phoŋ⁵³]（名词）青菜

xi²¹tuo⁵³[ɕi²¹thuo⁵³]（名词）大蒜

kuo³⁵ti⁵³[khuo³⁵thi⁵³]（名词）豇豆

ka⁵³qie⁵³qi²¹[kha⁵³tɕhie⁵³tɕhi²¹]（名词）茄子

la³⁵tu⁵³[la³⁵thu⁵³]（名词）南瓜

kuo⁵³su²¹[khuo⁵³su²¹]（名词）姜

pia⁵³ru⁵³gu⁵³[phia⁵³z̦u⁵³ku⁵³]（名词）辣椒

ce²¹kuo⁵³pi²¹[tshe²¹khuo⁵³phi²¹]（名词）蛾眉豆

ni³⁵bi²¹[n̦i³⁵pi²¹]（名词）芋头

ra⁵³kei⁵³ci²¹[z̦a⁵³khei⁵³tshi²¹]（名词）胡葱

mi³⁵mi²¹[mi³⁵mi²¹]（名词）笋子

si²¹ti²¹mi³⁵[si²¹thi²¹mi³⁵]（名词）蕨苔

sao³⁵qi²¹[sau³⁵tɕhi²¹]（名词）鱼腥草

yin⁵³long⁵³kuo⁵³qi⁵³[in⁵³loŋ⁵³khuo⁵³tɕhi⁵³]（名词）椿树芽(俗称椿巅)

nie²¹e⁵³e²¹[n̦ie²¹e⁵³e²¹]（词组）长寿

bi³⁵zi⁵³ka⁵³　nie²¹　ha⁵³ce⁵³　ri²¹　xi²¹tai³⁵

pi³⁵tsi⁵³kha⁵³　ŋie²¹　xa⁵³tshe⁵³　zi²¹　çi²¹thai³⁵

土家族　　　的　　菜　　多　　得很

zi⁵³　ra²¹　sa⁵³　ha⁵³lie²¹　ruo³⁵　wu³⁵　loŋ⁵³　bo²¹　la²¹

tsi⁵³　za²¹　sa⁵³　xa⁵³le²¹　ʐuo³⁵　u³⁵　loŋ⁵³　po²¹　la²¹

猪　鸡　鸭　狗　　羊　牛　养　着　在

zi⁵³si²¹　ra²¹si²¹　sa⁵³si²¹　ha⁵³le²¹³si²¹　ruo³⁵³si²¹　wu³⁵³si²¹

tsi⁵³si²¹　za²¹si²¹　sa⁵³si²¹　xa⁵³le²¹³si²¹　ʐuo³⁵³si²¹　u³⁵³si²¹

猪肉　　鸡肉　　鸭肉　　狗肉　　　羊肉　　牛肉

bi³⁵zi⁵³ka⁵³　jin⁵³duo²¹　ga³⁵　nie⁵³xi²¹

bi³⁵tsi⁵³kha⁵³　tɕin⁵³tuo²¹　ka³⁵　ŋie⁵³çi²¹

土家族　　　　经常　吃　的

ra²¹le²¹　sa⁵³　le²¹　be⁵³　jin⁵³duo²¹　ga³⁵　nie⁵³xi²¹

ʐa²¹le²¹　sa⁵³　le²¹　pe⁵³　tɕin⁵³tuo²¹　ka³⁵　ŋie⁵³çi²¹

鸡蛋　　鸭蛋　也　经常　吃　的

wo⁵³la⁵³　wo²¹tu⁵³　nie⁵³　ha⁵³ce⁵³　be⁵³　po⁵³la⁵³

o⁵³la⁵³　o²¹thu⁵³　ŋie⁵³　xa⁵³tse⁵³　pe⁵³　pho⁵³la⁵³

菜园　　里面　的　蔬菜　也　很多

la⁵³be⁵³　xi³⁵poŋ⁵³　be³⁵cai³⁵　xi²¹tuo⁵³　kuo³⁵ti⁵³

la⁵³pe⁵³　çi³⁵phoŋ⁵³　pe³⁵tshai³⁵　çi²¹thuo⁵³　khuo³⁵thi⁵³

萝卜　　青菜　　白菜　　大蒜　　豇豆

ka⁵³qie⁵³qi²¹　la³⁵tu⁵³　kuo⁵³su⁵³　pia⁵³ru⁵³gu⁵³　ce²¹kuo⁵³pi²¹　ni³⁵bi²¹

kha⁵³tɕhie⁵³tɕhi²¹　la³⁵thu⁵³　khuo⁵³su²¹　phia⁵³ʐu⁵³ku⁵³　tshe²¹khuo⁵³phi²¹　ŋi³⁵pi²¹

茄子　　　南瓜　姜　　辣椒　　蛾眉豆　　芋头

kan²¹ku⁵³nie⁵³　ha²¹　ra⁵³kei⁵³ci²¹　mi³⁵mi²¹　si²¹ti²¹mi³⁵　sao³⁵qi²¹

khan²¹khu⁵³ŋie⁵³　xa²¹　ʐa⁵³khei⁵³tshi²¹　mi³⁵mi²¹　si²¹thi²¹mi³⁵　sau³⁵tɕhi²¹

野菜　　　还　胡葱　　笋子　蕨苔　　鱼腥草

yin⁵³loŋ⁵³kuo⁵³qi⁵³　xie³⁵

in⁵³loŋ⁵³khuo⁵³tɕhi⁵³　çie³⁵

椿树芽　　　　有

bi³⁵zi⁵³ka⁵³　　nie²¹　ha⁵³ce⁵³　za²¹kui⁵³　ri²¹xi²¹tai³⁵

pbi³tsi⁵³kha⁵³　ȵie²¹　xa⁵³tshe⁵³　za²¹khui⁵³　ʑi²¹çi²¹thai³⁵

土家族　　　　的　　菜　　　实在　　丰富多彩

bi³⁵zi⁵³kha⁵³　suo⁵³ti²¹　ca³⁵　nie²¹e⁵³ e²¹

pi³⁵tsi⁵³ka⁵³　suo⁵³thi²¹　tsha³⁵　ȵie²¹e⁵³ e²¹

土家族人　　身体　　健康　　寿命长

gai³⁵　ri²¹xi²¹tai³⁵　ha⁵³ce⁵³　be²¹　guan⁵³xi²¹　xie³⁵

kai³⁵　ʑi²¹çi²¹thai³⁵　xa⁵³tshe⁵³　pe²¹　kuan⁵³çi²¹　çie³⁵

这　丰富多彩　　　菜　也　关系　有

课文意译：

土家族的菜的种类很多。

土家族饲养有猪、鸡、鸭、狗、羊、牛等家禽家畜，所以，猪肉、鸡肉、鸭肉、狗肉、羊肉、牛肉是家常菜。还有鸡蛋、鸭蛋也是家常菜。

土家族的蔬菜种类也多，有：萝卜、青菜、白菜、大蒜、豇豆、茄子、南瓜、姜、辣椒、蛾眉豆、芋头。

除此而外，还有野菜胡葱、笋子、蕨苔、鱼腥草、椿树芽等。

土家族的菜实在丰富多彩。之所以土家族人的身体好，寿延长，与这丰富多彩的菜也有一定的关系。

课堂练习：

1.土家族吃的菜蔬分哪几种？

2.土家族的野菜很多说明一个什么问题？

课外作业：

1.把下列词汇翻译成土家语。

猪；狗；羊；菜园；青菜；茄子；辣椒；蛾眉豆；胡葱；蕨苔。

2.把下面的句子翻译成土家语。

我家喂养有牛、羊、猪、狗。

我家菜园里种有萝卜、青菜、豇豆、茄子等蔬菜。

土家族的菜丰富多彩。

第十二课 姐姐出嫁

a³⁵da⁵³cuo⁵³zu³⁵
a³⁵ta⁵³tʂhuo⁵³tsu³⁵

重点单词：

lai³⁵hong²¹lan²¹[lai³⁵xoŋ²¹lan²¹]（词组）今天早上

cuo⁵³zu³⁵[tʂhuo⁵³tsu³⁵]（词组）出嫁

luo⁵³de⁵³[luo⁵³te⁵³]（名词）人家

guo³⁵[kuo³⁵]（介词）[1]把；[2]被

du⁵³zi²¹[tu⁵³tsi²¹]（名词）轿子

ke⁵³[khe⁵³]（动词）[1]抬；[2]挑

dai³⁵hua⁵³jiu⁵³[tai³⁵xua⁵³tɕiu⁵³]（词组）戴花酒

re³⁵hu²¹[ʐe³⁵xu²¹]（词组）[1]喝喜酒；[2]喝酒

la⁵³sa⁵³de²¹[la⁵³sa⁵³te²¹]（词组）有的人

xi⁵³lan⁵³[ɕi⁵³lan⁵³]（名词）被子

ku³⁵lu⁵³lu⁵³[khu³⁵lu⁵³lu⁵³]（名词）钱

zong³⁵pa²¹jie³⁵zu²¹[tsoŋ³⁵pha²¹tɕie³⁵tsu²¹]（名词）丝帕

kei⁵³ti⁵³[khei⁵³thi⁵³]（名词）盆子

zan³⁵bei⁵³[tsan³⁵pei⁵³]（名词）花背笼

ga⁵³long⁵³ga⁵³se⁵³[ka⁵³loŋ⁵³ka⁵³se⁵³]（词组）几年几载

de⁵³long⁵³bai²¹[te⁵³loŋ⁵³pai²¹]（名词）前年

ka²¹zuo³⁵[kha²¹tsuo³⁵]（名词）木匠

pa²¹qie⁵³[pha²¹tɕhie⁵³]（动词）叫，派

tuo⁵³[thuo⁵³]（名词）箱子

kuai⁵³[khuai⁵³]（名词）椅子

xi²¹te⁵³[ɕi²¹the⁵³]（名词）桌子

duo³⁵gui⁵³[tuo³⁵kui⁵³]（名词）舵柜

qi⁵³bo⁵³[tɕhi⁵³po⁵³]（名词）碗柜

gu³⁵wo⁵³ci²¹[ku³⁵o⁵³tshi²¹]（名词）脸洗架

xi⁵³ba⁵³za³⁵ci²¹[ɕi⁵³pa⁵³tsa³⁵tshi²¹]（名词）衣服洗棒

bu⁵³zi⁵³cu⁵³ci²¹[pu⁵³tsi⁵³tshu⁵³tshi²¹]（名词）筷子篓篓

long⁵³dong⁵³bai²¹[loŋ⁵³toŋ⁵³pai²¹]（名词）去年

ga⁵³pi⁵³[ka⁵³phi⁵³]（词组）几床

xi⁵³ba⁵⁵[ɕi⁵³pa⁵⁵]（名词）衣服

la²¹[la²¹]（动词）1.缝；2.关；3.癫

guai³⁵duo²¹[kuai³⁵tuo²¹]（代词）自己

xi⁵³lan⁵³ka⁵³pu⁵³[ɕi⁵³lan⁵³kha⁵³phu⁵³]（名词）土家织锦

ta⁵³[tha⁵³]（动词）织

cuo²¹xie⁵³[tshuo²¹ɕie⁵³]（名词）鞋子

pu²¹ni²¹[phu²¹n̩i²¹]（名词）昨天

pa³⁵qie⁵³[pha³⁵tɕhie⁵³]（名词）阶沿

duo²¹duo²¹xi³⁵xi⁵³[tuo²¹tuo²¹ɕi³⁵ɕi⁵³]（词组）满满的

da³⁵be²¹[ta³⁵pe²¹]（方位词）前

ga⁵³si⁵³[ka⁵³si⁵³]（词组）几个月

ta⁵³de²¹le²¹zi³⁵[tha⁵³te²¹le²¹tsi³⁵]（词组）哭嫁

ci²¹e⁵³[tsi²¹e⁵³]（词组）不会

be⁵³ce²¹[pe⁵³tshe²¹]（名词）泪水

huan²¹lu⁵³[xuan²¹lu⁵³]（方位词）房里

wo⁵³[o⁵³]（动词）背,（名词）蛇

a³⁵da⁵³　lai³⁵hong²¹lan²¹　cuo⁵³zu³　　lu²¹

a³⁵ta⁵³　lai³⁵xoŋ²¹lan²¹　　tshuo⁵³tsu³⁵　lu²¹

姐姐　　今天早上　　　　嫁出　了

a⁵³zuo²¹ka²¹　nie²¹　luo⁵³de⁵³　guo³⁵　du⁵³zi²¹　huo²¹le²¹　ke⁵³le²¹　zao²¹

a⁵³tsuo²¹kha²¹　ɲie²¹　luo⁵³te⁵³　kuo³⁵　tu⁵³tsi²¹　xuo²¹le²¹　khe⁵³le²¹　tsau²¹

姐夫家　　的　人们　她　轿子　用　抬着　去了

pu^{21}ni^{21}　　an^{35} cu^{53}　　dai^{35}hua^{53}jiu^{53}　　se^{53} la^{21}

phu^{21}n̩i^{21}　　an^{35} tʂhu^{53}　　tai^{35}xua^{53}tɕiu^{53}　　se^{53} la^{21}

昨天　　我们 家　　戴花酒　　办在

zuo^{53}ni^{21}　mu^{53}ni^{21}　hu^{35}ni^{53}　re^{35}　hu^{21}　dou^{35}

tsuo^{53}n̩i^{21}　mu^{53}n̩i^{21}　xu^{35}n̩i^{53}　ʑe^{35}　xu^{21}　tou^{35}

亲戚 朋友　　　都　　喜酒 喝 来了

la^{53}sa^{53}de^{21}　a^{53}da^{53} bo^{21}　ku^{35}lu^{53}lu^{53}　le^{35}

la^{53}sa^{53}te^{21}　a^{53}ta^{53} po^{21}　khu^{35}lu^{53}lu^{53}　le^{35}

有的人　姐姐　给　钱　　送

la^{53}sa^{53}de^{21}　a^{53}da^{53}　bo^{21}　xi^{53}lan^{53}　le^{35}

la^{53}sa^{53}te^{21}　a^{53}ta^{53}　po^{21}　ɕi^{53}lan^{53}　le^{35}

有的人　姐姐　给　被褥　送

la^{53}sa^{53}de^{21}　a^{53}da^{53}　bo^{21}　zoŋ^{35}gpa^{21}jie^{35}zu^{21}　le^{35}

la^{53}sa^{53}te^{21}　a^{53}ta^{53}　po^{21}　tsoŋ^{35}pha^{21}tɕie^{35}tsu^{21}　le^{35}

有的人　姐姐　给　丝帕　送

la^{53}sa^{53}de^{21}　a^{53}da^{53}　bo^{21}　kei^{53}ti^{53}　le^{35}

la^{53}sa^{53}te^{21}　a^{53}ta^{53}　po^{21}　khei^{53}thi^{53}　le^{35}

有的人　姐姐　给　盆子　送

la^{53}sa^{53}de^{21}　a^{53}da^{53}　bo^{21}　zan^{35}bei^{53}　le^{35}……

la^{53}sa^{53}te^{21}　a^{53}ta^{53}　po^{21}　tsan^{35}pei^{53}　le^{35}……

有的人　姐姐　给　花背笼　送……

a^{35}da^{53}　cuo^{53}zu^{35}　di^{53}nie^{21}xi^{53}　hu^{35}ni^{53}　xiao^{35}

a^{35}ta^{53}　tʂhuo^{53}tsu^{35}　ti^{53}n̩ie^{21}ɕi^{53}　xu^{35}n̩i^{53}　ɕiau^{35}

姐姐　嫁出　　需要的　　都　有了

a^{21}nie^{55} a^{21}ba^{55} a^{35}da^{53}　cuo^{53}zu^{35} wei^{35}bo^{53}　ga^{53}long^{53}ga^{53}se^{53} zuen^{53}bi^{21}liao^{21}

a^{21}n̩ie^{55} a^{21}pa^{55} a^{35}ta^{53}　tʂhuo^{53}tsu^{35} uei^{35}po^{53}　ka^{53}loŋ^{53}ka^{53}se^{53} tsuen^{53}pi^{21}liau^{21}

母亲 父亲 姐姐 嫁出 为着　几年几载　准备了

de^{53}long^{53}bai^{21}　ka^{21}zuo^{35}　pa^{21}qe^{53}　jia^{35}lian^{21}　ri^{53} liao^{21}

te^{53}loŋ^{53}pai^{21}　kha^{21}tsuo^{35}　pha^{21}tɕe^{53}　tɕia^{35}lian^{21}　ʑɿ^{53} liau^{21}

前年　　木匠　请　嫁奁　做　了

jia³⁵lian²¹　　wo²¹tu⁵³

tɕia³⁵lian²¹　　o²¹thu⁵³

嫁奁　　　　里面

yi⁵³ɡui²¹　xian⁵³ɡui²¹　tuo⁵³　qi⁵³bo⁵³　kuai⁵³　xi²¹te⁵³　duo³⁵ɡui⁵³　cuo⁵³ke⁵³

i⁵³kui²¹　ɕian⁵³kui²¹　thuo⁵³　tɕhi⁵³po⁵³　khuai⁵³　ɕi²¹the⁵³　tuo³⁵kui⁵³　tshuo⁵³khe⁵³

衣柜　　箱柜　　箱子　碗柜　椅子　桌子　舵柜　凳子

ɡu³⁵wo⁵³ci²¹　kei⁵³ti⁵³　xi⁵³ba⁵³za³⁵ci²¹　bu⁵³zi⁵³cu⁵³ci²¹　　hu³⁵ni⁵³　xie³⁵

ku³⁵o⁵³tshi²¹　khei⁵³thi⁵³　ɕi⁵³pa⁵³tsa³⁵tshi²¹　pu⁵³tsi⁵³tshu⁵³tshi²¹　xu³⁵ȵi⁵³　ɕie³⁵

脸洗架　　木盆　　衣服洗棒　　　筷子篓篓　　都有

long⁵³dong⁵³bai²¹　a²¹nie⁵⁵　a²¹ba⁵⁵　a³⁵da⁵³　bo²¹　xi⁵³lan⁵³　ɡa⁵³pi⁵³　zi⁵³　liao²¹

loŋ⁵³toŋ⁵³pai²¹　a²¹ȵie⁵⁵　a²¹pa⁵⁵　a³⁵ta⁵³　po²¹　ɕi⁵³lan⁵³　ka⁵³phi⁵³　tsi⁵³　liau²¹

去年　　　母亲　父亲　姐姐　给　被　盖　几床　做　了

xi⁵³ba⁵⁵　ɡa⁵³pi⁵³　la²¹　liao²¹　a³⁵da⁵³　ɡuai³⁵duo²¹　xi⁵³lan⁵³ka⁵³pu⁵³　ɡa⁵³pi⁵³　ta⁵³　bo²¹　la²¹

ɕi⁵³pa⁵⁵　ka⁵³phi⁵³　la²¹　liau²¹　a³⁵ta⁵³　kuai³⁵tuo²¹　ɕi⁵³lan⁵³kha⁵³phu⁵³　ka⁵³phi⁵³　tha⁵³　po²¹　la²¹

衣服　几件　缝　了　姐姐　她自己　西朗卡普　几床　织　着　在

cuo²¹xie⁵³　ɡai⁵³lan²¹　ri⁵³　bo²¹　la²¹　pu²¹ni²¹　pa³⁵qe⁵³　ɡa²¹　po⁵³le²¹　duo²¹duo²¹xi³⁵xi⁵³

tshuo²¹ɕie⁵³　kai⁵³lan²¹　zi⁵³　po²¹　la²¹　phu²¹ȵi²¹　pha³⁵tɕhe⁵³　ka²¹　pho⁵³le²¹　tuo²¹tuo²¹ci³⁵ci⁵³

鞋子　　很多　做　着　在　昨天　阶沿　上　码得　满满的

lai³⁵hong²¹lan²¹　hu³⁵ni⁵³　a⁵³zuo²¹ka²¹　bo²¹　ke⁵³　lu²¹

lai³⁵xoŋ²¹lan²¹　xu³⁵ȵi⁵³　a⁵³tsuo²¹kha²¹　po²¹　khe⁵³　lu²¹

今早晨　　都　姐夫家　给　抬　去了

a³⁵da⁵⁵　cuo⁵³zu³⁵　nie⁵³　da³⁵bie²¹　ɡa⁵³si⁵³　zu³⁵　ta⁵³de²¹le²¹zi³⁵　la⁵³

a³⁵ta⁵⁵　tshuo⁵³tsu³⁵　ȵie⁵³　ta³⁵pie²¹　ka⁵³si⁵³　tsu³⁵　tha⁵³te²¹le²¹tsi³⁵　la⁵³

姐姐　嫁出　的　前　几个月　时候　哭嫁　　在

ɡuo³⁵　an³⁵　la⁵³cuo⁵³la⁵³ma⁵⁵　zuo⁵³ni²¹mu²¹ni²¹　hu³⁵ni⁵³　zi³⁵　ji⁵³　liao⁵⁵

kuo³⁵　an³⁵　la⁵³tshuo⁵³la⁵³ma⁵⁵　tsuo⁵³ȵi²¹mu²¹ȵi²¹　xu³⁵ȵi⁵³　tsi³⁵　tɕi⁵³　liau⁵⁵

她　我们　全家人　　亲戚朋友　　都　哭　完　了

ɡuo³⁵　nga³⁵　bo²¹　be⁵³　zi³⁵　la⁵³

kuo³⁵　ŋa³⁵　po²¹　pe⁵³　tsi³⁵　la⁵³

她　我　给　也　哭　在

$\text{nga}^{35} \ \text{zi}^{35} \ \text{ci}^{21}\text{e}^{53} \quad \text{be}^{53}\text{ce}^{21} \quad \text{ha}^{21}\text{si}^{53} \quad \text{bi}^{53}\text{le}^{21} \ \text{le}^{21}$

$\eta\text{a}^{35} \ \text{tsi}^{35} \ \text{tshi}^{21}\text{e}^{53} \quad \text{pe}^{53}\text{tshe}^{21} \quad \text{xa}^{21}\text{si}^{53} \quad \text{pi}^{53}\text{le}^{21} \ \text{le}^{21}$

我　哭　不会　　泪水　　还是　　掉落　　了

$\text{lai}^{35}\text{hong}^{21}\text{lan}^{21} \ \text{nga}^{35} \ \text{guo}^{53} \ \text{a}^{35}\text{da}^{55} \ \text{huan}^{21}\text{lu}^{53} \ \text{le}^{53} \ \text{wo}^{53} \ \text{bo}^{21} \ \text{du}^{53}\text{zi}^{21} \ \text{wo}^{21}\text{tu}^{53} \ \text{ye}^{53}$

$\text{lai}^{35}\text{ho}\eta^{21}\text{lan}^{21} \ \eta\text{a}^{35} \ \text{kuo}^{53} \ \text{a}^{35}\text{ta}^{55} \ \text{xuan}^{21}\text{lu}^{53} \ \text{le}^{53} \ \text{o}^{53} \ \text{po}^{21} \ \text{tu}^{53}\text{tsi}^{21} \ \text{o}^{21}\text{tu}^{53} \ \text{ie}^{53}$

今天早上　我　把　姐姐　房里　从　背着　轿子　里面　到

$\text{luo}^{53}\text{de}^{53} \ \text{guo}^{35} \ \text{a}^{35}\text{da}^{55} \ \text{ke}^{53}\text{lu}^{21} \ \text{nga}^{35} \ \text{be}^{53}\text{ce}^{21} \ \text{bi}^{53}\text{le}^{21} \ \text{liao}^{21}$

$\text{luo}^{53}\text{te}^{53} \ \text{kuo}^{35} \ \text{a}^{35}\text{ta}^{55} \ \text{ke}^{53}\text{lu}^{21} \ \eta\text{a}^{35} \ \text{pe}^{53}\text{tshe}^{21} \ \text{pi}^{53}\text{le}^{21} \ \text{liau}^{21}$

人家　　把　姐姐　抬走了　我　泪水　　掉　　了

课文意译：

姐姐今天早上出嫁了。姐夫那方的人们用轿子把她抬去了。

昨天，我们家办戴花酒席，亲戚朋友都喝喜酒来了。有的人给姐姐打发钱，有的人给姐姐打发被盖，有的人给姐姐打发丝帕，有的人给姐姐打发盆子，有的人给姐姐打发花背笼……凡是姐姐出嫁需要的物品都有人打发。

母亲和父亲为着姐姐出嫁准备了几年几载，前年叫木匠给姐姐做了嫁奁，其中有衣柜、箱柜、箱子、碗柜、椅子、桌子、舵柜、凳子、脸洗架、木盆、洗衣棒、筷子篓篓等。

去年，母亲、父亲给姐姐做了几床被盖，缝了几件衣服，姐姐自己织了几床土家织锦，做了很多鞋子，昨天阶沿上码得满满的，今早晨都被姐夫家抬走了。

姐姐出嫁前的几个月就开始哭嫁，她给我们全家人和亲戚朋友都哭了。她给我也哭了，我不会哭，但是泪水还是掉落了。

今天早上我把姐姐从房里背到轿子里面。人家把姐姐抬走了，我难过得又掉了泪水。

课堂练习：

1.土家族女孩子出嫁有什么特点？

2.你们那里女孩子出嫁有哭嫁习俗吗？

课外作业：

1.翻译(直译)下列句子。

(1)a^{53}zuo^{21} ka^{21} nie^{21} luo^{53}de^{53} guo^{35} du^{53}zi^{21} huo^{21}le^{21} ke^{53}le^{21} zao^{21}

a^{53}tsuo^{21}kha^{21} ȵie^{21} luo^{53}te^{53} kuo^{35} tu^{53}tsi^{21} xuo^{21}le^{21} khe^{53}le^{21}tsau^{21}

(2)a^{35}da^{55} cuo^{53} zu^{35} nie^{53} da^{35}bie^{21} ga^{53}si^{53}zu^{35}, ta^{53}de^{21}le^{21}zi^{35}

a^{35}ta^{55} tshuo^{53} tsu^{35} ȵie^{53} ta^{35}pie^{21} ka^{53}si^{53}tsu^{35}, tha^{53}te^{21}le^{21}tsi^{35}

(3)luo^{53}de^{53} guo^{35} a^{35}da^{55} ke^{53}lu^{21} nga^{35} be^{53}ce^{21} bi^{53}le^{21} liao^{21}

luo^{53}te^{53} kuo^{35} a^{35}ta^{55} khe^{53}lu^{21} ŋa^{35} pe^{53}tshe^{21} pi^{53}le^{21} liau^{21}

2.把下列单词翻译成土家语。

出嫁;哭嫁;轿子;几年几载。

第十三课　摆手舞

$se^{35}ba^{53}ri^{53}$

$se^{35}pa^{53}\underset{.}{z}i^{53}$

重点单词：

$se^{35}ba^{53}ri^{53}[se^{35}pa^{53}\underset{.}{z}i^{53}]$（名词）摆手舞

$lai^{53}lan^{21}[lai^{53}lan^{21}]$（词组）只有一个

$qi^{53}ka^{53}[t\varphi hi^{53}kha^{53}]$（词组）过年

$xie^{35}xi^{21}[\varphi ie^{35}\varphi i^{21}]$（词组）只有的

$jie^{21}[t\varphi ie^{21}]$ 1.(动词)叫，喊。2.(形容词)醉

$he^{21}[xe^{21}]$ 1.(名词)鼓；2.(动词)许愿

$qi^{53}tu^{21}song^{53}tu^{21}[t\varphi hi^{53}thu^{21}son^{53}thu^{21}]$（词组）前进后退

$lao^{21}ci^{21}[lau^{21}tshi^{21}]$（名词）太阳

$si^{53}li^{53}se^{53}[si^{53}li^{53}se^{53}]$（词组）栽秧

$si^{53}li^{53}xi^{21}[si^{53}li^{53}\varphi i^{21}]$（词组）踩秧

$bu^{21}ci^{53}[pu^{21}tshi^{53}]$（名词）灰

$xie^{21}[\varphi ie^{21}]$（动词）1.筛；2.煮

$ban^{35}[pan^{35}]$（名词）鹰

$li^{53}li^{21}[li^{53}li^{21}]$（名词）跳蚤

$kei^{53}si^{21}[khei^{53}si^{21}]$（动词）抖

$ruan^{35}[\underset{.}{z}uan^{35}]$（名词）水牛

$la^{53}ga^{21}[la^{53}ka^{21}]$（名词）皲裂

$di^{35}[ti^{35}]$（动词）痛

$ce^{21}ku^{53}[tshe^{21}khu^{53}]$（名词）麻

$za^{35}[tsa^{35}]$（动词）1.绩(麻)；2.踩

$se^{21}si^{53}[se^{21}si^{53}]$（名词）油

$lan^{21}lan^{53}[lan^{21}lan^{53}]$（动词）晒

$ji^{21}ku^{21}$[$tɕi^{21}khu^{21}$]　(名词)草鞋

$ma^{53}kuo^{53}li^{21}$[$ma^{53}khuo^{53}li^{21}$]　(名词)蚊子

$jie^{35}zu^{21}$[$tɕie^{35}tsu^{21}$]　(名词)帕子

de^{53}[te^{53}]　1.(动词)戴；2.(形容词)慢

$song^{35}ga^{53}$[$soŋ^{35}ka^{53}$]　(名词)碓

$bo^{53}zuo^{53}$[$po^{53}tsuo^{53}$]　(名词)磨子

bu^{35}[pu^{35}]　(动词)1.舂；2.杀；3.偷看

bo^{53}[po^{53}]　(动词)推(磨)

$li^{53}si^{21}$[$li^{53}si^{21}$]　(形容词)高兴

de^{21}[te^{21}]　(副词)就

$se^{35}ba^{53}ri^{53}$　　$bi^{35}zi^{53}ka^{53}$　　$lai^{53}lan^{21}$　　$xie^{35}xi^{21}$

$se^{35}pa^{53}ʐi^{53}$　　$pi^{35}tsi^{53}kha^{53}$　　$lai^{53}lan^{21}$　　$ɕie^{35}ɕi^{21}$

摆手舞　　　　土家族　　　　一个　　　只有的

$qi^{53}ka^{53}$　　le^{21}　　$zen^{55}ye^{53}$　　$ye^{53}liao^{55}$

$tɕhi^{53}kha^{53}$　　le^{21}　　$tsen^{55}ie^{53}$　　$ie^{53}liau^{55}$

年过　　　　后　　　正月　　　　到了

$ye^{21}cuo^{21}$　　$ei^{35}le^{53}$　　$se^{35}ba^{53}ri^{53}$

$ie^{21}tshuo^{21}$　　$ei^{35}le^{53}$　　$se^{35}pa^{53}ʐi^{53}$

神堂　　　　去　　　摆手舞跳

$se^{35}ba^{53}ri^{53}$　$te^{35}ba^{55}$　$bi^{35}bi^{53}$　xie^{35}　$te^{35}ba^{55}$　ha^{21}　$ye^{21}ti^{21}he^{21}$　$jie^{21}la^{21}$

$se^{35}pa^{53}ʐi^{53}$　$the^{35}pa^{55}$　$pi^{35}pi^{53}$　$ɕie^{35}$　$te^{35}pa^{55}$　xa^{21}　$ie^{21}thi^{21}xe^{21}$　$tɕie^{21}la^{21}$

摆手舞　　大　　小　　有　大的　还　叶梯黑　　叫

$se^{35}ba^{53}ri^{53}$　$da^{35}zu^{35}$　$ba^{21}bu^{53}$　ye^{21}　$te^{35}ba^{55}$　nie^{21}　$tu^{53}wan^{21}$　jin^{35}　duo^{53}

$se^{35}pa^{53}ʐi^{53}$　$ta^{35}tsu^{35}$　$pa^{21}pu^{53}$　ie^{21}　$the^{35}pa^{55}$　$ȵie^{21}$　$thu^{53}uan^{21}$　$tɕin^{35}$　tuo^{53}

摆手舞跳　之前　八部　神　大　和　土王　敬　要

$ti^{53}ma^{55}$　　$se^{35}ba^{53}ri^{53}$　　$ga^{21}sa^{21}$　　$li^{21}duo^{21}$

$thi^{53}ma^{55}$　　$se^{35}pa^{53}ʐi^{53}$　　$ka^{21}sa^{21}$　　$li^{21}tuo^{21}$

梯玛　　　摆手舞　　　歌　　唱要

se^{35}ba^{53}ri^{53}　ri^{53}　zu^{35}　ha^{21}　he^{21}　ha^{21}　luo^{35}　ha^{21}　duo^{21}nie^{53}

se^{35}pa^{53}ʑi^{53}　ʑi^{53}　tsu^{35}　xa^{21}　xe^{21}　xa^{21}　luo^{35}　xa^{21}　tuo^{21}ȵie^{53}

摆手舞　　　跳时　还　鼓打　锣打　要

"bian^{21}dong^{21}　bian^{21}dong^{21}"　mo^{21}　ong^{21}　mo^{21}　xi^{53}　la^{21}

"pian^{21}toŋ^{21}　pian^{21}toŋ^{21}"　mo^{21}　oŋ^{21}　mo^{21}　çi^{53}　la^{21}

扁咚　　　　扁咚　　　的　响　着　听到

se^{35}ba^{53}zi^{53}　ba^{53}　bo^{21}　ca^{35}　xi^{53}tai^{35}

se^{35}pa^{53}ʑi^{53}　pa^{53}　po^{21}　tsha^{35}　çi^{53}thai^{35}

摆手舞　看　着　好　最

ri^{53}zu^{53}　qi^{53}tu^{21}　song^{53}tu^{21}　mo^{21}　ri^{53}　duo^{21}　ai^{53}le^{53}　lao^{21}ci^{21}　ta^{35}

ʑi^{53}tsu^{53}　tɕhi^{53}thu^{21}　soŋ^{53}thu^{21}　mo^{21}　ʑi^{53}　tuo^{21}　ai^{53}le^{53}　lau^{21}tshi^{21}　tha^{35}

跳时候　前进　后退　地　摆　要　然后　太阳　照

mie^{35}　za^{35}　si^{53}li^{53}se^{53}　si^{53}li^{53}xi^{21}　ruan^{35}ba^{53}　da^{53}ji^{53}　li^{53}pu^{35}　nie^{53}lan^{53}　yi^{35}

mie^{35}　tsa^{35}　si^{53}li^{53}se^{53}　si^{53}li^{53}çi^{21}　ʐuan^{35}pa^{53}　ta^{53}tɕi^{53}　li^{53}phu^{35}　ȵie^{53}lan^{53}　i^{35}

棉花纺　秧栽　秧踩　水牛　打架　薅草　种　撒

ei^{21}　xi　pie^{53}　ye^{53}za^{35}　li^{53}ga^{53}　bu^{21}ci^{53}　xie^{21}　li^{53}qe^{21}　bao^{53}bu^{53}　zi^{53}

ei^{21}　çi　phie^{53}　ie^{53}tsa^{35}　li^{53}ka^{53}　pu^{21}tshi^{53}　çie^{21}　li^{53}tɕhe^{21}　pau^{53}pu^{53}　ʑi^{53}

小米草　扯　火畲砍　土挖　灰　筛　土耕　苞谷　种

ce^{21}ku^{53}　za^{35}　se^{21}si^{53}　ha^{21}ban^{35}　ra^{21}　ha^{21}　li^{53}li^{53}　kei^{53}si^{21}　la^{53}ga^{21}　di^{35}

tshe^{21}khu^{53}　tsa^{35}　se^{21}si^{53}　xa^{21}pan^{35}　ʐa^{21}　xa^{21}　li^{53}li^{21}　khei^{53}si^{21}　la^{53}ka^{21}　ti^{35}

麻　绩　油打　鹰　鸡打　跳蚤　抖　皴裂　痛

li^{35}bu^{53}　lan^{21}lan^{53}　ji^{21}ku^{21}　su^{53}　ma^{53}kuo^{53}li^{21}　ha^{21}　jie^{35}zu^{21}　de^{53}　song^{35}ga^{53}　bu^{53}

li^{35}pu^{53}　lan^{21}lan^{53}　tɕi^{21}khu^{21}　su^{53}　ma^{53}khuo^{53}li^{21}　xa^{21}　tɕie^{35}tsu^{21}　te^{53}　soŋ^{35}ka^{53}　pu^{35}

稻谷　晒　草鞋　打　蚊子　打　帕子　戴　碓　舂

bo^{53}zuo^{53}　bo^{53}　bao^{35}qi^{21}　le^{21}pong^{53}　ye^{53}　ha^{53}le^{21}　ruo^{35}　ga^{35}　mo^{21}　re^{35}　zuo^{35}

po^{53}tsuo^{53}　po^{53}　pau^{35}tɕhi^{21}　le^{21}phoŋ^{53}　ie^{53}　xa^{53}le^{21}　ʐuo^{35}　ka^{35}　mo^{21}　ʐe^{35}　tsuo^{35}

磨子　推　野鸡尾巴　拖　狗　羊　咬　猫　老鼠　捉

se^{35}ba^{53}ri^{53}　ri^{53}　bo^{21}　qia^{53}　rei^{53}　se^{35}ba^{53}ri^{53}　le^{21}　ye^{53}　li^{53}si^{21}　duo^{21}

se^{35}pa^{53}ʑi^{53}　ʑi^{53}　po^{21}　tɕhia^{53}　zei^{53}　se^{35}pa^{53}ʑi^{53}　le^{21}　ie^{21}　li^{53}si^{21}　tuo^{21}

摆手舞　做起　什么用　摆手舞　后　神　高兴　要

ye²¹ gai⁵³ di⁵³ gai⁵³ xie³⁵ bi³⁵zi⁵³ka⁵³ de²¹ nie⁵³ cai³⁵ ka⁵³ hu²¹

ie²¹ kai⁵³ ti⁵³ kai⁵³ ɕie³⁵ pi³⁵tsi⁵³kha⁵³ te²¹ ȵie⁵³ tʂhai³⁵ kha⁵³ xu²¹

东西 多少 要 多少 有 土家族 人们 日子 好 过 了

luo⁵³zu⁵³ de²¹ han³⁵ xin⁵³ bo⁵³ xi²¹

luo⁵³tsu⁵³ te²¹ xan³⁵ ɕin⁵³ po⁵³ ɕi²¹

很久 就 这样 兴 着 的

课文意译：

摆手舞是土家族特有的一种文化。

每年过年后的正月,土家族人都不约而同地去神堂跳摆手舞。摆手舞有大小之分,大摆手还有个称谓叫"叶梯黑"。

跳摆手摆之前要敬八部大神和土王,掌坛师梯玛还要带领大家唱《摆手舞歌》。

跳摆手舞时,还要打鼓打锣伴奏,能听到鼓锣发出"扁咚扁咚的"声音。

摆手舞很好看,跳摆手舞的预备动作是前摆后摆,来回摆。然后做照太阳、纺棉花、栽秧、踩秧、水牛打架、薅草、撒种、扯小米草、砍火畲、挖土、筛灰、耕土、种包谷、绩麻、打油、老鹰抓鸡、抖跳蚤、痛鞭裂、晒稻谷、打草鞋、打蚊子、包帕子、舂碓、推磨子、拖野鸡尾巴、狗咬羊、猫捉老鼠等动作。

摆手舞有什么作用呢？土家族认为跳摆手舞后,能让神高兴,能使年成丰收,土家族的日子就好过一些。这是土家族祖先很久很久以前就兴起了的。

课堂练习：

1.土家族在什么地方跳摆手舞?

2.跳摆手舞之前要举行什么仪式?

课外作业：

1.连接以下单词成为正确的词组。

li³⁵bu⁵³[li³⁵pu⁵³]su⁵³[su⁵³]

ji²¹ku²¹[tɕi²¹khu²¹]lan²¹lan⁵³[lan²¹lan⁵³]

ma⁵³kuo⁵³li²¹[ma⁵³khuo⁵³li²¹]de⁵³[te⁵³]

jie³⁵zu²¹[tɕie³⁵tsu²¹]bo⁵³[po⁵³]

song^{35}ga^{53}[soŋ^{35}ka^{53}]ha^{21}[xa^{21}]

bo^{53}zuo^{53}[po^{53}tsuo^{53}]bu^{35}[pu^{35}]

2.把下列词汇翻译成土家语。

摆手舞;太阳;草鞋;碓;磨子。

3.把下面一段话翻译成土家语,括号里的词可不翻译。

跳摆手舞时要打锣鼓,摆手过程中有照太阳、薅草、抖狗蚤、舂碓、推磨子等(动作),跳摆手舞是为了土家族生活过得幸福。

第十四课 梯玛

ti⁵³ma⁵⁵

thi⁵³ma⁵⁵

导读：

梯玛是土家族的一种古老文化，属于巫文化范畴。由于土家族生产力不发达，加上大都居住在比较封闭的地区，所以对神十分崇拜，特别是对祖先崇拜的情绪更为强烈。土家族人如果在生活中或人生中遇到一些不顺畅的事，就会找梯玛去敬祖先、敬神，希望得到圆满的解决。

土家族梯玛现象在一般人看来有些不可理解，但在土家族看来却是十分神圣的事情。尽管梯玛法事程序很多是虚拟的，但里面包含了土家族的文学、艺术、哲学等，被称之为土家族文化的百科全书，2009 年梯玛被列为第二批全国非物质文化遗产名录。

本文简单介绍土家族梯玛的法事过程和简单唱词，让读者对梯玛有个粗略的了解。

重点单词：

ti⁵³ma⁵⁵[thi⁵³ma⁵⁵] （名词）梯玛

suan⁵³bo²¹zu³⁵[suan⁵³po²¹tsu³⁵] （词组）小时候

la³⁵gu⁵³[la³⁵ku⁵³] （动词）跟

da³⁵bie²¹[ta³⁵pie²¹] （词组）事先

he²¹[xe²¹] （动词）许愿

bai⁵³[pai⁵³] （名词）小孩

gan⁵³gui⁵³[kan⁵³kui⁵³] （形容词）稀少

bu⁵³jie³⁵[pu⁵³tɕie³⁵] （名）右手

ta³⁵bu⁵³jie³⁵[tha³⁵pu⁵³tɕie³⁵] （名词）左手

long⁵³kuo⁵³li⁵³[loŋ⁵³khuo⁵³li⁵³] （名词）铜铃

nie^{21}zu^{53}lu^{21}[ȵie^{21}tsu^{53}lu^{21}]（词组）远古

la^{53}cuo^{53}la^{53}ma^{53}[la^{53}tsuo^{53}la^{53}ma^{53}]（词组）一家一屋

luo^{35}bu^{53}　tu^{21}tu^{21}[luo^{35}pu^{53}　thu^{21}thu^{21}]（词组）眼睛睁睁

ne^{21}qie^{53}[ne^{21}tɕhie^{53}]（名词）耳朵

me^{35}gu^{21}[me^{35}ku^{21}]（词组）上天

nga^{35}　nie^{21}　pa^{21}pu^{53}　　　ti^{53}ma^{55}

ŋa^{35}　　ȵie^{21}　pha^{21}phu^{53}　　thi^{53}ma^{55}

我　的　爷爷　　　梯玛

suan^{53}bo^{21}zu^{35}　nga^{35}　jin^{53}duo^{21}　pa^{21}pu^{53}　　la^{35}gu^{53}　bo^{21}　ti^{53}ma^{55}　ri^{53}　la^{21}

suan^{53}po^{21}tsu^{35}　ŋa^{35}　tɕin^{53}tuo^{21}　pha^{21}hpu^{53}　la^{35}ku^{53}　po^{21}　thi^{53}ma^{55}　zi^{53}　la^{21}

小时候　　我　经常　　爷爷　　跟　着　梯玛　做　在

ti^{53}ma^{55}　ri^{53}　ma^{55}　da^{35}bie^{21}　le^{21}　ye^{21}　he^{21}　bo^{21}　xi^{53}

thi^{53}ma^{55}　zi^{53}　ma^{55}　ta^{35}pie^{21}　le^{21}　ie^{21}　xe^{21}　po^{21}　ɕi^{53}

梯玛　　做　人家　事先　　就　神　许愿　着　的

ai^{53}　lai^{53}　bai^{53}　long^{53}　ta^{53}　nie^{21}　bai^{53}　gan^{53}gui^{53}　ma^{55}de^{21}

ai^{53}　lai^{53}　pai^{53}　loŋ^{53}　tha^{53}　ȵie^{21}　pai^{53}　kan^{53}kui^{53}　ma^{55}te^{21}

或者　小孩　生　不　和　小孩　稀少　　人家

ti^{53}ma^{55}　ri^{53}　zu^{35}　ti^{53}ma^{55}　bu^{53}jie^{35}　long^{53}kuo^{53}li^{53}　za^{53}　bo^{21}　la^{21}

ti^{53}ma^{55}　zi^{53}　zu^{35}　thi^{53}ma^{55}　pu^{53}tɕie^{35}　loŋ^{53}khuo^{53}li^{53}　tsa^{53}　po^{21}　la^{21}

梯玛　　做　时　梯玛　　右手　　铜铃　　拿　着　在

ta^{35}bu^{53}jie^{35}　si^{53}dao^{53}　za^{53}　bo^{21}　la^{21}　za^{35}qi^{53}　ga^{21}sa^{21}　can^{35}　la^{53}

tha^{35}pu^{53}tɕie^{35}　si^{53}tau^{53}　tsa^{53}　po^{21}　la^{21}　tsa^{35}tɕhi^{53}　ka^{21}sa^{21}　tshan^{35}　la^{53}

左手　　　司刀　拿　着　在　嘴　歌　唱　在

ji^{21}me^{35}　gei^{53}di^{53}　la^{53}　da^{35}bie^{21}　ti^{53}ma^{55}　ga^{21}sa^{21}　huo^{35}　can^{35}　la^{53}

tɕi^{21}me^{35}　kei^{53}ti^{53}　la^{53}　ta^{35}pie^{21}　thi^{53}ma^{55}　ka^{21}sa^{21}　xuo^{35}　tshan^{35}　la^{53}

脚　就　跳　在　开始　梯玛　歌　这样　唱　在

su^{35}mu^{35}　le^{21}

su^{35}mu^{35}　le^{21}

祖先　啊

ca^{35}zu^{53} re^{53}zu^{53} su^{35}mu^{21}

tsha^{35}tsu^{53} ʐe^{53}tsu^{53} su^{35}mu^{21}

好的   乖的   祖先

ca^{35} yi^{21} luo^{53} yi^{21} nie^{21} su^{35}mu^{21}

tsha^{35} i^{21} luo^{53} i^{21} ȵie^{21} su^{35}mu^{21}

好   见   人   见   的   祖先

nie^{35}zu^{53}lu^{21} nie^{21} su^{35}mu^{21}

ȵie^{35}tsu^{53}lu^{21} ȵie^{21} su^{35}mu^{21}

远古时期   的   祖先

xie^{35}zu^{53} te^{35}ba^{55} nie^{21} su^{35}mu^{21}

ɕe^{35}tsu^{53} the^{35}pa^{55} ȵie^{21} su^{35}mu^{21}

富豪   大   的   祖先

la^{53}cuo^{53}la^{53}ma^{53} nie^{21} su^{35}mu^{21} de^{21}

la^{53}tshuo^{53}la^{53}ma^{53} ȵie^{21} su^{35}mu^{21} te^{21}

一家一屋   的   祖先   们

se^{35} luo^{35}bu^{53} tu^{21}tu^{21} ba^{55} bo^{21}

se^{35} luo^{35}pu^{53} thu^{21}thu^{21} pa^{55} po^{21}

你们   眼睛   睁睁   看   着

se^{35} ne^{21}qie^{53} ku^{35}tu^{53} sa^{21} ru^{21} bo^{21}

se^{35} ne^{21}tɕhie^{53} khu^{35}thu^{53} sa^{21} zu^{21} po^{21}

你们   耳朵   竖起   话   听   着

se^{35} re^{53}de^{21}bi^{35}de^{21} ni^{35} jin^{35} diu^{53}

se^{35} ʐe^{53}te^{21}pi^{35}te^{21} ȵi^{35} tɕin^{35} tiu^{53}

你们   子孙们   你   敬   来了

ti^{53}ma^{55} suo^{53}pe^{53} suo^{53}nie^{53} ri^{53} duo^{21} hua^{21}si^{35} re^{53}hei^{53}a^{53} ri^{53} xie^{35}

thi^{53}ma^{55} suo^{53}phe^{53} suo^{53}ȵie^{53} ʑi^{53} tuo^{21} xua^{21}si^{35} ʐe^{53}xei^{53}a^{53} ʑi^{53} ɕie^{35}

梯玛   三夜   三天   做   要   法事   四十几场   做   有

wo^{21}tu^{53} nie^{53} me^{35}ri^{53}li^{53}ri^{53} luo^{21}sen^{21} yan^{21}zou^{53} gu^{21}

o^{21}thu^{53} ȵie^{53} me^{35}ʑi^{53}li^{53}ʑi^{53} luo^{21}sen^{21} ian^{21}tsou^{53} ku^{21}

里面   的   制天制地   洛神   阳州   上

bao⁵³lan²¹qiao²¹　me³⁵gu²¹　li³⁵a²¹si²¹　jie⁵³　ba⁵³　ca³⁵　xi⁵³tai³⁵

pau⁵³lan²¹tɕhiau²¹　me³⁵ku²¹　li³⁵a²¹si²¹　tɕie⁵³　pa⁵³　tsha³⁵　çi⁵³thai³⁵

保　郎　桥　　天上　　虎白　　赶　看　好　　没有

课文意译：

我的爷爷是梯玛，我小时候经常跟随着爷爷去做梯玛。做梯玛也有原因，凡是做梯玛的人家要么事先给神许了愿，要么没有生小孩，要么小孩不好养的人家就要做梯玛。

做梯玛的时候，梯玛右手拿着铜铃，左手拿着司刀，嘴里唱《梯玛歌》，脚不停地跳动。开始的梯玛歌是这样唱的：

　　　　祖先啊！

　　　　好的乖的祖先，

　　　　能看得到好事和好人的祖先，

　　　　远古时期的祖先，

　　　　富豪的祖先，

　　　　一家一屋所有的祖先，

　　　　你们眼睛瞪瞪地看着，

　　　　你们竖起耳朵听着：

　　　　你们的孙们敬你们来了。

梯玛法事做要三天三夜，共有四十几场，其中"制天制地""洛神""上阳州""保郎桥""上天""赶白虎"最好看。

课堂练习：

1.你认为土家族梯玛神秘吗？

2.土家族为什么要做梯玛？

课外作业：

把下列词汇翻译成汉语并用土家语造句。

la³⁵gu⁵³[la³⁵ku⁵³]：＿＿＿＿＿＿＿＿＿＿＿＿＿＿＿＿＿＿＿

he²¹[xe²¹]：＿＿＿＿＿＿＿＿＿＿＿＿＿＿＿＿＿＿＿＿＿＿＿＿＿

nie³⁵zu⁵³lu²¹[ȵie³⁵tsu⁵³lu²¹]：＿＿＿＿＿＿＿＿＿＿＿＿＿＿＿＿＿

ne²¹qie⁵³[ne²¹tɕhie⁵³]：＿＿＿＿＿＿＿＿＿＿＿＿＿＿＿＿＿＿＿＿＿

第十五课　过年

qi^{53}ka^{53}

tɕhi^{53}kha^{53}

重点单词：

pa^{53}ka^{21}[pha^{53}kha^{21}]（名词）汉族

da^{53}ze^{21}da^{35}[ta^{53}tse^{21}ta^{35}]（词组）不一样

zi^{21}e^{21}[tsi^{21}e^{21}]（名词）大米

tong^{53}[thoŋ^{53}]（动词）1.烤(酒)；2.蒸

nie^{53}qi^{53}[ɲie^{53}tɕhi^{53}]（名词）粑粑

sa^{53}mi^{53}[sa^{53}mi^{53}]（名词）糖糁

qi^{21}[tɕhi^{21}]（动词）煎或(油)炸

de^{53}hei^{53}[te^{53}xei^{53}]（名词）豆腐

ruo^{53}ci^{53}[ʐuo^{53}tshi^{53}]（名词）土地神

zi^{53}ke^{53}se^{21}[tsi^{53}khe^{53}se^{21}]（名词）猪圈

wu^{35}ka^{21}ca^{21}[u^{35}kha^{21}tsha^{21}]（名词）牛栏

ra^{21}gu^{21}zuo^{53}[ʐa^{21}ku^{21}tsuo^{53}]（名词）鸡栏

cuo^{53}luo^{21}cuo^{53}qi^{53}[tshuo^{53}luo^{21}tshuo^{53}tɕhi^{53}]（词组）屋周围

la^{53}cuo^{53}la^{53}ma^{55}[la^{53}tshuo^{53}la^{53}ma^{55}]（词组）全家人

san^{35}ba^{53}wei^{53}[san^{35}pa^{53}uei^{53}]（词组）正位子

tuo^{21}tuo^{21}si^{53}ni^{53}[thuo^{21}thuo^{21}si^{53}ɲi^{53}]（词组）团团圆圆

bi^{35}zi^{53}ka^{53}　　nie^{21}　　pa^{53}ka^{21}　　qi^{53}ka^{53}　　da^{53}ze^{21}　　da^{35}

pi^{35}tsi^{53}kha^{53}　　ɲie^{21}　　pha^{53}kha^{21}　　tɕhi^{53}kha^{53}　　ta^{53}tse^{21}　　ta^{35}

土家族　　　和　　汉族　　　年过　　　一样　　不

bi^{35}zi^{53}ka^{53}　　da^{35}bie^{21}　　la^{53}nie^{53}　　qi^{53}ka^{53}

pi^{35}tsi^{53}kha^{53}　　ta^{35}pie^{21}　　la^{53}ɲie^{53}　　tɕhi^{53}kha^{53}

土家族　　　　先　　　一天　　　年过

qi⁵³ka⁵³　　zi⁵³kei⁵³　　ha²¹　　sa²¹　　gai⁵³lan²¹　　ri⁵³　　duo²¹

tɕhi⁵³kha⁵³　　tsi⁵³kei⁵³　　xa²¹　　sa²¹　　kai⁵³lan²¹　　ʑi⁵³　　tuo²¹

年过　　　　　前　　还要　事　很多　　　做　　要

zi⁵³bu³⁵　ruo³⁵bu³⁵　wu³⁵bu³⁵　sa⁵³bu³⁵　ra²¹bu³⁵　zi²¹e²¹　bu³⁵　re³⁵　tong⁵³　nie⁵³qi⁵³　ha²¹　sa⁵³mi⁵³　ri⁵³

tsi⁵³pu³⁵　zuo³⁵pu³⁵　u³⁵pu³⁵　sa⁵³pu³⁵　ʑa²¹pu³⁵　tsi²¹e²¹　pu³⁵　ʑe³⁵　thoŋ⁵³　n̠ie⁵³tɕhi⁵³　xa²¹　sa⁵³mi⁵³　zi⁵³

猪杀　羊杀　牛杀　鸭杀　鸡杀　大米　春酒　烤　粑粑　打　糖糁　做

sa⁵³mi⁵³　qi²¹　de⁵³hei⁵³　bo⁵³

sa⁵³mi⁵³　tɕhi²¹　te⁵³xei⁵³　po⁵³

糖糁　　煎　豆腐　推

ci⁵³kei⁵³ta²¹　　xian⁵³　la²¹zu²¹　pu⁵³　tan²¹si⁵³guo⁵³bin⁵³　pu⁵³　xi⁵³ba⁵³　a³⁵xi⁵³　pu⁵³

tshi⁵³khei⁵³tha²¹　　ɕian⁵³　la²¹tsu²¹　phu⁵³　than²¹si⁵³kuo⁵³pin⁵³　phu⁵³　ɕi⁵³pa⁵³　a³⁵ɕi⁵³　phu⁵³

纸　　　　香　蜡烛　买　糖果　　买　衣服　新　买

qi⁵³ka⁵³　　zu³⁵　da³⁵bie²¹　ye²¹　jin³⁵　duo⁵³　ye²¹cuo²¹　wo²¹tu⁵³　ba²¹bu⁵³　ye²¹　te³⁵ba⁵³

tɕhi⁵³kha⁵³　tsu³⁵　ta³⁵pie²¹　ie²¹　tɕin³⁵　tuo⁵³　ie²¹tshuo²¹　o²¹thu⁵³　pa²¹pu⁵³　ie²¹　the³⁵pa⁵³

年过　时候　先　神　敬　要　神堂　里面　八部　神　大

tu⁵³wan²¹　jin³⁵　duo⁵³　ruo⁵³ci²¹ta²¹　ruo⁵³ci⁵³　jin³⁵　duo⁵³　sen²¹kan²¹　ga²¹　nie⁵³　su⁵³mu²¹　jin³⁵　duo⁵³

thu⁵³uan²¹　tɕin³⁵　tuo⁵³　zuo⁵³tshi⁵³tha²¹　ʑuo⁵³tshi⁵³　tɕin³⁵　tuo⁵³　sen²¹khan²¹　ka²¹　n̠ie⁵³　su³⁵mu²¹　tɕin³⁵　tuo⁵³

土王　敬　要　地堂　　土地　敬　要　神龛　上　的　祖先　敬　要

si³⁵guan⁵³sen²¹　zi⁵³ke⁵³se²¹　wu³⁵ka²¹ca²¹　ra²¹gu²¹zuo⁵³

si³⁵kuan⁵³sen²¹　tsi⁵³khe⁵³se²¹　u³⁵kha²¹tsha²¹　za²¹ku²¹tsuo⁵³

四官神　　　猪圈　　　牛栏　　　鸡栏

cuo⁵³luo²¹cuo⁵³qi⁵³　　ye²¹　hu³⁵ni⁵³　jin³⁵　duo⁵³　ye²¹　jin³⁵　ji⁵³　liao⁵⁵

tshuo⁵³luo²¹tshuo⁵³tɕhi⁵³　ie²¹　xu³⁵n̠i⁵³　tɕin³⁵　tuo⁵³　ie²¹　tɕin³⁵　tɕi⁵³　liau⁵⁵

屋周围　　　神　都　敬　要　神　敬　完　了

la⁵³cuo⁵³la⁵³ma⁵⁵　da⁵³ha²¹　xi⁵³ti²¹　ong²¹　bo²¹　qi⁵³ka⁵³

la⁵³tshuo⁵³la⁵³ma⁵⁵　ta⁵³xa²¹　ɕi⁵³thi²¹　oŋ²¹　po²¹　tɕhi⁵³kha⁵³

全家人　　　一起　桌子　坐　着　年过

qi⁵³ka⁵³　da³⁵bie²¹　pao³⁵zu⁵³　po⁵³　duo²¹

tɕhi⁵³kha⁵³　ta³⁵pie²¹　phau³⁵tsu⁵³　pho⁵³　tuo²¹

年过　　前　鞭炮　放　要

qi⁵³ka⁵³　zu³⁵　lao⁵³ga⁵³de²¹　xie³⁵ma⁵⁵　san³⁵ba⁵³wei⁵³　ong²¹　duo²¹

tɕhi⁵³kha⁵³　tsu³⁵　lau⁵³ka⁵³te²¹　ɕie³⁵ma⁵⁵　san³⁵pa⁵³uei⁵³　oŋ²¹　tuo²¹

年过		时	老人家		有人家	正位子		坐	要

ai⁵³lai⁵³   lao⁵³ga⁵³de²¹   bo²¹   re³⁵   a⁵³   ha⁵³ce⁵³   an⁵³ka⁵³

ai⁵³lai⁵³   lau⁵³ ka⁵³te²¹   po²¹   ʐe³⁵   a⁵³   xa⁵³tse⁵³   an⁵³kha⁵³

然后		老人家		给	酒	敬	菜	夹

qin²¹nie⁵³   la⁵³cuo⁵³   nie²¹   luo⁵³   hu³⁵ni⁵³   da⁵³ha²¹   re³⁵   a⁵³   ha⁵³ce⁵³   an⁵³ka⁵³

tɕhin²¹n̡ie⁵³   la⁵³tʂhuo⁵³   n̡ie²¹   luo⁵³   xu³⁵n̡i⁵³   ta⁵³xa²¹   ʐe³⁵   a⁵³   xa⁵³tʂhe⁵³   an⁵³kha⁵³

以后		全家	的	人	相互	一起	酒	敬	菜	夹

la⁵³cuo⁵³   nie²¹   luo⁵³   tuo²¹tuo²¹si⁵³ni⁵³   qi⁵³ka⁵³   li⁵³si²¹   xi²¹tai³⁵

la⁵³tʂhuo⁵³   n̡ie²¹   luo⁵³   thuo²¹thuo²¹si⁵³n̡i⁵³   tɕhi⁵³kha⁵³   li⁵³si²¹   ɕi²¹thai³⁵

全家		的	人	团团圆圆		年过	幸福	最

课文意译:

土家族过年和汉族不一样,土家族要比汉族先一天过年。过年前还要做很多准备:要杀年猪、杀羊、杀牛、杀鸭、杀鸡,要舂大米、要烤酒;还要打粑粑、做糖糁、煎糖糁、推豆腐;还要上街买香纸、蜡烛,买糖果、买新衣服等。

过年的时候先要敬神,要到神堂里面敬八部大神和土王,到土地堂里敬土地神,在家里要敬神龛上的祖先,再敬四官神,还要给猪圈、牛栏、鸡栏、屋周围的神都要敬。敬神完后,全家人坐在桌子周围,过团圆年,过年前还要放鞭炮。过年时,如果有老人家的人家都要把正位子让老人家。然后,要先给老人家敬酒、敬菜,再后全家人相互一起敬酒敬菜。

全家的人团团圆圆过年非常幸福。

课堂练习:

1.土家族过年和汉族过年有什么不同?

2.从土家族过年时的情景你看出土家人有哪些高贵品质?

课外作业:

1.把下列句子填完整。

(1)la⁵³cuo⁵³la⁵³ma⁵⁵   da⁵³   xi⁵³ti²¹ong²¹bo²¹   [la⁵³tʂhuo⁵³la⁵³ma⁵⁵   ta⁵³ ɕi⁵³thi²¹oŋ²¹po²¹]_____

(2)_____qi⁵³ka⁵³   li⁵³si²¹   xi²¹tai³⁵[tɕhi⁵³kha⁵³   li⁵³si²¹ ɕi²¹thai³⁵]

2.用简单的文字叙述土家族过年的全过程(50 字内)。

第四编
土家语旅游应用文

第一章　场馆介绍辞
——以里耶秦简博物馆简介为例

先生们，女士们：你们好！

po³⁵ga⁵³de⁵³　a³⁵da⁵³　de⁵³：se³⁵ni⁵³　ca³⁵！

pho³⁵ka⁵³te⁵³　a³⁵ta⁵³　te⁵³：se³⁵n̠i⁵³　tsha³⁵！

欢迎参观里耶古城（秦简）博物馆。

li⁵³ye²¹　wan⁵³tian⁵³luo⁵³you⁵³te³⁵　ba⁵³（qin²¹jian⁵³）su⁵³su⁵³nie²¹cuo⁵³ba⁵³　diu³⁵

li⁵³ie²¹　uan⁵³thian⁵³luo⁵³iou⁵³the³⁵　pa⁵³（tɕhin²¹tɕian⁵³）su⁵³su⁵³n̠ie²¹tshuo⁵³pa⁵³　tiu³⁵

首先我们进入的是博物馆的时光隧道，

an³⁵ni⁵³　ye²¹cai³⁵su⁵³su⁵³nie²¹cuo⁵³nie²¹　la⁵³　dong²¹ga⁵³　qi⁵⁵le²¹bie²¹

an³⁵ni⁵³　ie²¹tshai³⁵su⁵³su⁵³nie²¹tshuo⁵³n̠ie²¹　la⁵³　toŋ²¹ka⁵³　tɕhi⁵⁵le²¹pie²¹

在隧道的两侧，

la⁵³　dong²¹ga⁵³　nie⁵³la⁵³bi⁵³

la⁵³　toŋ²¹ka⁵³　n̠ie⁵³la⁵³pi⁵³

能欣赏到的是秦朝的疆域版图。

qin²¹cao²¹　hu³⁵ni⁵³nie²¹lan²¹can²¹　a³⁵bo⁵³xi²¹　ba⁵³duo²¹　di⁵³xi²¹

tɕhin²¹tshau²¹　xu³⁵n̠i⁵³n̠ie²¹lan²¹tshan²¹　a³⁵po⁵³çi²¹　pa⁵³tuo²¹　ti⁶³çi²¹

在时光隧道尽头，您将看到"大秦迁陵"四个大字。

la⁵³　dong²¹ga⁵³　nie²¹　nie⁵³bi⁵³　ni³⁵"da³⁵qin²¹qian⁵³len²¹"ci⁵³ci⁵³te³⁵ba⁵³re⁵³bu⁵³ba⁵³duo²¹di⁵³xi²¹

la⁵³　toŋ²¹ga⁵³　n̠ie²¹　n̠ie⁵³pi⁵³　n̠i³⁵"ta³⁵tɕhin²¹tɕhian⁵³len²¹"tshi⁵³tshi⁵³the³⁵pa⁵³ʐe⁵³pu⁵³pa⁵³tuo²¹ti⁵³çi²¹

下方是一幅水域图，

ba²¹ti²¹　ce²¹　a³⁵bo⁵³　xi²¹

pa²¹thi²¹   tʂhe²¹   a³⁵po⁵³   çi²¹

蓝色部分为里耶的母亲河酉水,

xin³⁵ga⁵³de²¹jie²¹xi⁵³   bi³⁵zi⁵³   ka⁵³   nie²¹   a²¹nie⁵³   sou³⁵   you⁵³sui⁵³
ȿn³⁵ka⁵³te²¹tɕie²¹çi⁵³   pi³⁵tsi⁵³   kha⁵³   ȵie²¹   a²¹ȵie⁵³   sou³⁵   iou⁵³sui⁵³

在河流两岸分布着三大古城遗址和相对应的三大古墓葬群,

suo³⁵nie²¹nie⁵³bi⁵³luo⁵³you⁵³te³⁵ba⁵³so⁵³long⁵³zuo⁵³si⁵³ke²¹gai⁵³lan²¹
xi²¹so⁵³long⁵³xe³⁵

suo³⁵ȵie²¹ȵie⁵³pi⁵³luo⁵³iou⁵³the³⁵pa⁵³so⁵³loŋ⁵³tsuo⁵³si⁵³khe²¹kai⁵³lan²¹
çi²¹so⁵³loŋ⁵³çe³⁵

它涵盖了战国秦汉三个时期的文化。

guo³⁵zan³⁵gue²¹   qin²¹   han⁵³   suo⁵³di⁵³gui⁵³   nie²¹   sa²¹   cu⁵³   bo²¹la²¹
kuo³⁵tsan³⁵kue²¹   tɕhin²¹   xan⁵³   suo⁵³ti⁵³kui⁵³   ȵie²¹   sa²¹   tʂhu⁵³   po²¹la²¹

接下来,让我们一起漫步沧桑的迁陵古城,

ai⁵³le⁵³   an³⁵   da⁵³ha²¹   qan⁵³len²¹   luo⁵³you⁵³   te³⁵ba⁵³   ei³⁵le⁵³
ai⁵³le⁵³   an³⁵   ta⁵³xa²¹   tɕhan⁵³len²¹   luo⁵³iou⁵³   the³⁵pa⁵³   ei³⁵le⁵³

体验秦人的饮食起居,

qin²¹cao²¹   luo⁵³de⁵³   ga³⁵nie⁵³xi²¹   oŋ²¹nie²¹xi⁵³   ei³⁵nie⁵³xi²¹
la⁵³   si⁵³si⁵³

tɕhin²¹tʂhao²¹   luo⁵³te⁵³   ka³⁵ȵie⁵³çi²¹   oŋ²¹ȵie²¹çi⁵³   ei³⁵ȵie⁵³çi²¹
la⁵³   si⁵³si⁵³

领略官府的行政管理,

ga³⁵me⁵³jie²¹xi⁵³   luo⁵³qan³⁵   a⁵⁴zai⁵³xi⁵³   la⁵³   ba⁵³ba²¹
ka³⁵me⁵³tɕie²¹çi⁵³   luo⁵³tɕhan³⁵   a⁵⁴tsai⁵³çi⁵³   la⁵³   pa⁵³pa²¹

感悟大秦的昔日荣光。

qen²¹cao²¹   nie²¹   me³⁵su⁵³   la⁵³   de³⁵   ba⁵³
tɕhen²¹tsau²¹   ȵie²¹   me³⁵su⁵   la⁵³   te³⁵   pa⁵³

古城印象

wan⁵³tan⁵³   nie²¹   luo⁵³you⁵³   te³⁵ba⁵³   me²¹   le²¹   qan³⁵   lan²¹ uan^{53}than^{53} ȵie^{21} luo^{53}iou^{53} the^{35}pa^{53} me^{21} le^{21} tɕhan^{35}lan^{21}

在您右侧

ni^{35} nie^{21} bu^{53} jie^{21}

ȵi^{35} ȵie^{21} pu^{53} tɕie^{21}

是第一个展厅"古城印象"的入口,

"wan^{53}tan^{53} nie^{21} luo^{53}you^{53} te^{35}ba^{53} me^{21} le^{21} qian^{35} lan^{21}"
qi^{53}le^{21} la^{53}mi^{21}

"uan^{53}than^{53} ȵie^{21} luo^{53}iou^{53} the^{35}pa^{53} me^{21} le^{21} tɕhian^{35} lan^{21}"
tɕhi^{53}le^{21} la^{53}mi^{21}

这里复原了迁陵古城南城门的场景。

ge^{21} qian^{53}len^{21} luo^{53}you^{53} te^{35}ba^{53} la^{53}mi^{21} da^{53} ze^{21} ri^{53}bo^{21}la^{21}

ke^{21} tɕhian^{53}len^{21} luo^{53}iou^{53} the^{35}pa^{53} la^{53}mi^{21} ta^{21} tse^{21} ʑi^{53}po^{21}la^{21}

当时楚国为了抵御秦国偷袭,

cu^{53}gue^{21} qin^{21}gue^{21} e^{35}bo^{53} ha^{21}xi^{53} zi^{53}bo^{21}

tshu^{53}kue^{21} tɕhin^{21}kue^{21} e^{35}po^{53} xa^{21}ɕi^{53} tsi^{53}po^{21}

又因此处便利的酉水交通,

ge^{21} you^{53}sui^{53} la^{53}ei^{35} jian^{35}

ke^{21} iou^{53}sui^{53} la^{53}ei^{35} tɕian^{35}

所以在这里设立了一座军事屏障。

ai^{53}me^{21} ge^{21} bao^{53}zi^{21}ha^{21}xi^{53} hong^{53}ba^{53} su^{53}bo^{53} la^{21}

ai^{53}me^{21} ke^{21} pau^{53}tsi^{21}xa^{21}ɕi^{53} xoŋ^{53}pa^{53} su^{53}po^{53} la^{21}

城楼下方的护城河,

le^{35} ji^{21}ta^{21} ce^{21}pa^{21}

le^{35} tɕi^{21}tha^{21} tse^{21}pha^{21}

东面的酉水以及黄土夯筑的城墙构成了古城多重的防御体系。

you^{53}sui^{53} qiao^{21}ga^{53}la^{53}gui^{53} ba^{21}zi^{53} nie^{53} pi^{35}
luo^{53}de^{53}zi^{53}xi^{21} gai^{53}lan^{21} xie^{35}

iou^{53}sui^{53} tɕhiao^{21}ka^{53}la^{53}kui^{53} pa^{21}tsi^{53} ȵie^{53} phi^{35}
luo^{53}te^{53}tsi^{53}ɕi^{21} kai^{53}lan^{21} ɕie^{35}

在城楼左下方的展柜里,

le³⁵　ji²¹　ta³⁵bu⁵³jie²¹　　duo³⁵gui⁵³　　wo²¹tu⁵³

le³⁵　tɕi²¹　tha³⁵pu⁵³tɕie²¹　tuo³⁵kui⁵³　o²¹thu⁵³

便是当时筑城使用到的一些工具，

ai⁵³huo²¹zu³⁵　　pi³⁵ha²¹　　nie²¹　jia⁵⁵si⁵³

ai⁵³xuo²¹tsu³⁵　phi⁴⁶xa²¹　　ȵie²¹　tɕia⁵⁵si⁵³

有铁凿、铁斧、石范等。

zai³⁵　　e⁵³kei⁵³　　a²¹ti⁵³ku⁵³　　de²¹　xie³⁵

tsai³⁵　e⁵³khei⁵³　a²¹thi⁵³khu⁵³　te²¹　ɕie³⁵

兵器展柜

bao⁵³zi²¹　　ha²¹nie²¹xi⁵³　le³⁵ba⁵³　xi²¹　　cu⁵³nie²¹xi⁵³

pao⁵³tsi²¹　xa²¹ȵie²¹ɕi⁵³　le³⁵pa⁵³ɕi²¹　　cu⁵³ȵie²¹ɕi⁵³

但如果顺着这条旱道往左走，

gai³⁵la⁵³　　tu²¹bo²¹　　ta³⁵bu⁵³jie²¹　　　bo²¹ei³⁵

kai³⁵la⁵³　thu²¹po²¹　tha³⁵pu⁵³tɕie²¹　po²¹ei³⁵

您会欣赏到一组兵器实物。

ni³⁵　　bao⁵³zi²¹　　ha²¹nie²¹xi⁵³　　ba⁵³duo²¹di⁵³xi²¹

ȵi³⁵　　pau⁵³tsi²¹　xa²¹ȵie²¹ɕi⁵³　　pa⁵³tuo²¹ti⁵³ɕi²¹

秦朝是我国历史上第一个统一的封建制国家，

qin²¹cao²¹　　　an³⁵ni⁵³　hu³⁵ni⁵³da⁵³ha²¹　ri⁵³gei⁵³la⁵³　hu²¹
hong⁵³jian³⁵gue²¹jia⁵³

tɕhin²¹tshau²¹　an³⁵ȵi⁵³　xu³⁵ȵi⁵³ta⁵³xa²¹　ʐi⁵³kei⁵³la⁵³　xu²¹
xoŋ⁵³tɕian³⁵kue²¹tɕia⁵³

所以兵力十分强盛。

bin⁵³　　nie⁵³　xie⁵³qi²¹　　ri²¹　xi²¹tai³⁵

pin⁵³　ȵie⁵³　ɕie⁵³tɕhi²¹　ʐi²¹　ɕi²¹thai³⁵

从左至右，

ta³⁵　　bu⁵³jie²¹　　nie²¹　bu⁵³jie²¹

tha³⁵　pu⁵³tɕie²¹　ȵie²¹　pu⁵³tɕie²¹

依次展示的是当时的短兵器铜剑、长兵器铜矛铁戟、铜钺等，

ai⁵³huo²¹ zu³⁵ nie⁵³ tuo²¹tuo²¹ gan⁵³ zi²¹ xie⁵³ ji²¹ tong²¹ ye²¹

ai⁵³xuo²¹ tsu³⁵ n̦ie⁵³ thuo²¹thuo²¹ kan⁵³ tsi²¹ ɕie⁵³ tɕi²¹ thoŋ²¹ ie²¹

还有远射程兵器弩，

ha²¹ la⁵³e²¹ nie²¹ bao⁵³zi²¹ ha²¹nie²¹xi⁵³ xie³⁵

xa²¹ la⁵³e²¹ n̦ie²¹ pau⁵³tsi²¹ xa²¹n̦ie²¹ɕi⁵³ ɕie³⁵

扣动弩上面类似现在板机弩的"悬刀"，即可把箭射出。

lu⁵³ga²¹nie²¹ mu³⁵lan⁵³ nie⁵³ ji⁵³bin⁵³ da⁵³ze²¹
jian³⁵po⁵³mo²¹ zu³⁵le²¹

lu⁵³ga²¹nie²¹ mu³⁵lan⁵³ n̦ie⁵³ tɕi⁵³pin⁵³ ta⁵³tse²¹
tɕian³⁵pho⁵³mo²¹ tsu³⁵le²¹

弩比弓更具杀伤力，且射程更远。

gong⁵³nie⁵³xie⁵³qi²¹ lu⁵³ ha²¹ ci⁵³ nie²¹ po⁵³xi²¹ la⁵³ e²¹nie³⁵

koŋ⁵³n̦ie⁵³ɕie⁵³tɕhi²¹ lu⁵³ xa²¹ tshi⁵³ n̦ie²¹ pho⁵³ɕi²¹ la⁵³ e²¹n̦ie³⁵

西方学者认为中国古代的弩机可以和近代的来复枪相媲美，

an³⁵nie⁵³ lu⁵³ mu³⁵lan⁵³ nie²¹ lai²¹hu²¹cong³⁵ da⁵³ze²¹

an³⁵nie⁵³ lu⁵³ mu³⁵lan⁵³ n̦ie²¹ lai²¹xu²¹tshoŋ³⁵ ta⁵³tse²¹

是古代工程技术的杰出成就之一。

wan⁵³tian⁵³ nie²¹ sa²¹cai³⁵ lao²¹ga²¹

uan⁵³thian⁵³ n̦ie²¹ sa²¹tshai³⁵ lau²¹ka²¹

兵营房

bin³⁵wu⁵³ ong²¹ nie²¹ cuo⁵³

pin³⁵u⁵³ oŋ²¹ n̦ie²¹ tshuo⁵³

在您身后，是当时士兵生活、操练的场所——兵营房。

ni³⁵ nie²¹ ta⁵³nie⁵³ bin⁵³de⁵³ zi²¹ga³⁵ jie³⁵ri⁵³ nie²¹ lan²¹can²¹

n̦i³⁵ n̦ie²¹ tha⁵³n̦ie⁵³ pin⁵³te⁵³ tsi²¹ka³⁵ tɕie³⁵zi⁵³ n̦ie²¹ lan²¹can²¹

里面的器物与实物相比，尺寸略小，

wo²¹tu⁵³ ja⁵³si²¹ za²¹zai³⁵ nie⁵³ da⁵³ha²¹ lan³⁵ suan⁵³nie²¹

o²¹thu⁵³   tɕia⁵³si²¹   tsa²¹tsai³⁵   ȵie⁵³   ta⁵³xa²¹   lan³⁵   suan⁵³ȵie²¹
是墓葬群中挖掘出土的冥器。
zuo⁵³si⁵³ke⁵³   wo²¹tu⁵³   nie⁵³   ye²¹   jin³⁵   nie⁵³xi²¹
tsuo⁵³si⁵³khe⁵³   o²¹thu⁵³   ȵie⁵³   ie²¹   tɕin³⁵   ȵie⁵³ɕi²¹

官署建筑

ga³⁵me⁵³   ong²¹   nie²¹   cuo⁵³
ka³⁵me⁵³   oŋ²¹   ȵie²¹   tshuo⁵³
当然，对士兵的管理肯定离不开政府。
bin⁵³de⁵³   a³⁵ei⁵³   zen³⁵hu⁵³   a⁵³zai⁵³   bo²¹   duo²¹
pin⁵³te⁵³   a³⁵ei⁵³   tsen³⁵xu⁵³   a⁵³tsai⁵³   po²¹   tuo²¹
在您左后方带有回廊的干栏式建筑，
ni³⁵   nie²¹   se³⁵   ta⁵³   le³⁵da⁵³ze²¹   cuo⁵³
ȵi³⁵   ȵie²¹   se³⁵tha⁵³   le³⁵ta⁵³tse²¹   tshuo⁵³
就是当时的官署建筑，即现在的行政大楼，
wan⁵³tan⁵³   ga³⁵me⁵³   ong²¹   nie²¹   cuo⁵³   mu³⁵lan⁵³   nie⁵³
zen³⁵hu⁵³cuo⁵³
uan⁵³than⁵³   ka³⁵me⁵³   oŋ²¹   ȵie²¹   tshuo⁵³   mu³⁵lan⁵³   ȵie⁵³
tsen³⁵xu⁵³tshuo⁵³
展柜里面是一组屋顶建筑材料的实物展示，
wo²¹tu⁵³   cuo⁵³ga²¹   nie²¹   ye²¹   luo⁵³de⁵³   bo²¹   le³⁵mo²¹
ba⁵³   nie²¹ɕi²¹
o²¹thu⁵³   tshuo⁵³ka²¹   ȵie²¹   ie²¹   luo⁵³te⁵³   po²¹   le³⁵mo²¹
pa⁵³   ȵie²¹ɕi²¹
有板瓦、筒瓦、云纹瓦当。
ban⁵³wa⁵³   tong²¹wa⁵³   yen²¹wen²¹   wa⁵³dan⁵³   xie³⁵
pan⁵³ua⁵³   thoŋ²¹ua⁵³   ien²¹uen²¹   ua⁵³tan⁵³   ɕie³⁵
从右至左，
bu⁵³jie²¹   ta³⁵bu⁵³jie²¹

pu⁵³tɕie²¹　　tha³⁵pu⁵³tɕie²¹

它们分属于西汉、秦代、战国三个不同的时期。

gei⁵³ze²¹　xi⁵³han³⁵　qin²¹dai³⁵　zan³⁵gue²¹　si²¹jie²¹nie²¹

kei⁵³tse²¹　ɕi⁵³xan³⁵　tɕhin²¹tai³⁵　tsan³⁵kue²¹　si²¹tɕie²¹ȵie²¹

而展柜右侧这枚完整的瓦当上,饰有对称的卷云纹,做工精美,保存完整。

gai³⁵　　wa⁵³dan⁵³　ga²¹　nie²¹　ka⁵³pu⁵³　ri⁵³xi²¹　re⁵³

kai³⁵　　ua⁵³tan⁵³　ka²¹　ȵie²¹　kha⁵³phu⁵³　ʑi⁵³ɕi²¹　ʐe⁵³

它也有一定身份地位的象征,

guo³⁵　　sen⁵³hun⁵³　dian³⁵　li²¹la²¹

kuo³⁵　　sen⁵³xun⁵³　tian³⁵　li²¹la²¹

普通百姓的房屋的屋顶是不能使用的,

pi²¹si²¹ma⁵³　de⁵³　cuo⁵³ga²¹　　si⁵³ta⁵³ti²¹

phi²¹si²¹ma⁵³　te⁵³　tshuo⁵³ka²¹　si⁵³tha⁵³thi²¹

在两千多年以前的中原地区,

lian⁵³qian⁵³nian²¹　zong⁵³yan²¹　lan²¹can²¹

lian⁵³tɕhian⁵³ȵian²¹　tsoŋ⁵³ian²¹　lan²¹tshan²¹

云纹瓦是常见于皇家宫殿建筑的。

ka⁵³pu⁵³wa⁵³dan⁵³　huan²¹di³⁵　cuo⁵³ga²¹　　me²¹　yi²¹duo²¹　di⁵³xi²¹

kha⁵³phu⁵³ua⁵³tan⁵³　xuan²¹ti³⁵　tshuo⁵³ka²¹　me²¹　i²¹tuo²¹　ti⁵³ɕi²¹

一号古井

wan⁵³tan⁵³　　ce²¹mong³⁵　　yi²¹hao³⁵

uan⁵³than⁵³　tshe²¹moŋ³⁵　　i²¹xau³⁵

2002 年,从古城的一号井中出土了秦代简牍 37400 余枚,

2002 ai⁵³la⁵³long⁵³　　wan⁵³tan⁵³　　ce²¹mong³⁵　　yi²¹hao³⁵
qin²¹jian⁵³　　37400xi⁵³　zu³⁵le⁵³

2002 ai⁵³la⁵³loŋ⁵³　uan⁵³than⁵³　　tshe²¹moŋ³⁵　　i²¹xau³⁵
tɕhin²¹tɕian⁵³　37400 ɕi⁵³tsu³⁵le⁵³

是之前全国出土秦简总数的 10 倍之多。

da³⁵bie²¹　qian²¹gue²¹　qin²¹jian⁵³　　la³⁵hei⁵³dei⁵³gui⁵³　ri²¹nie⁵³

ta³⁵pie²¹　tɕhian²¹kue²¹　tɕhin²¹tɕian⁵³　la³⁵xei⁵³tei⁵³kui⁵³　ʐi²¹ȵie⁵³

在一展厅末尾,您便能欣赏到一号井的复原井,

ao⁵³cai²¹a⁵³kuo⁵³　　ni³⁵　ce²¹mong³⁵　yi²¹hao³⁵　ba⁵³　duo²¹　di⁵³xi²¹

au⁵³tshai²¹a⁵³khuo⁵³　ȵi³⁵　tshe²¹moŋ³⁵　i²¹xau³⁵　pa⁵³　tuo²¹　ti⁵³ɕi²¹

我们可以走进去感受一下它。

an³⁵　qi⁵³　le²¹　guo³⁵　la⁵³　si⁵³si⁵³　ba²¹

an³⁵　tɕi⁵³　le²¹　kuo³⁵　la⁵³　si⁵³si⁵³　pa²¹

用手轻轻一挥,井水就会泛开

jie³⁵　ka²¹kei⁵³bong³⁵long⁵³lian⁵³di²¹　ce²¹guo³⁵　duo²¹　pi²¹　lu²¹

tɕie³⁵　kha²¹khei⁵³poŋ³⁵loŋ⁵³lian⁵³ti²¹　　tshe²¹kuo³⁵tuo²¹　phi²¹lu²¹

秦简也会随之而显现出来,

qin²¹jian⁵³　　zu³⁵dou⁵³

tɕhin²¹tɕian⁵³　tsu³⁵tou⁵³

这是用多媒体的方式,让我们感受到当时出土秦简的场景。

duo⁵³mei²¹ti⁵³　ong⁵³bo²¹　an³⁵ni⁵³　qin²¹jian⁵³　zu³⁵xi⁵³　ba⁵³duo²¹　di⁵³xi²¹

tuo⁵³mei²¹thi⁵³　oŋ⁵³po²¹　an³⁵ȵi⁵³　tɕhin²¹tɕian⁵³　tsu³⁵ɕi⁵³　pa⁵³tuo²¹　ti⁵³ɕi²¹

这口井是中国历史上构造最复杂的先秦古井。

gai³⁵　ce²¹mong³⁵　zong⁵³gue²¹li²¹si⁵³　　ga²¹　xian⁵³qin²¹　nie²¹
ce²¹mong³⁵

kai³⁵　tshe²¹moŋ³⁵　tsoŋ⁵³kue²¹li²¹si⁵³　　ka²¹　xian⁵³tɕhin²¹　ȵie²¹
tshe²¹moŋ³⁵

酉水人家

you⁵³sui⁵³　nie²¹　luo⁵³de⁵³

iou⁵³sui⁵³　ȵie²¹　luo⁵³de⁵³

当时生活在酉水两岸的人们,

ai⁵³huo²¹zu³⁵　you⁵³sui⁵　nie⁵³bi⁵³　nie⁵³ka⁵³　nie²¹　luo⁵³de⁵³

ai⁵³xuo²¹zu³⁵　iou⁵³sui⁵³　ȵie⁵³pi⁵³　ȵie⁵³kha⁵³　ȵie²¹　luo⁵³te⁵³

男耕女织，安居乐业，

luo⁵³ba⁵³de²¹ li⁵³qie²¹　luo²¹gan²¹de⁵³ ce²¹ku⁵³ce⁵³　nie⁵³ka⁵³　ca³⁵

luo⁵³pa⁵³te²¹ li⁵³tɕhie²¹ luo²¹kan²¹te⁵³ tʂhe²¹ku⁵³tʂhe⁵³ ȵie⁵³kha⁵³ tʂha³⁵

呈现出一派和谐繁盛的景象。

hu³⁵ni⁵³　gu³⁵ga²¹　nie⁵³ci²¹　a⁵³da⁵³　bo²¹la²¹

xu³⁵ȵi⁵³　ku³⁵ka²¹　ȵie⁵³tʂhi²¹　a⁵³ta⁵³　po²¹la²¹

户籍木牍

la⁵³ma⁵³hei⁵³le²¹　a³⁵　bo⁵³xi²¹　nie²¹　ka²¹qie³⁵ta⁵³

la⁵³ma⁵³xei⁵³le²¹　a³⁵　po⁵³ɕi²¹　ȵie²¹　kha²¹tɕhie³⁵tha⁵³

您会欣赏到四枚户籍木牍。

ni³⁵　la⁵³ma⁵³hei⁵³le²¹a³⁵bo⁵³xi²¹　ka²¹qie³⁵ta⁵³ ba⁵³duo²¹di⁵³xi²¹

ȵi³⁵　la⁵³ma⁵³xei⁵³le²¹a³⁵po⁵³ɕi²¹　kha²¹tɕhie³⁵tha⁵³ pa⁵³tuo²¹ti⁵³ɕi²¹

从里耶户籍简来看，

la⁵³ma⁵³hei⁵³le²¹a³⁵bo⁵³xi²¹　ka²¹　　la⁵³　ba⁵³

la⁵³ma⁵³xei⁵³le²¹a³⁵po⁵³ɕi²¹　kha²¹　　la⁵³　pa⁵³

秦代家庭结构主要是由父母及未婚子女组成的核心家庭为主，

ai⁵³ho²¹zu³⁵nie²¹la⁵³ma⁵⁵　a²¹nie⁵³　　a²¹ba⁵³ qin³⁵de⁵³da²¹ ong²¹

bo²¹　xi⁵³

ai⁵³xo²¹tsu³⁵ȵie²¹la⁵³ma⁵⁵　a²¹ȵie⁵³　a²¹pa⁵³ tɕhin³⁵te⁵³ta²¹ oŋ²¹

po²¹　ɕi⁵³

为了发展农业生产和增加赋税来源，

jie³⁵cai³⁵mo²¹ri⁵³　　ku⁵³luo⁵³luo²¹　a⁵³ri⁵³　xie³⁵

tɕie³⁵tʂhai³⁵mo²¹ʐi⁵³　ku⁵³luo⁵³luo²¹　a⁵³ʐi⁵³　ɕie³⁵

秦从商鞅变法开始，两次颁布了《分户令》，要求家有成年男子二人以上者，

qin²¹cao²¹　《hun⁵³hu³⁵len³⁵》 zu³⁵dou⁵³　luo⁵³ba⁵³de²¹ nie⁵³la⁵³hu²¹

xie³⁵ma⁵³

tɕhin²¹tʂhao²¹ 《xun⁵³xu³⁵len³⁵》 tsu³⁵tou⁵³ luo⁵³pa⁵³te²¹ ȵie⁵³la⁵³xu²¹

ɕie³⁵ma⁵³

必须分立户籍,否则将倍征赋税。

da⁵³pi²¹duo²¹　　ai⁵³ta⁵³　　ku⁵³luo⁵³luo²¹　　a⁵³ri⁵³ di³⁵

ta⁵³phi²¹tuo²¹　　ai⁵³tha⁵³　　khu⁵³luo⁵³luo²¹　　a⁵³ʑi⁵³ ti³⁵

房屋布局

cuo⁵³　　de²¹bai⁵³bu³⁵

tshuo⁵³　　te²¹pai⁵³pu³⁵

当时的民宅又是什么样子呢?

ai⁵³huo²¹zu³⁵　　jie³⁵ri⁵³ma⁵⁵　　nie²¹cuo⁵³　　qian³⁵da⁵³ze²¹

ai⁵³xuo²¹tsu³⁵　　tɕie³⁵ʑi⁵³ma⁵⁵　　ɲie²¹tshuo⁵³　　tɕhian³⁵ta⁵³tse²¹

在下面的展柜中您将看到,

ba²¹ti²¹　　ni³⁵　　bai⁵⁵

pa²¹thi²¹　　ɲi³⁵　　pai⁵⁵

房屋的结构多是“一堂二内”,

cuo⁵³wo²¹tu⁵³　　tan²¹wu⁵³　　la⁵³da⁵³　　huan²¹lu⁵³　　nie⁵³da⁵³

tshuo⁵³o²¹thu⁵³　　than²¹u⁵³　　la⁵³ta⁵³　　xuan²¹lu⁵³　　ɲie⁵³ta⁵³

中间为堂屋,两侧为卧房。

huan²¹lu⁵³　　nie⁵³da⁵³　　tan²¹wu⁵³　　nie⁵³　　se³⁵ta⁵³

xuan²¹lu⁵³　　ɲie⁵³ta⁵³　　than²¹u⁵³　　ɲie⁵³　　se³⁵tha⁵³

下方就展示了当时的熏香用具博山炉和照明用具豆形灯。

ba²¹ti²¹　　xian⁵³　　wu³⁵　　nie⁵³xi²¹　　te⁵⁵te⁵⁵ti³⁵　　　nie⁵³xi²¹

pa²¹thi²¹　　ɕian⁵³　　u³⁵　　ɲie⁵³ɕi²¹　　the⁵⁵the⁵⁵thi³⁵　　ɲie⁵³ɕi²¹

麻屦等生活用器

ce²¹ku⁵³ji²¹ku²¹　　　nie⁵⁵ka⁵³　　nie²¹　　jia⁵⁵si⁵³

tshe²¹khu⁵³tɕi²¹khu²¹　　ɲie⁵⁵kha⁵³　　ɲie²¹　　tɕia⁵⁵si⁵³

下级官员或百姓穿着的鞋子,

ga³⁵me⁵³bi³⁵bi⁵³　　　pi²¹si²¹ma²¹de²¹　　da³⁵nie⁵³　　cuo²¹xie⁵³

ka^{35}me^{53}pi^{35}pi^{53} phi^{21}si^{21}ma^{21}te^{21} ta^{35}ŋie^{53} tʂhuo^{21}ɕie^{53}

在一号古井当中也有实物出土。您看，左侧。棕底麻面，故名"麻履"。

ni^{35}ba^{53} ta^{35}bu^{35}jie^{21} ku^{35}ruo^{53}li^{53}pu^{53} ga^{21}ha^{55} ce^{21}ku^{53}

ce^{21}ku^{53}ji^{21}ku^{21} jie^{21}la^{21}

ȵi^{35}pa^{53} tha^{35}pu^{35}tɕie^{21} khu^{35}ʐuo^{53}li^{53}phu^{53} ka^{21}xa^{55} tshe^{21}khu^{53}

tshe^{21}khu^{53}tɕi^{21}khu^{21} tɕie^{21}la^{21}

当时衡量它竟长达 46 码。

si^{35}si^{21}lu^{21}ma^{55} xie^{35}

si^{35}si^{21}lu^{21}ma^{55} ɕie^{35}

古人均有佩玉的习俗，

wan^{53}tian^{55}nie^{21} luo^{53} yi^{35}de^{53} ya^{53} ca^{35}

uan^{53}thian^{55}ȵie^{21} luo^{53} i^{35}te^{53} ia^{53} tsha^{35}

故第二组展示的是琉璃配饰。

di^{35}e^{35}zu^{53} liu^{21}li^{35} de^{53} nie^{21}xi^{53}

ti^{35}e^{35}tsu^{53} liu^{21}li^{35} te^{53} ȵie^{21}ɕi^{53}

当时君子无故，玉不离身，

ai^{35}huo^{21}zu^{35} hu^{35}ni^{53} yi^{35} suo^{53}ti^{21} de^{53} bo^{21}duo^{21}

ai^{35}xuo^{21}tsu^{35} xu^{35}ȵi^{53} i^{35} suo^{53}thi^{21} te^{53} po^{21}tuo^{21}

而湖南一带多产琉璃，

hu^{21}lan^{21} liu^{21}li^{35} zu^{35}

xu^{21}lan^{21} liu^{21}li^{35} tsu^{35}

刚好两者的光泽非常接近，

yi^{35} nie^{53} liu^{21}li^{35} ba^{53} le^{21} da^{53}ze^{21}

i^{35} ȵie^{53} liu^{21}li^{35} pa^{53} le^{21} ta^{53}tse^{21}

所以这一带先民用琉璃代替佩玉。

ge^{21}nie^{21}luo^{55} liu^{21}li^{35} yi^{35} a^{35}li^{53} bo^{53} de^{53}bo^{21}

ke^{21}ȵie^{21}luo^{55} liu^{21}li^{35} i^{35} a^{35}li^{53} po^{53} te^{53}po^{21}

接下来，

ai^{53}lai^{53}

ai^{53}lai^{53}

您还将欣赏到梳头的木篦(篦 音同 必)、照容的铜镜。

ni³⁵　kuo⁵⁵ba⁵³　xi²¹nie²¹　ka²¹xi²¹　tong²¹nie²¹zao³⁵jin⁵³
ba⁵³duo²¹di⁵³xi²¹

ni³⁵　khuo⁵⁵pa⁵³　çi²¹n̠ie²¹　kha²¹çi²¹　ton²¹n̠ie²¹tsau³⁵tçin⁵³
pa⁵³tuo²¹ti⁵³çi²¹

在两千多年以前,不论男女,人们梳头均是梳篦并用,

ai³⁵huo²¹zu³⁵　nie⁵³luo⁵³　hu³⁵ni⁵³　ka²¹xi²¹　da⁵⁵ha²¹　si⁵³
ai³⁵xuo²¹tsu³⁵　n̠ie⁵³luo⁵³　xu³⁵n̠i⁵³　kha²¹çi²¹　ta⁵⁵xa²¹　si⁵³

先用梳子梳一遍头发,

da³⁵bie²¹　kuo⁵³　ba⁵⁵　lao⁵³　xi²¹
ta³⁵pie²¹　khuo⁵³pa⁵⁵　lau⁵³　çi²¹

再用篦子篦去发间污垢及寄生虫,

ai⁵⁵lai⁵³　ka²¹xi²¹　huo²¹le²¹　si⁵⁵si⁵⁵　xi²¹
ai⁵⁵lai⁵³　kha²¹çi²¹　xuo²¹le²¹　si⁵⁵si⁵⁵　çi²¹

所以这把木篦齿与齿之间的缝隙非常细密,

ai⁵⁵　ga²¹me²¹　gai³⁵　ka²¹xi²¹　si⁵⁵si⁵⁵　la³⁵
ai⁵⁵　ka²¹me²¹　kai³⁵　kha²¹çi²¹　si⁵⁵si⁵⁵　la³⁵

即使用一张非常轻薄的纸也插不进去。

ci⁵³kei⁵³ta²¹　de⁵³　qi⁵³le²¹　ta²¹ti⁵³
tshi⁵³khei⁵³tha²¹　te⁵³　tçhi⁵³le²¹　tha²¹thi⁵³

并且现在的技术也很难做出这样的复制品。

mu³⁵lan⁵³　gai³⁵da⁵³ze²¹　ri⁵³　ta⁵³ti²¹
mu³⁵lan⁵³　kai³⁵ta⁵³tse²¹　ʑi⁵³　tha⁵³thi²¹

右侧两枚铜镜展示了底部精美的纹饰。

tong²¹zao³⁵jin⁵³　li⁵³pu⁵³ga²¹　ka⁵³pu⁵⁵　re⁵⁵kuo²¹kui²¹
thoŋ²¹tsao³⁵tçin⁵³　li⁵³phu⁵³ka²¹　kha⁵³phu⁵⁵　ʐe⁵⁵khuo²¹khui²¹

我们现在过年所贴春联的雏形就是展柜最右侧这枚造型奇特的桃人简,

mu³⁵lan⁵³　dui³⁵zi⁵³　nie²¹　su³⁵mu²¹　tao²¹ren²¹jian⁵³
mu³⁵lan⁵³　tui³⁵tsi⁵³　n̠ie²¹　su³⁵mu²¹　thao²¹ʐen²¹tçian⁵³

自古以来桃被认为是五行之精。

ai⁵³huo²¹zu³⁵le⁵³　　tao²¹zi²¹ka²¹mu²¹　　　a⁵³re²¹　　kuo³⁵　　ge⁵³

ai⁵³xuo²¹tsu³⁵le⁵³　　thao²¹tsi²¹kha²¹mu²¹　　a⁵³ʐe²¹　　khuo³⁵　　ke⁵³

在上面书写咒语或画怪异鬼符，

ga²¹ha⁵³　ci⁵⁵ci⁵⁵　　　a⁵³re²¹　　hua³⁵　　bo⁵³la²¹

ka²¹xa⁵³　tʂhi⁵⁵tʂhi⁵⁵　a⁵³ʐe²¹　　xua³⁵　　po⁵³la²¹

悬挂在大门两边，

la⁵³mi²¹　　nie⁵³bi⁵³　　kei³⁵kei⁵³　　bo⁵³

la⁵³mi²¹　　n̠ie⁵³pi⁵³　　khei³⁵khei⁵³　　po⁵³

便能起到驱邪避鬼、

xie²¹qi³⁵　　a⁵³re²¹　　jie⁵³　　di⁵³xi²¹

ɕie²¹tɕhi³⁵　　a⁵³ʐe²¹　　tɕie⁵³　　ti⁵³ɕi²¹

祈福纳祥的作用。

ca³⁵nie⁵³xi²¹　　　cu⁵³　　　bo²¹　en²¹qie⁵³

tsha³⁵n̠ie⁵³ɕi²¹　　tshu⁵³　　po²¹　en²¹tɕhie⁵³

饮食木牍

俗话说，民以食为天。

luo⁵³　nie²¹　ga³⁵xi⁵³　me³⁵　　da⁵³ze²¹

luo⁵³　n̠ie²¹　ka³⁵ɕi²¹　me³⁵　　ta⁵³tse²¹

在下一个展柜中您将欣赏到秦代的饮食与器用，

qin²¹cao²¹　　　nie²¹　zi²¹　nie²¹　zi²¹ga³⁵nie⁵³　　qie²¹bi⁵³

tɕhin²¹tshau²¹　n̠ie²¹　tsi²¹　n̠ie²¹　tsi²¹ka³⁵n̠ie⁵³　tɕhie²¹pi⁵³

在左侧的这两枚简牍上仍清楚可见当时的圆圈和竖线符号。

ta³⁵bu⁵³jie²¹　ka²¹qie³⁵ta⁵³ga²¹　　qian⁵³ku⁵³li⁵³　　nie²¹　gan³⁵gan⁵³

tha³⁵pu⁵³tɕie²¹　kha²¹tɕhie³⁵tha⁵³ka²¹　tɕhian⁵³khu⁵³li⁵³　n̠ie²¹　kan³⁵kan⁵³

这是什么意思呢？

kai³⁵　qia⁵³xi²¹

kai³⁵　tɕhia⁵³ɕi²¹

当时是一日两餐的饮食方式，

ai⁵³ huo²¹zu³⁵   la⁵³nie⁵³   nie⁵³mong⁵³

ai⁵³ xuo²¹tsu³⁵   la⁵³ȵie⁵³   ȵie⁵³moŋ⁵³

官府对餐饮也管理得异常科学，

ga³⁵me⁵³de²¹   zi²¹ga³⁵   gui⁵³li²¹   xie³⁵

ka³⁵me⁵³te²¹   tsi²¹ka³⁵   kui⁵³li²¹   ɕie³⁵

吃一餐，画一个圆圈，

la³⁵mong⁵³   ga³⁵   qian⁵³ku⁵³li⁵³   lao⁵³a³⁵

la³⁵moŋ⁵³   ka³⁵   tɕhian⁵³khu⁵³li⁵³   lau⁵³a³⁵

没吃，就写一竖，

ga³⁵da⁵⁵   gan³⁵gan⁵³   la⁵⁵   a³⁵

ka³⁵ta⁵⁵   kan³⁵kan⁵³   la⁵⁵   a³⁵

所以它们与我们现在的餐卡等同，

guo³⁵ an³⁵   mu³⁵lan⁵³   nie²¹   can⁵⁵ka⁵³   da⁵³ze²¹

kuo³⁵ an³⁵   mu³⁵lan⁵³   ȵie²¹   tshan⁵⁵kha⁵³   ta⁵³tse²¹

没想到早在秦朝就推行了"餐饮打卡"的管理制度。

de³⁵bo⁵³da³⁵   qin²¹cao²¹   can⁵⁵ka⁵³   jiu³⁵xiao³⁵

te³⁵po⁵³ta³⁵   tɕhin²¹tshao²¹   tshan⁵⁵kha⁵³   tɕiu³⁵ɕiau³⁵

藠头、核桃、梅子、酸枣、葫芦

jiao³⁵tou²¹   ke²¹tao²¹   mei²¹zi²¹   zao⁵³   zao⁵³xi²¹   la³⁵tu⁵³

tɕiau³⁵thou²¹   khe²¹tau²¹   mei²¹tsi²¹   tsau⁵³   tsau⁵³ɕi²¹   la³⁵thu⁵³

古城还出土了大量的天然食品，

wan⁵⁵tan⁵⁵luo⁵³you⁵³te⁵³ba⁵³   ga³⁵nie⁵³xi²¹   gai⁵³lan²¹xie³⁵

uan⁵⁵than⁵⁵luo⁵³iou⁵³the³⁵pa⁵³   ka³⁵ȵie⁵³ɕi²¹   kai⁵³lan²¹ɕie³⁵

比如您现在看到的

ni³⁵   mu³⁵lan⁵³   yi²¹bo²¹nie²¹

ȵi³⁵   mu³⁵lan⁵³   i²¹po²¹ȵie²¹

核桃、藠头、梅子、酸枣、葫芦，

jiao³⁵tou²¹ ke²¹tao²¹ mei²¹zi²¹ zao⁵³ zao⁵³xi²¹ la³⁵tu⁵³ de⁵³

tɕiao³⁵thou²¹ khe²¹tau²¹ mei²¹tsi²¹ tsau⁵³ tsau⁵³ɕi²¹ la³⁵thu⁵³ te⁵³

种类较多。

ri²¹xi²¹tai³⁵

z̍i²¹ɕi²¹thai³⁵

而玻璃器皿里面用药水浸泡的

bo⁵⁵li⁵⁵ti⁵³ku⁵³   wo²¹tu⁵³   bu⁵³   bo²¹xi⁵³

po⁵⁵li⁵⁵thi⁵³khu⁵³   o²¹thu⁵³   pu⁵³   po²¹ɕi⁵³

是两千两百多年以前的藠头，

qin²¹cao²¹   nie²¹   jiao³⁵tou²¹

tɕhin²¹tshau²¹ n̠ie²¹ tɕiau³⁵thou²¹

这就进一步证实了里耶当时山多

gai³⁵ zen³⁵min²¹ li⁵³ye²¹ ku⁵³za⁵³ ri²¹

kai³⁵ tsen³⁵min²¹ li⁵³ie²¹ khu⁵³tsa⁵³ z̍i²¹

林茂、绿水环绕，

ka²¹mu²¹ ri²¹ ce²¹   xin³⁵ga⁵³lu⁵³lu²¹

kha²¹mu²¹ z̍i²¹ tshe²¹ ɕin³⁵ka⁵³lu⁵³lu²¹

自然环境非常的原生态。

huan²¹jin³⁵   ca³⁵   xi⁵³tai³⁵

xuan²¹tɕin³⁵ tsha³⁵ ɕi⁵³thai³⁵

陶灶

ba²¹zi⁵³ wu³⁵ bo⁵³xi²¹ zuo²¹kong²¹

pa²¹tsi⁵³ u³⁵   po⁵³ɕi²¹ tsuo²¹khon̠²¹

有了食物又用什么来烹饪呢?

ga³⁵nie⁵³xi²¹   xiao³⁵qia⁵³ huo²¹le²¹ luo³⁵ le³⁵

ka³⁵n̠ie⁵³ɕi²¹ ɕiau³⁵tɕhia⁵³ xuo²¹le²¹ luo³⁵ le³⁵

其实秦人早在战国时期

qin²¹cao²¹　　　nie²¹　luo⁵⁵　zan³⁵gue²¹　zu³⁵

tɕhin²¹tshau²¹　ȵie²¹　luo⁵⁵　tsan³⁵kue²¹　tsu³⁵

就已经使用了灶、釜、甑等复合烹饪器，

zuo²¹kong²¹　　ta³⁵ku⁵³　　bong⁵³　si⁵³　la²¹hu³⁵

tsuo²¹khoŋ²¹　　tha³⁵khu⁵³　poŋ⁵³　si⁵³　la²¹xu³⁵

这种灶我们至今在乡村还可以看到，

gai³⁵　zuo²¹kong²¹　mu³⁵lan⁵³　luo⁵³cu⁵⁵　ha²¹　ba⁵³　duo²¹di⁵³xi²¹

kai³⁵　tsuo²¹khoŋ²¹　mu³⁵lan⁵³　luo⁵³tshu⁵⁵　xa²¹　pa⁵³　tuo²¹ti⁵³ɕi²¹

已沿用两千多年。

2000　duo⁵³nian²¹　si⁵⁵liao⁵⁵

2000　tuo⁵³ȵian²¹　si⁵⁵liau⁵⁵

眼前这两具就是秦汉时代的灶具陪葬品，

luo³⁵bu⁵³sou²¹　zuo²¹kong²¹　nie⁵³long⁵³　qin²¹cao²¹　luo⁵³se³⁵tu⁵³
nie²¹　ye²¹

luo³⁵pu⁵³sou²¹　tsuo²¹khoŋ²¹　ȵie⁵³loŋ⁵³　tɕhin²¹tshau²¹　luo⁵³se³⁵thu⁵³
ȵie²¹　ie²¹

从左至右分别

ta³⁵bu⁵³jie²¹　　　bu⁵³jie²¹

tha³⁵pu⁵³tɕie²¹　　pu⁵³tɕie²¹

是双眼灶、单眼灶，

dong²¹ga⁵³　lao⁵³　dong²¹ga⁵³　nie⁵³long⁵³　nie²¹　zuo²¹kong²¹

toŋ²¹ka⁵³　lau⁵³　toŋ²¹ka⁵³　ȵie⁵³loŋ⁵³　ȵie²¹　tsuo²¹khoŋ²¹

它们前有火门，后设烟囱，

zi⁵³ge⁵³　la⁵³mi²¹　xie³⁵　qin²¹nie⁵³　ke³⁵ka²¹zu³⁵xi⁵³　xie³⁵

tsi⁵³ke⁵³　la⁵³mi²¹　ɕie³⁵　tɕhin²¹ȵie⁵³　khe³⁵kha²¹tsu³⁵ɕi⁵³　ɕie³⁵

既能让人免受烟熏火燎之苦

luo⁵³　ke³⁵ka²¹　xiong⁵⁵　duo⁵³hei²¹ce⁵³

luo⁵³　khe³⁵kha²¹　ɕioŋ⁵⁵　tuo⁵³xei²¹tshe⁵³

又保持了室内清洁，

wo²¹tu⁵³　be⁵³　suo³⁵li⁵³　liao

o^{21}thu^{53}　pe^{53}　suo^{35}li^{53}　liau

可见古人对灶的设计之巧妙、考虑之周详。

wan^{55}tian^{55}　nie^{21}　luo^{53}　ri^{53}　xi^{21}ca^{35}　de^{35}　xi^{53}ca^{35}

uan^{55}thian^{55}　ȵie^{21}　luo^{53}　zi^{53}　ɕi^{21}tsha^{35}　te^{35}　ɕi^{53}tsha^{35}

而灶上有釜、釜上有甑，

zuo^{21}kong^{21}　ga^{21}ha^{53}　ta^{35}ku^{53}　xie^{35}　ta^{35}ku^{53}　ga^{21}ha^{53}　bong^{53}　xie^{35}

tsuo^{21}khoŋ^{21}　ka^{21}xa^{53}　tha^{35}khu^{53}　ɕie^{35}　tha^{35}ku^{53}　ka^{21}xa^{53}　poŋ^{53}　ɕie^{35}

可同时兼做饭食和菜肴

zi^{21}　nie^{21}　ha^{53}ce^{53}　la^{35}long^{53}le^{53}　ban^{35}　di^{53}xi^{21}

tsi^{21}　ȵie^{21}　xa^{53}tshe^{53}　la^{35}loŋ^{53}le^{53}　pan^{35}　ti^{53}ɕi^{21}

省时又省料，

si^{21}jian^{53}　ye^{21}　hu^{35}ni^{53}　ri^{53}　jian^{35}liao^{55}

si^{21}tɕian^{53}　ie^{21}　xu^{35}ȵi^{53}　zi^{53}　tɕian^{35}liau^{55}

体现了二千多年前的人们

ai^{53}huo^{21}zu^{35}　nie^{53}　luo^{53}de^{53}

ai^{53}xuo^{21}tsu^{35}　ȵie^{53}　luo^{53}te^{53}

对热能的充分利用以及强烈的节能理念。

ka^{21}　pu^{53}ci^{53}　wu^{35}　de^{35}bo^{53}　la^{21}

kha^{21}　phu^{53}tshi^{53}　u^{35}　te^{35}po^{53}　la^{21}

陶钵、陶簋、陶敦、陶盒

ba^{21}zi^{53}bo^{21}　ba^{21}zi^{53}gui^{53}　ba^{21}zi^{53}dun^{53}　ba^{21}zi^{53}huo^{21}

pa^{21}tsi^{53}po^{21}　pa^{21}tsi^{53}kui^{53}　pa^{21}tsi^{53}tun^{53}　pa^{21}tsi^{53}xuo^{21}

与现在围坐一桌用餐不同，

mu^{35}lan^{53}　nie^{21}　luo^{53}　xi^{21}te^{53}　ong^{21}bo^{21}　zi^{21}ga^{35}　da^{53}ze^{21}da^{35}

mu^{35}lan^{53}　ȵie^{21}　luo^{53}　ɕi^{21}the^{53}　oŋ^{21}po^{21}　tsi^{21}ka^{35}　ta^{53}tse^{21}ta^{35}

秦汉时期人们一般是席地而坐，

qin^{21}　han^{35}　luo^{53}de^{53}　zi^{21}ga^{35}　lou^{53}tou^{21}　ong^{21}　bo^{21}

tɕhin^{21}　xan^{35}　luo^{53}te^{53}　tsi^{21}ka^{35}　lou^{53}tou^{21}　oŋ^{21}　po^{21}

将杯、盘等食器摆放在案上，

qie²¹bi⁵³de⁵³　　hu³⁵ni⁵³　　xi²¹te⁵³　　ga²¹　la³⁵bo⁵³

tɕhie²¹pi⁵³te⁵³　　xu³⁵n̠i⁵³　　çi²¹the⁵³　　ka²¹　la³⁵po⁵³

持案而食成了这时期主要的饮食方式。

xi²¹te⁵³　　huo²¹bo²¹　zi²¹ga³⁵　hu³⁵ni⁵³　da⁵³　ren³⁵cen²¹　liao²¹

çi²¹the⁵³　xuo²¹po²¹　tsi²¹ka³⁵　xu³⁵n̠i⁵³　ta⁵³　ʐen³⁵tsen²¹　liau²¹

这组陶钵(钵 音同 波)、陶簋(簋 音同 鬼)、陶敦(敦 音同 对)、陶盒

gai³⁵di⁵³　ba²¹zi⁵³bo²¹　ba²¹zi⁵³gui⁵³　ba²¹zi⁵³dun⁵³　ba²¹zi⁵³huo⁵³

kai³⁵ti⁵³　pa²¹tsi⁵³po²¹　pa²¹tsi⁵³kui⁵³　pa²¹tsi⁵³tun⁵³　pa²¹tsi⁵³xuo²¹

就是当时盛放饭食的餐具。

ai⁵³huo²¹zu³⁵　　zi²¹ga³⁵nie⁵³xi²¹

ai⁵³xuo²¹tsu³⁵　　tsi²¹ka³⁵n̠ie⁵³çi²¹

展柜末尾您还会欣赏到我们日常生活中家家户户都要使用的饭勺、汤勺，

la³⁵de²¹　ni³⁵　ha²¹　la⁵³ma⁵⁵hen⁵³le²¹　zi²¹ga³⁵　nie⁵³　pa²¹su⁵³　ba⁵⁵duo²¹di⁵³xi²¹

la³⁵te²¹　n̠i³⁵　xa²¹　la⁵³ma⁵⁵xen⁵³le²¹　tsi²¹ka³⁵　nie⁵³　pha²¹su⁵³　pa⁵⁵tuo²¹ti⁵³çi²¹

它们也是从古城出土的实物，其形制历经千年却仍未改变。

gai³⁵di⁵³de²¹　hu³⁵ni⁵³　li⁵³wo²¹tu²¹　zu³⁵di⁵³　yan³⁵zi²¹　lan³⁵de²¹　bian³⁵　da⁵³

kai³⁵ti⁵³te²¹　xu³⁵n̠i⁵³　li⁵³o²¹thu²¹　tsu³⁵ti⁵³　ian³⁵tsi²¹　lan³⁵te²¹　pian³⁵　ta⁵³

祭祀用器

ye²¹jin³⁵nie⁵³jia⁵³si⁵³

ie²¹tɕin³⁵nie⁵³tɕia⁵³si⁵³

其实，簋、敦、盒也可用作祭祀，

gui⁵⁵　dun⁵⁵　huo²¹　be⁵³　ye²¹jen²¹　di⁵³xi²¹

kui⁵⁵　tun⁵⁵　xuo²¹　pe⁵³　ie²¹tɕen²¹　ti⁵³çi²¹

它们常常与鼎搭配，

gei^{53}ze^{21}　xie^{53}pong^{53}　da^{53}ha^{21}　la^{35}gu^{53}

kei^{53}tse^{21}　çie^{53}phoŋ^{53}　ta^{53}xa^{21}　la^{35}ku^{53}

根据等级来确定使用数量。

gai^{53}lan^{21}si^{53}　ga^{35}me^{53}　ci^{53}suan^{53}　ba^{53}duo^{21}

kai^{53}lan^{21}si^{53}　ka^{35}me^{53}　tshi^{53}suan^{53}　pa^{53}tuo^{21}

您可参照展厅正中的祭祀展柜来欣赏，

ni^{35}　ye^{21}　jin^{35}xi^{53}la^{53}ba^{53}

ȵi^{35}　ie^{21}　tɕin^{35}çi^{53}la^{53}pa^{53}

这当中属鼎的运用最为严格。

gai^{35}wo^{21}tu^{53}　xie^{53}pong^{53}　si^{55}　nian^{21}ge^{21}　xi^{21}tai^{35}

kai^{35}o^{21}thu^{53}　çie^{53}phoŋ^{53}　si^{55}　ȵian^{21}ke^{21}　çi^{21}thai^{35}

周代礼制有明确规定，

zou^{53}cao^{21}　li^{21}　bo^{21}xi^{53}

tsou^{53}tshau^{21}　li^{21}　po^{21}çi^{53}

天子九鼎，

tian^{55}zi^{55}　xie^{53}pong^{53}　ge^{35}bu^{53}

thian^{55}tsi^{55}　çie^{53}phoŋ^{53}　ke^{35}pu^{53}

诸侯七鼎，

zu^{55}hou^{21}　xie^{53}pong^{53}　nie^{35}bu^{53}

tsu^{55}xou^{21}　çie^{53}phoŋ^{53}　ȵie^{35}pu^{53}

大夫五鼎，

da^{55}hu^{21}　xie^{53}pong^{53}　ong^{35}bu^{53}

ta^{55}xu^{21}　çie^{53}phoŋ^{53}　oŋ^{35}pu^{53}

士三鼎，

si^{35}　xie^{53}pong^{53}　suo^{53}　bu^{53}

si^{35}　çie^{53}phoŋ^{53}　suo^{53}　pu^{53}

普通百姓不能使用鼎。

yi^{35}ban^{53}luo^{53}de^{53}　xie^{53}pong^{53}　si^{53}ta^{53}

i^{35}pan^{53}luo^{53}te^{53}　çie^{53}phoŋ^{53}　si^{53}tha^{53}

但到战国礼崩乐坏，

zan³⁵gue²¹　　ye⁵³liao⁵⁵　　gui⁵³ji⁵³　　　li²¹dao³⁵

tsan³⁵kue²¹　　ie⁵³liau⁵⁵　　kui⁵³tɕi⁵³　　li²¹tau³⁵

普通民众也使用起鼎来。

yi³⁵ban⁵³luo⁵³de⁵³　　xie⁵³pong⁵³　　si⁵³la²¹hu⁵³

i³⁵pan⁵³luo⁵³te⁵³　　ɕie⁵³ phoŋ⁵³　　si⁵³la²¹xu⁵³

从考古情况来看，

kao⁵³gu⁵³　　qin²¹kuan³⁵　　le⁵³ba⁵⁵

khau⁵³ku⁵³　　tɕhin²¹khuan³⁵　　le⁵³pa⁵⁵

里耶出土的祭器就包括了陶器和铜器，

li⁵³ye²¹li⁵³ti⁵³zu³⁵bo⁵³xi²¹ba²¹zi⁵³le⁵³wu³⁵bo⁵³xi²¹　tong²¹　ri⁵³ bo²¹xi⁵³

li⁵³ie²¹li⁵³thi⁵³tsu³⁵po⁵³ɕi²¹pa²¹tsi⁵³le⁵³u³⁵po⁵³ɕi²¹ thoŋ²¹ ʑi⁵³ po²¹ɕi⁵³

说明当时不同社会地位的人使用的祭器质地也不尽相同。

ai⁵³huo²¹zu³⁵ luo⁵³ da⁵³ze²¹da³⁵ jin³⁵nie⁵³jia⁵³si⁵³　be⁵³　da⁵³ze²¹da³⁵

ai⁵³xuo²¹tsu³⁵ luo⁵³ ta⁵³tse²¹ta³⁵ tɕin³⁵ȵie⁵³tɕia⁵³si⁵³　pe⁵³　ta⁵³tse²¹ta³⁵

在您左侧的展柜中陈列了一组盛酒或水的器皿。

ni³⁵　　ta³⁵bu⁵³jie²¹　　ce²¹cu⁵³nie²¹ti⁵³ku⁵³　　　ga⁵³bu⁵³　　xie³⁵

ȵi³⁵　　tha³⁵pu⁵³tɕie²¹　　tshe²¹tshu⁵³ȵie²¹thi⁵³khu⁵³　ka⁵³pu⁵³　ɕie³⁵

秦汉时官府对酒实行垄断专卖，

qin²¹han⁵⁵zu³⁵　　ga³⁵me⁵³　me⁵³　re³⁵　lu²¹　di⁵⁵xi²¹

tɕhin²¹xan⁵⁵tsu³⁵　ka³⁵me⁵³　me⁵³　ʑe³⁵　lu²¹　ti⁵⁵ɕi²¹

百姓不得随意买卖酒类，

yi³⁵ban⁵⁵luo⁵³de⁵³　re³⁵　lu²¹　ta²¹ti⁵³

i³⁵pan⁵⁵luo⁵³te⁵³　ʑe³⁵　lu²¹　tha²¹thi⁵³

违者将受处罚。

ai⁵³ta⁵³　　ku³⁵luo⁵³luo²¹　　di⁵³

ai⁵³tha⁵³　　khu³⁵luo⁵³luo²¹　　ti⁵³

汉代初年也下令禁止三人以上一起喝酒，

han³⁵cao²¹　　luo⁵³suo⁵³la⁵³hu²¹　re³⁵　le³⁵mo²¹　hu²¹ta⁵³

xan³⁵tshau²¹　luo⁵³suo⁵³la⁵³xu²¹　ʑe³⁵　le³⁵mo²¹　xu²¹tha⁵³

但秦汉时期饮酒之风不但没有因为律法而受遏制，

qin²¹han³⁵zu³⁵　　re³⁵hu²¹xi⁵³　　ha²¹si⁵³　xie³⁵

tɕhin²¹xan³⁵tsu³⁵　ʐe³⁵xu²¹ɕi⁵³　　xa²¹si⁵³　ɕie³⁵

特别是官僚贵族，经常大肆宴饮，

ga³⁵me⁵³de²¹　　hu²¹le²¹　jie²¹　　xi²¹tai³⁵

ka³⁵me⁵³te²¹　　xu²¹le²¹　tɕie²¹　ɕi²¹thai³⁵

百姓当时的生活虽然谈不上富裕，

yi³⁵ban⁵³luo⁵³de⁵³　ye²¹　hao³⁵　tai³⁵

i³⁵pan⁵³luo⁵³te⁵³　　ie²¹　xau³⁵　thai³⁵

但也较为安定了，

nie⁵³　ha²¹si⁵³　ka⁵³　　di⁵⁵xi²¹

ȵie⁵³　xa²¹si⁵³　kha⁵³　ti⁵⁵ɕi²¹

这就离不开政府的有效管理。

gai³⁵　zen³⁵hu⁵³　guan⁵⁵　bo²¹　xi⁵³

kai³⁵　tsen³⁵xu⁵³　kuan⁵⁵　po²¹　ɕi⁵³

接下来请您走入"帝国县政"展厅，通过迁陵这扇窗口，窥见大秦帝国精细而科学的行政管理制度。

ai⁵³lai⁵³　ni³⁵　qin²¹cao²¹　　nie²¹　qian³⁵　guan⁵⁵li⁵³xi²¹　la⁵³　ba⁵³ba²¹

ai⁵³lai⁵³　ȵi³⁵　tɕhin²¹tshau²¹　ȵie²¹　tɕhian³⁵　kuan⁵⁵li⁵³ɕi²¹　la⁵³　pa⁵³pa²¹

官署办公

ga³⁵me⁵³sa²¹ri⁵³

ka³⁵me⁵³sa²¹ʐi⁵³

三万七千余枚里耶秦简，

37000 li⁵³ye²¹ka²¹qie³⁵ta⁵³

37000 li⁵³ie²¹ka²¹tɕhie³⁵tha⁵³

完整地记载了从秦始皇二十六年到秦二世元年之间

qin²¹si⁵³huan²¹　26　qin²¹e³⁵si³⁵　1　zu³⁵

tɕhin²¹si⁵³xuan²¹　26　tɕhin²¹e³⁵si³⁵　1　tsu³⁵

洞庭郡迁陵县的行政治理与高效运转的真实状况。

dong³⁵ten²¹jin³⁵qian⁵³len²¹xan³⁵   yen³⁵zuan⁵⁵ nie²¹ sa²¹

toŋ³⁵then²¹tɕin³⁵tɕhian⁵³len²¹ɕan³⁵ ien³⁵tsuan⁵⁵ ȵie²¹ sa²¹

在"官署办公"的展柜中，您将了解到秦朝的官吏是卯时上班、

ga³⁵me⁵³de²¹   si²¹lai²¹zu³⁵ sa²¹ ri⁵³

ka³⁵me⁵³te²¹   si²¹lai²¹tsu³⁵ sa²¹ ʐi⁵³

申时下班，

se⁵³zu³⁵   jie³⁵po⁵³

se⁵³tsu³⁵   tɕie³⁵pho⁵³

相当于从北京时间的早上六七点

be²¹jen⁵⁵zao⁵⁵gu⁵³de²¹ 6-7 dian⁵³

pe²¹tɕen⁵⁵tsau⁵⁵ku⁵³te²¹ 6-7 tian⁵³

持续工作到下午四五点，

yan²¹si²¹qian²¹kao⁵³   4-5 dian⁵³ jie³⁵po⁵³

ian²¹si²¹tɕhian²¹khau⁵³ 4-5 tian⁵³ tɕie³⁵pho⁵³

可谓是日出而作、日落而息。

lao²¹ci²¹   zu³⁵ sa²¹ri⁵³ lao²¹ci²¹ bi⁵³le²¹ hei⁵³

lau²¹tshi²¹ tsu³⁵ sa²¹ʐi⁵³ lau²¹tshi²¹ pi⁵³le²¹ xei⁵³

秦始皇"书同文"后，

qin²¹si⁵³huan²¹   ci⁵³ci⁵³   da⁵³ze²¹ liao²¹

tɕhin²¹si⁵³xuan²¹ tshi⁵³tshi⁵³ ta⁵³tse²¹ liau²¹

要求诏令类公文使用篆书，

zao⁵³len³⁵ zuan³⁵su⁵³   le⁵³ a³⁵ duo⁵³

tsau⁵³len³⁵ tsuan³⁵su⁵³ le⁵³ a³⁵ tuo⁵³

行政类公文使用隶书。

xin²¹zen²¹gong⁵⁵wen²¹li³⁵su⁵³le⁵³a³⁵duo⁵³

xin²¹tsen²¹kong⁵⁵uen²¹li³⁵su⁵³le⁵³a³⁵tuo⁵³

在展柜末尾，您将看到秦时公文分类详细，用语格式相对固定，

ni³⁵ ha²¹ gong⁵³wen²¹ huen⁵³lui³⁵ ge²¹si⁵⁵ ba⁵⁵ duo²¹di⁵³xi²¹

ȵi³⁵ xa²¹ koŋ⁵³uen²¹ xuen⁵³lui³⁵ ke²¹si⁵⁵ pa⁵⁵ tuo²¹ti⁵³ɕi²¹

向上级发文称"敢言之"，

ga²¹ha⁵³bo⁵³nie²¹ gong⁵³wen²¹ "li²¹di⁵³xi²¹" a³⁵ duo⁵³

ka²¹xa⁵³po⁵³n̦ie²¹ koŋ⁵³uen²¹ "li²¹ti⁵³çi²¹" a³⁵ tuo⁵³

向同级单位发文用"敢告"，

da⁵³ze²¹nie²¹luo⁵³nie²¹ gong⁵³wen²¹ "li²¹liao²¹" a³⁵ duo⁵³

ta⁵³tse²¹nie²¹luo⁵³n̦ie²¹ koŋ⁵³uen²¹ "li²¹liau²¹" a³⁵ tuo⁵³

向下级发文称"告""谓"。

ba²¹thi²¹nie²¹ gong⁵³wen²¹ "li²¹li²¹xi³⁵" a³⁵ duo⁵³

pa²¹thi²¹n̦ie²¹ koŋ⁵³uen²¹ "li²¹li²¹çi³⁵" a³⁵ duo⁵³

这些都很好地说明了秦朝的公文制度已经相当成熟。

ai³⁵de⁵³ sue²¹min²¹ qin²¹cao²¹ gong⁵³wen²¹ zi³⁵du³⁵ a⁵³jie⁵³ liao²¹

ai³⁵te⁵³ sue²¹min²¹ tɕhin²¹tshau²¹ koŋ⁵³uen²¹ tsi³⁵tu³⁵ a⁵³tɕie⁵³ liau²¹

第一枚镇馆之宝——迁陵洞庭郡

qian⁵³len²¹dong³⁵ten²¹jien³⁵

tɕhian⁵³len²¹toŋ³⁵then²¹tɕien³⁵

秦帝国幅员辽阔，

qin²¹cao²¹ lan²¹can²¹ ci⁵³ xi²¹tai³⁵

tɕhin²¹tshau²¹ lan²¹tshan²¹ tshi⁵³ çi²¹thai³⁵

在展厅正中便悬挂了一副秦朝的郡县区划图。

tan²¹wu³⁵ wo²¹tu⁵³ qin²¹cao²¹ di³⁵tu²¹ ɦ⁵³ei⁵³kei³⁵kei⁵³ bo⁵³la²¹

than²¹u³⁵ o̧²¹thu⁵³ tɕhin²¹tshau²¹ ti³⁵thu²¹ la⁵³ei⁵³khei³⁵khei⁵³ po⁵³la²¹

为了加强中央集权，

qia⁵³xi²¹ de²¹ lai⁵³lan²¹ jie³⁵ za⁵³ bo²¹

tɕhia⁵³çi²¹ te²¹ lai⁵³lan²¹ tɕie³⁵ tsa⁵³ po²¹

始皇听取了李斯的建议，

qin²¹si⁵⁵huan²¹li⁵³si⁵⁵nie³⁵sa²¹ru²¹

tɕhin²¹si⁵⁵xuan²¹li⁵³si⁵⁵n̦ie³⁵sa²¹ʐu²¹

废分封、立郡县，

da⁵³pi²¹ xi²¹ ta²¹hong³⁵ liao⁵⁵ jin³⁵ xian³⁵ di⁵³

ta⁵³phi²¹ çi²¹ tha²¹xoŋ³⁵ liau⁵⁵ tɕin³⁵ tɕian³⁵ ti⁵³

将统一后的整个天下划分成 36 郡。

me³⁵ji²¹ta²¹ 36 jien³⁵ pi²¹ bo²¹ la²¹

me³⁵tɕi²¹tha²¹ 36 tɕien³⁵ phi²¹ po²¹ la²¹

而《史记》、《汉书》等文献中并无"洞庭郡"的任何记载，

《si⁵³ji³⁵》《han³⁵su⁵³》ga²¹ dong³⁵ten²¹jin³⁵ tai³⁵

《si⁵³tɕi³⁵》《xan³⁵su⁵³》ka²¹ toŋ³⁵then²¹tɕin³⁵ thai³⁵

里耶古井出土的公文简牍中却频繁惊现"洞庭郡"这个行政地名，

wan⁵³tian⁵³ ce²¹mong³⁵ ka²¹qie³⁵ta⁵³ ga²¹ dong³⁵ten²¹jien³⁵ xie³⁵

uan⁵³thian⁵³ tshe²¹moŋ³⁵ kha²¹tɕhie³⁵tha⁵³ ka²¹ toŋ³⁵then²¹tɕien³⁵ çie³⁵

证实早在秦始皇统治时期就设有"洞庭郡"，

qin²¹si⁵³ huan²¹ zu³⁵ dong³⁵ten²¹jien³⁵ xao³⁵

tɕhin²¹si⁵³ xuan²¹ tsu³⁵ toŋ³⁵then²¹tɕien³⁵ çau³⁵

并下辖迁陵、酉阳、沅陵三县。

ha²¹ qian⁵³len²¹ you⁵³yan²¹ yan²¹len²¹ guan⁵³ bo²¹la²¹

xa²¹ tɕhian⁵³len²¹ iou⁵³ian²¹ ian²¹len²¹ kuan⁵³ po²¹la²¹

里耶秦简是用明确的文字颠覆了历来对于秦朝行政区划的结论，

li⁵³ye²¹ ka²¹qie³⁵ta⁵³ da³⁵bie²¹ qin²¹cao²¹ lan²¹can²¹ da⁵³
tong²¹da³⁵

li⁵³ie²¹ kha²¹tɕhie³⁵tha⁵³ ta³⁵pie²¹ tɕhin²¹tshau²¹ lan²¹tshan²¹ ta⁵³
toŋ²¹ta³⁵

它对于我们研究历史、政治、地理等方面都具有非凡的意义。

guo³⁵ an³⁵ li²¹si⁵³ zen³⁵zi²¹ di³⁵li⁵³ a³⁵ei⁵³ yi³⁵ni²¹ xie³⁵

kuo³⁵ an³⁵ li²¹si⁵³ tsen³⁵tsi²¹ ti³⁵li⁵³ a³⁵ei⁵³ i³⁵n̠i²¹ çie³⁵

您身后的独体展柜当中就陈列了我馆的第一枚镇馆之宝——迁陵洞庭郡，

qian⁵³len²¹ dong³⁵ten²¹jien³⁵ an³⁵ ge²¹nie²¹ kuo⁵³ da⁵³ze²¹

tɕhian⁵³len²¹ toŋ³⁵then²¹tɕien³⁵ an³⁵ ke²¹n̠ie²¹ khuo⁵³ ta⁵³tse²¹

它字迹清楚，意思表达得也最为直接，

a³⁵xi⁵³ qin⁵³cu⁵³ ba⁵³le²¹ xin⁵³ duo²¹ di⁵³xi²¹

a³⁵çi⁵³ tɕhin⁵³tʂhu⁵³ pa⁵³le²¹ çin⁵³ tuo²¹ ti⁵³çi²¹

能最有效地证实洞庭的存在。

dong³⁵ten²¹jien³⁵ za²¹zai³⁵hua²¹çie³⁵

toŋ³⁵then²¹tɕien³⁵ tsa²¹tsai³⁵xua²¹xie³⁵

官吏考核

ga³⁵me⁵³si⁵³ba⁵³

ka³⁵me⁵³si⁵³pa⁵³

为了有效治国，秦始皇严格治吏，

qin²¹si⁵³huan²¹ ga³⁵me⁵³ si⁵³ song⁵³huo⁵³ po⁵³ta⁵³

tɕhin²¹si⁵³xuan²¹ ka³⁵me⁵³ si⁵³ soŋ⁵³xuo⁵³ pho⁵³tha⁵³

官员的政绩

ga³⁵me⁵³ sa²¹ri⁵³ ca³⁵ xi³⁵lan⁵³

ka³⁵me⁵³ sa²¹zi⁵³ tsha³⁵ çi³⁵lan⁵³

与自己的俸禄、升迁等紧紧相连，

hu²¹zi²¹ ga²¹ha⁵³bo⁵³ di⁵³di⁵³ da⁵³ an⁵³lan⁵³ bo²¹xi⁵³

xu²¹tsi²¹ ka²¹xa⁵³po⁵³ ti⁵³ti⁵³ ta⁵³ an⁵³lan⁵³ po²¹çi⁵³

并有苛细的奖惩办法，

ha²¹ jian⁵³cen⁵³ ban³⁵hua²¹ xie³⁵

xa²¹ tɕian⁵³tshen⁵³ pan³⁵xua²¹ çie³⁵

这与我们现在的绩效考核制度惊人的相似。

gai³⁵ an³⁵ mu³⁵lan⁵³ nie⁵³ kao⁵³he²¹ zi³⁵du³⁵ da⁵³ze²¹

kai³⁵ an³⁵ mu³⁵lan⁵³ ȵie⁵³ khau⁵³xe²¹ tsi³⁵tu³⁵ ta⁵³tse²¹

您就将欣赏到类似今天"履历表"一组"阀阅"简牍，

ni³⁵ ha²¹ mu³⁵lan⁵³ nie⁵³ "lui⁵³li²¹biao⁵⁵" da⁵³ze²¹nie²¹

ȵi³⁵ xa²¹ mu³⁵lan⁵³ ȵie⁵³ "lui⁵³li²¹piau⁵⁵" ta⁵³tse²¹ȵie²¹

一组"阀阅"简牍，

ka²¹qie³⁵ta⁵³ ba⁵³duo²¹ce⁵³

kha²¹tɕhie³⁵tha⁵³ pa⁵³tuo²¹tshe⁵³

正中则是官员的考勤考绩简，

ga^{35}me^{53}　nie^{21}　sa^{21}ri^{53}　ca^{35}　de^{35}ka^{53}la^{53}　a^{35}bo^{53}　xi^{21}ka^{21}qie^{35}ta^{53}

ka^{35}me^{53}　ɲie^{21}　sa^{21}ʑi^{53}　tsha^{35}　te^{35}kha^{53}la^{53}　a^{35}po^{53}　çi^{21}kha^{21}tɕhie^{35}tha^{53}

每年秋冬之时，

la^{53}loŋ^{53}hen^{53}le^{21}　nie^{21}　dong^{53}si^{53}tian^{53}

la^{53}loŋ^{53}xen^{53}le^{21}　ɲie^{21}　toŋ^{53}si^{53}thian^{53}

地方的工作业绩还须逐级汇报到中央，

ba^{21}ti^{21}　sa^{21}ri^{53}　xi^{21}　zong^{55}yan^{53}　bo^{53}　ze^{35}　duo^{53}

pa^{21}thi^{21}　sa^{21}ʑi^{53}　çi^{21}　tsoŋ^{55}ian^{53}　po^{53}　tse^{35}　tuo^{53}

而中央也会派遣官员到地方来考察，

zong^{55}yan^{53}　ga^{35}me^{53}　pa^{21}qie^{53}　ba^{21}ti^{21}　ba^{55}dei^{35}

tsoŋ^{55}ian^{53}　ka^{35}me^{53}　pha^{21}tɕhe^{53}　pa^{21}thi^{21}　pa^{55}tei^{35}

形成了严密的体系，

nian^{21}mi^{21}　ti^{53}xi^{35}　xie^{35}

ɲian^{21}mi^{21}　hti^{53}çi^{35}　çie^{35}

保证中央政令在基层得到实施。

zong^{55}yan^{53}　zen^{35}len^{35}　ba^{21}ti^{21}　ri^{53}　duo^{21}

tsoŋ^{55}ian^{53}　tsen^{35}len^{35}　pa^{21}thi^{21}　ʑi^{53}　tuo^{21}

展柜最右侧的这枚简牍，

bu^{53}jie^{21}　nie^{21}　gai^{35}　ka^{21}qie^{35}ta^{53}

pu^{53}tɕie^{21}　ɲie^{21}　kai^{35}　kha^{21}tɕhie^{35}tha^{53}

便是我们现在的干部年终述职报告——秦时的"上计公文简"，

mu^{35}lan^{53}　an^{35}ni^{53}　nie　"su^{35}zi^{21}bao^{35}gao^{55}"　da^{53}ze^{21}

mu^{35}lan^{53}　an^{35}ɲi^{53}　ɲie　"su^{35}tsi^{21}pau^{35}kau^{55}"　ta^{53}tse^{21}

其内容为郡县一年中

wo^{21}tu^{53}la^{53}long^{53}nie^{21}

o^{21}tu^{53}la^{53}long^{53}nie^{21}

租赋、刑狱、选举、垦田、灾情等情况。

zu⁵³hu³⁵　　xin²¹you²¹　xian⁵³ji⁵⁵　　ken⁵³　　tian²¹　　zai⁵³qin²¹　　a³⁵
bo⁵³la²¹

tsu⁵³xu³⁵　　ɕin²¹iou²¹　ɕian⁵³tɕi⁵⁵　khen⁵³　　thian²¹　tsai⁵³tɕhin²¹　a³⁵
po⁵³la²¹

刀笔吏

tuo²¹tuo²¹　　huo²¹le²¹　　ci⁵⁵ci⁵⁵　　a³⁵　　nie⁵³　　ga³⁵me⁵³
thuo²¹thuo²¹　xuo²¹le²¹　　tshi⁵⁵tshi⁵⁵　a³⁵　　n̠ie⁵³　　ka³⁵me⁵³
请您来右侧的这个展柜继续欣赏，
ni³⁵　　bu⁵³jie²¹　　bo²¹　　ba⁵⁵
n̠i³⁵　　pu⁵³tɕie²¹　　po²¹　　pa⁵⁵
里面将展示制作简牍和书写用到的系列工具。
wo²¹tu⁵³　　ka²¹qie³⁵ta⁵³　　　qian³⁵ri⁵³　nie²¹xi⁵³　ci⁵⁵ci⁵⁵
a³⁵　nie⁵³　jia⁵³si⁴⁵³
o²¹thu⁵³　　kha²¹tɕhie³⁵tha⁵³　　tɕhian³⁵ʑi⁵³　n̠ie²¹ɕi⁵³　　tshi⁵⁵tshi⁵⁵
a³⁵　n̠ie⁵³　tɕia⁵³si⁴⁵³
"刀笔吏"就类似今天政府机构的行政秘书，
"dao⁵³bi²¹li³⁵"，mu³⁵lan⁵³mi²¹su²¹da⁵⁵ze²¹
"tau⁵³pi²¹li³⁵"，mu³⁵lan⁵³mi²¹su²¹ta⁵⁵tse²¹
秦始皇当时将负责掌管公文书写的官员，形象地称之为刀笔吏。您瞧，正
中的这把铁削刀就是从古城出土的实物，
gai³⁵　tuo²¹tuo²¹　la⁵³pa⁵³　wan⁵³tan⁵³　luo⁵³you⁵³te³⁵ba⁵³　zu³⁵　bo⁵³xi²¹
kai³⁵　thuo²¹thuo²¹　la⁵³pha⁵³　uan⁵³than⁵³luo⁵³iou⁵³the³⁵pa⁵³　tsu³⁵　po⁵³ɕi²¹
它历经两千余年已生满铁锈，
2000 duo⁵³nian²¹　　xiao³⁵　xou³⁵　　si²¹　liao²¹
2000 tuo⁵³n̠ian²¹　　ɕiau³⁵　ɕou³⁵　　si²¹　liau²¹
可在当时却非常锋利。
mu³⁵lan⁵³　ha²¹　xi⁵³la⁵³　xi⁵³la⁵³
mu³⁵lan⁵³　xa²¹　ɕi⁵³la⁵³　ɕi⁵³la⁵³

右侧的 3 枚"削衣"

bu⁵³jie²¹qie³⁵ta⁵³suo⁵³xi⁵³

pu⁵³tɕie²¹tɕhie³⁵ta⁵³suo⁵³ɕi⁵³

是当时被铁削刀削弃下来的废弃物质。

tuo²¹tuo²¹　　　xie⁵³　le²¹　ta²¹hong³⁵　nie⁵³xi²¹

thuo²¹thuo²¹　ɕie⁵³　le²¹　tha²¹xoŋ³⁵　ȵie⁵³ɕi²¹

我馆的每一个展厅都好比是迁陵县的不同管理部门。

an³⁵ge²¹　qian⁵³len²¹xan³⁵　nie⁵³　gai⁵³lan²¹　bu³⁵men²¹　da⁵³ze²¹

an³⁵ke²¹　tɕhian⁵³len²¹ɕan³⁵　ȵie⁵³　kai⁵³lan²¹　pu³⁵men²¹　ta⁵³tse²¹

在下一个展厅中,您就会

qin²¹nie⁵³ni³⁵　　　ha²¹

tɕhin²¹ȵie⁵³ȵi³⁵　xa²¹

欣赏到秦朝对于固定人口、流动人口及移民、奴隶等人群到底是怎样进
行科学管理的。

qin²¹cao²¹　　　nie²¹　luo⁵³　wo²¹ta⁵³　bo⁵²　zao²¹　qian³⁵guan⁵³li⁵³
ba⁵³duo²¹　ce⁵³

tɕhin²¹tshau²¹　ȵie²¹　luo⁵³　o²¹tha⁵³　po⁵²　tsau²¹　tɕhian³⁵kuan⁵³li⁵³
pa⁵³tuo²¹　tshe⁵³

户籍管理

hu³⁵ji²¹　guan⁵⁵li⁵³

xu³⁵tɕi²¹　kuan⁵⁵li⁵³

进入展厅后,首先在右侧会为您集中展示固定人口的管理制度。

bu⁵³jie　la⁵³ma⁵⁵　la⁵³ma⁵⁵　luo⁵³　nie²¹　guan⁵⁵li⁵³　zi³⁵du³⁵

pu⁵³tɕie　la⁵³ma⁵⁵　la⁵³ma⁵⁵　luo⁵³　ȵie²¹　kuan⁵⁵li⁵³　tsi³⁵tu³⁵

当时户籍是国家掌握劳动人口,

gue²¹jia⁵⁵　luo⁵³　gai⁵³　hu³⁵ni⁵³　jie³⁵bu⁵³sou⁵³　za⁵³　bo²¹la²¹

kue²¹tɕia⁵⁵　luo⁵³　kai⁵³　xu³⁵ni⁵³　tɕie³⁵pu⁵³sou⁵³　tsa⁵³　po²¹la²¹

征调徭役和征收赋税的主要依据,

gai⁵³huo²¹le²¹ yao²¹yi³⁵ zen⁵³diao³⁵ hu³⁵sui³⁵ zen⁵³sou⁵³ nie⁵³
yi⁵³ji³⁵ ri⁵³

kai⁵³xuo²¹le²¹ iau²¹i³⁵ tsen⁵³tiau³⁵ xu³⁵sui³⁵ tsen⁵³sou³⁵ ɲie⁵³
i⁵³tɕi³⁵ ʑɿ⁵³

人人都必须按一家一户登记入籍。

la⁵³ma⁵⁵la⁵³ma⁵⁵ luo⁵³ gai⁵³xie³⁵ hu³⁵ni⁵³ a³⁵ bo⁵³duo²¹
la⁵³ma⁵⁵la⁵³ma⁵⁵ luo⁵³ kai⁵³ɕie³⁵ xu³⁵ɲi⁵³ a³⁵ po⁵³tuo²¹

展柜最右侧的这枚简牍就明确记载了秦始皇三十二年迁陵积户达到
55534 户，

qin²¹si⁵³huan²¹ 32 nian²¹ qian⁵³len²¹ 55534 hu³⁵ xie³⁵
tɕhin²¹si⁵³xuan²¹ 32 ɲian²¹ tɕhian⁵³len²¹ 55534 xu³⁵ ɕie³⁵

是秦时数一数二的人口大县，

luo⁵³ri²¹ nie²¹ xian³⁵ te³⁵ba⁵³
luo⁵³ʑɿ²¹ ɲie²¹ ɕian³⁵ the³⁵pa⁵³

它竟比汉代一个长沙国 43470 户的人口还多上万户！

guo³⁵ guo⁵³ can²¹sa⁵⁵gue²¹ 43470 hu³⁵ ha²¹ wan³⁵hu³⁵ ri²¹nie⁵³
kuo³⁵ kuo⁵³ tshan²¹sa⁵⁵kue²¹ 43470 xu³⁵ xa²¹ uan³⁵xu³⁵ ʑɿ²¹ɲie⁵³

通关凭证

la⁵³ka⁵³pin²¹zen⁵⁵
la⁵³kha⁵³phin²¹tsen⁵⁵

在您左后方，是针对流动人口进行的"通关凭证"管理制度。

ni³⁵ qin²¹nie⁵³ la⁵³bi⁵³ luo⁵³ wo²¹ta⁵⁵ zu³⁵ la⁵³ka⁵³pin²¹zen⁵⁵
zi³⁵du³⁵

ɲi³⁵ tɕhin²¹ɲie⁵³ la⁵³pi⁵³ luo⁵³ o²¹tha⁵⁵ tsu³⁵ la⁵³kha⁵³phin²¹zen⁵⁵
tsi³⁵tu³⁵

秦朝在要塞、渡口等重要场所设有关卡，

qin²¹cao²¹ la⁵³ku⁵³ guan⁵³ka⁵³ xie³⁵
tɕhin²¹tshau²¹ la⁵³khu⁵³ kuan⁵³kha⁵³ ɕie³⁵

称为"关津"。

guan⁵³jin⁵³　　ji²¹la

kuan⁵³tɕin⁵³　　tɕi²¹la

出入关卡必须出示通行凭证，

la⁵³ka⁵³　　la⁵³ka⁵³pin²¹zen⁵⁵　　di⁵³

la⁵³kha⁵³　　la⁵³kha⁵³phin²¹tsen⁵⁵　　ti⁵³

不同人员持用的证件不尽相同，

luo⁵³　da⁵³ze²¹da³⁵　la⁵³ka⁵³pin²¹zen⁵⁵　be⁵³　da⁵³ze²¹da³⁵

luo⁵³　ta⁵³tse²¹ta³⁵　la⁵³kha⁵³phin²¹tsen⁵⁵　pe⁵³　ta⁵³tse²¹ta³⁵

严禁无证及持用非法证件出入，

la⁵³ka⁵³pin²¹zen⁵⁵　　tai³⁵　le³⁵mo²¹　la⁵³ka⁵³　ta⁵³

la⁵³kha⁵³phin²¹tsen⁵⁵　thai³⁵　le³⁵mo²¹　la⁵³kha⁵³　tha⁵³

这类似于现代社会中在车站机场等交通枢纽场所查验身份证。

guo³⁵　mu³⁵lan⁵³　nie⁵³　sen⁵⁵hun⁵⁵zen³⁵　da⁵³ze²¹

kuo³⁵　mu³⁵lan⁵³　ȵie⁵³　sen⁵⁵xun⁵⁵tsen³⁵　ta⁵³tse²¹

展柜最右侧的这几枚"符"

bu⁵³ji²¹　nie²¹　gai³⁵ga⁵³xi⁵³　"hu²¹"

pu⁵³tɕi²¹　ȵie²¹　kai³⁵ka⁵³ɕi⁵³　"xu²¹"

便是一种常用的通关文书，

la⁵³ka⁵³　nie²¹　wen²¹su⁵³

la⁵³kha⁵³　ȵie²¹　uen²¹su⁵³

上写持有人的姓名、性别、年龄

ga²¹ha⁵³　xien³⁵min²¹　xien³⁵bie²¹　nian²¹len²¹　hu³⁵ni⁵³　xie³⁵

ka²¹xa⁵³　ɕien³⁵min²¹　ɕien³⁵pie²¹　ȵian²¹len²¹　xu³⁵ȵi⁵³　ɕie³⁵

甚至肤色、身高、社会关系等，

hu²¹se²¹　sen⁵⁵gao⁵³　se³⁵hui³⁵guan⁵⁵xi²¹

xu²¹se²¹　sen⁵⁵kau⁵³　se⁵xui³⁵kuan⁵⁵ɕi²¹

其详尽程度可见一斑。

hu³⁵ni⁵³　a³⁵　bo⁵³la²¹

xu³⁵ȵi⁵³　a³⁵　po⁵³la²¹

第二枚镇馆之宝——九九乘法口诀表

jiu^{55} jiu^{55}　　cen^{21}hua^{21}　　kou^{53}ji^{21}　biao^{53}

tɕiu^{55} tɕiu^{55}　tshen^{21}xua^{21}　khou^{53}tɕi^{21}　piau^{53}

庞大的人口管理必须要借助于数学工具。

hao^{35}lan^{21}　nie^{21}　luo^{53}　guan^{55}li^{53}　duo^{21}　su^{35}xio^{21}　oŋ^{53}　duo^{21}

xau^{35}lan^{21}　ȵie^{21}　luo^{53}　kuan^{55}li^{53}　tuo^{21}　su^{35}ɕio^{21}　oŋ^{53}　　tuo^{21}

而对于乘法口诀表

cen^{21}hua^{21}　　　kou^{53}ji^{21}　　biao^{53}

tshen^{21}xua^{21}　khou^{53}tɕi^{21}　piau^{53}

您一定不会陌生,

ni^{35}　ha^{53}ri^{21}

ȵi^{35}　xa^{53}ʐi^{21}

它是我们儿时必背的数字运算基本工具,

guo^{35}　an^{35}　suan^{53}bo^{21}zu^{35}　su^{35}xio^{21}　ri^{53}　nie^{21}　gong^{55}ji^{35}

kuo^{35}　an^{35}　suan^{53}po^{21}tsu^{35}　su^{35}ɕio^{21}　ʐi^{53}　ȵie^{21}　koŋ^{55}tɕi^{35}

这枚简就是迄今最早、最完整的乘法口诀表实物,

gai^{35} si^{35}gai^{53}san^{35} zui^{35} da^{35}bie^{21} nie^{21} cen^{21}hua^{21}　kou^{53}ji^{21}　　biao^{53}

kai^{35} si^{35}kai^{53}san^{35} tsui^{35} ta^{35}pie^{21} ȵie^{21} tshen^{21}xua^{21} khou^{53}tɕi^{21} piau^{53}

也是我馆的第二枚镇馆之宝,

an^{35}　nie^{53}　　kuo^{53}　da^{53}ze^{21}

an^{35}　ȵie^{53}　khuo^{53}　ta^{53}tse^{21}

距今已有 2200 余年的历史了。

mu^{35}lan^{53}　　2200 nian^{21}　xiao^{35}

mu^{35}lan^{53}　　2200 ȵian^{21}　xiau^{35}

古人计算

wan^{53}tian^{55}　　luo^{53}　suan^{35}nie^{53}　xi^{21}

uan^{53}thian^{55}　luo^{53}　suan^{35}ȵie^{53}　ɕi^{21}

其实是从简牍右上角的"九九八十一"往左倒数,

"jiu⁵⁵jiu⁵⁵ba²¹si²¹yi²¹"ta³⁵bu⁵³jie²¹　　la⁵³bi⁵³　bo²¹　hei⁵³duo²¹

"tɕiu⁵⁵tɕiu⁵⁵pa²¹si²¹i²¹"tha³⁵pu⁵³tɕie²¹　　la⁵³pi⁵³　po²¹　xei⁵³tuo²¹

所以才得名"九九表"。

ai⁵³le⁵³　"jiu⁵⁵jiu⁵⁵biao⁵⁵"　　min²¹zi³⁵　a²¹　liao²¹

ai⁵³le⁵³　"tɕiu⁵⁵tɕiu⁵⁵piau⁵⁵"　　min²¹tsi³⁵　a²¹　liau²¹

而在简牍左下角,"二半而一"更是当时对分数的有效记载,

ta³⁵bu⁵³jie²¹　"nie⁵³za⁵³　le²¹lao⁵³"　hun⁵⁵su⁵⁵　a³⁵bo⁵³la²¹

tha³⁵pu⁵³tɕie²¹　"ȵie⁵³tsa⁵³　le²¹lau⁵³"　xun⁵⁵su⁵⁵　a³⁵po⁵³la²¹

意为二乘以二分之一等于一。

yi³⁵si²¹　"nie⁵³za⁵³　le²¹lao⁵³"

i³⁵si²¹　"ȵie⁵³tsa⁵³　le²¹lau⁵³"

如果您仔细欣赏还会发现最右侧一竖列频繁出现了两点的代字符号,

ni³⁵　ha²¹　nie⁵³bu⁵³　ci⁵³ci⁵³　　a⁵³da⁵³　nie²¹　hu²¹hao³⁵　ba⁵⁵　bo²¹la²¹

ȵi³⁵　xa²¹　ȵie⁵³pu⁵³　tshi⁵³tshi⁵³　a⁵³ta⁵³　ȵie²¹　xu²¹xau³⁵　pa⁵⁵　po²¹la²¹

例如九九八十一的第二个"九",

"jiu⁵⁵jiu⁵⁵ba²¹si²¹yi²¹"　　nie²¹nie⁵³dong⁵³　"jiu⁵⁵"

"tɕiu⁵⁵tɕiu⁵⁵pa²¹si²¹i²¹"　　ȵie²¹ȵie⁵³toŋ⁵³　"tɕiu⁵⁵"

这跟我们现在也十分接近。

gai³⁵　an³⁵　mu³⁵lan⁵³　da⁵³ze²¹

kai³⁵　an³⁵　mu³⁵lan⁵³　ta⁵³tse²¹

这枚简有正反两面,

gai³⁵　qie³⁵ta⁵³　　nie⁵³bi⁵³　xie³⁵

kai³⁵　tɕhie³⁵tha⁵³　ȵie⁵³pi⁵³　xie³⁵

在反面简的最下方

ta⁵³nie⁵³　la⁵³bi⁵³　ba²¹ti²¹

tha⁵³ȵie⁵³　la⁵³pi⁵³　pa²¹thi²¹

还可以看到一个"凡千一百一十三",

ha²¹　"1113"　ba⁵³duo²¹　di⁵³xi²¹

xa²¹　"1113"　pa⁵³tuo²¹　ti⁵³ɕi²¹

也就是乘法表的乘积之和。

cen²¹hua²¹　　biao⁵³　　hu³⁵ni⁵³　da⁵³ha²¹　　sou³⁵

tʂhen²¹xua²¹　piau⁵³　xu³⁵n̠i⁵³　ta⁵³xa²¹　　sou³⁵

它说明早在秦朝，中国人就已经熟练掌握了乘法交换律，

an³⁵　qin²¹cao²¹zu³⁵　　cen²¹hua²¹　　jiu³⁵　ha⁵³　rou²¹

an³⁵　tɕhin²¹tʂhau²¹tsu³⁵　tʂhen²¹xua²¹　tɕiu³⁵　xa⁵³　ʐou²¹

并把它用于社会生活的各种计数当中，

guo³⁵　　huo²¹le²¹　se³⁵hui³⁵ga²¹　si⁵³liao²¹

kuo³⁵　　xuo²¹le²¹　se³⁵xui³⁵ka²¹　si⁵³liau²¹

同时也证明了中国古代的数学是相当发达的。

zen³⁵min²¹　an³⁵　wan⁵³tian⁵⁵　su³⁵xio²¹　hua²¹da²¹　xi²¹tai³⁵

tsen³⁵min²¹　an³⁵　uan⁵³thian⁵⁵　su³⁵ɕio²¹　xua²¹ta²¹　ɕi²¹thai³⁵

移民管理、奴隶管理

cuo⁵³mi²¹zu³⁵ma⁵⁵　　　hu²¹ri⁵³ma²¹　guan⁵⁵li⁵³

tʂhuo⁵³mi²¹tsu³⁵ma⁵⁵　xu²¹ʐi⁵³ma²¹　kuan⁵⁵li⁵³

如果您感兴趣的话在身后可以欣赏到秦朝针对移民、奴隶的精细管理。

ni³⁵qien²¹　nie⁵³　cuo⁵³mi²¹zu³⁵ma⁵⁵　hu²¹ri⁵³ma²¹　qian³⁵
guan⁵⁵li⁵³　ba⁵⁵duo²¹di⁵³xi²¹

n̠i³⁵tʂhien²¹　n̠ie⁵³　tʂhuo⁵³mi²¹tsu³⁵ma⁵⁵　xu²¹ʐi⁵³ma²¹　tɕhian³⁵
kuan⁵⁵li⁵³　pa⁵⁵tuo²¹ti⁵⁵ɕi²¹

当时迁徙人口，或自发或强制，

ai⁵³hu²¹zu³⁵ cuo⁵³mi²¹zu³⁵ma⁵⁵ guan³⁵duo²¹pa²¹qie⁵³　nie⁵³dong⁵³xie³⁵

ai⁵³xu²¹tsu³⁵tʂhuo⁵³mi²¹tsu³⁵ma⁵⁵kuan³⁵tuo²¹pha²¹tɕhie⁵³　n̠ie⁵³toŋ⁵³ɕie³⁵

强制性的移民在迁移途中和定居之初的生活和生产用粮是必须由官府
解决的，

gai³⁵　nie⁵³dong⁵³　luo⁵³nie²¹　ga³⁵xi²¹si⁵³xi²¹　hu³⁵ni⁵³　zen³⁵hu⁵³
de⁵³　le³⁵　bo⁵³xi²¹

kai³⁵　n̠ie⁵³toŋ⁵³　luo⁵³n̠ie²¹　ka³⁵ɕi⁵³si⁵³ɕi²¹　xu³⁵n̠i⁵³　tsen³⁵xu⁵³
te⁵³　le³⁵　po⁵³ɕi²¹

而官府买卖奴隶

ga³⁵me⁵³ lu²¹ti²¹ pu⁵³ lu²¹

ka³⁵me⁵³ lu²¹thi²¹ phu⁵³ lu²¹

更是一种合法行为,

hu³⁵ni⁵³ huo²¹hua²¹

xu³⁵ɳi⁵³ xuo²¹xua²¹

不仅有专门的市场、法定的价格,

si³⁵can²¹xie³⁵ jia³⁵ge²¹xie³⁵

si³⁵tshan²¹ɕie³⁵ tɕia³⁵ke²¹ɕie³⁵

更有相关的管理制度,

guan⁵⁵li⁵³zi³⁵du³⁵ xie³⁵

kuan⁵⁵li⁵³tsi³⁵tu³⁵ ɕie³⁵

奴隶被视为牛马一类的财物,身份非常卑微。

lu²¹ti²¹ xie³⁵ xie²¹ da⁵³ze²¹ xia³⁵jian⁵³ xi²¹tai³⁵

lu²¹thi²¹ ɕie³⁵ ɕie²¹ ta⁵³tse²¹ ɕia³⁵tɕian⁵³ ɕi²¹thai³⁵

经济管理

ku³⁵luo⁵³luo²¹ guan⁵⁵li⁵³

khu³⁵luo⁵³luo²¹ kuan⁵⁵li⁵³

进入下一个展厅,您就好比来到了迁陵县的经济管理部门,

qin²¹nie⁵³ ni³⁵ qian⁵⁵len²¹xian³⁵ nie⁵³ ku³⁵luo⁵³luo²¹ guan⁵⁵li⁵³ bu³⁵men²¹ye⁵³ liao⁵³

tɕhin²¹ɳie⁵³ ɳi³⁵ tɕhan⁵⁵len²¹ɕian³⁵ ɳie⁵³ khu³⁵luo⁵³luo²¹ kuan⁵⁵li⁵³ pu³⁵men²¹ie⁵³ liau⁵³

请您顺时针往左开始参观。

ni³⁵bu⁵³jie²¹le²¹ba⁵³

ɳi³⁵pu⁵³tɕie²¹le²¹pa⁵³

秦王朝是建立在农耕文明之上的,

qin²¹cao²¹ jie³⁵ri⁵³ ga²¹ha⁵⁵ le⁵³ su³⁵ bo⁵³xi²¹

tɕhin²¹tshau²¹　tɕie³⁵ʐi⁵³　ka²¹xa⁵⁵　le⁵³　su³⁵　po⁵³ɕi²¹

十分重视农业生产。

jie³⁵ri⁵³xi²¹　　ba⁵³le²¹　　du⁵³　　xi²¹tai³⁵

tɕie³⁵ʐi⁵³ɕi²¹　pa⁵³le²¹　　tu⁵³　ɕi²¹thai³⁵

第一个展柜就陈列了劝农励耕、祭祀先农的里耶秦简，

wo²¹tu⁵³　　long²¹gen⁵⁵　jian⁵³li²¹　　xian⁵⁵long²¹　ji³⁵si²¹　xi⁵³

ka²¹qie³⁵ta⁵³　xie³⁵

o²¹thu⁵³　　loŋ²¹ken⁵⁵　tɕian⁵³li²¹　ɕian⁵⁵loŋ²¹　tɕi³⁵si²¹　ɕi⁵³

kha²¹tɕhie³⁵tha⁵³　ɕie³⁵

这也反映秦朝遵循"民以食为天，国以农为本"的国策，

gai³⁵　qin²¹cao²¹　luo⁵³zi²¹ga³⁵　jie³⁵ri⁵³　ba⁵³xi²¹du⁵³　huan⁵⁵yen²¹

zu³⁵di²¹

kai³⁵　tɕhin²¹tshau²¹　luo⁵³tsi²¹ka³⁵　tɕie³⁵ʐi⁵³　pa⁵³ɕi²¹tu⁵³　xuan⁵⁵ien²¹

tsu³⁵ti²¹

继而达到民有所养、天下太平的统治目的。

luo⁵³long⁵³ma⁵⁵　xie³⁵　me³⁵ji²¹ta²¹　tai³⁵pin²¹　nie²¹　mu²¹di²¹

da²¹dao³⁵liao⁵⁵

luo⁵³loŋ⁵³ma⁵⁵　ɕie³⁵　me³⁵tɕi²¹tha²¹　thai³⁵phin²¹　ȵie²¹　mu²¹ti²¹

ta²¹tau³⁵liau⁵⁵

第二个展柜的内容呢是控制水火灾情、沃地拓荒的详实记载，

ai⁵³lai⁵³ce²¹mi⁵⁵　xi³lan⁵³　li⁵³hong⁵³ga⁵³xi²¹　a³⁵　bo⁵³xi²¹

ai⁵³lai⁵³tshe²¹mi⁵⁵　ɕi³⁵lan⁵³　li⁵³xoŋ⁵³ka⁵³ɕi²¹　a³⁵　po⁵³ɕi²¹

从这能也能看到政府对于突发事件的应急处理。

gai³⁵ga²¹le²¹　zen³⁵hu⁵³　tu²¹hua²¹si³⁵jian³⁵　cu⁵³li⁵³　ba⁵³duo²¹　di⁵³xi²¹

kai³⁵ka²¹le²¹　tsen³⁵xu⁵³　htu²¹xua²¹si³⁵tɕian³⁵　tshu⁵³li⁵³　pa⁵³tuo²¹　ti⁵³ɕi²¹

秦朝的官营手工作坊非常发达，

qin²¹cao²¹　　jie³⁵le³⁵ri⁵³xi²¹　　zuo²¹huan²¹　hua²¹da²¹　xi²¹tai³⁵

tɕhin²¹tshau²¹　tɕie³⁵le³⁵ʐi⁵³ɕi²¹　tsuo²¹xuan²¹　xua²¹ta²¹　ɕi²¹thai³⁵

涉及的领域也非常广阔，

se³⁵ji²¹　　mian³⁵　ci⁵³

se³⁵tɕi²¹   mian³⁵   tshi⁵³

有采矿、制漆、车辆、皮革等。

kuan³⁵di²¹   qi²¹ri³⁵   ce⁵³lian⁵³   ta³⁵pa²¹de⁵³

khuan³⁵ti²¹   tɕhi²¹ʐi³⁵   tshe⁵³lian⁵³   tha³⁵pha²¹te⁵³

漆器是我国先民的一项伟大发明,

qi²¹nie²¹jia⁵³si⁵³   an³⁵de⁵³   hua²¹min²¹   bo²¹xi⁵³

tɕhi²¹ȵie²¹tɕia⁵³si⁵³   an³⁵te⁵³   xua²¹min²¹   po²¹ɕi⁵³

在第四个展柜正中就陈列了一把迄今为止世界上最早的漆刷实物,

ao⁵³cai²¹   qi²¹sua²¹   la⁵⁵pa⁵⁵   xie³⁵

au⁵³tshai²¹   tɕhi²¹sua²¹   la⁵⁵pha⁵⁵   ɕie³⁵

它保存完整,形制更是历经千年不变,

guo³⁵   ji⁵³qian⁵⁵nian²¹   liao²¹   ha²¹   a³⁵xi⁵³   bo⁵³la²¹nie⁵³

kuo³⁵   tɕi⁵³tɕhian⁵⁵nian²¹   liau²¹   xa²¹   a³⁵ɕi⁵³   po⁵³la²¹ȵie⁵³

可见古人当时多有智慧!

an³⁵nie⁵³   su³⁵mu²¹   cong⁵³min²¹   xi²¹tai³⁵

an³⁵ȵie⁵³   su³⁵mu²¹   tshoŋ⁵³min²¹   ɕi²¹thai³⁵

司法管理

si⁵³ha²¹guan⁵³li⁵³

si⁵³xa²¹kuan⁵³li⁵³

顺时针往前继续参观,

ni³⁵ha²¹ba⁵³duo²¹

ȵi³⁵xa²¹pa⁵³tuo²¹

您就来到了秦朝的司法管理部门。

ni³⁵   qin²¹cao²¹   nie²¹   si⁵³hua²¹bu³⁵men²¹   ye⁵³liao⁵³

ȵi³⁵   tɕhin²¹tshau²¹   ȵie²¹   si⁵³xua²¹pu³⁵men²¹   ie⁵³liau⁵³

里耶秦简中不仅有经济、民事、刑事等多个方面的法律内容,

li⁵³ye²¹   ka²¹qie³⁵ta⁵³   ga²¹   jin⁵³ji⁵⁵   min²¹si⁵⁵   xin²¹si⁵⁵

lui³⁵yong²¹   xie³⁵

li⁵³ie²¹　kha²¹tɕhie³⁵tha⁵³　ka²¹　tɕin⁵³tɕi⁵⁵　min²¹si⁵⁵　ɕin²¹si⁵⁵ lui³⁵ioŋ²¹　ɕie³⁵

更有条文、解释、案例，管理极为科学。

ha²¹ tiao²¹wen²¹　gai⁵³si²¹　ngan³⁵li³⁵　guan³⁵li⁵³　kuo⁵³xio²¹　xi²¹tai³⁵

xa²¹ thiau²¹uen²¹　kai⁵³si²¹　ŋan³⁵li³⁵　kuan³⁵li⁵³　khuo⁵³ɕio²¹　ɕi²¹thai³⁵

左侧第一个展柜中的简牍就记录了追讨欠款的几个案例，

ka²¹qie³⁵ta⁵³　　　ga²¹　qian³⁵　se⁵³to⁵³　nie²¹xi⁵³　a³⁵　bo⁵³la²¹

kha²¹tɕhie³⁵tha⁵³　ka²¹　tɕhian³⁵　se⁵³tho⁵³　ȵie²¹ɕi⁵³　a³⁵　po⁵³la²¹

正中标号为"9–7"的这枚简，

9–7　gai³⁵　ka²¹qie³⁵ta⁵³　ga⁵³xi⁵³

9–7　kai³⁵　ka²¹tɕhie³⁵tha⁵³　ka⁵³ɕi⁵³

记录了一名叫小欵(欵 音同 "同仇敌忾"的忾)的人

xiao⁵⁵kai⁵³　jie²¹se⁵³ba²¹　a³⁵　bo⁵³la²¹

ɕiau⁵⁵khai⁵³　tɕie²¹se²¹pa²¹　a³⁵　po⁵³la²¹

因触犯法律被判罚金 11211 钱，

guo³⁵sa²¹po⁵³liao⁵⁵　11211 ku³⁵luo⁵³luo²¹　hua²¹liao⁵³

kuo³⁵sa²¹pho⁵³liau⁵⁵　11211 khu³⁵luo⁵³luo²¹　xua²¹liau⁵³

如无钱偿还就依法服劳役抵偿，

guo³⁵　ku³⁵luo⁵³luo²¹　tai³⁵　hu²¹ri⁵³　huo²¹le²¹　di⁵³san⁵³

kuo³⁵　khu³⁵luo⁵³luo²¹　thai³⁵　xu²¹ʐi⁵³　xuo²¹le²¹　ti⁵³san⁵³

这就与我们现在的劳动改造制度极为相似，

mu³⁵lan⁵³　nie⁵³　lao²¹gai⁵³　zi³⁵du³⁵　da⁵³ze²¹

mu³⁵lan⁵³　ȵie⁵³　lau²¹kai⁵³　tsi³⁵tu³⁵　ta⁵³tse²¹

而由此也折射出秦朝律条的繁琐苛细、法网的严密完备。

gai³⁵　qin²¹cao²¹　nie²¹　hua²¹li²¹　nian²¹mi²¹　ba⁵³duo²¹　di⁵³xi²¹

kai³⁵　tɕhin²¹tshau²¹　ȵie²¹　xua²¹li²¹　ȵian²¹mi²¹　pa⁵³tuo²¹　ti⁵³ɕi²¹

右侧展柜末尾"追讨欠款"和"公船丢失"这两个典型案例的真实记录，

bu⁵³jie²¹　"se⁵³a²¹"　"bu⁵³ bi⁵³le²¹ liao²¹"　ngan³⁵li³⁵　nie⁵³qi⁵³ a³⁵　bo⁵³la

pu⁵³tɕie²¹　"se⁵³a²¹"　"pu⁵³pi⁵³le²¹liau²¹"　ŋan³⁵li³⁵　ȵie⁵³tɕhi⁵³ a^{35}　po^{53}la

向人们再现了秦代司法审讯判案的全过程。

guo^{35}　qin^{21}cao^{21}　　si^{53}hua^{21}　pan^{35}ngan^{35}　ba^{55}duo^{21}　di^{53}xi^{21}

kuo^{35}　tɕhin^{21}tshau^{21}　si^{53}xua^{21}　phan^{35}ŋan^{35}　pa^{55}tuo^{21}　ti^{53}ɕi^{21}

它是我们今天了解和研究秦代司法判案的重要依据，

guo^{35}　an^{35}　mu^{35}lan^{53}　qin^{21}cao^{21}　　si^{53}hua^{21}　ha^{53}ri^{21}　nie^{21}　yi^{53}ji^{35}

kuo^{35}　an^{35}　mu^{35}lan^{53}　tɕhin^{21}tshau^{21}　si^{53}xua^{21}　xa^{53}ʐi^{21}　n̠ie^{21}　i^{53}tɕi^{35}

简牍中不论是从供词到证词

ka^{21}qie^{35}ta^{53}　　ga^{53}　gong^{35}ci^{21}　zen^{35}ci^{21}

kha^{21}tɕhie^{35}ta^{53}　ka^{53}　koŋ^{35}tshi^{21}　tsen^{35}tshhi^{21}

还是从审讯到复查，各细微细节均有翔实记载。

sen^{53}xin^{21}　hu^{21}ca^{21}　　hu^{35}ni^{53}　a^{35}　bo^{53}la^{21}

sen^{53}ɕin^{21}　xu^{21}tsha^{21}　xu^{35}n̠i^{53}　a^{35}　po^{53}la^{21}

刑徒管理简

sa^{21}po^{53}ma^{55}　　guan^{55}li^{53}

sa^{21}pho^{53}ma^{55}　kuan^{55}li^{53}

除了较完整的简牍外，您在前面这个"刑徒管理"的主题

ni^{35}　zi^{53}gei^{53}　"sa^{21}po^{53}ma^{55}　　guan^{55}li^{53}"　nie^{21}　zu^{55}ti^{21}

n̠i^{35}　tsi^{53}kei^{53}　"sa^{21}pho^{53}ma^{55}　kuan^{55}li^{53}"　n̠ie^{53}　tsu^{55}thi^{21}

展柜中还能欣赏到有销毁痕迹的实物简牍。

ni^{35}　ha^{21}　ye^{21}wu^{35}　nie^{53}　ka^{21}qie^{35}ta^{53}　　ba^{53}duo^{21}　di^{53}xi^{21}

n̠i^{35}　ha^{21}　ie^{21}u^{35}　n̠ie^{53}　kha^{21}tɕhie^{35}ta^{53}　pa^{53}tuo^{21}　ti^{53}ɕi^{21}

里耶秦简所见刑徒有"城旦""鬼薪""白粲"等，

ka^{21}qie^{35}ta^{53}　ga^{21}　sa^{21}po^{53}ma^{55}　　guan^{55}li^{53}"cen^{21}dan^{35}"

"gui^{53}xin^{53}"　"be^{21}can^{35}"　xie^{35}

kha^{21}tɕhie^{35}ta^{53}ka^{21}　sa^{21}pho^{53}ma^{55}　kuan^{55}li^{53}"tshen^{21}tan^{35}"

"kui^{53}ɕin^{53}"　"pe^{21}tshan^{35}"　ɕie^{35}

名目繁多、数量庞大，

min²¹mu²¹ri²¹ luo⁵³ ri²¹

min²¹mu²¹ʑi²¹ luo⁵³ ʑi²¹

刑徒簿籍、死亡情况、劳役时间地点、粮食发放等记载，

sa²¹po⁵³ma⁵⁵ se³⁵nie⁵³xi²¹ jie³⁵ri⁵³xi²¹ ga³⁵nie⁵³xi²¹ hu³⁵nie⁵³

a³⁵ bo⁵³la²¹

sa²¹pho⁵³ma⁵⁵ se³⁵nie⁵³xi²¹ tɕie³⁵ʑi⁵³ɕi²¹ ka³⁵ȵie⁵³ɕi²¹ xu³⁵ȵie⁵³

a³⁵ bo⁵³la²¹

均是迁陵县对刑徒实施有效管理的真实见证。

qian⁵³len²¹xian⁵⁵ sa²¹po⁵³ma⁵⁵ guan⁵³li⁵³ nie²¹xi²¹ jian³⁵zen²¹

tɕhian⁵³len²¹ɕian⁵⁵ sa²¹pho⁵³ma⁵⁵ kuan⁵³li⁵³ ȵie²¹ɕi²¹ tɕian³⁵tsen²¹

物资管理

ye²¹ guan⁵³li⁵³

ie²¹ kuan⁵³li⁵³

往左继续参观,您就来到到了迁陵县的物资管理部门。

ni³⁵ gai³⁵huo²¹zu³⁵ qian⁵³len²¹xian³⁵ ye²¹ guan⁵³li⁵³ nie²¹

cu⁵³ ye⁵³liao⁵⁵

ȵi³⁵ kai³⁵xuo²¹tsu³⁵ tɕhian⁵³len²¹ɕian³⁵ ie²¹ kuan⁵³li⁵³ ȵie²¹

tshu⁵³ ie⁵³liau⁵⁵

展区右侧是钱粮仓储的管理内容，

bu⁵³jie²¹ ku³⁵luo⁵³luo²¹ lian²¹si⁵³ cu⁵³ nie²¹ wu³⁵ji⁵³

pu⁵³tɕie²¹ khu³⁵luo⁵³luo²¹ lian²¹si⁵³ tshu⁵³ ȵie²¹ u³⁵tɕi⁵³

而左侧是军需配备的真实记载，

ta³⁵ bu⁵³jie²¹ bao⁵³zi²¹ha²¹ nie²¹ ye²¹ cu⁵³ nie²¹xi⁵³

tha³⁵ pu⁵³tɕie²¹ pau⁵³tsi²¹xa²¹ ȵie²¹ ie²¹ tshu⁵³ ȵie²¹ɕi⁵³

整体内容涉及迁陵县丞(县丞为一种官职)对仓库管理员的

qian⁵³len²¹xian³⁵cen²¹ wu³⁵ji⁵³ka⁵³se²¹ba²¹ bo²¹

tɕhian⁵³len²¹ɕian³⁵tshen²¹ u³⁵tɕi⁵³kha⁵³se²¹pa²¹ po²¹

命令、官府钱粮出入的账簿、仓储物资管理与调运

min³⁵lin³⁵　　ku³⁵luo⁵³luo²¹　　lian²¹si³⁵　　wo²¹ta⁵³　　bo⁵³　diao³⁵

min³⁵lin³⁵　　khu³⁵luo⁵³luo²¹　　lian²¹si³⁵　　o²¹tha⁵³　　po⁵³　tiau³⁵

粮食使用和为往来人员提供住宿等

lian²¹si²¹　　gai⁵³ga³⁵　　luo⁵³ei³⁵ma⁵⁵　　ga³⁵nie⁵³xi²¹　　de⁵³

lian²¹si²¹　　kai⁵³ka³⁵　　luo⁵³ei³⁵ma⁵⁵　　ka³⁵n̠ie⁵³ɕi²¹　　te⁵³

从这些简文中您就能了解到

gai³⁵　　ci⁵³ci⁵³　　wo²¹tu⁵³　　ni³⁵　　ha⁵³ri²¹

kai³⁵　　tshi⁵³tshi⁵³　　o²¹thu⁵³　　n̠i³⁵　　xa⁵³ʐi²¹

秦朝地方官府机构对仓储物资实行了细致而有效的管理。

qin²¹cao²¹　　nie²¹　　wu³⁵ji⁵³　　guan⁵⁵li⁵⁵　　ca³⁵　　xi⁵³tai³⁵

tɕhin²¹tshau²¹　　n̠ie²¹　　u³⁵tɕi⁵³　　kuan⁵⁵li⁵⁵　　tsha³⁵　　ɕi⁵³thai³⁵

展厅正中的展柜里陈列了从里耶古城遗址出土的度量衡器和类似现在标签的笥牌（"笥"音同"四"），

en⁵³ge⁵³la⁵³bi⁵³　　ha²¹　qi⁵³　　nie²¹　　si⁵³pai²¹　　xie³⁵

en⁵³ke⁵³la⁵³pi⁵³　　xa²¹　tɕhi⁵³　　nie²¹　　si⁵³phai²¹　　ɕie³⁵

您不妨细细欣赏一番。

ni³⁵　　cai³⁵mo²¹　　la⁵³ba⁵⁵ba²¹

n̠i³⁵　　tshai³⁵mo²¹　　la⁵³pa⁵⁵pa²¹

公文邮传

gong⁵³wen²¹　　you²¹cuan²¹

koŋ⁵³uen²¹　　iou²¹tshuan²¹

秦朝是中国历史上第一个统一的封建制国家，

qin²¹cao²¹tong⁵³yi²¹hong⁵³jian³⁵gue²¹jia⁵⁵　sou³⁵

tɕhin²¹tshau²¹thoŋ⁵³i²¹xoŋ⁵³tɕian³⁵kue²¹tɕia⁵⁵sou³⁵

其疆域非常广阔，

lan²¹can²¹　　ci⁵³　　xi²¹tai³⁵

lan²¹tshan²¹　　tshi⁵³　　ɕi²¹thai³⁵

所以要使公文政令、军事命令得以高效上传下达的话，

zen³⁵lin³⁵　　min³⁵lin⁵³　　ga²¹ha⁵³　　ba²¹ti²¹　　da⁵³　　ha⁵³ri²¹　　duo²¹

tsen³⁵lin³⁵　　min³⁵lin⁵³　　ka²¹xa⁵³　　pa²¹thi²¹　　ta⁵³　　xa⁵³ʑi²¹　　tuo²¹

必须要有一个健全的公文邮传系统予以保障。

gong⁵³wen²¹　　you²¹cuan²¹　　　xi³⁵tong⁵³　　lao⁵³　　di

koŋ⁵³uen²¹　　iou²¹tshuan²¹　　çi³⁵thoŋ⁵³　　lau⁵³　　ti

下一个展厅就是迁陵的邮政部门，

qin²¹nie⁵³qian⁵³lin²¹xian³⁵nie⁵³you²¹zen³⁵suo⁵³

tɕhin²¹nie⁵³tɕhian⁵³lin²¹çian³⁵nie⁵³iou²¹tsen³⁵suo⁵³

可以说当时的邮人在整个系统中扮演了主要角色，

xin³⁵si³⁵ma⁵⁵　　zu⁵³yao³⁵jio²¹se²¹　　　sou³⁵

çin³⁵si³⁵ma⁵⁵　　tsu⁵³iau³⁵tɕio²¹se²¹　　sou³⁵

他是我们现在的邮递员，

guo³⁵　　an³⁵　　mu³⁵lan⁵³　　xin³⁵si³⁵ma⁵⁵

kuo³⁵　　an³⁵　　mu³⁵lan⁵³　　çin³⁵si³⁵ma⁵⁵

除本人不用再服徭役外，

guo³⁵　　bin⁵³　　dan⁵³ta⁵³　　duo²¹

kuo³⁵　　pin⁵³　　tan⁵³tha⁵³　　tuo²¹

其家庭成员的户籍也全部发生变化，

cu⁵³nie²¹luo⁵³de⁵³be⁵³hao⁵³cu³⁵xie³⁵

tshu⁵³ȵie²¹luo⁵³te⁵³be⁵³hau⁵³cu³⁵xie³⁵

有别于一般百姓，

yi³⁵ban⁵³nie⁵³luo⁵³　　da⁵³　　ze²¹da³⁵

i³⁵pan⁵³ȵie⁵³luo⁵³　　ta⁵³　　tse²¹ta³⁵

且职位可能父子相继，待遇异常优厚。

bi³⁵　　ba²¹　　nie²¹　　sa²¹　　ri⁵³di⁵³xi²¹　　hu²¹zi²¹　　ri²¹xi²¹tai³⁵

pi³⁵　　pa²¹　　nie²¹　　sa²¹　　ʑi⁵³ti⁵³çi²¹　　xu²¹tsi²¹　　ʑi²¹çi²¹thai³⁵

在展厅正中，是两名邮人交接邮件的模拟场景，

wo²¹tu⁵³　　xin³⁵si³⁵ma⁵⁵　　nie⁵³la⁵³hu²¹　　xie³⁵

o²¹thu⁵³　　çin³⁵si³⁵ma⁵⁵　　ȵie⁵³la⁵³xu²¹　　çie³⁵

当时邮传线路都固定不变，

ai^{53}huo^{21}zu^{35}xin^{35}si^{35}nie^{53}la^{55}gu^{35}den^{5}bo^{55}la^{35}

ai^{53}xuo^{21}tsu^{35}çin^{35}si^{35}ɲie^{53}la^{55}ku^{35}ten^{5}bo^{55}la^{35}

靠一站一站接力传送下去。

la^{35}dong^{53}　　la^{35}dong^{53}　　ba^{21}ti^{21}　　bo^{21}　　si^{35}le^{21}　　duo^{21}

la^{35}toŋ^{53}　　la^{35}toŋ^{53}　　pa^{21}ti^{21}　　po^{21}　　si^{35}le^{21}　　tuo^{21}

公文封缄

gong^{53}wen^{21}　　hong^{53}jian^{55}

koŋ^{53}uen^{21}　　xoŋ^{53}tçian^{55}

公文书写完毕后，

gong^{53}wen^{21}　a^{35}ji^{53}　　liao^{55}

koŋ^{53}uen^{21}　a^{35}tçi^{53}　　liau^{55}

怎样防止在传送过程中被私自拆阅？

huan^{21}zi^{53}　　luo^{53}de^{53}　　e^{35}mo^{21}　　ba^{55}

xuan^{21}tsi^{53}　　luo^{53}te^{53}　　e^{35}mo^{21}　　pa^{55}

您在这个场景右侧的第一个展柜中将欣赏到秦朝对文书所做的机密性处理。

ni^{35}　qin^{21}cao^{21}　　　wen^{21}su^{55}　　ji^{53}mi^{21}　　cu^{53}li^{53}　　nie^{21}xi^{53}　　ba^{53} duo^{55}　di^{53}xi^{21}

ɲi^{35}　tçhin^{21}tshau^{21}　　uen^{21}su^{55}　　tçi^{53}mi^{21}　　tshu^{53}li^{53}　　ɲie^{21}çi^{53}　　pa^{55} tuo^{21}　ti^{53}çi^{21}

首先在写有公文的简牍上面盖上一块被称为"检"的木板，

da^{35}be^{21}　　ka^{221}qie^{35}ta^{53}　　　ga^{21}　　"jian^{53}"　　a^{35}bo^{53}xi^{21}　　ka^{21}ba^{21} la^{53}xi^{35}　xie^{35}

ta^{35}pe^{21}　　kha^{21}tçhie^{35}tha^{53}　ka^{21}　　"tçian^{53}"　　a^{35}po^{53}çi^{21}　　kha^{21}pa^{21} la^{53}çi^{35}　çie^{35}

然后用绳子将"检"和文书简牍捆扎在一起，

ai^{53}lai^{53}　e^{35}la^{53}huo^{53}le^{21}　"jian^{53}"　wen^{21}su^{53}　da^{53}　ti^{35}bo^{53}

ai^{53}lai^{53}　e^{35}la^{53}xuo^{53}le^{21}　"tçian^{53}"　uen^{21}su^{53}　ta^{53}　thi^{35}po^{53}

在"检"上系绳结的地方挖个小槽，

"jian⁵³" ga²¹ cao²¹cao³⁵ lao⁵³di²¹

"tɕian⁵³" ka²¹ tshau²¹tshau²¹ lau⁵³ti²¹

放上封泥，

hong⁵³ni²¹ la³⁵bo⁵³

xoŋ⁵³n̠i²¹ la³⁵po⁵³

再在封泥上盖上负责官吏的印章，

hong⁵³ni²¹ ga²¹ ga³⁵me⁵³ nie²¹ yen³⁵zan⁵⁵ gai³⁵ bo⁵³

xoŋ⁵³n̠i²¹ ka²¹ ka³⁵me⁵³ n̠ie²¹ ien³⁵tsan⁵⁵ kai³⁵ po⁵³

最后在检上写上文书的收发地址、邮件人、邮传方式等。

sa²¹guo⁵³ xin³⁵nie⁵³sou⁵³hua²¹di³⁵zi⁵³ luo⁵³ nie²¹ min²¹zi³⁵ a³⁵bo⁵³

sa²¹kuo⁵³ ɕin³⁵n̠ie⁵³sou⁵³xua²¹ti³⁵tsi⁵³ luo⁵³ n̠ie²¹ min²¹tsi³⁵ a³⁵po⁵³

如果封泥断裂，

hong⁵³ni²¹ kuo²¹liao²¹

xoŋ⁵³n̠i²¹ khuo²¹liau²¹

就表明有人解开绳结偷看了公文。

luo⁵³de⁵³ duo²¹ e³⁵mo²¹ ba⁵³liao²¹

luo⁵³te⁵³ tuo²¹ e³⁵mo²¹ pa⁵³liau²¹

第三枚镇馆之宝——迁陵以邮行洞庭

qian⁵³lin²¹ yi⁵³you²¹ xin²¹ dong³⁵ten²¹

tɕhian⁵³lin²¹ i⁵³iou²¹ ɕin²¹ toŋ³⁵then²¹

您身后独体展柜里的第三枚镇馆之宝——"迁陵以邮行洞庭"，

ni³⁵ ta⁵³nie⁵³ "qian⁵³lin²¹ yi⁵³you²¹ xin²¹ dong³⁵ten²¹"xie³⁵

n̠i³⁵ tha⁵³n̠ie⁵³ "tɕhian⁵³lin²¹ i⁵³iou²¹ ɕin²¹ toŋ³⁵then²¹"ɕie³⁵

是迁陵县寄往洞庭郡的邮书封检，

qian⁵³lin²¹xian³⁵ dong³⁵ten²¹jin³⁵ bo⁵³ si³⁵ nie⁵³ hong⁵³jian⁵³

tɕhian⁵³lin²¹ɕian³⁵ toŋ³⁵then²¹tɕin³⁵ po⁵³ si³⁵ n̠ie⁵³ xoŋ⁵³tɕian⁵³

为中国邮政史的开端，

zong⁵⁵gue²¹   you²¹zen³⁵   kai⁵³duan⁵³

tsoŋ⁵⁵kue²¹   iou²¹tsen³⁵   khai⁵³tuan⁵³

上面记录了公文收发地址和邮传方式，

ga²¹ha⁵³   gong⁵³wen²¹sou⁵⁵hua²¹   di³⁵zi⁵³   han⁵³si⁵³   hu³⁵ni⁵³

a³⁵   bo⁵³la²¹

ka²¹xa⁵³   koŋ⁵³uen²¹sou⁵⁵xua²¹   ti³⁵tsi⁵³   xan⁵³si⁵³   xu³⁵ȵi⁵³

a³⁵   po⁵³la²¹

是迁陵县的邮递员步行将官署公文送至洞庭郡的意思，

qian⁵³lin²¹xian³⁵   xin³⁵si³⁵ma⁵⁵   dong³⁵den²¹jin³⁵   bo⁵³

gong⁵³wen²¹   si³⁵

tɕhian⁵³lin²¹ɕian³⁵   ɕin³⁵si³⁵ma⁵⁵   toŋ³⁵ten²¹tɕin³⁵   po⁵³

koŋ⁵³uen²¹   si³⁵

所以它也是中国最早的信封。

guo³⁵   zong⁵⁵gue²¹   zui³⁵zao⁵³   nie²¹   xin³⁵

kuo³⁵   tsoŋ⁵⁵kue²¹   tsui³⁵tsau⁵³   ȵie²¹   ɕin³⁵

而在其上方的两枚封泥也是里耶出土的实物

ga²¹ha⁵³   hong⁵³ni²¹   nie⁵³bu⁵³   be⁵³   li⁵³   ye²¹   zu³⁵   bo⁵³xi²¹

ka²¹xa⁵³   xoŋ⁵³ȵi²¹   ȵie⁵³pu⁵³   pe⁵³   li⁵³   ie²¹   tsu³⁵   po⁵³ɕi²¹

有两千余年历史，

2000 nian²¹li²¹si⁵³   wo²¹tu⁵³

2000 ȵian²¹li²¹si⁵³   o²¹thu⁵³

所盖官方印章却仍然清晰可见，

ga³⁵me⁵³   nie²¹   yi³⁵zan⁵⁵   ha²¹   cai³⁵mo²¹   ba⁵³duo²¹   di⁵³xi²¹

ka³⁵me⁵³   ȵie²¹   i³⁵tsan⁵⁵   xa²¹   tshai³⁵mo²¹   pa⁵³tuo²¹   ti⁵³ɕi²¹

分别是"洞庭司马"和"酉阳丞印"

gei⁵³ze²¹   "dong³⁵ten²¹si⁵³ma⁵⁵"   nie²¹   "you⁵³yan²¹cen²¹yen³⁵"

kei⁵³tse²¹   "toŋ³⁵then²¹si⁵³ma⁵⁵"   ȵie²¹   "iou⁵³ian²¹tshen²¹ien³⁵"

它们又再一次证实了秦始皇统治期间的确存在着"洞庭郡"。

qin²¹si⁵³huan²¹zu³⁵   "dong³⁵ten²¹jin"   za³⁵zai³⁵hua²¹   xie³⁵

tɕhin²¹si⁵³xuan²¹tsu³⁵   "toŋ³⁵then²¹tɕin"   tsa³⁵tsai³⁵xua²¹   ɕie³⁵

公文收发

gong⁵³wen²¹　sou⁵³hua²¹

koŋ⁵³uen²¹　sou⁵³xua²¹

在最后一个"公文收发"的主题展柜中，

"gong⁵³wen²¹　sou⁵³hua²¹"zu⁵³ti²¹wo³⁵tu⁵³

"koŋ⁵³uen²¹　sou⁵³xua²¹"tsu⁵³thi²¹o³⁵thu⁵³

您将看到秦朝的县级机构

ni³⁵qin²¹cao²¹nie²¹xian³⁵ji²¹ji⁵⁵gou³⁵

ȵi³⁵tɕin²¹tshau²¹ȵie²¹ɕian³⁵tɕi²¹tɕi⁵⁵kou³⁵

对公文处理都做到了及时、准确、安全，

gong⁵³wen²¹　cu⁵³li⁵³　　gui⁵³huan³⁵　zun⁵³qio²¹　ngan⁵³qian²¹

koŋ⁵³uen²¹　tshu⁵³li⁵³　kui⁵³xuan³⁵　tsun⁵³tɕhio²¹　ŋan⁵³tɕhian²¹

整个公文运行规范且效率很高，

gong⁵³wen²¹　yen³⁵xin²¹　gui⁵³huan³⁵　xiao³⁵li²¹　ca³⁵

koŋ⁵³uen²¹　ien³⁵ɕin²¹　kui⁵³xuan³⁵　ɕiau³⁵li²¹　tsha³⁵

秦简的公文收发记录相当详细，

ka²¹qie³⁵ta⁵³nie²¹gong⁵³wen²¹　sou⁵³hua²¹go³⁵xi³⁵xi⁵³tai³⁵

kha²¹tɕhie³⁵tha⁵³ȵie²¹koŋ⁵³uen²¹　sou⁵³xua²¹ko³⁵ɕi³⁵ɕi⁵³thai³⁵

不仅有年、月、日，

la⁵³long⁵³　la⁵³si⁵³　la⁵³nie⁵³　xie³⁵

la⁵³loŋ⁵³　la⁵³si⁵³　la⁵³ȵie⁵³　ɕie³⁵

还记录了始发与收到文书的月日晨暮，

ha²¹si⁵³　hua²¹nie²¹　sou⁵³dao³⁵　wen²¹su⁵³　nie⁵³　si⁵³　nie⁵³

zao⁵³gu⁵³de²¹　lan²¹qi⁵³cai²¹

xa²¹si⁵³　xua²¹ȵie²¹　sou⁵³tau³⁵　uen²¹su⁵³　ȵie⁵³　si⁵³　ȵie⁵³

tsau⁵³ku⁵³te²¹　lan²¹tɕhi⁵³ctshai²¹

并能将其精确到分钟。

hun³⁵zong⁵³bo²¹la²¹

xun³⁵tsoŋ⁵³po²¹la²¹

这不得不让我们现代人叹服！

an³⁵　mu³⁵lan⁵³　luo⁵³de⁵³　de²¹　tan³⁵hu²¹　duo²¹

an³⁵　mu³⁵lan⁵³　luo⁵³te⁵³　te²¹　than³⁵xu²¹　tuo²¹

结束语

qin²¹nie⁵³　　nie²¹sa²¹

tɕhin²¹ɲie⁵³　ɲie²¹sa²¹

再往前参观，

ha²¹　zi⁵³gei⁵³　bo²¹　ba⁵⁵

xa²¹　tsi⁵³kei⁵³　po²¹　pa⁵⁵

您就来到了本次陈展的尾厅

ni³⁵　an³⁵ge²¹　zan⁵⁵ten⁵³　nie²¹　ta⁵³nie⁵³　zan⁵⁵ten⁵³　ye⁵³liao⁵⁵

ɲi³⁵　an³⁵ke²¹　tsan⁵⁵then⁵³　ɲie²¹　tha⁵³ɲie⁵³　tsan⁵⁵then⁵³　ie⁵³liau⁵⁵

——我馆的互动体验区域。

——an³⁵　da⁵³ha²¹　hu³⁵dong³⁵　nie⁵³　lan²¹can²¹

——an³⁵　ta⁵³xa²¹　xu³⁵toŋ³⁵　ɲie⁵³　lan²¹tshan²¹

通过各种电子互动设备，

dian³⁵zi⁵³hu³⁵dong³⁵se³⁵bi³⁵　huo²¹le²¹

tian³⁵tsi⁵³xu³⁵toŋ³⁵se³⁵pi³⁵　xuo²¹le²¹

您不仅能与秦简有效互动，

ni³⁵　qin²¹cao²¹nie²¹ka²¹qie³⁵ta⁵³　　　　da⁵³ha²¹　hu³⁵dong³⁵

ɲi³⁵　tɕhin²¹tshau²¹ɲie²¹kha²¹tɕhie³⁵tha⁵³　ta⁵³xa²¹　xu³⁵toŋ³⁵

还能更好地欣赏到这些珍贵国宝。

ha²¹　gai³⁵de⁵³　zen⁵³gui³⁵kuo⁵³nie²¹ye²¹　cai³⁵mo²¹　ba⁵³　duo²¹la²¹

xa²¹　kai³⁵te⁵³　tsen⁵³kui³⁵khuo⁵³ɲie²¹ie²¹　tshai³⁵mo²¹　pa⁵³　tuo²¹la²¹

里耶古城遗址以及 37000 余枚秦简的发现，

li⁵³ye²¹wan⁵³tian⁵³luo⁵³you⁵³te³⁵ba⁵³　　ka²¹qie³⁵ta⁵³　　37000 mei²¹

zu³⁵dou⁵³

li^{53}ie^{21}uan^{53}thian^{53}luo^{53}iou^{53}the^{35}pa^{53}　kha^{21}tɕhie^{35}tha^{53} 37000 mei^{21}tsu^{35}tou^{53}

将历史背后的真相还原，

an^{35}　li^{21}si^{53}　nie^{21}　zen^{55}xian^{35}　yi^{21}liao^{21}

an^{35}　li^{21}si^{53}　ȵie^{21}　tsen^{55}ɕian^{35}　i^{21}liau^{21}

在武陵深处埋藏了两千多年的文明逐渐清晰，

wu^{55}len^{21}san^{55}　wo^{21}tu^{53}　wen^{21}min^{21}　2000 nian^{21}　bong^{21}bo^{21}xi^{53}ha^{53}ri^{21}　liao^{21}

u^{55}len^{21}san^{55}　o^{21}thu^{53}　uen^{21}min^{21}　2000 ȵian^{21}　poŋ^{21}po^{21}ɕi^{53}xa^{53}ʐi^{21}　liau^{21}

从政治到军事，从经济到文化，

zen^{35}zi^{21}　jin^{55}si^{55}　jin^{55}ji^{55}　wen^{21}hua^{35}

tsen^{35}tsi^{21}　tɕin^{55}si^{55}　tɕin^{55}tɕi^{55}　uen^{21}xua^{35}

全方位地展示了秦帝国无比迷人的魅力。

qin^{21}cao^{21}　nie^{21}　xie^{53}qi^{21}　hu^{35}ni^{53}　po^{53}mo^{21}　zu^{35}diu^{53}

tɕhin^{21}tshau^{21}　ȵie^{21}　ɕie^{53}tɕhi^{21}　xu^{35}ȵi^{53}　pho^{53}mo^{21}　tsu^{35}tiu^{53}

看到这里，

gao^{35}cai^{21}　ba^{55}le^{21}

kau^{35}tshai^{21}　pa^{55}le^{21}

您或许还意犹未尽，

ni^{35}　ha^{21}　ba^{55}le^{21}　jie^{35}po^{53}　ta^{53}

ȵi^{35}　xa^{21}　pa^{55}le^{21}　tɕie^{35}pho^{53}　tha^{53}

相信这座躺在秦时明月下的神秘古城

gai^{35}　qin^{21}cao^{21}　wan^{55}tian^{55}　nie^{21}　luo^{53}you^{53}　te^{35}ba^{53}

kai^{35}　tɕin^{21}tsau^{21}　uan^{55}thian^{55}　ȵie^{21}　luo^{53}iou^{53}　the^{35}pa^{53}

还有更多的故事等着您来探寻、解读……

ha^{21}　gai^{53}lan^{21}　nie^{21}sa^{21}　ni^{35}　ti^{53}bo^{21}ni^{53}　ni^{35}do^{21}　cai^{35}mo^{21}tu^{53}duo^{21}

xa^{21}　kai^{53}lan^{21}　ȵie^{21}sa^{21}　ȵi^{35}　ti^{53}po^{21}ȵi^{53}　ȵi^{35}to^{21}　tsai^{35}mo^{21}thu^{53}tuo^{21}

"大秦迁陵"的解说到此结束。

"da³⁵qin²¹qian⁵³len²¹" li²¹xi⁵³ jiu³⁵ gao³⁵cai²¹ sa³⁵guo⁵³ liao²¹

"ta³⁵tɕhin²¹tɕhian⁵³len²¹" li²¹ɕi⁵³ tɕiu³⁵ kau³⁵tshai²¹ sa³⁵kuo⁵³ liau²¹

谢谢您的光临!

ni³⁵ ge²¹ en²¹zi²¹ an²¹zai⁵³ an²¹zai⁵³

ȵi³⁵ ke²¹ en²¹tsi²¹ an²¹tsai⁵³ an²¹tsai⁵³

欢迎下次再来参观!

wo⁵³huo⁵⁵ ni³⁵ ta⁵³nie⁵³ ha²¹ ba⁵⁵ di²¹duo²¹

o⁵³xuo⁵⁵ ȵi³⁵ tha⁵³ȵie⁵³ xa²¹ pa⁵⁵ ti²¹tuo²¹

第二章　导游迎送辞与旅游常用语

第一节　欢迎辞

po³⁵ga⁵³de²¹　　a³⁵da⁵³de²¹　　a³⁵guo⁵³de⁵³

pho³⁵ka⁵³te²¹　　a³⁵ta⁵³te²¹　　a³⁵kuo⁵³te⁵³

先生们　　　　女士们　　　　朋友们

hu³⁵ni⁵³　ca³⁵

xu³⁵n̩i⁵³　tsha³⁵

大家　　好

se³⁵ni⁵³　ge²¹　bo²¹　ei³⁵le²¹　　ge²¹ci⁵³　　wo⁵³huo²¹

se³⁵n̩i⁵³　ke²¹　po²¹　ei³⁵le²¹　　ke²¹tshi⁵³　　o⁵³xuo²¹

你们　这里　到　来　　　旅游　　欢迎

nga³⁵　zan⁵³　jia⁵³ka²¹　　hu³⁵ni⁵³　nga³⁵　xiao²¹zan⁵³　jie²¹

ŋa³⁵　tsan⁵³　tɕia⁵³kha²¹　　xu³⁵n̩i⁵³　ŋa³⁵　ɕiau²¹tsan⁵³　tɕie²¹

我　(张)　姓　　大家　我　小(张)　　叫

lai⁵³　za²¹zai³⁵xua²¹　　hu³⁵ni⁵³　hu³⁵si⁵³

lai⁵³　tsa²¹tsai³⁵xua²¹　　xu³⁵n̩i⁵³　xu³⁵si⁵³

今天　真诚　　　大家　　服务

ge²¹　ei³⁵le²¹　ge²¹ci⁵³　mo²¹　li⁵³si²¹　xi²¹tai³⁵　ge²¹ci⁵³　　mo²¹　xi⁵³ma⁵³　ta⁵³

ke²¹　ei³⁵le²¹　ke²¹tshi⁵³　mo²¹　li⁵³si²¹　ɕi²¹htai³⁵　ke²¹tshi⁵³　mo²¹　ɕi⁵³ma⁵³　tha⁵³

这里　来到　游玩　得　开心　非常　游玩　　得　忘怀　难

gai³⁵la⁵³qie⁵³　nga³⁵　se³⁵　hu⁵³si²¹　kou³⁵cai²¹　　ri⁵³　mo²¹　ze²¹bu⁵³ce²¹

kai³⁵la⁵³tɕhie⁵³　ŋa³⁵　se³⁵　xu⁵³si²¹　khou³⁵tshai²¹　z̩i⁵³　mo²¹　tse²¹pu⁵³tshe²¹

这次　　我　你们　服务　哪里　　做　得　不周到

se³⁵　nga³⁵　a³⁵ei⁵³　duo⁵³

se³⁵　ŋa³⁵　a³⁵ei⁵³　tuo⁵³

你们　我　批评　要

意译：

先生们，女士们，各位朋友：

大家好！欢迎你们来到这里观光游览！

我姓(张)，大家叫我小(张)，今天我竭诚地为大家服务。

我真诚地祝愿大家到这里玩得开心，游得满意！

这次我为大家服务，在工作中有服务不周到的地方，

请你们批评指正。

第二节　欢送辞

po³⁵ga⁵³de²¹　a³⁵da⁵³de²¹　a³⁵guo⁵³de⁵³

pho³⁵ka⁵³te²¹　a³⁵ta⁵³te²¹　a³⁵kuo⁵³te⁵³

先生们　　　女士们　　　朋友们

lai⁵³　ge²¹ci⁵³　ji³⁵liao⁵⁵　re⁵³kui²¹　nie²¹　ge²¹du⁵³　ha²¹　se³⁵　ti⁵³　bo²¹　la²¹nie⁵³

lai⁵³　ke²¹tshi⁵³　tɕi³⁵liau⁵⁵　ʑe⁵³khui²¹　ȵie²¹　ke²¹tu⁵³　xa²¹　se³⁵　thi⁵³　po²¹　la²¹ȵie⁵³

今天　游览　完了　美丽　的　这里　还　你们　等　着　在呢

se³⁵　ha²¹　en²¹zi²¹　duo²¹　an³⁵　ge²¹　jin⁵³duo²¹　de³⁵　bo⁵³　la²¹

se³⁵　xa²¹　en²¹tsi²¹　tuo²¹　an³⁵　ke²¹　tɕin⁵³tuo²¹　te³⁵　po⁵³　la²¹

你们　还　来　要　我们　这里　经常　记　着　在

bu⁵³cuo²¹de²¹　suo⁵³ti²¹　ca³⁵　la⁵³ku⁵³　ei³⁵zu⁵³　re³⁵su⁵³　ha²¹　se³⁵ni⁵³　la³⁵dong⁵³

pu⁵³tshuo²¹te²¹　suo⁵³thi²¹　tsha³⁵　la⁵³khu⁵³　ei³⁵tsu⁵³　ʑe³⁵su⁵³　xa²¹　se³⁵ȵi⁵³　la³⁵toŋ⁵³

祝贵宾　身体　健康　一路　走时　风　打　你们　一下

cu⁵³　ye⁵³　liao⁵⁵

tshu⁵³　ie⁵³　liau⁵⁵

家　到　了

la^{53}cuo^{53}la^{53}la^{53}　de^{21}ca^{35}　qia^{53}xi^{21}　　sa^{21}　de^{53}　li^{53}si^{21}

la^{53}tshuo^{53}la^{53}la^{53}　te^{21}tsha^{35}　tɕhia^{53}ɕi^{21}　sa^{21}　te^{53}　li^{53}si^{21}

(祝)全家　　　　幸福　　什么　　事　都　高兴

意译：

先生们，女士们，各位朋友：

今天的游程就结束了，美丽的这里还等着你们的到来！

希望你们再次光临。这里成为你们的永恒记忆。

祝贵宾们身体健康！一路顺风，顺利到家！

最后祝愿你们全家幸福，万事如意！

第三节　旅游常用语

导游：bu^{53}cuo^{21}　　cuo^{53}　　bo^{21}　ge^{21}ci^{53}　　ma^{53}
　　　[pu^{53}tshuo^{21}　tshuo^{53}po^{21}ke^{21}tshi^{53}ma^{53}]

游客：1.ge^{21}ci^{53}ma^{53}[ke^{21}tshi^{53}ma^{53}]
　　　2.ge^{21}ci^{53}　nie^{21}bu^{53}cuo^{21}[ke^{21}tshi^{53}　ȵie^{21}pu^{53}tshuo^{21}]

美女：re^{53}kui^{21}　　biu^{35}[ʐe^{53}khui^{21}　piu^{35}]

欢迎：wo^{53}huo^{35}[o^{53}xuo^{35}]

再见：ha^{21}da^{53}　　yi^{21}[xa^{21}ta^{53}　i^{21}]

谢谢：an^{21}zai^{53}[an^{21}tsai^{53}]

集合：da^{53}a^{35}tu^{53}bo^{21}[ta^{53}a^{35}thu^{53}po^{21}]

注意安全：qie^{53}　　sa^{21}de^{53}　　zu^{35}tai^{35}duo^{53}
　　　　　　[tɕhie^{53}　sa^{21}te^{53}　tsu^{35}tai^{35}tuo^{21}]

小心：li^{53}kuo^{53}li^{21}　suan^{53}bo^{21}[li^{53}khuo^{53}li^{21}　suan^{53}po^{21}]

注意：cai^{35}mo^{21}duo^{21}[tshai^{35}mo^{21}tuo^{21}]

挥手：jie^{35}yi^{35}[tɕie^{35}i^{35}]

握手：jie^{35}za^{53}[tɕie^{35}tsa^{53}]

宾馆：bu^{53}cuo^{21}ong^{21}nie^{21}cuo^{53}[pu^{53}tshuo^{21}oŋ^{21}ȵie^{21}tshuo^{53}]

餐馆：zi²¹ga³⁵nie⁵³cuo⁵³[tʂi²¹ta³⁵ȵie⁵³tʂhuo⁵³]

迎宾：bu⁵³cuo²¹ a²¹[pu⁵³tʂhuo²¹ a²¹]

睡觉：nie³⁵[ȵie³⁵]

穿：da³⁵[ta³⁵]

住：ong²¹[oŋ²¹]

吃：ga³⁵[ka³⁵]

行：ei³⁵[ei³⁵]

土特产：ge²¹ zu³⁵bo⁵³xi²¹ nie²¹ ye²¹[ke²¹ tsu³⁵po⁵³ɕi²¹ ȵie²¹ ie²¹]

开水：pe⁵³ce²¹[phe⁵³tʂhe²¹]

茶水：a²¹ce⁵³[a²¹tʂhe⁵³]

汗水：gu⁵³ce²¹[ku⁵³tʂhe²¹]

上坡：ba²¹gu²¹[pa²¹ku²¹]

下坡：ba²¹da²¹[pa²¹ta²¹]

平路：la⁵³bi⁵³tiao⁵³[la⁵³pi⁵³tiau⁵³]

路远：la⁵³e²¹[la⁵³e²¹]

路近：la⁵³zong⁵³[la⁵³tsoŋ⁵³]

好好走：cai³⁵mo²¹ ei³⁵[tʂhai³⁵mo²¹ ei³⁵]

路不好走：la⁵³ei³⁵ xi⁵³lan⁵³[la⁵³ei³⁵ ɕi⁵³lan⁵³]

下雨：me³⁵ze²¹[me³⁵tse²¹]

天晴：me³⁵ca³⁵[me³⁵tʂha³⁵]

休息一会：hei⁵³ lian⁵³di²¹[xei⁵³ lian⁵³ti²¹]

交往：da⁵³a³⁵li⁵³[ta⁵³a³⁵li⁵³]

迎朋友：a³⁵guo⁵³a²¹[a³⁵kuo⁵³a²¹]

请坐：ong²¹bo²¹[oŋ²¹po²¹]

你好：ni³⁵ca³⁵[ȵi³⁵tʂha³⁵]

你们好：se³⁵ni³⁵ca³⁵[se³⁵ȵi³⁵tʂha³⁵]

不用谢：an²¹zai⁵³ta⁵³duo²¹[an²¹tsai⁵³tha⁵³tuo²¹]

吃饭：zi²¹ga³⁵[tʂi²¹ka³⁵]

小伙子：a²¹guo⁵³bi²¹[a²¹kuo⁵³ pi²¹]

小妹子：a³⁵da⁵³bi²¹[a³⁵ta⁵³pi²¹]

相互照顾：hu^{35}ni^{53}　da^{53}　da^{53}xi^{53}[xu^{35}n̠i^{53}　ta^{53}　ta^{53}ɕi^{53}]

我爱你：nga^{35}　ni^{35}　a^{35}ci^{53}[ŋa^{35}　n̠i^{35}　a^{35}tʂhi^{53}]

抬轿：du^{53}zi^{21}　ke^{53}[tu^{53}tsi^{21}　khe^{53}]

骑马：ma^{53}　ji^{53}[ma^{53}　tɕi^{53}]

坐车：ce^{53}ong^{21}[tʂhe^{53}oŋ^{21}]

上车：ce^{53}gu^{21}[tʂhe^{53}ku^{21}]

下车：ce^{53}da^{21}[tʂhe^{53}ta^{21}]

上卫生间：wo^{21}ta^{53}ei^{35}[o^{21}tha^{53}ei^{35}]

解小便：ei^{53}ce^{21}bo^{21}[ei^{53}tʂhe^{21}po^{21}]

解大手：se^{21}bo^{21}[se^{21}po^{21}]

不随地大小便：se^{21}nie^{21}ei^{53}ce^{21}　　luan^{35}　ta^{53}bo^{21}

　　　　　　　[se^{21}n̠ie^{21}ei^{53}tʂhe^{21}　luan^{35}　tha^{53}po^{21}]

请莫抽烟：yan^{53}　ta^{53}hu^{21}[ian^{53}　tha^{53}xu^{21}]

拉稀：wo^{21}ta^{53}da^{21}[o^{21}tha^{53}ta^{21}]

打屁：se^{21}qi^{35}[se^{21}　tɕhi^{35}]

吐痰：long^{53}se^{21}　pi^{35}[loŋ^{53}se^{21}　phi^{35}]

不随地吐痰：long^{53}se^{21}　luan^{35}ta^{53}　pi^{35}[loŋ^{53}se^{21}　luan^{35}tha^{53}　phi^{35}]

慢慢走：lai^{35}huan^{21}　ei^{35}[lai^{35}xuan^{21}　ei^{35}]

慢坐：ge^{21}jie ^{21}ong^{21}[ke^{21}tɕie ^{21}oŋ^{21}]

哭嫁：ta^{53}de^{21}le^{21}　zi^{35}[tha^{53}te^{21}le^{21}　tsi^{35}]

山歌：ga^{21}sa^{21}[ka^{21}sa^{21}]

住宿：nie^{35}　ong^{21}[n̠ie^{35}　oŋ^{21}]

篝火：mi^{53}te^{35}ba^{53}[mi^{53}the^{35}pa^{53}]

土家山寨：bi^{35}zi^{53}ka^{21}　luo^{53}you^{53}[pi^{35}tsi^{53}kha^{21}　luo^{53}iou^{53}]

土家饭庄：bi^{35}zi^{53}ka^{21}　　zi^{21}ga^{35}nie^{53}cuo^{53}

　　　　　　[pi^{35}tsi^{53}kha^{21}　tsi^{21}ka^{35}n̠ie^{53}tshuo^{53}]

女儿会：biu^{35}de^{53}　da^{53}yi^{21}[piu^{35}te^{53}　　ta^{53}i^{21}]

住宾馆：bu^{53}cuo^{21}ong^{21}nie^{21}cuo^{53}ong^{21} [pu^{53}tshuo^{21}oŋ^{21}n̠ie^{21}tshuo^{53}oŋ^{21}]

大家坐在一起：hu^{35}ni^{53}da^{53}ha^{21}ong^{21}bo^{21}[xu^{35}n̠i^{53}ta^{53}xa^{21}oŋ^{21}po^{21}]

大家辛苦了：hu^{35}ni^{53}　kuo^{21}kei^{35}　liao^{55}[xu^{35}n̠i^{53}　khuo^{21}khei^{35}　liau^{55}]

大家跟着我走：hu³⁵ni⁵³　nga³⁵　la³⁵gu⁵³　bo²¹ei³⁵

[xu³⁵n̠i⁵³　ŋa³⁵　la³⁵ku⁵³　po²¹ei³⁵]

昨晚睡得好吧：pai⁵³lan⁵³　nie³⁵xi⁵³　ca³⁵ba⁵³

[phai⁵³lan⁵³　n̠ie³⁵ɕi⁵³　tsha³⁵pa⁵³]

这里吃的还符合你们的胃口吧：

ge²¹ga³⁵nie⁵³xi²¹ha²¹se³⁵　　ze³⁵a⁵³ca³⁵duo²¹ba³⁵

[ke²¹ka³⁵n̠ie⁵³ɕi²¹xa²¹se³⁵　tse³⁵a⁵³tsha³⁵tuo²¹pa³⁵]

请等一下：ti⁵³lian⁵³di²¹[thi⁵³lian⁵³ti²¹]

麻烦你走路：ni³⁵　ye⁵³bo²¹　la⁵³ei³⁵[n̠i³⁵　ie⁵³po²¹　la⁵³ei³⁵]

我做得不够，比起你来还差得远：

nga³⁵　ri⁵³xi²¹ze²¹da³⁵　ni³⁵da⁵³　bi⁵³ti²¹

[ŋa³⁵　ʐi⁵³ɕi²¹tse²¹ta³⁵　n̠i³⁵ta⁵³　pi⁵³thi²¹]

我希望你多指出不足之处：

nga³⁵　ba⁵³bu⁵⁵de³⁵　se³⁵nga³⁵　bo²¹a⁵³ri⁵³　la³⁵bie⁵³　li²¹

[ŋa³⁵　pa⁵³pu⁵⁵te³⁵　se³⁵ŋa³⁵　po²¹a⁵³ʐi⁵³　la³⁵pie⁵³　li²¹]

这里没有什么好吃的，请多包涵：

ge²¹　qi³⁵qi⁵³ga³⁵ci²¹tai³⁵　　　me²¹ta⁵³ri⁵³

[ke²¹　tɕhi³⁵tɕhi⁵³ka³⁵tshi²¹thai³⁵　me²¹tha⁵³ʐi⁵³]

你们讲得好，我无话可说：

se³⁵ni³⁵　li²¹xi²¹ca³⁵　　nga³⁵　li²¹ci²¹tao³⁵

[se³⁵n̠i³⁵　li²¹ɕi²¹tsha³⁵　ŋa³⁵　li²¹tshi²¹thau³⁵]

你对我太好了：ni³⁵　nga³⁵bo²¹　ca³⁵xi⁵³tai³⁵

[n̠i³⁵　ŋa³⁵po²¹　tsha³⁵ɕi⁵³thai³⁵]

做得对，就是这样：ri⁵³xi²¹ca³⁵　jiu³⁵han³⁵lan²¹

[ʐi⁵³ɕi²¹tsha³⁵　tɕiu³⁵xan³⁵lan²¹]

你辛苦了，我会永远记在心里：

ni³⁵kuo²¹kei⁵³liao⁵⁵　　nga³⁵　si⁵³　ma⁵³ta²¹

[n̠i³⁵khuo²¹khei⁵³liau⁵⁵　ŋa³⁵　si⁵³　ma⁵³tha²¹]

我们去吃当地的农家菜：

an³⁵ni⁵³　ge²¹nie²¹　jie³⁵ri⁵³ma⁵⁵　nie²¹　ha⁵³ce⁵³　gai³⁵

[an³⁵n̩i⁵³　ke²¹n̩ie²¹　tɕie³⁵ʑi⁵³ma⁵⁵　n̩ie²¹　xa⁵³tshe⁵³kai³⁵]

景点到了，请大家下车：

ba⁵³nie²¹lan²¹can²¹　　ye⁵³liao⁵⁵　hu³⁵ni⁵³　ce⁵³　da²¹　duo²¹

[pa⁵³n̩ie²¹lan²¹tshan²¹　ie⁵³liau⁵⁵　xu³⁵n̩i⁵³　tshe⁵³　ta²¹　tuo²¹]

现在我要给大家唱几首山歌：

gai³⁵huo²¹zu³⁵　nga³⁵　se³⁵　bo²¹　ga²¹sa²¹　ga⁵³ze⁵³　can³⁵duo⁵³

[kai³⁵xuo²¹tsu³⁵　ŋa³⁵　se³⁵　po²¹　ka²¹sa²¹　ka⁵³tse⁵³　tshan³⁵tuo⁵³]

请大家跟随我参观景点：

se³⁵ni⁵³　nga³⁵　la³⁵gu⁵³　ba⁵³nie²¹xi⁵³　bai⁵³duo²¹

[se³⁵n̩i⁵³　ŋa³⁵　la³⁵ku⁵³　pa⁵³n̩ie²¹ɕi⁵³　pai⁵³tuo²¹]

路不好走，请小心慢行：

la⁵³　ei³⁵　xi⁵³lan⁵³　cai³⁵mo²¹　lai³⁵huan²¹　ei³⁵

[la⁵³　ei³⁵　ɕi⁵³lan⁵³　tshai³⁵mo²¹　lai³⁵xuan²¹　ei³⁵]

游览时大家相互照顾一下：

ge²¹ci⁵³zu³⁵　　hu³⁵ni⁵³　da⁵³　da⁵³xi⁵³lian⁵³di²¹

[ke²¹tshi⁵³tsu³⁵　xu³⁵n̩i⁵³　ta⁵³　ta⁵³ɕi⁵³lian⁵³ti²¹]

有什么困难，找我：qia⁵³xi²¹　　sa²¹　xie³⁵　nga³⁵　ni⁵³

　　　　　　　[tɕhia⁵³ɕi²¹　sa²¹　ɕie³⁵　ŋa³⁵　n̩i⁵³]

让老人和小孩先走：

lao⁵³ga⁵³de²¹　bo⁵³li²¹de²¹　da³⁵bie²¹　ei³⁵

[lau⁵³ka⁵³te²¹　po⁵³li²¹te²¹　ta³⁵pie²¹　ei³⁵]

请大家注意保护景区的环境：

hu³⁵ni⁵³　　ba⁵⁵nie²¹lan²¹can²¹　　ta⁵³　e⁵³se⁵³

[xu³⁵n̩i⁵³　pa⁵⁵n̩ie²¹lan²¹tshan²¹　tha⁵³　e⁵³se⁵³]

请大家把门票拿出来，检查一下：

hu³⁵ni⁵³　la⁵³mi²¹　ci⁵³kei⁵³ta²¹　　huo²¹mo²¹　zu³⁵xie⁵³　la⁵³　ba⁵⁵ba²¹

[xu³⁵n̩i⁵³　la⁵³mi²¹　tshi⁵³khei⁵³tha²¹　xuo²¹mo²¹　tsu³⁵ɕie⁵³　la⁵³　pa⁵⁵pa²¹]

请上去参与这个节目：

gu²¹le²¹　　gai³⁵　jie²¹mu²¹　da⁵³　lao⁵³　ri⁵³

[ku²¹le²¹　kai³⁵　tɕie²¹mu²¹　ta⁵³　lau⁵³ʑi⁵³]

时间到了,请上车:

gai^{35}hen^{35}le^{21}　　ye^{53}liao^{55}　　ce^{53}　　gu^{21}le^{21}

[kai^{35}xen^{35}le^{21}　　ie^{53}liau^{55}　tʂhe^{53}　ku^{21}le^{21}]

洗手间在这里:se^{21}gu^{21}za^{53}　ge^{21}[se^{21}ku^{21}tsa^{53}　ke^{21}]

洗手间在那里:se^{21}gu^{21}za^{53}　en^{53}ge^{21}[se^{21}ku^{21}tsa^{53}　en^{53}ke^{21}]

过桥时注意安全:qiao^{21}a^{35}　　zu^{35}　li^{53}kuo^{53}li^{53}　suan^{53}bo^{21}

　　　　　　　　[tɕhiau^{21}a^{35}　tsu^{35}　li^{53}khuo^{53}li^{53}　suan^{53}po^{21}]

祝贵宾身体健康:bu^{53}cuo^{53}　　de^{21}　suo^{53}ti^{21}　ca^{35}

　　　　　　　　[pu^{53}tʂhuo^{53}　te^{21}　suo^{53}thi^{21}　tsha^{35}]

第三章　景点介绍辞选
——以宜昌车溪土家民俗村为例

第一节　微型峡谷——石仙谷

bi^{35}kui^{21}a^{21}sa^{21}pa^{53}la^{53}hu^{21} ——a^{21}ye^{21}a^{21}sa^{21}pa^{53}la^{53}hu^{21}

pi^{35}khui^{21}a^{21}sa^{21}pha^{53}la^{53}xu^{21}——a^{21}ie^{21}a^{21}sa^{21}pha^{53}la^{53}xu^{21}

bi^{35}kui^{21}　　a^{21}sa^{21}pa^{53}la^{53}hu^{21}　　a^{21}ye^{21}　　a^{21}sa^{21}pa^{53}la^{53}hu^{21}

pi^{35}khui^{21}　　a^{21}sa^{21}pha^{53}la^{53}xu^{21}　　a^{21}ie^{21}　　a^{21}sa^{21}pha^{53}la^{53}xu^{21}

微型　　　　　　峡谷　　　　　石仙　　　　　峡谷

bi^{35}kui^{21}　　a^{21}sa^{21}pa^{53}la^{53}hu^{21}　　kan^{21}ku^{53}　　mo^{21}si^{21}　　ce^{21}　　ka^{21}kei^{53}li^{53}li^{53}　　nie^{21}

pi^{35}khui^{21}　　a^{21}sa^{21}pha^{53}la^{53}xu^{21}　khan^{21}khu^{53}　　mo^{21}si^{21}　　tʃhe^{21}　　kha^{21}khei^{53}li^{53}li^{53}　　ȵie^{21}

微型　　　　　　峡谷　　　　山上　　布　　水　　清幽幽　　　　的

a^{21}sa^{21}pa^{53}la^{53}hu^{21}　　wo^{21}tu^{53}　　an^{35}　　mo^{21}si^{21}　　ce^{21}　　te^{35}ba^{53}　　nie^{53}pi^{53}

a^{21}sa^{21}pha^{53}la^{53}xu^{21}　　o^{21}thu^{53}　　an^{35}　　mo^{21}si^{21}　　tʃhe^{21}　　the^{35}pa^{53}　　ȵie^{53}phi^{53}

峡谷　　　　　　里面　　我们　　布　　水　　大的　　两股

ba^{53}　　duo^{21}di^{53}xi^{21}

pa^{53}　　tuo^{21}ti^{53}ɕi^{21}

看　　得到

意译：

微型峡谷——石仙谷。

"微型峡谷，泉水瀑布"，

在清幽的峡谷中，我们可以欣赏到两大天然的泉水瀑布。

第二节　古作坊展示区

$wan^{53}tian^{53}jie^{35}le^{21}ri^{53}nie^{21}xi^{53}ba^{53}nie^{21}cuo^{53}$

$uan^{53}thian^{53}tɕie^{35}le^{21}ẓi^{53}ȵie^{21}ɕi^{53}pa^{53}ȵie^{21}tshuo^{53}$

ge^{21}	ye^{53}	$liao^{55}$	$se^{35}ni^{53}$	$mu^{53}nie^{21}$	$ci^{53}kei^{53}ta^{21}$	ri^{35}
ke^{21}	ie^{53}	$liau^{55}$	$se^{35}ȵi^{53}$	$mu^{53}ȵie^{21}$	$tshi^{53}khei^{53}ta^{21}$	$ẓi^{35}$
这里	到了	你们	竹子	纸	做	

$ba^{21}zi^{53}$	$tao^{21}ci^{21}$	ri^{35}	$bao^{53}gu^{53}$	re^{35}	$tong^{53}$	nie^{21}	$la^{53}ji^{21}$	ba^{53}	$duo^{21}di^{53}xi^{21}$
$pa^{21}tsi^{53}$	$tau^{21}tshi^{21}$	$ẓi^{35}$	$pau^{53}ku^{53}$	$ẓe^{35}$	$thoŋ^{53}$	$ȵie^{21}$	$la^{53}tɕi^{21}$	pa^{53}	$tuo^{21}ti^{53}ɕi^{21}$
泥巴	陶瓷	做	包谷	酒	烤	的	程序	看见	得

ha^{21}	jie^{35}	$bong^{35}long^{53}$	bo^{21}	$bi^{35}zi^{53}ka^{53}$	$su^{35}mu^{21}$	$qian^{35}$	jie^{35}	ri^{53}	xi^{21}
xa^{21}	$tɕie^{35}$	$poŋ^{35}loŋ^{53}$	po^{21}	$pi^{35}tsi^{53}kha^{53}$	$su^{35}mu^{21}$	$tɕhian^{35}$	$tɕie^{35}$	$ẓi^{53}$	$ɕi^{21}$
还	手	动	着	土家族	先民	怎么	工夫	做	的

意译：

您在这里可以目睹竹子变成纸、

泥巴变成陶、包谷酿成酒的全过程，

并可动手体验土家先民的劳作之美。

第三节 三峡土家族民俗村

san⁵⁵xia²¹ bi³⁵zi⁵³ka²¹ luo⁵³you⁵³

san⁵⁵çia²¹ pi³⁵tsi⁵³kha²¹ luo⁵³iou⁵³

ge²¹ da³⁵bie²¹ la²¹mei²¹xia²¹ jie²¹ la²¹ guai³⁵duo²¹ nie²¹ a²¹sa²¹pa⁵³la⁵³hu²¹
ke²¹ ta³⁵pie²¹ la²¹mei²¹çia²¹ tçie²¹ la²¹ kuai³⁵tuo²¹ ȵie²¹ a²¹sa²¹pha⁵³la⁵³xu²¹
这里 原来 腊梅峡 叫 在 自己 的 峡谷

li⁵³ti²¹ si²¹bi⁵³si²¹pai⁵³ ka²¹mong²¹ xi²¹pa²¹ hu²¹ni⁵³ xie⁵³
li⁵³thi²¹ si²¹pi⁵³si²¹phai⁵³ kha²¹moŋ²¹ çi²¹pha²¹ xu²¹ȵi⁵³ çie⁵³
地形 野兽 树木 花草 都 有

bi³⁵zi⁵³ka²¹ cuo⁵³ wo²¹tu⁵³ se³⁵ba⁵³ri⁵³ mao²¹gu²¹si⁵³ ri⁵³ la²¹
pi³⁵tsi⁵³kha²¹ tshuo⁵³ o²¹thu⁵³ se³⁵pa⁵³ʑi⁵³ mau²¹ku²¹si⁵³ ʑi⁵³ la²¹
土家族 房子 里面 摆手舞 茅谷斯 做 在

bi³⁵zi⁵³ka²¹ nie²¹ qie⁵³xi²¹ wen²¹hua³⁵ hu³⁵ni⁵³ ri⁵³ mo²¹ zu³⁵duo⁵³
pi³⁵tsi⁵³kha²¹ ȵie²¹ tçhie⁵³çi²¹ uen²¹xua³⁵ xu³⁵ȵi⁵³ ʑi⁵³ mo²¹ tsu³⁵tuo⁵³
土家族 的 什么 文化 都 做 得 出来

意译：

这里原名叫"腊梅峡"，

它是特殊的峡谷地形，

使得许多野生植物遗存了下来。

毕兹卡作坊中原汁原味的歌舞表演，

全面展示了土家族异彩纷呈的民俗风情。

第四节　石磨展示区

bo⁵³zuo⁵³ba⁵⁵nie²¹lan²¹can²¹

po⁵³tsuo⁵³pa⁵⁵n̩ie²¹lan²¹tshan²¹

bo⁵³zuo⁵³	ba⁵⁵nie²¹	lan²¹can²¹	bo⁵³zuo⁵³	si²¹nian⁵³	song³⁵ga⁵³
po⁵³tsuo⁵³	pa⁵⁵n̩ie²¹	lan²¹tshan²¹	po⁵³tsuo⁵³	si²¹n̩ian⁵³	soŋ³⁵ka⁵³
石磨	展示	区	石磨	石碾	碓

a²¹ba²¹	nie²¹	jia⁵³si⁵³	gai⁵³lan²¹	xie³⁵
a²¹pa²¹	n̩ie²¹	tɕia⁵³si⁵³	kai⁵³lan²¹	ɕie³⁵
岩头	的	家什	无数	有

se³⁵	wan⁵³tian⁵³	qian³⁵	da⁵³ze²¹	lao⁵³	ba⁵³
se³⁵	uan⁵³thian⁵³	tɕhian³⁵	ta⁵³tse²¹	lau⁵³	pa⁵³
你们	古代	怎么	一样	一下	追溯

wan⁵³tian⁵³	nie²¹	cai³⁵mo²¹	lao⁵³	a³⁵ei⁵³
uan⁵³thian⁵³	n̩ie²¹	tshai³⁵mo²¹	lau⁵³	a³⁵ei⁵³
古代	的	好好地	一下	学习

意译：

石磨展示区内有收集来的石磨、石碾、石碓等，

许多石具近万件，

让您能追古溯源，重温历史。

第五节　农家博物馆

jie³⁵ri⁵³　ma⁵⁵nie²¹ jia⁵³si⁵³　po⁵³nie²¹cuo⁵³

tɕie³⁵ʑi⁵³　ma⁵⁵ȵie²¹ tɕia⁵³si⁵³　pho⁵³ȵie²¹tshuo⁵³

ge²¹ bi³⁵zi⁵³ka⁵³　nie²¹ wen²¹hua³⁵ huan⁵³yen³⁵ xi²¹ jie³⁵ri⁵³ma⁵⁵　nie²¹

ke²¹ pi³⁵tsi⁵³kha⁵³ ȵie²¹ uen²¹xua³⁵ xuan⁵³ien³⁵ ɕi²¹ tɕie³⁵ʑi⁵³ma⁵⁵ ȵie²¹

这里　土家族　的　文化　反映　的　农民　的

jia⁵³si⁵³　po⁵³nie²¹cuo⁵³ bi³⁵zi⁵³ka⁵³　su³⁵mu²¹

tɕia⁵³si⁵³ pho⁵³ȵie²¹tshuo⁵³ pi³⁵tsi⁵³kha⁵³ su³⁵mu²¹

家什　展示馆　土家族　先民

qian³⁵ nie²¹ nie⁵³ ka⁵³ jie³⁵ ri⁵³ zuo⁵³a²¹ nie²¹xi⁵³ hu³⁵ni⁵³ xie³⁵

tɕhian³⁵ ȵie²¹ ȵie⁵³ kha⁵³ tɕie³⁵ ʑi⁵³ tsuo⁵³a²¹ ȵie²¹ɕi⁵³ xu³⁵ȵi⁵³ ɕie³⁵

怎么　的 日子 过 春 做 娶亲 的事 都 有

意译：

　　这里是反映土家文化的农家博物馆，

　　再现了土家先民日常生活起居，

　　农耕娶嫁等情节都有。

第六节　水车馆

$$ce^{21}ce^{53}nie^{21}xi^{53}po^{53}nie^{21}cuo^{53}$$
$$tshe^{21}tshe^{53}ŋie^{21}çi^{53}pho^{53}ŋie^{21}tshuo^{53}$$

ge^{21}　　$ce^{21}ce^{53}nie^{21}xi^{53}$　　　　$po^{53}nie^{21}cuo^{53}$

ke^{21}　　$tshe^{21}tshe^{53}ŋie^{21}çi^{53}$　　　$pho^{53}ŋie^{21}tshuo^{53}$

这里　　　水车　　　　　　　展览馆

$ce^{21}ce^{53}nie^{21}xi^{53}$　　　　$qian^{35}$　$da^{53}ze^{21}$　ri^{35}　nie^{53}　$la^{53}ji^{21}$

$tshe^{21}tshe^{53}ŋie^{21}çi^{53}$　　$tçhian^{35}$　$ta^{53}tse^{21}$　zi^{35}　$ŋie^{53}$　$la^{53}tçi^{21}$

水车　　　　　　　　怎样　　像　做　的　过程

ge^{21}　　$suo^{53}he^{53}$　　$ce^{21}ce^{53}nie^{21}xi^{53}$　　po^{53}　bo^{21}　la^{21}

ke^{21}　　$suo^{53}xe^{53}$　　$tshe^{21}tshe^{53}ŋie^{21}çi^{53}$　pho^{53}　po^{21}　la^{21}

这里　三十　　　水车　　　　放　着　在

ge^{21}　　$ce^{21}ce^{53}nie^{21}xi^{53}$　　　za^{35}　nie^{35}　$li^{53}si^{21}$　mo^{21}　$ti^{21}duo^{21}$

ke^{21}　　$tshe^{21}tshe^{53}ŋie^{21}çi^{53}$　　tsa^{35}　$ŋie^{35}$　$li^{53}si^{21}$　mo^{21}　$thi^{21}tuo^{21}$

这里　　　水车　　　踩　的　乐趣　地　享受

意译：

　　　这里是专门展示水车的地方，

　　　动态展示水车演变史，

　　　在馆内展示了近30架水车，

　　　可以尽情享受踏水车的乐趣。

第七节　三峡地区奇石馆

san⁵⁵xia²¹ gu⁵³dong⁵³guai³⁵yan³⁵ nie²¹ a²¹ba²¹po⁵³nie²¹cuo⁵³

san⁵⁵ɕia²¹ ku⁵³toŋ⁵³kuai³⁵ian³⁵ ȵie²¹ a²¹pa²¹pho⁵³ȵie²¹tʂhuo⁵³

ge²¹ san⁵⁵xia²¹ gu⁵³dong⁵³guai³⁵yan³⁵nie²¹a²¹ba²¹ po⁵³nie²¹cuo⁵³ lao²¹ga²¹

ke²¹ san⁵⁵ɕia²¹ ku⁵³toŋ⁵³kuai³⁵ian³⁵ȵie²¹a²¹pa²¹ pho⁵³ȵie²¹tʂhuo⁵³ lau²¹ka²¹

这里　三峡　　　　　　奇石　　　　　　　展览馆　　　最大

wo²¹tu⁵³ gu⁵³dong⁵³guai³⁵yan³⁵nie²¹a²¹ba²¹ su⁵³su⁵³ bo²¹ la²¹

o²¹thu⁵³ ku⁵³toŋ⁵³kuai³⁵ian³⁵ȵie²¹a²¹pa²¹ su⁵³su⁵³ po²¹ la²¹

里面　　　　　　　　奇石　　　　　　收藏　　着　在

wo²¹tu⁵³ be²¹wan³⁵xiong²¹si⁵³guo³⁵da³⁵jian⁵³ da³⁵jian⁵³qie²¹liu²¹ jin⁵³xian⁵⁵yi³⁵

o²¹thu⁵³ pe²¹uan³⁵ɕioŋ²¹si⁵³kuo³⁵ta³⁵tɕian⁵³ ta³⁵tɕian⁵³tɕie²¹liu²¹ tɕin⁵³ɕian⁵⁵i³⁵

里面　　　　百万雄师过大江　　　　大江截流　　　金香玉

wo²¹tu⁵³ suo⁵³long⁵³ga³⁵me⁵³

o²¹thu⁵³ suo⁵³loŋ⁵³ka³⁵me⁵³

里面　　　三大镇馆之石

意译:

　　这里是三峡地区规模最大的奇石馆,

　　藏石 1200 多枚,

　　其中"百万雄师过大江""大江截留""金香玉"

　　是三大镇馆之石。

第八节 天龙云窟

me^{35} pu^{35} me^{35}lan^{53}ong^{53} dong^{21}ga^{53}

me^{35} phu^{35} me^{35}lan^{53}oŋ^{53} toŋ^{21}ka^{53}

guo^{35} gai^{35} wo^{21}tu^{53} ba^{55}cai^{35} nie^{21} xi^{21}tai^{35}

kuo^{35} kai^{35} o^{21}tʰu^{53} pa^{55}tʂhai^{35} ȵie^{21} ɕi^{21}tʰai^{35}

它是 这 里面 看好 的 最

wo^{21}tu^{53} a^{21} dong^{21}ga^{53} me^{35}de^{53} si^{21} bo^{21} xi^{53} suo^{53}long^{53} xie^{35}

o^{21}tʰu^{53} a^{21} toŋ^{21}ka^{53} me^{35}te^{53} si^{21} po^{21} ɕi^{53} suo^{53}loŋ^{53} ɕie^{35}

里面 岩 洞 天 生 着 的 三个 有

guan^{53}yen^{53}dong^{35} bi^{35}kui^{21} sui^{53}lian^{21}dong^{35} lian^{21}hua^{53} dong^{35}

kuan^{53}ien^{53}toŋ^{35} pi^{35}khui^{21} sui^{53}lian^{21}toŋ^{35} lian^{21}xua^{53} toŋ^{35}

观音洞 小小 水帘洞 莲花 洞

lian^{21}xua^{53}dong^{35} nie^{21} ka^{53}pu^{53}ce^{21}pong^{21}

lian^{21}xua^{53}toŋ^{35} ȵie^{21} kha^{53}phu^{53}tshe^{21}phoŋ^{21}

莲花洞 的 莲花潭

an^{35} zonɡ^{53}gue^{21} ai^{53}di^{53} da^{53}ze^{21} pu^{53}ci^{21}

an^{35} tsoŋ^{53}kue^{21} ai^{53}ti^{53} ta^{53}tse^{21} phu^{53}tshi^{21}

我们 中国 这么 像 很少

意译:

　　它是景区自然风光的精华,

　　景区内有三个天然生成的溶洞,

　　即:观音洞、小小水帘洞、莲花洞。

　　其中莲花洞的莲花潭被称为中国罕见的的地质奇观。

第九节 人民公社旧址馆

ren²¹min²¹gong⁵³se³⁵　nie⁵³ cuo⁵³ a³⁵pai⁵³

ʑen²¹min²¹koŋ⁵³se³⁵　ȵie⁵³ tʂhuo⁵³ a³⁵phai⁵³

ge²¹　　"wen²¹hua³⁵da³⁵ge²¹min³⁵"　nie²¹　　li²¹si⁵³

ke²¹　　"uen²¹xua³⁵ta³⁵ke²¹min³⁵"　ȵie²¹　　li²¹si⁵³

这里　　文化 大 革命　　　的　　历史

"ren²¹min²¹gong⁵³se³⁵" nie⁵³　　cuo⁵³　　a³⁵pai⁵³cuo⁵³　wo²¹tu³⁵

"ʑen²¹min²¹koŋ⁵³se³⁵" ȵie⁵³　tʂhuo⁵³　a³⁵phai⁵³tʂhuo⁵³　o²¹thu³⁵

人民公社　　　　　的　屋　　旧屋　　　里面

an³⁵　hu³⁵ni⁵³

an³⁵　xu³⁵ȵi⁵³

我们　大家

"mao²¹ce²¹dong⁵³si⁵³xian⁵⁵wen²¹ni³⁵ xian⁵⁵cuan²¹dui³⁵"　nie²¹ jie²¹mu²¹ ba⁵³ duo²¹　di⁵³xi²¹

"mao²¹tʂhe²¹toŋ⁵³si⁵³ɕian⁵⁵uen²¹ȵi³⁵ ɕian⁵⁵tʂhuan²¹tui³⁵"　ȵie²¹ tɕie²¹mu²¹ pa⁵³ tuo²¹　ti⁵³ɕi²¹

毛泽东思想文艺　　　　　宣传队　的 节目 看 要 得到

意译：

　　这里是再现了"文化大革命"历史

　　和人民公社旧址馆，

　　在馆内，

　　我们能够观看毛泽东思想文艺宣传队为大家带来的精彩演出。

第十节　土家族民歌歌词选

一、《伙计歌》(歌词)

作者:谢燕

　　听我来开言唱啊伙计,(伙计)。

　　唱个姐骂郎啊,(伙计)。

　　说来又不来,

　　为的是哪一桩啊?

　　只怕是喝了忘魂汤啊! 伙计,(伙计)。

　　睡又睡不着啊! 伙计,

　　熬到大天亮,伙计,(伙计)。

　　翻身翻得床架子歪呀,

　　你赔我的瞌睡赔我的床啊(伙计)。

　　该死的我情郎啊! 伙计,(伙计)。

　　你知不知道我单相思啊,伙计,(伙计)。

　　我煮米来忘了滤米汤。伙计,(伙计)。

　　魂儿都丢在你身上啊,伙计! (伙计)。

伙计歌

$a^{35}guo^{53}$　$ga^{21}sa^{21}$

$a^{35}kuo^{53}$　$ka^{21}sa^{21}$

nga^{35}	sa^{21}	li^{21}	ru^{21}	$a^{21}guo^{53}$	can^{35}	$a^{21}guo^{53}$
ηa^{35}	sa^{21}	li^{21}	$\underset{\cdot}{z}u^{21}$	$a^{21}kuo^{53}$	$tshan^{35}$	$a^{21}kuo^{53}$
我	话	讲	听	伙计	唱	(伙计)

$a^{35}da^{53}$	$luo^{53}ba^{55}$	luo^{21}	$a^{21}guo^{53}$
$a^{35}ta^{53}$	$luo^{53}pa^{55}$	luo^{21}	$a^{21}kuo^{53}$
姐	郎	骂	(伙计)

en²¹zi²¹　li²¹　le²¹　de²¹　　en²¹zi²¹　da⁵³

en²¹tsi²¹　li²¹　le²¹　te²¹　　en²¹tsi²¹　ta⁵³

来　　说　了　都　　来　　不

qie⁵³xi²¹　sa²¹　lao⁵³　xie³⁵

tɕie⁵³ɕi²¹　sa²¹　lau⁵³　ɕie³⁵

哪　　　事　一桩　有

bu⁵³ci⁵³　bi⁵³le²¹　ce²¹　hu²¹　le³⁵　a²¹　a²¹guo⁵³

pu⁵³tshi⁵³　pi⁵³le²¹　tshe²¹　hu²¹　le³⁵　a²¹　a²¹kuo⁵³

魂　　　掉　　汤　喝　了　阿　（伙计）

nie³⁵　de⁵³　nie³⁵bie⁵³　ta⁵³　a²¹　a²¹guo⁵³

ȵie³⁵　te⁵³　ȵie³⁵pie⁵³　tha⁵³　a²¹　a²¹kuo⁵³

睡　又　　睡　　不　　啊　（伙计）

nie³⁵　bo⁵³　me³⁵su²¹　liao²¹　a²¹guo⁵³　a²¹guo⁵³

ȵie³⁵　po⁵³　me³⁵su²¹　liau²¹　a²¹guo⁵³　a²¹kuo⁵³

睡　着　　天亮　了　伙计　伙计

suo⁵³ti²¹　a⁵³ru⁵³　nie²¹zuo⁵³　pian⁵³　ya²¹

suo⁵³thi²¹　a⁵³ʐu⁵³　ȵie²¹tsuo⁵³　phian⁵³　ia²¹

身体　　翻　　床　　偏　呀

ni³⁵　nga³⁵　nie²¹　nie³⁵zuo⁵³　pei³⁵　duo⁵³　a²¹　a²¹guo⁵³

ȵi³⁵　ŋa³⁵　ȵie²¹　ȵie³⁵tsuo⁵³　phei³⁵　tuo⁵³　a²¹　a²¹kuo⁵³

你　我　的　　床　　赔　要　啊　（伙计）

bei³⁵se²¹xi⁵³　nga³⁵　luo⁵³ba⁵⁵　a²¹guo⁵³　a²¹guo⁵³

pei³⁵se²¹ɕi⁵³　ŋa³⁵　luo⁵³pa⁵⁵　a²¹kuo⁵³　a²¹kuo⁵³

该死的　　我　情郎　　伙计　（伙计）

nga³⁵　ni³⁵　de³⁵　bo⁵³　la²¹　ni³⁵　ha⁵³la⁵³　tai³⁵　a²¹guo⁵³

ŋa³⁵　ȵi³⁵　te³⁵　po⁵³　la²¹　ȵi³⁵　xa⁵³la⁵³　thai³⁵　a²¹kuo⁵³

我　你　记　着　在　你　知道　　不　（伙计）

nga³⁵　zi²¹　ban³⁵　zi²¹ce²¹　bi³⁵　si⁵³ma⁵⁵　a²¹guo⁵³

ŋa³⁵　tsi²¹　pan³⁵　tsi²¹tshe²¹　pi³⁵　si⁵³ma⁵⁵　a²¹kuo⁵³

我　饭　煮　　米汤　毕　忘记　（伙计）

bu⁵³ci⁵³ ⠀⠀ hu³⁵ni⁵³ ⠀ ni³⁵ ⠀ suo⁵³ti²¹ ⠀⠀ a²¹guo⁵³ ⠀ a²¹guo⁵³

pu⁵³tshi⁵³ ⠀ xu³⁵n̠i⁵³ ⠀ n̠i³⁵ ⠀ suo⁵³ti²¹ ⠀⠀ a²¹kuo⁵³ ⠀ a²¹kuo⁵³

魂 ⠀⠀⠀⠀⠀⠀ 都 ⠀⠀⠀ 你 ⠀⠀ 身上 ⠀⠀⠀⠀ 伙计 ⠀⠀（伙计）

二、打硪歌（歌词）

作者：朱全君

> 各位呀！伙计们啦，也吆哦火耶，
>
> 一齐来打硪哟也，也呀嘛耶呀哦火耶。
>
> 呀要使劲啦！也吆哦火耶，
>
> 才能打得紧哟也，也呀嘛耶呀哦火耶。
>
> 吆也火呀，火的火的吆呀，
>
> 打四硪呀，吆也火
>
> 吆也火呀，火的火的吆呀，
>
> 用力打呀，吆也火
>
> 吆也火呀，火的火的吆呀，
>
> 挨到打呀，吆也火，
>
> 吆也火呀，火的火的吆呀，
>
> 歇下着呀，吆也火。

注："打硪"是湖北宜昌地区的方言，全国很多地方说的是"打夯"。

打硪歌

wo²¹ha²¹ ⠀⠀ nie²¹ ⠀ ga²¹sa²¹

o²¹xa²¹ ⠀⠀⠀ n̠ie²¹ ⠀ ka²¹sa²¹

a³⁵guo⁵³de²¹ ⠀⠀ a³⁵guo⁵³de²¹ ye⁵³ ⠀⠀ yao⁵³wo²¹huo⁵³

a³⁵kuo⁵³te²¹ ⠀⠀ a³⁵kuo⁵³te²¹ ie⁵³ ⠀⠀ iau⁵³o²¹xuo⁵³

伙计们 ⠀⠀⠀⠀ 伙计们 ⠀ 也 ⠀ 吆 ⠀ 哦 ⠀ 火

hu³⁵ni⁵³ wo²¹ ⠀⠀ ha²¹xie³⁵ ⠀ ye⁵³ya²¹ ⠀⠀ ma²¹ye²¹ ⠀⠀ wo²¹huo²¹ye²¹

xu³⁵n̠i⁵³ o²¹ ⠀⠀⠀ xa²¹çie³⁵ ⠀ ie⁵³ia²¹ ⠀⠀ ma²¹ie²¹ ⠀⠀ o²¹xuo²¹ie²¹

都　　碈　　打来　　　也呀　　嘛耶　　哦火耶,

wo²¹　ha²¹　xie⁵³qi²¹　si⁵³　duo²¹　ye⁵³yao²¹　wo²¹huo²¹ye²¹

o²¹　xa²¹　çie⁵³tçhi²¹　si⁵³　tuo²¹　ie⁵³iau²¹　o²¹xuo²¹ie²¹

碈　打　　力气　　用　要　　也　吆　　哦火　耶

ha²¹　mo²¹　ca³⁵　di⁵³xi²¹　ye⁵³ya²¹　ma²¹ye²¹　ya²¹　wo²¹huo²¹　ye²¹

xa²¹　mo²¹　tsha³⁵　ti⁵³çi²¹　ie⁵³ia²¹　ma²¹ie²¹　ia²¹　o²¹xuo²¹　ie²¹

打　得　好　才能　　也呀　嘛耶　呀哦火耶

yao²¹　ye⁵³　huo²¹　ya²¹　huo²¹　di²¹　huo²¹　di²¹　yao²¹　ya⁵³

iau²¹　ie⁵³　xuo²¹　ia²¹　xuo²¹　ti²¹　xuo²¹　ti²¹　iau²¹　ia⁵³

吆　也　火　呀　火　的　火　的　吆　呀

re⁵³dong⁵³　ha²¹　ya²¹　yao²¹　ye⁵³　huo²¹

ʐe⁵³toŋ⁵³　xa²¹　ia²¹　iau²¹　ie⁵³　xuo²¹

四下　　打　呀　吆　也　火

yao²¹　ye⁵³　huo²¹　ya²¹　huo²¹　di²¹　huo²¹　di²¹　yao²¹　ya⁵³

iau²¹　ie⁵³　xuo²¹　ia²¹　xuo²¹　ti²¹　xuo²¹　i²¹　iau²¹　ia⁵³

吆　也　火　呀　火　的　火　的　吆　呀

xie⁵³qi²¹　si⁵³　ya²¹　yao²¹　ye⁵³　huo²¹

çie⁵³tçhi²¹　si⁵³　ia²¹　iau²¹　ie⁵³　xuo²¹

力气　　用　呀　吆　也　火

yao²¹　ye⁵³　huo²¹　ya²¹　ho²¹　di²¹　huo²¹　di²¹　yao²¹　ya⁵³

iau²¹　ie⁵³　xuo²¹　ia²¹　xo²¹　ti²¹　xuo²¹　ti²¹　iau²¹　ia⁵³

吆　也　火　呀　火　的　火　的　吆　呀

ci⁵³　bo²¹　ha²¹　ye²¹　yao²¹　ye⁵³　huo²¹

tshi⁵³　po²¹　xa²¹　ie²¹　iau²¹　ie⁵³　xuo²¹

挨　着　打　呀　吆　也　火

yao²¹　ye⁵³　huo²¹　ya²¹　huo²¹　di²¹　huo²¹di²¹　yao²¹　ya⁵³

iau²¹　ie⁵³　xuo²¹　ia²¹　xuo²¹　ti²¹　xuo²¹ti²¹　iau²¹　ia⁵³

吆　也　火　呀　火　的　火　的　吆　呀

hei⁵³　lian⁵³di²¹　ya²¹　yao²¹　ye⁵³　ho²¹

xei⁵³　lian⁵³ti²¹　ia²¹　iau²¹　ie⁵³　xo²¹

歇　一下　　呀　吆　也　火

三、车溪等你来（歌词）

作者：李敏

　　车溪的青山等你来，

　　车溪的秀水等你来，

　　哟哟喂，等你来，哟哟喂，等你来。

　　等呀等你来哟.

　　甘醇的包谷酒，

　　香喷的土家菜，

　　等你来呀，等你来呀。

　　哟哟哟嘿，等呀等你来哟。

车溪等你来

ce^{53}xi^{53}ni^{35}ti^{53}bo^{21}en^{21}zi^{21}duo^{21}

tse^{53}çi^{53}ŋi^{35}thi^{53}po^{21}en^{21}tsi^{21}tuo^{21}

ce^{53}xi^{53}	nie^{21}	ku^{53}za^{53}	ni^{35}	ti^{53}	bo^{21}	en^{21}zi^{21}	duo^{21}
tshe^{53}çi^{53}	ŋie^{21}	khu^{53}tsa^{53}	ŋi^{35}	thi^{53}	po^{21}	en^{21}tsi^{21}	tuo^{21}
车溪	的	青山	你	等	着	来	要

ce^{53}xi^{53}	nie^{21}	ce^{21}	ni^{35}	ti^{53}	bo^{21}	en^{21}zi^{21}	duo^{21}
tshe^{53}çi^{53}	ŋie^{21}	tshe^{21}	ŋi^{35}	thi^{53}	po^{21}	en^{21}tsi^{21}	tuo^{21}
车溪	的	秀水	你	等	着	来	要

yo^{21}yo^{21}wai^{53}	ni^{35}	ti^{53}	bo^{21}	yo^{21}yo^{21}	wai^{53}	ni^{35}	ti^{53}	bo^{21}
io^{21}io^{21}uai^{53}	ŋi^{35}	thi^{53}	po^{21}	io^{21}io^{21}	uai^{53}	ŋi^{35}	thi^{53}	po^{21}
哟哟	喂	你	等	（来）	哟哟	喂	你	等	（来）

ti^{53}	ya^{21}	ni^{35}	ti^{53}	bo^{21}	yo^{21}
thi^{53}	ia^{21}	ŋi^{35}	thi^{53}	po^{21}	io^{21}
等	呀	你	等	着	哟

hu^{21}ca^{35}	nie^{53}	bao^{53}gu^{53}	re^{35}
xu^{21}tsha^{35}	ŋie^{53}	pau^{53}ku^{53}	ʐe^{35}

甘醇　　　的　　　包谷　　酒

$ga^{35}ca^{35}xi^{21}$　　$bi^{35}zi^{53}ka^{21}$　　$ha^{53}ce^{53}$

$ka^{35}tsha^{35}\varphi i^{21}$　　$pi^{35}tsi^{53}kha^{21}$　　$xa^{53}tshe^{53}$

香喷的　　　　　土家　　　　　菜

ni^{35}　$ti^{53}bo^{21}$　　ya^{21}　　ni^{35}　　$ti^{53}bo^{21}$　　ya^{21}

ηi^{35}　$thi^{53}po^{21}$　ia^{21}　　ηi^{35}　　$thi^{53}po^{21}$　ia^{21}

你　　等来　　呀　　你　　　等来　　呀

$yo^{53}yo^{53}$　yo^{53}　　he^{21}　　ti^{53}　ya^{21}　　ni^{35}　$ti^{53}bo^{21}$　　yo^{21}

$io^{53}io^{53}$　io^{53}　　xe^{21}　　thi^{53}　ia^{21}　　ηi^{35}　$thi^{53}po^{21}$　io^{21}

哟 哟　哟　　嘿　　等 呀　　你　　等(来)　　哟

四、盼君再来游(歌词)

作者：袁雄华

朋友你慢慢走啊慢慢走，

一路顺风乐悠悠乐悠悠。

脚下要稳当啊，

一步一回首。

梦里老家挂牵你，

盼君再来游。

梦里老家挂牵你，

盼君再来游，

朋友你慢慢走。

盼君再来游

ni^{35}　　ha^{21}　　$en^{21}zi^{21}$　　$ge^{21}\varphi i^{53}$　　　duo^{53}

ηi^{35}　　xa^{21}　　$en^{21}tsi^{21}$　　$ke^{21}tshi^{53}$　　tuo^{53}

$a^{35}guo^{53}$　　ni^{35}　　$lai^{35}huan^{21}$　　ei^{35}　　a^{21}　　$lai^{35}huan^{21}$　　ei^{35}

$a^{35}kuo^{53}$　　ηi^{35}　　$lai^{35}xuan^{21}$　　ei^{35}　　a^{21}　　$lai^{35}xuan^{21}$　　ei^{35}

朋友　　你　　慢慢　　　走　啊　慢慢　　　走

la⁵³ku⁵³　　re³⁵su⁵³ha²¹le²¹　li⁵³si²¹　li⁵³si²¹

la⁵³khu⁵³　ʐe³⁵su⁵³xa²¹le²¹　li⁵³si²¹　li⁵³si²¹

一路　　　　　顺风　　　　　乐悠悠　乐悠悠

ji²¹pa²¹　　cai³⁵mo²¹za³⁵　　duo⁵³　a²¹

tɕi²¹pha²¹　tshai³⁵mo²¹tsa³⁵　tuo⁵³　a²¹

脚下　　　　稳当　　　　　要　　啊

la⁵³jie⁵³　ei³⁵le²¹　song⁵³　lao⁵³　ba⁵⁵

la⁵³tɕie⁵³　ei³⁵le²¹　soŋ⁵³　lau⁵³　pa⁵⁵

一步　　　走　　回首　一　　看

mu²¹zi²¹cu⁵³　ni³⁵　de³⁵　bo⁵³　la²¹

mu²¹tsi²¹tshu⁵³　ȵi³⁵　te³⁵　po⁵³　la²¹

梦里老家　　你　挂牵　着　　在

ni³⁵　ha²¹　en²¹zi²¹　ge²¹ci⁵³　xie⁵³

ȵi³⁵　xa²¹　en²¹tsi²¹　ke²¹tshi⁵³　ɕie⁵³

君　再　　来　　游　　　盼

a³⁵guo⁵³　ni³⁵　lai³⁵huan²¹　ei³⁵　a²¹　lai³⁵huan²¹　ei³⁵

a³⁵kuo⁵³　ȵi³⁵　lai³⁵xuan²¹　ei³⁵　a²¹　lai³⁵　uan²¹　ei³⁵

朋友　　你　　慢慢　　　走　啊　慢慢　　　走

mu²¹zi²¹cu⁵³　ni³⁵　de³⁵　bo⁵³　la²¹

mu²¹tsi²¹tshu⁵³　ȵi³⁵　te³⁵　po⁵³　la²¹

梦里老家　　你　挂牵　着　　在

ni³⁵　ha²¹　en²¹zi²¹　ge²¹ci⁵³　xie⁵³

ȵi³⁵　xa²¹　en²¹tsi²¹　ke²¹tshi⁵³　ɕie⁵³

君　再　　来　游　　盼

a³⁵guo⁵³　ni³⁵　lai³⁵huan²¹　ei³⁵

a³⁵kuo⁵³　ȵi³⁵　lai³⁵xuan²¹　ei³⁵

朋友　　你　　慢慢　　　走

五、女人谣

作者:李敏

太阳那个歇得么,歇得。

男人那个歇得么,想歇就让他歇。

月亮那个歇得么,歇得。

女人那个歇得么,歇不得。

(白)歇不得,女人歇达,

大人伢子没衣穿,女人歇达没饭吃,

女人歇达,这个家也就歇达,女人歇不得。

太阳歇了哟,

还有那个月亮。

月亮歇了哟,

还有那个太阳。

男人歇了哟,

有女人,

女人歇了哟。

日子也就歇了,

歇了,歇了,歇了,歇了。

女人谣

luo^{21}gan^{21}de^{53}　　nie^{53}　ga^{21}sa^{21}

luo^{21}kan^{21}te^{53}　　ȵie^{53}　ka^{21}sa^{21}

lao^{21}ci^{21}　　ai^{53}di^{53}　hei^{53}　di^{53}xi^{21}　mo^{21}　hei^{53}　di^{53}xi^{21}

lau^{21}tshi^{21}　ai^{53}ti^{53}　xei^{53}　ti^{53}çi^{21}　mo^{21}　xei^{53}　ti^{53}çi^{21}

太阳　　　那个　　歇　　得　　　么　歇　　得

luo^{53}ba^{55}de^{21}　hei^{53}　di^{53}xi^{21}　mo^{21}　guo^{35}　hei^{53}　guo^{35}duo^{21}　hei^{53}

luo^{53}pa^{55}te^{21}　xei^{53}　ti^{53}çi^{21}　mo^{21}　kuo^{35}　xei^{53}　kuo^{35}tuo^{21}　xei^{53}

男人　　　歇　　得　　　么　他　歇　　他自己　歇

su²¹su²¹　ai⁵³di⁵³　hei⁵³　di⁵³xi²¹　mo²¹　hei⁵³　di⁵³xi²¹

su²¹su²¹　ai⁵³ti⁵³　xei⁵³　ti⁵³çi²¹　mo²¹　xei⁵³　ti⁵³çi²¹

月亮　　那个　歇　得　　么　歇　得

luo²¹gan²¹de⁵³　ai⁵³di⁵³　hei⁵³　di⁵³xi²¹　mo²¹　hei⁵³　ta⁵³　ti²¹

luo²¹kan²¹te⁵³　ai⁵³ti⁵³　xei⁵³　ti⁵³çi²¹　mo²¹　xei⁵³　tha⁵³　thi²¹

女人　　　　那个　歇　得　么　歇　不　得

hei⁵³　ta⁵³　ti²¹　luo²¹gan²¹de⁵³　hei⁵³　da²¹

xei⁵³　tha⁵³　thi²¹　luo²¹kan²¹te⁵³　xei⁵³　ta²¹

歇　不　得　女人　　歇　达

hu³⁵ni⁵³　xi⁵³ba⁵⁵　da³⁵ci²¹　tai³⁵

xu³⁵n̠i⁵³　çi⁵³pa⁵⁵　ta³⁵tshi²¹　thai³⁵

大家　　　衣　穿的　　没

luo²¹gan²¹de⁵³　hei⁵³le²¹　zi²¹　ga³⁵　ci²¹　　tai³⁵

luo²¹kan²¹te⁵³　xei⁵³le²¹　tsi²¹　ka³⁵　tshi²¹　thai³⁵

女人　　　　歇了　饭　吃　的　　没

luo²¹gan²¹de⁵³　hei⁵³　da²¹　gai³⁵　cu⁵³　be⁵³　hei⁵³　da²¹

luo²¹kan²¹te⁵³　xei⁵³　ta²¹　kai³⁵　tshu⁵³　pe⁵³　xei⁵³　ta²¹

女人　　　　歇　达　这个　家　也就　歇　达

luo²¹gan²¹de⁵³　hei⁵³　ta⁵³　ti²¹

luo²¹kan²¹te⁵³　xei⁵³　tha⁵³　thi²¹

女人　　　　歇　不　得

lao²¹ci²¹　hei⁵³　liao²¹　yo²¹

lau²¹tshi²¹　xei⁵³　liau²¹　io²¹

太阳　　歇　了　哟

ha²¹　ai⁵³di⁵³　su²¹su²¹　xie³⁵

xa²¹　ai⁵³ti⁵³　su²¹su²¹　çie³⁵

还　那个　月亮　有

su²¹su²¹　hei⁵³　liao²¹　yo²¹

su²¹su²¹　xei⁵³　liau²¹　io²¹

月亮　　歇　了　哟

ha²¹　ai⁵³di⁵³　lao²¹ci²¹　xie³⁵

xa²¹　ai⁵³ti⁵³　lau²¹tʂhi²¹　çie³⁵

还　　那个　　太阳　　有

luo⁵³ba⁵⁵de²¹　hei⁵³ liao²¹ yo²¹

luo⁵³pa⁵⁵te²¹　xei⁵³ liau²¹ io²¹

男人　　　歇　了　哟

luo²¹gan²¹de⁵³　xie³⁵

luo²¹kan²¹te⁵³　çie³⁵

女人　　　有

luo²¹gan²¹de⁵³　hei⁵³ liao²¹ yo²¹

luo²¹kan²¹te⁵³　xei⁵³ liau²¹ io²¹

女人　　　歇　了　哟

nie⁵³　be⁵³　hei⁵³ liao²¹

ȵie⁵³　pe⁵³　xei⁵³ liau²¹

日子　　也就　歇　了

hei⁵³ liao²¹　hei⁵³ liao²¹　hei⁵³ liao²¹　hei⁵³ liao²¹

xei⁵³ liau²¹　xei⁵³ liau²¹　xei⁵³ liau²¹　xei⁵³ liau²¹

歇　了　　歇　了　　歇　了　歇　了

第五编
汉语土家语词汇集锦

一、天文类

天 me^{35}[me^{35}]

云 $me^{35}lan^{53}ong^{21}$[$me^{35}lan^{53}oŋ^{21}$]

闪电 $me^{35}yi^{35}la^{53}bie^{53}$[$me^{35}i^{35}la^{53}pie^{53}$]

阴天 $me^{35}wo^{35}$[$me^{35}o^{35}$]

晴天 $me^{35}ca^{35}$[$me^{35}tsa^{35}$]

下雨 $me^{35}ze^{21}$[$me^{35}tse^{21}$]

天亮 $me^{35}su^{21}$[$me^{35}su^{21}$]

天黑 $la^{21}ye^{35}$[$la^{21}ie^{35}$]

打雷 $me^{35}ong^{21}$[$me^{35}oŋ^{21}$]

太阳 $lao^{21}ci^{21}$[$lau^{21}tshi^{21}$]

月亮 $su^{21}su^{21}$[$su^{21}su^{21}$]

星星 $si^{53}ri^{21}bu^{35}li^{53}$[$si^{53}ʑi^{21}pu^{35}li^{53}$]

流星 1.$si^{53}ri^{21}bu^{35}li^{53}se^{21}bo^{21}$[$si^{53}ʑi^{21}pu^{35}li^{53}se^{21}po^{21}$]

　　2.$si^{53}ri^{21}bu^{35}li^{53}cuo^{53}zu^{35}$[$si^{53}ʑi^{21}pu^{35}li^{53}tsuo^{53}tsu^{35}$]

月食 $ha^{53}le^{21}$　$su^{21}su^{21}ga^{35}$[$xa^{53}le^{21}$　$su^{21}su^{21}ka^{35}$]

日食 $ha^{53}le^{21}$　$lao^{21}ga^{35}$[$xa^{53}le^{21}$　$lau^{21}ka^{35}$]

银河 $huan^{21}huo^{21}gan^{21}$[$xuan^{21}xuo^{21}kan^{21}$]

雪 $su^{35}su^{53}$[$su^{35}su^{53}$]

雨 $me^{35}ze^{21}$[$me^{35}tse^{21}$]

冰雹 $len^{35}sai^{53}zi^{21}$[$len^{35}sai^{53}tsi^{21}$]

冰块 $len^{35}bin^{53}zi^{21}$[$len^{35}pin^{53}tsi^{21}$]

冰柱 $len^{35}gou^{53}zi^{21}$[$len^{35}kou^{53}tsi^{21}$]

冷 sa^{53}[sa^{53}]

风 $ʐe^{35}su^{53}$[$ʐe^{35}su^{53}$]

热 gei^{21}[kei^{21}]

暖 luo^{53}[luo^{53}]

热乎乎 luo⁵³huo²¹hui³⁵[luo⁵³xuo²¹xui³⁵]

略冷 sa⁵³qi⁵³sai⁵³[sa⁵³tɕhi⁵³sai⁵³]

磷火 1.a⁵³re²¹mi⁵³ci²¹[a⁵³re²¹mi⁵³tshi²¹]

　　2.a⁵³re²¹xie²¹ci²¹[a⁵³ʐe²¹ɕie²¹tshi²¹]

很热 gei²¹xi²¹tai³⁵[kei²¹ɕi²¹thai³⁵]

雷公 me³⁵ta²¹ci²¹[me³⁵tha²¹tshi²¹]

天边 me³⁵ji⁵³la⁵³[me³⁵tɕi⁵³la⁵³]

霜 bu⁵³li⁵³[pu⁵³li⁵³]

霜厚 bu⁵³li⁵³gan²¹ran²¹ gan²¹ran²¹[pu⁵³li⁵³kan²¹ʐan²¹ kan²¹ʐan²¹]

天旱 la²¹ga²¹[la²¹ka²¹]

雾 suo⁵³pe²¹[suo⁵³phe²¹]

露水 suo⁵³ce²¹[suo⁵³tsʵe²¹]

虹 pu³⁵[pu³⁵]

二、自然类

岩 1. a²¹ba²¹[a²¹ba²¹]　2.a²¹[a²¹]

岩脚 a²¹ji²¹[a²¹tɕi²¹]

坡脚 ba²¹ji²¹[pa²¹tɕi²¹]

悬崖峭壁 a²¹sa²¹si⁵³si⁵³[a²¹sa²¹si⁵³si⁵³]

河 sou³⁵[sou³⁵]

溪 hu²¹pa²¹[xu²¹pha²¹]

天坑 yi⁵³za⁵³[i⁵³tsa⁵³]

岩洞 1.a²¹tu²¹[a²¹thu²¹]　2. a²¹dong²¹[a²¹toŋ²¹]

山 ku⁵³za⁵³[khu⁵³tsa⁵³]

群山 ku⁵³za⁵³ku⁵³[khu⁵³tsa⁵³khu⁵³]

沟 yan²¹gou ⁵³[ian²¹kou⁵³]

石林 a²¹kuo[a²¹khuo]

山坳 1.ke⁵³ha⁵³[khe⁵³xa⁵³]　2. ke⁵³hao⁵³[khe⁵³xau⁵³]

弯里 wo⁵³ha⁵³[o⁵³xa⁵³]

较浅的坑 dong²¹pong²¹[toŋ²¹phoŋ²¹]

低地或较低而冷僻地 dong²¹ji²¹[toŋ²¹tɕi²¹]

界 qie⁵³[tɕhie⁵³]

电闪雷鸣 me³⁵ong²¹me³⁵ta³⁵[me³⁵oŋ²¹me³⁵tha³⁵]

倾盆大雨 me³⁵ze²¹de⁵³le²¹tu³⁵[me³⁵tse²¹te⁵³le²¹thu³⁵]

小山堡 ku⁵³le⁵³[khu⁵³le⁵³]

岩窟窿 a²¹dong²¹ga⁵³[a²¹toŋ²¹ka⁵³]

石窝 a³⁵mong⁵³[a³⁵moŋ⁵³]

山弯 wo⁵³la⁵⁵[o⁵³la⁵⁵]

田 1.se²¹ke²¹[se²¹ke²¹] 2.si²¹te⁵³ke²¹[si²¹the⁵³khe²¹]

土 pe³⁵ti⁵³[phe³⁵thi⁵³]

坎 ta³⁵ga⁵³[tha³⁵ka⁵³]

四面较高中间低洼的小地方 1.dong²¹ ga⁵³[toŋ²¹ ka⁵³]
　　　　　　　　　　　　　 2.dong²¹ gao⁵³[toŋ²¹ kau⁵³]

岩片子 a²¹qie³⁵ta⁵³[a²¹tɕhie³⁵tha⁵³]

岩洼 a²¹zao³⁵[a²¹tsau³⁵]

岩砣子 a²¹ti²¹ke²¹[a²¹thi²¹khe²¹]

偏坡 1.ba²¹za²¹[pa²¹tsa²¹] 2.ba²¹ tsau ²¹[pa²¹tsau⁵³]

岸边 song⁵³zao⁵³[soŋ⁵³tsau⁵³]

二级山 qie⁵³sa⁵³[tɕhie⁵³sa⁵³]

三级山 qie⁵³le²¹[tɕhie⁵³le²¹]

四级山 ku⁵³le⁵³[khu⁵³le⁵³]

五级山 ba²¹ji²¹[pa²¹tɕi²¹]

较大的平地 bi⁵³zai⁵³[pi⁵³tsai⁵³]

两边高中间低的洼地 an²¹gao³⁵[an²¹kau³⁵]

两边高中间低的峡窄地 an⁵³ga⁵³[an⁵³ka⁵³]

孤立的突出的较大的石头 a²¹mong²¹bao⁵⁵zi⁵⁵[a²¹moŋ²¹pau⁵⁵tsi⁵⁵]

冲在前面的大水头 ce²¹kuo⁵³ba⁵⁵[tshe²¹khuo⁵³pa⁵⁵]

水 ce²¹[tshe²¹]

岩墙 a²¹pi³⁵[a²¹phi³⁵]

泥土 ba²¹zi⁵³[pa²¹tsi⁵³]

水井 ce²¹mong⁵³[tʂhe²¹moŋ⁵³]

水沟 ce²¹la⁵³[tʂhe²¹la⁵³]

水库 ce²¹la²¹[tʂhe²¹la²¹]

水潭 ce²¹pong²¹[tʂhe²¹phoŋ²¹]

水塘 1.ce²¹pa²¹[tʂhe²¹pha²¹]　2.song³⁵ji⁵³[soŋ³⁵tɕi⁵³]

流水 ce²¹duo²¹[tʂhe²¹tuo²¹]

放水 ce²¹po⁵³[tʂhe²¹pho⁵³]

漏雨 ce²¹he²¹[tʂhe²¹xe²¹]

滴水 ce²¹da⁵³[tʂhe²¹ta⁵³]

水浑 ce²¹long³⁵[tʂhe²¹loŋ³⁵]

大水 ce²¹ci⁵³[tʂhe²¹tʂhi⁵³]

水多 ce²¹ri²¹[tʂhe²¹ʑi²¹]

石粉 a²¹pi³⁵pi⁵³[a²¹phi³⁵phi⁵³]

三、树木类(含果子)

树 ka²¹mong²¹[kha²¹moŋ²¹]

树林 ka²¹kuo²¹[kha²¹khuo²¹]

柴 ka²¹[kha²¹]

树枝 a³⁵jie⁵³[a³⁵tɕie⁵³]

树丫 1.a³⁵jie⁵³[a³⁵tɕie⁵³]　2.jie³⁵zuo⁵³[tɕie³⁵tsuo⁵³]

树根 ka²¹mong²¹ji⁵³la⁵³[kha²¹moŋ²¹tɕi⁵³la⁵³]

树叶 ka²¹pu³⁵ta⁵³[kha²¹phu³⁵tha⁵³]

树皮 ka²¹ta³⁵pa²¹[kha²¹tha³⁵pha²¹]

灌木丛 ka²¹pong⁵³[kha²¹phoŋ⁵³]

树干 ben³⁵tong²¹[pen³⁵thoŋ²¹]

羊奶树 ruo³⁵bu³⁵li⁵³[ʐuo³⁵pu³⁵li⁵³]

山胡椒 ba⁵⁵suo⁵³e⁵³[pa⁵⁵suo⁵³e⁵³]

吴萸 ruo³⁵bu⁵³[ʐuo³⁵pu⁵³]

猴栗树 ci⁵³ci⁵³ka²¹[tʂhi⁵³tʂhi⁵³kha²¹]

救米粮 be³⁵qia⁵³bu³⁵li⁵³[pe³⁵tɕhia⁵³pu³⁵li⁵³]

青冈树 si⁵³li²¹ka²¹mong²¹[si⁵³li²¹kha²¹moŋ²¹]

青冈木 si⁵³ri²¹ka²¹[si⁵³ʐi²¹kha²¹]

雷公香 sai⁵³tong⁵³ka²¹[sai⁵³thoŋ⁵³kha²¹]

枫香木 ga²¹se²¹ka²¹[ka²¹se²¹kha²¹]

棕树 ku³⁵ruo⁵³ka²¹[khu³⁵ʐuo⁵³kha²¹]

化香树 ge³⁵ka²¹[ke³⁵kha²¹]

樟树 luo³⁵cong⁵³[luo³⁵tʂhoŋ⁵³]

树心 ka²¹me²¹ti³⁵[kha²¹me²¹thi³⁵]

树杆笔直 se²¹e²¹[se²¹e²¹]

树杆短 se²¹zong⁵³[se²¹tsoŋ⁵³]

从老树桩或老树干上发出的嫩芽 pao³⁵pong³⁵[phau³⁵phoŋ³⁵]

枫树 ga²¹si²¹ka²¹mong²¹ [ka²¹si²¹kha²¹moŋ²¹]

椿树 1.yin³⁵long⁵³ka²¹mong²¹[in³⁵loŋ⁵³kha²¹moŋ²¹]
　　2.xie³⁵cong⁵³ka²¹[ɕie³⁵tʂhoŋ⁵³kha²¹]

桑树 po³⁵cuo⁵³ka²¹mong²¹[pho³⁵tʂhuo⁵³kha²¹moŋ²¹]

夜火木 la⁵³ra⁵³ka²¹mong²¹[la⁵³ʐa⁵³kha²¹moŋ²¹]

女贞树 tan⁵³ka²¹ ka²¹mong²¹[than⁵³kha²¹ kha²¹moŋ²¹]

梧桐树 si⁵³dong⁵³gua⁵³[si⁵³toŋ⁵³kua⁵³]

沙浪树 ze⁵³guo²¹ ka²¹mong²¹[tse⁵³kuo²¹ kha²¹moŋ²¹]

李子树 sa⁵³le⁵³xi²¹ka²¹mong²¹[sa⁵³le⁵³ɕi²¹kha²¹moŋ²¹]

李子 sa⁵³le⁵³xi²¹[sa⁵³le⁵³ɕi²¹]

梨树 be⁵³le⁵³xi²¹ka²¹mong²¹[pe⁵³le⁵³ɕi²¹kha²¹moŋ²¹]

梨 be⁵³le⁵³xi²¹[pe⁵³le⁵³ɕi²¹]

板栗树 su³⁵xi⁵³ka²¹mong²¹[su³⁵ɕi⁵³kha²¹moŋ²¹]

板栗 su³⁵xi⁵³[su³⁵ɕi⁵³]

樱桃树 ong⁵³pe⁵³si²¹ ka²¹mong²¹[oŋ⁵³phe⁵³si²¹ kha²¹moŋ²¹]

檀木树 si⁵³ta⁵³ka²¹mong²¹[si⁵³tha⁵³ kha²¹moŋ²¹]

樱桃 ong⁵³pe⁵³si²¹[oŋ⁵³phe⁵³si²¹]

苦李子树 ka²¹le⁵³si²¹[kha²¹le⁵³si²¹]

梭罗树 su²¹lao⁵⁵ ka²¹mong²¹[su²¹lau⁵⁵ kha²¹moŋ²¹]

狗屎柑树 ra²¹ce³⁵se²¹[ʑa²¹tʂhe³⁵se²¹]

柑子树 qie³⁵si²¹ka²¹mong²¹[tɕhie³⁵si²¹kha²¹moŋ²¹]

竹子 mu⁵³ nie²¹[mu⁵³ ȵie²¹]

杜仲树 si⁵³mian²¹ka²¹mong²¹[si⁵³mian²¹ kha²¹moŋ²¹]

小山竹 mu⁵³sai³⁵[mu⁵³sai³⁵]

未成器的小竹子 mu⁵³ xi²¹[mu⁵³ ɕi²¹]

竹枝 mu⁵³sa³⁵jie²¹[mu⁵³sa³⁵tɕhie²¹]

竹叶 mu⁵³e⁵³ta⁵³[mu⁵³e⁵³tha⁵³]

马鞭子(竹根)mu⁵³ji⁵³la⁵³[mu⁵³tɕi⁵³la⁵³]

竹笋 mi³⁵mi²¹[mi³⁵mi²¹]

竹笋壳 mi³⁵mi²¹xie²¹ta²¹[mi³⁵mi²¹ɕie²¹tha²¹]

竹花 mu⁵³xi²¹bu³⁵li⁵³[mu⁵³ɕi²¹pu³⁵li⁵³]

竹桩 mu⁵⁵ti⁵⁵mi⁵³[mu⁵⁵thi⁵⁵mi⁵³]

斑竹 mu⁵³pie²¹[mu⁵³phie²¹]

黄篾 1.mu⁵³se²¹ta²¹[mu⁵³se²¹tha²¹]   2.se²¹ta³⁵luo³⁵[se²¹tha³⁵luo³⁵]

四、花草类

草 xi²¹ka²¹ca²¹[ɕi²¹kha²¹tsha²¹]

长草 1.xi²¹[ɕi²¹]   2.xi²¹pa²¹[ɕi²¹pha²¹]

杂草 lao³⁵pa²¹[lau³⁵pha²¹]

茅草 xin³⁵po³⁵[ɕin³⁵pho³⁵]

芭茅 ka⁵³ba²¹[ka⁵³pa²¹]

鸡肠草 ra²¹bi³⁵la⁵³[ʑa²¹pi³⁵la⁵³]

蒿草 ke⁵³xi²¹[khe⁵³ɕi²¹]

蕨 tuo⁵³ga²¹[thuo⁵³ka²¹]

葛 a²¹pong²¹[a²¹phoŋ²¹]

臭牡丹 lan²¹ba²¹[lan²¹pa²¹]

芦苇 gong⁵³luo²¹[koŋ⁵³luo²¹]

鱼腥草 1.san³⁵ngai³⁵[san³⁵ŋai³⁵]　2.sao³⁵qi²¹[sau³⁵tɕhi²¹]

蔷薇草 nie³⁵bie⁵⁵ze⁵⁵[ȵie³⁵pie⁵⁵ʐe⁵⁵]

狗苋菜 ha⁵³le²¹si⁵³si⁵³[xa⁵³le²¹si⁵³si⁵³]

牵牛花 qian³⁵ qian⁵³ ka⁵⁵pu⁵³[tɕhian³⁵ tɕhian⁵³ kha⁵⁵phu⁵³]

喇叭花 qian³⁵qian²¹si²¹[tɕhian³⁵tɕhian²¹si²¹]

杜鹃花（映山红）an²¹kuo²¹kui²¹ka⁵³pu⁵³[an²¹khuo²¹khui²¹kha⁵³phu⁵³]

山葡萄 ce²¹pan²¹si²¹[tʂhe²¹phan²¹si²¹]

花 ka⁵⁵pu⁵³[kha⁵⁵phu⁵³]

樱桃花 ong⁵³pe⁵³si²¹ ka⁵⁵pu⁵³[oŋ⁵³phe⁵³si²¹ kha⁵⁵phu⁵³]

李子花 sa⁵³le⁵³xi²¹ ka⁵⁵pu⁵³[sa⁵³le⁵³ɕi²¹ kha⁵⁵phu⁵³]

梨花 be⁵³le⁵³xi²¹ ka⁵⁵pu⁵³[pe⁵³le⁵³ɕi²¹ kha⁵⁵phu⁵³]

稻子花 li³⁵bu⁵³ ka⁵⁵pu⁵³[li³⁵pu⁵³ hka⁵⁵phu⁵³]

玉米叶子 ta³⁵la⁵³[tha³⁵la⁵³]

五月泡 ken²¹ke⁵³si²¹[khen²¹khe⁵³si²¹]

玉米杆 ka²¹song⁵³[kha²¹soŋ⁵³]

百合 1.qin⁵³ku⁵³li⁵³[tɕhin⁵³khu⁵³li⁵³]
　　　2.ci³⁵ku⁵³li⁵³[tʂhi³⁵khu⁵³li⁵³]

三月泡 kan⁵³ke⁵³si²¹[khan⁵³khe⁵³si²¹]

果子 bu³⁵li⁵³[pu³⁵li⁵³]

五、农作物粮食类

农作物 ye²¹[ie²¹]

葵花 lao²¹si⁵³si⁵³[lau²¹si⁵³si⁵³]

糯米 qie⁵³e⁵³[tɕhie⁵³e⁵³]

苞谷 pa²¹xi²¹[pha²¹ɕi²¹]

稻谷 li³⁵bu⁵³[li³⁵pu⁵³]

稻禾 si⁵³li⁵³[si⁵³li⁵³]

穗 a⁵³pe²¹[a⁵³phe²¹]

小米的全称 ei²¹[ei²¹]

小米 pu³⁵li⁵³ga²¹[phu³⁵li⁵³ka²¹]

脱壳的小米 wu⁵³suo⁵³[u⁵³suo⁵³]

高粱 ong⁵³ba⁵³[oŋ⁵³pa⁵³]

黄豆 qi³⁵bu⁵³[tɕhi³⁵pu⁵³]

荞麦 pi⁵³mie²¹[tɕhi⁵³mie²¹]

大麦 long⁵³mong⁵³[loŋ⁵³moŋ⁵³]

小麦 jian³⁵mie²¹[tɕian³⁵mie²¹]

滚豆 duo⁵³bu²¹[tuo⁵³pu²¹]

米饭 1. si⁵³li⁵³zi²¹[si⁵³li⁵³tsi²¹]　2. hei⁵³li⁵³zi²¹[xei⁵³li⁵³tsi²¹]

大米 zi²¹e²¹[tsi²¹e²¹]

六、蔬菜类

萝卜 la⁵³be⁵³[la⁵³pe⁵³]

青菜 xi³⁵pong⁵³[ɕi³⁵phoŋ⁵³]

大蒜 xi²¹tuo⁵³[ɕi²¹thuo⁵³]

豇豆 kuo³⁵ti⁵³[khuo³⁵thi⁵³]

辣椒 pa⁵³ru⁵³gong²¹[pha⁵³ʐu⁵³koŋ²¹]

胡葱 ra⁵³kei⁵³ci²¹[ʐa⁵³khei⁵³tshi²¹]

蕨台 si²¹ti²¹mi⁵³[si²¹thi²¹mi⁵³]

茄子 ka⁵³qie⁵³qi²¹[kha⁵³tɕhie⁵³tɕhi²¹]

芋头 1.ni³⁵bu²¹[ȵi³⁵pu²¹]　2.ni³⁵bi²¹[ȵi³⁵pi²¹]

椿芽 yin⁵⁵long⁵⁵kuo⁵³qi⁵³[in⁵⁵loŋ⁵⁵khuo⁵³tɕhi⁵³]

蛾眉豆 ce²¹kuo⁵³pi²¹[tshe²¹khuo⁵³phi²¹]

姜 kuo⁵³su²¹[khuo⁵³su²¹]

薇菜 pu³⁵ji²¹mi⁵³[phu³⁵tɕi²¹mi⁵³]

七、家禽家畜类

牛 1.wu³⁵[u³⁵]　2.ao³⁵[au³⁵]

水牛 ruan³⁵[ʐuan³⁵]

羊 ruo³⁵[ʐuo³⁵]

鸭 sa⁵³[sa⁵³]

鸡 ra²¹[ʐa²¹]

小鸡 ra²¹bi⁵³[ʐa²¹pi⁵³]

母鸡 ra²¹ ni²¹ga²¹[ʐa²¹ ɲi²¹ka²¹]

公鸡 ra²¹ba²¹[ʐa²¹pa²¹]

鸡蛋 ra²¹le²¹[ʐa²¹le²¹]

翅膀 jie³⁵dan⁵³ga²¹[tɕie³⁵tan⁵³ka²¹]

尾巴 le²¹pong⁵³[le²¹phoŋ⁵³]

猪 zi⁵³[tsi⁵³]

猫 mo²¹[mo²¹]

狗 ha⁵³le²¹[xa⁵³le²¹]

八、水生动物类

鱼 song³⁵[soŋ³⁵]

虾 sa⁵³tu⁵³[sa⁵³thu⁵³]

黄刺骨 ku²¹la⁵³[khu²¹la⁵³]

蚂蟥 pie⁵³la⁵³[phie⁵³la⁵³]

青蛙 ke⁵³qi²¹ma²¹[khe⁵³tɕhi²¹ma²¹]

泥鳅 niao³⁵ci²¹[niau³⁵tshi²¹]

黄鳝 a⁵⁵di⁵³gu⁵³[a⁵⁵ti⁵³ku⁵³]

鲢鱼 ti³⁵la⁵³[thi³⁵la⁵³]

田螺 ta²¹wo²¹[tha²¹o²¹]

石蛙 ban⁵³ ban²¹[pan⁵³ pan²¹]

癞蛤蟆 lai³⁵ke²¹ma²¹[lai³⁵khe²¹ma²¹]

九、虫子类

鼻涕虫 en³⁵qi⁵³la⁵³te⁵³pe²¹[en³⁵tɕhi⁵³la⁵³the⁵³phe²¹]

蟋蟀 di³⁵di⁵³ku⁵³li⁵³[ti³⁵ti⁵³khu⁵³li⁵³]

蝗虫 ca²¹ca⁵³ ku⁵³li⁵³[tsha²¹tsha⁵³ khu⁵³li⁵³]

蚯蚓 kuai³⁵qi²¹la⁵³[khuai³⁵tɕhi²¹la⁵³]

知了 1.qin²¹qin²¹wo³⁵si²¹[tɕhin²¹tɕhin²¹o³⁵si²¹]
　　　2.zi⁵³bi²¹[tsi⁵³pi²¹]

蚂蚁 si⁵³ni²¹ga²¹[si⁵³n̠i²¹ka²¹]

蜻蜓 1.ruan⁵³bu⁵³li⁵³[ʐuan⁵³pu⁵³li⁵³]　2.ra⁵³mu⁵³gai⁵³[ʐa⁵³mu⁵³kai⁵³]

蜘蛛 bu⁵³ci⁵³[pu⁵³tshi⁵³]

蝴蝶 ta³⁵si⁵³[tha³⁵si⁵³]

虱子 si⁵³si⁵³[si⁵³si⁵³]

跳蚤 li⁵³li²¹[li⁵³li²¹]

臭虫 kei²¹ li⁵³li²¹[khei²¹ li⁵³li²¹]

屎壳郎 se²¹ku⁵³ci²¹[se²¹khu⁵³tshi²¹]

螳螂 li⁵³ga⁵³ci²¹mo³⁵ga⁵³ci²¹[li⁵³ka⁵³tshi²¹mo³⁵ka⁵³tshi²¹]

蛀虫 me³⁵long⁵⁵ba²¹[me³⁵loŋ⁵⁵ pa²¹]

蜜蜂 1.mi⁵³ma⁵⁵[mi⁵³ma⁵⁵]　2.yi⁵³ma⁵⁵[i⁵³ma⁵⁵]

象甲虫 bian²¹bian²¹[pian²¹pian²¹]

蛆 du⁵³bi²[tu⁵³pi²]

牛屎虫 wu³⁵se²¹te⁵³pe²¹[u³⁵se²¹the⁵³phe²¹]

虫子 te⁵³pe²¹[the⁵³phe²¹]

蜱 tu²¹lu⁵³pe²¹[thu²¹lu⁵³phe²¹]

十、飞禽类

鸟 nie³⁵bi⁵³[n̠ie³⁵pi⁵³]

鹰 ban³⁵[pan³⁵]

乌鸦 ga²¹[ka²¹]

喜鹊 ca³⁵ ca²¹[tʂha³⁵ tʂha²¹]

猫头鹰 1.ma⁵⁵kuo⁵³ci²¹[ma⁵⁵khuo⁵³tʂhi²¹]

　　　　2.a⁵³kuo⁵³luo⁵³ci²¹[a⁵³khuo⁵³luo⁵³tʂhi²¹]

鹞子 ban³⁵wei⁵³[pan³⁵uei⁵³]

野鸡 bao³⁵qi²¹[pau³⁵tɕhi²¹]

杜鹃 qia²¹kui⁵³yan²¹[tɕhia²¹kui⁵³ian²¹]

燕子 mie³⁵ca⁵³ku⁵³li⁵³[mie³⁵tʂha⁵³khu⁵³li⁵³]

秧鸡 guan²¹lan[kuan²¹lan]

斑鸠 pu³⁵tu²¹[hpu³⁵thu²¹]

锦鸡 ca²¹qi⁵³[tʂha²¹tɕhi⁵³]

画眉 sa²¹di²¹ga²¹[sa²¹ti²¹ka²¹]

布谷鸟 guan⁵³guan⁵³ke⁵⁵kuo²¹[kuan⁵³kuan⁵³khe⁵⁵khuo²¹]

麻雀 qia⁵³pai⁵³[tɕhia⁵³phai⁵³]

黄莺 wan²¹ba²¹li⁵³lu²¹[uan²¹pa²¹li⁵³lu²¹]

鹧鸪 ga²¹li⁵³zao²¹zao²¹[ka²¹li⁵³tsau²¹tsau²¹]

寒鸡 nie³⁵ru⁵³[n̠ie³⁵ʐu⁵³]

算命雀 zi²¹e²¹cei²¹[tsi²¹e²¹tʂhei²¹]

芭茅雀 ka⁵³ba⁵³nie³⁵bi⁵³[kha⁵³pa⁵³n̠ie³⁵pi⁵³]

冠子(鸡)kuo²¹luo²¹ci²¹[khuo²¹luo²¹tʂhi²¹]

十一、走兽类

小香獐 xian⁵⁵zi⁵³bi²¹[ɕian⁵⁵tsi⁵³pi²¹]

蝙蝠 re²¹ta²¹[ʐe²¹tha²¹]

野兽 ye⁵³wu²¹[ie⁵³u²¹]

虎 li³⁵[li³⁵]

人熊 ku²¹qi²¹[khu²¹tɕhi²¹]

猴 e⁵³[e⁵³]

麂子 la³⁵ji⁵³[la³⁵tɕi⁵³]

青麂子 ce³⁵lan³⁵[tshe³⁵lan³⁵]

松鼠 ze⁵³mong⁵³ze⁵⁵gai²¹[ʑe⁵³moŋ⁵³tse⁵⁵kai²¹]

野猫 zuo³⁵ku²¹[tsuo³⁵khu²¹]

果子狸 gei⁵³bi³⁵[gei⁵³pi³]

鼠 re²¹[ʑe²¹]

王夭林 1.kuo⁵³su⁵³ta⁵³le⁵³[khuo⁵³su⁵³tha⁵³le⁵³]

　　　2.luo⁵³su⁵³le⁵³ra²¹ba²¹[luo⁵³su⁵³le⁵³ʑa²¹pa²¹]

水蛇 ce²¹wo²¹li⁵³[tshe²¹o²¹li⁵³]

蛇 wo⁵³[o⁵³]

十二、建筑类

火楼 pan²¹za²¹[phan²¹tsa²¹]

猪圈 zi⁵³ce⁵³[tsi⁵³tshe⁵³]

牛栏 ka²¹ca²¹[kha²¹tsha²¹]

屋，房子 cuo⁵³[tshuo⁵³]

鸡笼 ra²¹gu²¹zuo⁵³[ʑa²¹ku²¹tsuo⁵³]

柱头 ka²¹tong⁵³[kha²¹thoŋ⁵³]

楼子 le³⁵[le³⁵]

小屋 cuo⁵³bi²¹[tshuo⁵³bi²¹]

吊脚楼 1.ye²¹luo²¹le²¹[1.ie²¹luo²¹le²¹]　2.dao³⁵qi²¹[tau³⁵tɕhi²¹]

山门 za³⁵mo⁵³[tsa³⁵mo⁵³]

火垅屋，火辅 han⁵³zuo⁵³[xan⁵³tsuo⁵³]

屋巷 han³⁵pi⁵³[xan³⁵phi⁵³]

屋角 a⁵³kou⁵³[a⁵³khou⁵]

堂屋 sa²¹ri⁵³nie²¹cuo⁵³[sa²¹ʑi⁵³ȵie²¹tshuo⁵³]

茅草盖屋 xin²¹po⁵³xie²¹[ɕin²¹pho⁵³ɕie²¹]

茅屋 xin²¹po⁵³ cuo⁵³[ɕin²¹pho⁵³ tshuo⁵³]

立屋 cuo⁵³su³⁵[tshuo⁵³su³⁵]

上梁 lian²¹gu²¹[lian²¹ku²¹]

讲梁 lian²¹li²¹[lian²¹li²¹]

装屋 cuo⁵³zuan⁵⁵[tʂhuo⁵³tsuan⁵⁵]

做门 la⁵³min²¹ri⁵³[la⁵³min²¹ʐi⁵³]

房里 huan²¹lu⁵³[xuan²¹lu⁵³]

阶沿 pa³⁵qie⁵³[pha³⁵tɕhie⁵³]

院子 tian⁵³jiou⁵³[thian⁵³tɕiou⁵³]

屋周围 cuo⁵³luo²¹cuo⁵³qi⁵³[tʂhuo⁵³luo²¹tʂhuo⁵³tɕhi⁵³]

屋旁边 cuo⁵³dan³⁵san⁵³[tʂhuo⁵³tan³⁵san⁵³]

屋檐下 1.ze³⁵ge⁵³ji²¹[tse³⁵ke⁵³tɕi²¹]　2.sa³⁵⁵ge⁵³ji²¹[sa³⁵⁵ke⁵³tɕi²¹]

十三、用具类

蒸子 bong⁵³[poŋ⁵³]

蒸闭子 bong⁵³san⁵³ke²¹[poŋ⁵³san⁵³khe²¹]

挑葱刀 tuo²¹di²¹pa²¹[thuo²¹ti²¹pha²¹]

背桶 cong³⁵ti⁵³[tʂhoŋ³⁵thi⁵³]

石碓 song³⁵ga⁵³[soŋ³⁵ka⁵³]

碓筐 kuo²¹luo²¹qi⁵³[khuo²¹luo²¹tɕhi⁵³]

石磨 bo⁵³zuo⁵³[po⁵³tsuo⁵³]

石容器 ba⁵³[pa⁵³]

斗 po⁵³[pho⁵³]

升子 si²¹kuo²¹[si²¹khuo²¹]

线 tong⁵³mong⁵³[thoŋ⁵³moŋ⁵³]

针 a⁵³e⁵³[a⁵³e⁵³]

锯子 kei³⁵[khei³⁵]

斧头 1.e⁵³kei⁵³[e⁵³khei⁵³]　2.ao⁵³kei⁵³[au⁵³khei⁵³]

凿子 zai³⁵[tsai³⁵]

刨子 tui⁵³po²¹[thui⁵³pho²¹]

木板 ka²¹ba²¹[kha²¹pa²¹]

梯子 yan³⁵ji²¹luo³⁵[ian³⁵tɕi²¹luo³⁵]

碗柜 qin³⁵bo³⁵[tɕhin³⁵po³⁵]

炕架 kuo⁵⁵tong⁵⁵[khuo⁵⁵thoŋ⁵⁵]

炕 kuo⁵⁵le⁵³[khuo⁵⁵le⁵³]

刷把 zi²¹si²¹pa⁵⁵[tsi²¹si²¹pha⁵⁵]

水缸 ce²¹sa²¹pong²¹[tʂhe²¹sa²¹phoŋ²¹]

椅子 kuai²¹[khuai²¹]

桌子 xi²¹te⁵³[ɕi²¹the⁵³]

铁瓢 pa²¹su⁵³[pha²¹su⁵³]

水瓢 la³⁵ta⁵³[la³⁵tha⁵³]

三脚 xie⁵³ca⁵³[ɕie⁵³tʂha⁵³]

鼎罐 xie⁵³pong⁵³[ɕie⁵³phoŋ⁵³]

锅子 ta³⁵ku⁵³[tha³⁵khu⁵³]

碗 qie²¹bi⁵³[tɕie²¹pi⁵³]

筷子 bu⁵³zi⁵³[pu⁵³tsi⁵³]

盆子 kei⁵³ti⁵³[khei⁵³thi⁵³]

锁 su⁵³pi²¹[su⁵³phi²¹]

钥匙 yan⁵³si⁵³[ian⁵³si⁵³]

被子 xi⁵³lan⁵³[ɕi⁵³lan⁵³]

箱子 tuo⁵³[thuo⁵³]

垫子,竹凉席 lian²¹de⁵³[lian²¹te⁵³]

晒簟 bu⁵³se²¹[pu⁵³se²¹]

罐子 ti⁵³ku⁵³[thi⁵³khu⁵³]

扫帚 se⁵³kei²¹ba²¹[se⁵³khei²¹pa²¹]

枰 qi⁵³[tɕhi⁵³]

扇子 lan²¹qie⁵³[lan²¹tɕhie⁵³]

火钳 qian³⁵qian⁵³[tɕhian³⁵tɕhian⁵³]

口袋 luo³⁵te⁵³[luo³⁵the⁵³]

梳子 ka²¹xi²¹[kha²¹ɕi²¹]

笸子 xie⁵³zu²¹[ɕie⁵³tsu²¹]

簸箕 ta³⁵kei⁵³[tha³⁵khei⁵³]

筛子 xie²¹ci²¹[ɕie²¹tʂhi²¹]

刀子 tuo²¹tuo²¹[thuo²¹thuo²¹]

柴刀 su⁵³ku⁵³[su⁵³khu⁵³]

菜刀 xin⁵³qi⁵³[ɕin⁵³tɕhi⁵³]

粑粑铲 xiao³⁵pai²¹[ɕiau³⁵phai²¹]

火 mi⁵³[mi⁵³]

十四、农具类

斗笠 nie⁵³ti⁵³[ȵie⁵³thi⁵³]

犁包嘴 zi⁵³ne³⁵qi⁵³[tsi⁵³ne³⁵tɕhi⁵³]

撮箕 xiao⁵³qi⁵³ta⁵⁵[ɕiau⁵³tɕhi⁵³tha⁵⁵]

镰刀 hua²¹lian²¹[xua²¹lian²¹]

锄头 pu⁵³kei⁵³[phu⁵³khei⁵³]

犁 li³⁵ke⁵³tong⁵³[li³⁵khe⁵³thoŋ⁵³]

土炮 cong³⁵te³⁵ba⁵³[tshoŋ³⁵the³⁵pa⁵³]

水车 ce²¹ce⁵³nie²¹xi⁵³[tshe²¹tshe⁵³ȵie²¹ɕi⁵³]

犁弯 li³⁵ku⁵³ku⁵³[li³⁵khu⁵³khu⁵³]

枷档 lan³⁵ku⁵³[lan³⁵khu⁵³]

铧口 ka⁵³te⁵³[kha⁵³the⁵³]

缆绳 lan⁵³de⁵³[lan⁵³te⁵³]

牛打脚 lan³⁵ku⁵³[lan³⁵khu⁵³]

挖锄 li⁵³ga⁵³ci²¹[li⁵³ka⁵³tʂhi²¹]

沙刀 su⁵³ku⁵³[su⁵³khu⁵³]

咱笼 1.la³⁵ca⁵³[la³⁵tsha⁵³]　2.rong⁵³ti⁵³[ʐoŋ⁵³thi⁵³]

蓑衣 ze²¹si²¹[tse²¹si²¹]

背笼 wo²¹sa²¹[o²¹sa²¹]

草鞋 ji²¹ku²¹[tɕi²¹khu²¹]

筛灰篮 bu²¹ci⁵³xie⁵³ci²¹[pu²¹tshi⁵³ɕie⁵³tshi²¹]

牛鼻索 qie²¹mi⁵³si²¹[tɕhie²¹mi⁵³si²¹]

十五、农活类

挖土 li⁵³ga⁵³[li⁵³ka⁵³]

耕土 li⁵³qie²¹[li⁵³tɕhie²¹]

砍火畲 ye⁵³za³⁵[ie⁵³tsa³⁵]

烧灰 bu²¹ci⁵³wu³⁵[pu²¹tshi⁵³u³⁵]

耕田 si²¹te⁵³qie²¹[si²¹the⁵³tɕhie²¹]

插秧 si²¹li⁵³se⁵³[si²¹li⁵³se⁵³]

打谷子 li³⁵bu⁵³ha²¹[li³⁵pu⁵³xa²¹]

挑粪 se²¹ke⁵³[se²¹khe⁵³]

榨油 se²¹si⁵³ha²¹[se²¹si⁵³xa²¹]

织布 mo⁵³si²¹ta⁵³[mo⁵³si²¹tha⁵³]

做农活 jie³⁵ri⁵³[tɕie³⁵ʐi⁵³]

打铁 xie⁵³ha²¹[ɕie⁵³xa²¹]

锯板子 ka²¹kei³⁵[kha²¹khei³⁵]

砍树 ka²¹mong²¹ta⁵³[kha²¹moŋ²¹tha⁵³]

砍料 ka²¹la⁵³[kha²¹la⁵³]

平屋场 cuo⁵³za⁵³pin²¹[tshuo⁵³tsa⁵³phin²¹]

避邪 sa³⁵duan⁵³[sa³⁵tuan⁵³]

锄草 li⁵³pu³⁵[li⁵³phu³⁵]

守牛 wu³⁵ka⁵³[u³⁵kha⁵³]

打猪草 zi⁵³xi²¹wu⁵³[tsi⁵³ɕi²¹u⁵³]

割牛草 wu³⁵xi²¹nga⁵³[u³⁵ɕi²¹ŋa⁵³]

管田水 si²¹te⁵³ce²¹ba⁵³[si²¹the⁵³tshe²¹pa⁵³]

背包谷 bao⁵³bu⁵³wo⁵³[pau⁵³pu⁵³o⁵³]

扯黄豆 qi³⁵bu⁵³pie⁵³[tɕhi³⁵pu⁵³phie⁵³]

打黄豆 qi³⁵bu⁵³ha²¹[tɕhi³⁵pu⁵³xa²¹]

撒小米 ei²¹nie⁵³lan⁵³yi³⁵[ei²¹n̠ie⁵³lan⁵³i³⁵]

扯小米草 ei²¹si²¹pie⁵³[ei²¹si²¹phie⁵³]

踩秧 si⁵³li⁵³xi²¹[si⁵³li⁵³ɕi²¹]

撒种 nie⁵³lan⁵³yi³⁵[n̠ie⁵³lan⁵³i³⁵]

十六、服饰类

衣服 xi⁵³ba⁵³[ɕi⁵³pa⁵³]

裤子 ku²¹[khu²¹]

帕子 jie³⁵zu²¹[tɕie³⁵tsu²¹]

腰带 me²¹pu²¹la⁵³[me²¹phu²¹la⁵³]

裹脚 qi³⁵la⁵³[tɕhi³⁵la⁵³]

手镯 jian³⁵ga²¹[tɕian³⁵ka²¹]

耳环 long⁵³gu⁵³[loŋ⁵³ku⁵³]

戒子 jian³⁵ga⁵³bu³⁵li⁵³[tɕian³⁵ka⁵³pu³⁵li⁵³]

鞋子 cuo²¹xie⁵³[tʂhuo²¹ɕie⁵³]

衣袖 xi⁵³ba⁵³jie³⁵jie²¹[ɕi⁵³pa⁵³tɕie³⁵tɕie²¹]

衣领 xi⁵³ba⁵³len⁵³zi²¹[ɕi⁵³pa⁵³len⁵³tsi²¹]

衣襟 me²¹ba²¹[me²¹pa²¹]

衣服尾巴 xi⁵³ba⁵³le²¹pong⁵³[ɕi⁵³pa⁵³le²¹phoŋ⁵³]

扣子 xi⁵³ba⁵³bu³⁵li⁵³[ɕi⁵³pa⁵³pu³⁵li⁵³]

裤脚 ku²¹ji²¹[khu²¹tɕi²¹]

裤裆 se²¹la²¹[se²¹la²¹]

十七、人体器官类

人 luo⁵³[luo⁵³]

人群 suo⁵³[suo⁵³]

身体 suo⁵³ti²¹[suo⁵³thi²¹]

女人 luo²¹gan²¹de⁵³[luo²¹kan²¹te⁵³]

男人 luo⁵³ba⁵⁵de²¹[luo⁵³pa⁵⁵te²¹]

头发 sa³⁵qi⁵³[sa³⁵tɕhi⁵³]

手 jie³⁵[tɕie³⁵]

脑袋 kuo⁵³ba⁵³[khuo⁵³pa⁵³]

脚 ji²¹[tɕi²¹]

额头 ka⁵³ti⁵³ke²¹[kha⁵³thi⁵³khe²¹]

脸 gu³⁵[ku³⁵]

眼睛 luo³⁵bu⁵³[luo³⁵pu⁵³]

耳朵 en²¹qie⁵³[en²¹tɕhie⁵³]

嘴 za³⁵qi⁵³[tsa³⁵tɕhi⁵³]

牙齿 si⁵³si⁵³[si⁵³si⁵³]

舌头 yi³⁵la⁵³[i³⁵la⁵³]

喉咙 kong⁵³di²¹[khoŋ⁵³ti²¹]

胡须 la⁵³pa²¹[la⁵³pha²¹]

涎水 ce²¹si²¹[tshe²¹si²¹]

口水 ca²¹bi⁵³ce²¹[tsha²¹pi⁵³tshe²¹]

痰 long⁵³se²¹[loŋ⁵³se²¹]

下巴 ha³⁵pa²¹ke⁵³[xa³⁵pha²¹khe⁵³]

肩膀 pie³⁵ti⁵³ke²¹[phie³⁵thi⁵³khe²¹]

手臂 jie³⁵ban⁵³zi²¹[tɕie³⁵pan⁵³tsi²¹]

手指 jie³⁵mi⁵³ti²¹[tɕie³⁵mi⁵³thi²¹]

拇指 ruo⁵³ci²¹[ʐuo⁵³tshi²¹]

食指 ra²¹ba²¹[ʐa²¹pa²¹]

中指 gan⁵³pe⁵³[kan⁵³phe⁵³]

无名指 zuo³⁵ku²¹[tsuo³⁵khu²¹]

小指 te⁵³pe²¹[the⁵³phe²¹]

手杆 jie³⁵cu²¹gan⁵³gan²¹[tɕie³⁵tshu²¹kan⁵³kan²¹]

颈 1.an⁵⁵gu⁵⁵[an⁵⁵ku⁵⁵]　2.kong⁵³di²¹[koŋ⁵³ti²¹]

咽喉 ce²¹luo³⁵ti⁵³[tshe²¹luo³⁵thi⁵³]

奶 man²¹[man²¹]

吃奶 man²¹ku²¹[man²¹khu²¹]

喂奶 man²¹a⁵³[man²¹a⁵³]

奶水 man^{21}ce^{21}[man^{21}tʂhe^{21}]

肚脐 me^{21}ti^{53}ku^{53}li^{53}[me^{21}thi^{53}khu^{53}li^{53}]

肚子 me^{21}[me^{21}]

三岔骨 se^{21}ca^{21}ke^{21}[se^{21}tʂha^{21}khe^{21}]

大腿 bi^{21}ta^{21}[pi^{21}tha^{21}]

男生殖器 1.ri^{21}[ʐi^{21}] 2.ri^{21}bi^{53}[ʐi^{21}pi^{53}]

阴囊 le^{35}pe^{53}[le^{35}phe^{53}]

睾丸 le^{35}pe^{53}bu^{35}li^{53}[le^{35}phe^{53}pu^{35}li^{53}]

胯下 se^{21}la^{21}ji^{21}ta^{21}[se^{21}la^{21}tɕi^{21}tha^{21}]

女生殖器 te^{21}[the^{21}]

阴蒂 te^{21} bu^{35}li^{53}[the^{21} pu^{35}li^{53}]

膝盖 ji^{21}ti^{21}ke^{53}[tɕi^{21}thi^{21}khe^{53}]

脚肚子 ji^{21}si^{21}pe^{53}[tɕi^{21}si^{21}phe^{53}]

脚板 ji^{21}la^{21}pi^{21}[tɕi^{21}la^{21}phi^{21}]

脚后跟 ji^{21}tong^{21}[tɕi^{21}toŋ^{21}]

脚指 ji^{21}mi^{21}ti^{53}[tɕi^{21}mi^{21}thi^{53}]

脚眼睛 ji^{21}luo^{35}bu^{53}[tɕi^{21}luo^{35}pu^{53}]

心脏 li^{53}kuo^{53}li^{53}[li^{53}khuo^{53}li^{53}]

肺 se^{35}pong^{55}[se^{35}phoŋ^{55}]

肝 an^{53}ngan^{53}[an^{53}ŋan^{53}]

肠子 bi^{35}la^{53}[pi^{35}la^{53}]

胃 se^{21}pe^{21}[se^{21}phe^{21}]

肛门 si^{21}gu^{21}di^{53}[si^{21}ku^{21}ti^{53}]

屁股 se^{21}la^{21}[se^{21}la^{21}]

屁股包 se^{21}tong^{21}[se^{21}thoŋ^{21}]

膀胱 ei^{53}ce^{21}pe^{53}ci^{21}[ei^{53}tʂhe^{21}phe^{53}tʂhi^{21}]

肥 1.si^{35}[si^{35}] 2.si^{21}ku^{53}tu^{21}[si^{21}khu^{53}thu^{21}]

瘦 1.wai^{53}[1.uai^{53}] 2.wai^{53}ga^{53}ca^{21}[uai^{53}ka^{53}tʂha^{21}]

头眉 si^{21}pi^{35}pi^{55}[si^{21}phi^{35}phi^{55}]

板牙 ha^{55}huo^{55}[xa^{55}xuo^{55}]

缺嘴 ze³⁵ha⁵³[tse³⁵xa⁵³]

城府深 me²¹e²¹[me²¹e²¹]

雀斑 ra³⁵gu⁵⁵ni⁵⁵[ʐa³⁵ku⁵⁵ȵi⁵⁵]

妊娠斑 ra³⁵gu⁵⁵[ʐa³⁵ku⁵³]

月经 ka⁵³pu⁵³pu²¹[kha⁵³phu⁵³phu²¹]

妊娠 qie⁵³xiao³⁵[tɕhie⁵³ɕiau³⁵]

性交 te²¹jie⁵³[the²¹tɕie⁵³]

生病 bu³⁵san⁵³kuai²¹[pu³⁵san⁵³khuai²¹]

害病 ka⁵³ca⁵³da³⁵[kha⁵³tsha⁵³ta³⁵]

生疮 qie³⁵ga⁵³zi²¹[tɕhie³⁵ka⁵³tsi²¹]

疮 qie³⁵ga⁵³[tɕhie³⁵ka⁵³]

病 di³⁵[ti³⁵]

死 se³⁵[se³⁵]

生(指生小孩)long³⁵[loŋ³⁵]

十八、称谓类

祖宗 su³⁵mu²¹[su3⁵mu²¹]

曾祖父 nie⁵³ti⁵³[nie⁵³thi⁵³]

高祖父 ge⁵³ti⁵⁵[ke⁵³thi⁵⁵]

奶奶 a⁵³ma⁵⁵[a⁵³ma⁵⁵]

爷爷 1.pa²¹pu⁵³[1.pha²¹phu⁵³]　2.a²¹pu²¹[a²¹phu²¹]

外公 ga⁵³gong⁵³[ka⁵³koŋ⁵³]

外婆 1.ka²¹bu²¹[kha²¹pu²¹]　2.ba²¹bu⁵³[pa²¹pu⁵³]

父亲 a²¹ba⁵⁵[a²¹pa⁵⁵]

母亲 a²¹nie⁵³[a²¹ȵie⁵³]

伯母 nie²¹ci⁵⁵[ȵie²¹tshi⁵⁵]

伯伯 ba²¹ ci⁵⁵[pa²¹ tshi⁵⁵]

叔叔 an ⁵³bei⁵⁵[an ⁵³pei⁵⁵]

婶娘 nie²¹nie⁵⁵[ȵie²¹ȵie⁵⁵]

舅妈姨娘 nie²¹kui⁵⁵a²¹nie⁵³[ȵie²¹khui⁵⁵a²¹ȵie⁵³]

舅舅姨爷 nie²¹kui⁵⁵a²¹ba⁵⁵[ȵie²¹khui⁵⁵a²¹pa⁵⁵]

老婆 luo²¹ga²¹ni⁵³[luo²¹ka²¹ȵi⁵³]

老公 luo⁵³ba⁵⁵[luo⁵³pa⁵⁵]

姐姐 a³⁵da⁵³[a³⁵ta⁵³]

姐夫 a⁵³zuo²¹[a⁵³tsuo²¹]

妹妹 a⁵⁵rong⁵³[a⁵⁵ʐoŋ⁵³]

哥哥 a²¹kuo⁵³[a²¹khuo⁵³]

嫂嫂 1.ca²¹qi²¹[tsha²¹tɕhi²¹]　2.guo³⁵gui⁵³[kuo³⁵kui⁵³]

女儿 1.biu³⁵[piu³⁵]　2.ta⁵³de²¹le²¹[tha⁵³te⁵³le²¹]

儿子 luo⁵³bi²¹[luo⁵³pi²¹]

孙子 re⁵³[ʐe⁵³]

曾孙 ga²¹re²¹[ka²¹ʐe²¹]

孙女 si⁵³si⁵³la²¹[si⁵³si⁵³la²¹]

小孩 1.bo⁵³li²¹[1.po⁵³li²¹]　2.qin³⁵ni⁵³kui²¹[tɕhin³⁵ȵi⁵³khui²¹]
　　　3.bai⁵³[pai⁵³]

男孩 luo⁵³bi²¹[luo⁵³pi²¹]

女孩 biu³⁵[piu³⁵]

新郎 luo⁵³ba⁵⁵a³⁵xi⁵³[luo⁵³pa⁵⁵a³⁵ɕi⁵³]

新娘 ta⁵³de²¹le²¹[tha⁵³te²¹le²¹]

媒婆 tu²¹ga²¹[thu²¹ka²¹]

婆家 si⁵³ke²¹[si⁵³khe²¹]

土家人 bi³⁵zi⁵³ka²¹luo⁵³[pi³⁵tsi⁵³kha²¹luo⁵³]

土家小伙 bi³⁵zi⁵³ka²¹a²¹kuo⁵³[pi³⁵tsi⁵³kha²¹a²¹khuo⁵³]

土家姑娘 bi³⁵zi⁵³ka²¹a³⁵da⁵³biu²¹[pi³⁵tsi⁵³kha²¹a³⁵ta⁵³piu²¹]

梅嫦 wo²¹cuo²¹[o²¹tshuo²¹]

老师 po³⁵ga⁵³[pho³⁵ka⁵³]

学生 ci⁵³tu⁵³ma²¹[tshi⁵³thu⁵³ma²¹]

农民 jie³⁵ri⁵³ma²¹[tɕie³⁵ʐi⁵³ma²¹]

医生 se⁵³zuo⁵³[se⁵³tsuo⁵³]

木匠 ka²¹zuo⁵³[kha²¹tsuo⁵³]

铁匠 xie⁵³zuo⁵³[ɕie⁵³tsuo⁵³]

岩匠 a²¹zuo⁵³[a²¹tsuo⁵³]

篾匠 mu⁵³zuo⁵³[mu⁵³tsuo⁵³]

商人 ye²¹lu²¹ma²¹[ie²¹lu²¹ma²¹]

渔人 song³⁵ha²¹ma⁵³[soŋ³⁵xa²¹ma⁵³]

猎人 si²¹jie⁵³ma⁵³[si²¹tɕie⁵³ma⁵³]

小偷 ye²¹e³⁵ma⁵³[ie²¹e³⁵ma⁵³]

小人 luo⁵³suan⁵³ma⁵³[luo⁵³suan⁵³ma⁵³]

导游 bu⁵³cuo²¹cuo⁵³bo²¹ge²¹ci⁵³ma⁵³
　　　[pu⁵³tshuo²¹tshuo⁵³po²¹ke²¹tshi⁵³ma⁵³]

贵宾 bu⁵³cuo²¹[pu⁵³tshuo²¹]

贵宾们 bu⁵³cuo²¹de²¹[pu⁵³tshuo²¹te²¹]

首长 ga³⁵me⁵³[ka³⁵me⁵³]

首长们 ga³⁵me⁵³de²¹[ka³⁵me⁵³te²¹]

先生 po³⁵ga⁵³[pho³⁵ka⁵³]

先生们 po³⁵ga⁵³de²¹[pho³⁵ka⁵³te²¹]

女士 a³⁵da⁵³[a³⁵ta⁵³]

女士们 a³⁵da⁵³de²¹[a³⁵ta⁵³te²¹]

朋友 a³⁵guo⁵³[a³⁵kuo⁵³]

朋友们 a³⁵guo⁵³de²¹[a³⁵kuo⁵³te²¹]

十九、风土人情类

过年 1.long²¹ ka⁵³[loŋ²¹ kha⁵³]　2.qi⁵³ ka⁵³[tɕhi⁵³ kha⁵³]

过节 qie⁵³ka⁵³[tɕhie⁵³kha⁵³]

娶亲 zuo⁵³a²¹[tsuo⁵³a²¹]

哭嫁 ta⁵³de²¹le²¹zi³⁵[tha⁵³te²¹le²¹tsi³⁵]

出嫁 cuo⁵³zu³⁵[tshuo⁵³tsu³⁵]

跳摆手舞 se³⁵ba⁵³ri⁵³[se³⁵pa⁵³ʐi⁵³]

轿子 du⁵³zi²¹[tu⁵³tsi²¹]

打镏子 jia⁵³huo⁵³ha²¹[tɕia⁵³xuo⁵³xa²¹]

吹唢呐 xian⁵³qi²¹mie³⁵[ɕian⁵³tɕhi²¹mie³⁵]

磕头 ka⁵³ta⁵³bu³⁵[kha⁵³tha⁵³pu³⁵]

踢毽子 ra²¹ha²¹[ʐa²¹xa²¹]

抛公鸡 ra²¹ha²¹[ʐa²¹xa²¹]

母鸡孵小鸡游戏 ra²¹ni²¹ga²¹bi⁵³bi⁵³pe²¹[ʐa²¹ȵi²¹ka²¹pi⁵³pi⁵³phe²¹]

摔跤 da⁵³bu³⁵[ta⁵³pu³⁵]

牵羊肠(游戏)luo³⁵luo²¹[luo³⁵luo²¹]

猪母娘棋 zi⁵³ni²¹ga²¹qi²[tsi⁵³ȵi²¹ka²¹tɕhi²]¹

二十、生活类及家务劳动

饭 zi²¹[tsi²¹]

煮饭 zi²¹ban³⁵[tsi²¹pan³⁵]

蒸饭 zi²¹tong⁵³[tsi²¹thoŋ⁵³]

吃饭 zi²¹ga³⁵[tsi²¹ka³⁵]

煮牛饭 wu³⁵zi²¹luo³⁵[u³⁵tsi²¹luo³⁵]

整理 a⁵³ru⁵³[a⁵³ʐu⁵³]

煮猪饭 1.zi⁵³zi²¹xie²¹[tsi⁵³tsi²¹ɕie²¹]
　　　　2.zi⁵³bo²¹zi²¹luo³⁵[tsi⁵³po²¹tsi²¹luo³⁵]

切菜 ha⁵³ce⁵³suo⁵³[xa⁵³tshe⁵³suo⁵³]

割牛草 wu³⁵xi²¹nga⁵³[u³⁵ɕi²¹ŋa⁵³]

打猪草 zi⁵³xi²¹wu⁵³[tsi⁵³ɕi²¹u⁵³]

悠闲玩 luo²¹[luo²¹]

玩 ge²¹ci⁵³[ke²¹tshi⁵³]

盛饭 zi²¹cu⁵³[tsi²¹tshu⁵³]

洗碗 qie²¹bi⁵³wo⁵³[tɕhie²¹pi⁵³o⁵³]

夹菜 ha⁵³ce⁵³an⁵³ka⁵³[xa⁵³tshe⁵³an⁵³kha⁵³]

喝酒 re³⁵hu²¹[ʐe³⁵xu²¹]

吃肉 si^{21}ga^{35}[si^{21}ka^{35}]

喝酒吃肉 re^{35}hu^{21}si^{21}ga^{35}[ʐe^{35}xu^{21}si^{21}ka^{35}]

收拾 sa^{35}te^{35}[sa^{35}the^{35}]

烧火 1.mi^{53}wu^{35}[mi^{53}u^{35}]　2.mi^{53}luo^{35}[mi^{53}luo^{35}]

蒙火 mi^{53}bong^{21}[mi^{53}poŋ^{21}]

整理 a^{35}tu^{53}[a^{35}thu^{53}]

梳头发 sa^{35}qi^{53}xi^{21}[sa^{35}tɕhi^{53}ɕi^{21}]

穿衣服 xi^{53}ba^{53}da^{35}[ɕi^{53}pa^{53}ta^{35}]

洗衣服 xi^{53}ba^{53}za^{35}[ɕi^{53}pa^{53}tsa^{35}]

抓痒 bi^{35}la^{53}[pi^{35}la^{53}]

爬 pi^{53}pa^{53}[phi^{53}pha^{53}]

抽尿或抽屎 si^{21}e^{21}ze^{35}[si^{21}e^{21}tse^{35}]

扫地 ruo^{53}ei^{21}[ʐuo^{53}ei^{21}]

带小孩 bo^{53}li^{21}ka^{53}[po^{53}li^{21}kha^{53}]

茶叶 ra^{35}gu^{53}[ʐa^{35}ku^{53}]

喝茶 a^{21}ce^{53}hu^{21}[a^{21}tshe^{53}xu^{21}]

喝水 ce^{21}hu^{21}[tshe^{21}xu^{21}]

烧水 ce^{21}pe^{53}[tshe^{21}phe^{53}]

休息 hei^{53}[xei^{53}]

农家乐 jie^{35}ri^{53}ma^{21}li^{53}si^{21}[tɕie^{35}ʑi^{53}ma^{21}li^{53}si^{21}]

请客 bu^{53}cuo^{21}jie^{21}[pu^{53}tshuo^{21}tɕie^{21}]

二十一、代词类

我 nga^{35}[ŋa^{35}]

我们 an^{35}ni^{53}[an^{35}ȵi^{53}]

你 ni^{35}[ȵi^{35}]

你们 se^{35}ni^{53}[se^{35}ȵi^{53}]

他、她 guo^{35}[kuo^{35}]

他们、她们 gei^{53}ze^{21}[kei^{53}tse^{21}]

谁 1.a^{53}suo^{21}[a^{53}suo^{21}]　2.a^{53}se^{21}[a^{53}se^{21}]

谁的 a^{53}suo^{21}nie^{21}[a^{53}suo^{21}ȵie^{21}]

我的 nga^{35}nie^{21}[ŋa^{35}ȵie^{21}]

我们的 1.an^{35}ni^{53}nie^{21}[an^{35}ȵi^{53}ȵie^{21}]　2.an^{35}nie^{21}[an^{35}ȵie^{21}]

你的 ni^{35}nie^{21}[ȵi^{35}ȵie^{21}]

你们的 1.se^{35}ni^{53} nie^{21}[se^{35}ȵi^{53} ȵie^{21}]　2.se^{35} nie^{21}[se^{35} ȵie^{21}]

他、她的 guo^{35} nie^{21}[kuo^{35} ȵie^{21}]

他们、她们的 gei^{53}ze^{21}nie^{21}[kei^{53}tse^{21}ȵie^{21}]

这儿 1.ge^{21}[ke^{21}]　2.gao^{35}cai^{21}[kau^{35}tshai^{21}]
　　　3.ge^{21} du^{53}cai^{21}[ke^{21} tu^{53}tshai^{21}]

那儿 en^{53}ge^{53}[en^{53}ke^{53}]

哪里 1.kei^{21}[khei^{21}]　2. kei^{21}du^{53}cai^{21}[khei^{21}tu^{53}tshai^{21}]

在哪里 kou^{35} cai^{21}[khou^{35} tshai^{21}]

什么 1.qie^{53}xi^{21}[tɕhie^{53}ɕi^{21}]　2.qia^{53}xi^{21}[tɕhia^{53}ɕi^{21}]3.lai^{53}xi^{21}[lai^{53}ɕi^{21}]

为什么 qie^{53}wei^{35}[tɕie^{53}uei^{35}]

要什么 qie^{53}di^{53}[tɕhie^{53}ti^{53}]

做什么 qie^{53}ri^{53}[tɕhie^{53}ʑi^{53}]

什么时候 qi^{35}du^{53}[tɕhi^{35}tu^{53}]

二十二、形容词及词组类

美,漂亮 1.re^{53}[ʐe^{53}]　2.re^{53}kuo^{21}kui^{53}[ʐe^{53}khuo^{21}khui^{53}]

烂 long^{53}[loŋ^{53}]

烂的 long^{53}pe^{21}[loŋ^{53}phe^{21}]

好 ca^{35}[tsha^{35}]

坏 de^{35}ka^{53}la^{53}[te^{35}kha^{53}la^{53}]

绿,青,蓝 xin^{35}ga^{53}[ɕin^{35}ka^{53}]

红 1.mia^{53}jia^{53}[mia^{53}tɕia^{53}]　2.miai^{53}jai^{53}[miai^{53}tɕai^{53}]

很红很红 mia^{53}jia^{53} mia^{53}jia^{53}[mia^{53}tɕia^{53} mia^{53}tɕia^{53}]

最红最红 mia^{53}jia^{53}hui^{35}hui^{21}[mia^{53}tɕia^{53}xui^{35}xui^{21}]

红得发光 mia⁵³jia⁵³xian²¹ xian²¹[mia⁵³tɕia⁵³ɕian²¹ ɕian²¹]

绿茵茵 xin³⁵ga⁵³kui²¹kui²¹[ɕin³⁵ka⁵³khui²¹khui²¹]

郁郁葱葱 xin³⁵ga⁵³dan²¹dan²¹[ɕin³⁵ka⁵³tan²¹tan²¹]

长势好 xin³⁵ga⁵³lu⁵³lu²¹[ɕin³⁵ka⁵³lu⁵³lu²¹]

黄 wan²¹ga⁵³li⁵³[uan²¹ka⁵³li⁵³]

很黄很黄 wan²¹ga⁵³li⁵³ wan²¹ga⁵³li⁵³[uan²¹ka⁵³li⁵³ uan²¹ka⁵³li⁵³]

黄得发光 wan²¹ga⁵³li⁵³ xian²¹ xian²¹[uan²¹ka⁵³li⁵³ ɕian²¹ ɕian²¹]

最黄最黄 wan²¹ga⁵³li⁵³kui²¹kui²¹[uan²¹ka⁵³li⁵³khui²¹khui²¹]

黑 lan³⁵ga²¹[lan³⁵ka²¹]

很黑很黑 lan³⁵ga²¹ lan³⁵ga²¹[lan³⁵ka²¹ lan³⁵ka²¹]

漆黑一团 lan³⁵ga²¹hei³⁵hei²¹[lan³⁵ka²¹xei³⁵xei²¹]

黑得什么也看不见 lan³⁵ga²¹dai²¹dai²¹[lan³⁵ka²¹tai²¹tai²¹]

白色 a²¹si²¹[a²¹si²¹]

很白很白 a²¹si²¹ a²¹si²¹[a²¹si²¹ a²¹si²¹]

白色的 1.a²¹si²¹ku⁵³li⁵³[a²¹si²¹khu⁵³li⁵³] 2. a²¹si²¹pa²¹[a²¹si²¹pha²¹]

雪白,最白最白 a²¹si²¹ hui³⁵hui²¹[a²¹si²¹ xui³⁵xui²¹]

白得发亮 a²¹si²¹ xian²¹ xian²¹[a²¹si²¹ ɕian²¹ ɕian²¹]

白闪闪的 a²¹si²¹qin²¹ qin²¹[a²¹si²¹tɕhin²¹ tɕhin²¹]

灰色 wu²¹si⁵³si²¹[u²¹si⁵³si²¹]

二十三、常用词组类

手忙脚乱 1.jie³⁵ge⁵³ji²¹ge⁵³[tɕie³⁵ke⁵³tɕi²¹ke⁵³]
　　　　　2.jie³⁵gei⁵³ji³⁵sa⁵⁵[tɕie³⁵kei⁵³tɕi³⁵sa⁵⁵]

疙瘩多 luo³⁵ti⁵³luo³⁵ta⁵³[luo³⁵thi⁵³luo³⁵tha⁵³]

故意做作 a⁵³gei⁵³ta²¹ta²¹[a⁵³kei⁵³tha²¹tha²¹]

畏惧心理 ge⁵³si²¹ge⁵³sa⁵³[ke⁵³si²¹ke⁵³sa⁵³]

细皮白肉 a²¹si²¹a²¹mai⁵³[a²¹si²¹a²¹mai⁵³]

很整洁 bi²¹xi⁵³ bi²¹xi⁵³[pi²¹ɕi⁵³ pi²¹ɕi⁵³]

很粘稠 ji⁵³dai⁵⁵ji⁵³tai⁵⁵[tɕi⁵³tai⁵⁵tɕi⁵³thai⁵⁵]

很臭 1.lan²¹ai⁵³kui²¹kui²¹[lan²¹ai⁵³khui²¹khui²¹]

    2.lan²¹si⁵³hui²¹hui²¹[lan²¹si⁵³xui²xui²¹]

夜半三更 la²¹ye³⁵la⁵³[la²¹ie³⁵la⁵³]

多此一举 ta⁵³duo²¹la⁵³hai[tha⁵³tuo²¹la⁵³xai]⁵³

很神气 en³⁵qi⁵³kui²¹kui²¹[en³⁵tɕhi⁵³khui²¹khui²¹]

出尽洋相 gu³⁵si⁵³ta²¹ta²¹[ku³⁵si⁵³tha²¹tha²¹]

有气无力 se³⁵tu⁵³la³⁵kan³⁵[se³⁵thu⁵³la³⁵khan³⁵]

力气大 xie⁵³qi²¹ga²¹ti⁵³ti⁵³[ɕie⁵³tɕhi²¹ka²¹thi⁵³thi⁵³]

断子绝孙 1.xi⁵³xie⁵³huo⁵³[ɕi⁵³ɕie⁵³xuo⁵³]

      2.mie²¹nie⁵³lan⁵³a³⁵ga³⁵[mie²¹ȵie⁵³lan⁵³a³⁵kha³⁵]

热热闹闹 mi⁵³si²¹mi⁵³sa⁵³[mi⁵³si²¹mi⁵³sa⁵³]

瘦高瘦高 lan⁵³jin⁵³lan⁵³ca⁵³[lan⁵³tɕin⁵³lan⁵³tsha⁵³]

不好意思 bu³⁵ten³⁵bu²¹sa²¹[pu³⁵then³⁵pu²¹sa²¹]

和和气气 ze³⁵bai⁵³zi⁵³zai⁵³[tse³⁵pai⁵³tsi⁵³tsai⁵³]

团团结结 tuo²¹tuo²¹si⁵³si⁵³[thuo²¹thuo²¹si⁵³si⁵³]

不要紧 qia⁵³sa²¹[tɕhia⁵³sa²¹]

二十四、常用动作词汇及词组类

学习,教育,批评 a³⁵ei⁵³[a³⁵ei⁵³]

睡 nie³⁵[ȵie³⁵]

走路 la⁵³ei³⁵[la⁵³ei³⁵]

坐 ong²¹[oŋ²¹]

醉 jie²¹[tɕie²¹]

醉酒 re³⁵jie²¹[ʐe³⁵tɕie²¹]

踩脚 ji²¹za³⁵[tɕi²¹tsa³⁵]

打 ha²¹[xa²¹]

要 di⁵³[ti⁵³]

记 de³⁵[te³⁵]

扫 ei²¹[ei²¹]

走 ei³⁵[ei³⁵]

看 ba⁵³[pa⁵³]

吃 ga³⁵[ka³⁵]

喝 hu²¹[xu²¹]

送 1.si³⁵[si³⁵] 2.le³⁵[le³⁵]

取 a²¹[a²¹]

拿 1.huo²¹[xuo²¹] 2.za⁵³[tsa⁵³]

搭 kuo³⁵[khuo³⁵]

压 nga³⁵[ŋa³⁵]

搬 be⁵³[pe⁵³]

挑 ke⁵³[khe⁵³]

推 xiao⁵³[ɕiau⁵³]

刨 pa²¹[pha²¹]

穿 da³⁵[ta³⁵]

挖 1.ga⁵³[ka⁵³] 2.di²¹[ti²¹]

塞 song²¹[soŋ²¹]

抛 la³⁵[la³]

跑 1.po³⁵[pho³⁵] 2.hu⁵³ca⁵³[xu⁵³tsha⁵³]

飞 ji⁵³jie⁵³[tɕi⁵³tɕie⁵³]

笑 nie⁵³[ɲie⁵³]

哭 zi³⁵[tsi³⁵]

跌倒 1.gen⁵³ke⁵³[ken⁵³khe⁵³] 2.ti⁵³ke⁵³[thi⁵³khe⁵³]

摔倒 da³⁵[ta³⁵]

数 hei⁵³[xei⁵³]

说、讲 li²¹[li²¹]

来 en²¹qie⁵³[en²¹tɕie⁵³]

抱 be⁵³[pe⁵³]

摇 qi⁵³qi⁵³[tɕhi⁵³tɕhi⁵³]

摇天摆地 qi⁵³qi⁵³lan²¹lan²¹[tɕhi⁵³tɕhi⁵³lan²¹lan²¹]

开 tong³⁵[thoŋ³⁵]

借 1.lu³⁵[lu³⁵]　2.zuo⁵³[tsuo⁵³]　3.cong³⁵[tshoŋ³⁵]　4.ong⁵³[oŋ⁵³]

掐 ku³⁵ru⁵³[khu³⁵ʐu⁵³]

拖 ye⁵³[ie⁵³]

烧 1.wu³⁵[u³⁵]　2.luo³⁵[luo³⁵]

煮 luo³⁵[luo³⁵]

吹 mie³⁵[mie³⁵]

见 yi²¹[i²¹]

变 bie²¹[pie²¹]

伤心 li⁵³ong²¹[li⁵³oŋ²¹]

白费 yi⁵³[i⁵³]

缝 la²¹[la²¹]

分 pi²¹[phi²¹]

等 ti⁵³[thi⁵³]

垫 1.te²¹[the²¹]　2.mi²¹[mi²¹]

背 wo⁵³[o⁵³]

摸 bu⁵³bu²¹[pu⁵³pu²¹]

撩 ruo²¹[ʐuo²¹]

搓、揉 ruo²¹[ʐuo²¹]

捆 1.ti³⁵[thi³⁵]　2.pu²¹[phu²¹]

帮 da⁵³xi⁵³[ta⁵³ɕi⁵³]

喊 1.jie²¹[tɕie²¹]　2.mo³⁵hu⁵³[mo³⁵xu⁵³]

应 ti³⁵[thi³⁵]

踩 za³⁵[tsa³⁵]

铺 mi²¹[mi²¹]

上 gu²¹[ku²¹]

下 da²¹[ta²¹]

揩 ye³⁵[ie³⁵]

放 po⁵³[pho⁵³]

贴 an⁵³lan⁵³[an⁵³lan⁵³]

解 hei³⁵[xei³⁵]

撮 te⁵³[the⁵³]

缺 ha⁵³[xa⁵³]

爬 1.xi⁵³pa⁵³[ɕi⁵³pha⁵³]　2.pi⁵³pa⁵³[phi⁵³pha⁵³]

剥 ye⁵³[ie⁵³]

倒 tu³⁵[thu³⁵]

卖 lu²¹[lu²¹]

买 pu⁵³[phu⁵³]

织 ta⁵³[tha⁵³]

照 ci²¹[tʂhi²¹]

起 su³⁵[su³⁵]

起来 zu³⁵diou⁵³[tsu³⁵tiou⁵³]

砍 1.ta⁵³[tha⁵³]　2.la⁵³[la⁵³]　3.ga⁵³[ka⁵³]　4.za³⁵[tsa³⁵]

烤 ta³⁵[tha³⁵]

出 tsu³⁵[tʂu³⁵]

肿 hu²¹[xu²¹]

飘动 xie⁵⁵[ɕie⁵⁵]

坐 ong²¹[oŋ²¹]

睡 nie³⁵[ȵie³⁵]

爱 a³⁵ci⁵³[a³⁵tʂhi⁵³]

靠 pen⁵³[phen⁵³]

炕 ku⁵³[khu⁵³]

戳 he⁵³[xe⁵³]

抠,掐 ku⁵³ru⁵³[khu⁵³ʐu⁵³]

装 cu⁵³[tʂu⁵³]

移 mi⁵³[mi⁵³]

晒 lan²¹lan⁵³[lan²¹lan⁵³]

盖 du²¹[tu²¹]

离别 pie²¹[phie²¹]

限制 cuo³⁵[tʂhuo³⁵]

卡 guo²¹[kuo²¹]

搭 kuo³⁵[khuo³⁵]

传染 da⁵³a⁵³zi⁵³[ta⁵³a⁵³tʂhi⁵]

二十五、方位词类

上面 ga²¹ha³⁵[ka²¹xa³⁵]

下面 ba²¹ti²¹[pa²¹thi²¹]

左边 ta³⁵bu⁵³jie²¹[tha³⁵pu⁵³tɕie²¹]

右边 bu⁵³jie²¹[pu⁵³jie²¹]

前面 zi⁵³gei⁵³[tsi⁵³kei⁵³]

后面 1.ta⁵³nie⁵³[tha⁵³n̠ie⁵³] 2.qin²¹nie⁵³[tɕhin²¹n̠ie⁵³]

里面 wo²¹tu⁵³[o²¹thu⁵³]

外面 wo²¹ta⁵³[o²¹tha⁵³]

东 qiao²¹ga⁵³la⁵³gui⁵³[tɕhiau²¹ka⁵³la⁵³kui⁵³]

西 qiao²¹gu⁵³la⁵³gui⁵³[tɕhiau²¹ku⁵³la⁵³kui⁵³]

南 ge²¹en²¹zi²¹la⁵³gui⁵³[ke²¹en²¹tsi²¹la⁵³kui⁵³]

北 sa⁵³en²¹zi²¹la⁵³gui⁵³[sa⁵³en²¹tsi²¹la⁵³kui⁵³]

远方 si²¹ke²¹[si²¹khe²¹]

旁边 se³⁵ta⁵³[se³⁵ta⁵³]

二十六、表时间的词或词组类

早上 zao⁵³gu⁵³de²¹[tsau⁵³ku⁵³te²¹]

白天 tie⁵³niu⁵³ku²¹[thie⁵³n̠iu⁵³khu²¹]

中午过一点 yan²¹si²¹qian²¹kao⁵³[ian²¹si²¹tɕhian²¹khau⁵³]

晚上 lan²¹qi⁵³cai²¹[lan²¹tɕhi⁵³tshai²¹]

今天 lai⁵³[lai⁵³]

明天 lao³⁵zi⁵³[lau³⁵tsi⁵³]

后天 mi³⁵nie⁵³[mi³⁵n̠ie⁵³]

外后天 mi³⁵da⁵³nie⁵³[mi³⁵ta⁵³n̠ie⁵³]

昨天 pu²¹ni²¹[phu²¹n̠i²¹]

前天 gei³⁵ni⁵³[kei³⁵n̠i⁵³]

上前天 gei³⁵da⁵³nie⁵³[kei³⁵ta⁵³n̠ie⁵³]

现在 mu³⁵lan⁵³[mu³⁵lan⁵³]

以后 qin²¹nie⁵³[tɕhin²¹n̠ie⁵³]

年 long²¹[loŋ²¹]

今年 long²¹bai²¹[loŋ²¹pai²¹]

明年 la²¹kuo²¹[la²¹khuo²¹]

后年 mi³⁵kuo⁵³[mi³⁵khuo⁵³]

外后年 mi³⁵da⁵³kuo⁵³[mi³⁵ta⁵³khuo⁵³]

去年 long⁵³dong²¹bai²¹[loŋ⁵³toŋ²¹pai²¹]

前年 de⁵³ long²¹bai²¹[te⁵³ loŋ²¹pai²¹]

上前年 mi³⁵de⁵³ long²¹bai²¹[mi³⁵te⁵³ loŋ²¹pai²¹]

月 si⁵³[si⁵]

天,日 nie⁵³[n̠ie⁵³]

近两年 gai³⁵ga⁵³long⁵³[kai³⁵ka⁵³loŋ⁵³]

刚刚 mo⁵³mo²¹[mo⁵³mo²¹]

一阵 la³⁵xie⁵³[la³⁵ɕie⁵³]

几下 ga⁵³dong⁵³[ka⁵³toŋ⁵³]

何时 1.qi³⁵du⁵³[tɕhi³⁵tu⁵³]　2.kei³⁵huo²¹zu³⁵[khei³⁵xuo²¹tsu³⁵]

清早 qi³⁵gan⁵³lan³⁵gan⁵⁵[tɕhi³⁵kan⁵³lan³⁵kan⁵⁵]

夜半三更 la²¹ye³⁵la²¹ku⁵³[la²¹ie³⁵la²¹khu⁵³]

黎明 qi⁵³su²¹la⁵³su²¹[tɕhi⁵³su²¹la⁵³su²¹]

快亮了时 me³⁵su²¹qian²¹kai²¹[me³⁵su²¹tɕhian²¹khai²¹]

天亮时 me³⁵su²¹gai³⁵[me³⁵su²¹kai³⁵]

天黑 1.zuo²¹li⁵³ zuo²¹li⁵³zuo²¹la²¹hu⁵³[tsuo²¹li⁵³ tsuo²¹li⁵³tsuo²¹la²¹xu⁵³]

　　　2.la²¹ye³⁵cai²¹[la²¹ie³⁵tshai²¹]

鸡叫时 ra²¹rong³⁵qian²¹kai²¹[ʐa²¹ʐoŋ³⁵tɕhian²¹khai²¹]

快夜了时 ca⁵³ji²¹zuo²¹kai⁵³[tsha⁵³tɕhi²¹tsuo²¹khai⁵³]

过去了 ka⁵³lu²¹[kha⁵³lu²¹]

马上 wei⁵³di²¹[uei⁵³ti²¹]

立刻 xie³⁵hui⁵³[ɕie³⁵xui⁵³]

立即 gei⁵³duo⁵³[kei⁵³tuo⁵³]

猛然 ta⁵³qi³⁵la⁵³kui²¹[tha⁵³tɕhi³⁵la⁵³khui²¹]

突然 ta³⁵mu⁵³la⁵³ga²¹[tha³⁵mu⁵³la⁵³ka²¹]

快到了 ye⁵³di²¹hu²¹[ie⁵³ti²¹xu²¹]

二十七、心理因素类

恨 zuo³⁵[tsuo³⁵]

顺 duo²¹[tuo²¹]

不愿 ta⁵³se²¹[tha⁵³se²¹]

伤心 li⁵³ong²¹[li⁵³oŋ²¹]

白费 yi⁵³[i⁵³]

办不到 ye²¹ta³⁵zi⁵³[ie²¹tha³⁵tsi⁵³]

幸福 nie⁵³ka⁵³ca³⁵[ȵie⁵³ka⁵³ca³⁵]

高兴 li⁵³si²¹[li⁵³si²¹]

讨厌 pu²¹he²¹[phu²¹xe²¹]

生气 mie⁵³ra³⁵[mie⁵³ʐa³⁵]

打扰 rao⁵³hui²¹[ʐau⁵³xui²¹]

知道 1.ha⁵³ri²¹[xa⁵³ʑi²¹]2.hao⁵³ri²¹[xau⁵³ʑi²¹]

不知道 ha⁵³tai³⁵[xa⁵³thai³⁵]

不由我 nga³⁵ta⁵³de⁵³[ŋa³⁵tha⁵³te⁵³]

第六编

清朝地方志及类书辑录的土家语

　　土家语引起知识分子的注意是在清朝时期,当时湘西的一些地方官员在编纂地方志及类书时,辑录了不少土家语词汇。正史的《明史》中辑录了一些土家语人名。这些资料弥足珍贵。一些志书上辑录的土家语词汇现在已经消失,如"钱"这个词汇,在嘉庆版《龙山县志》和同治版《保靖县志》中都有记载。特别是同治版的《保靖县志》还辑录了不少土家语地名,这给我们研究土家族地区的语言发展史提供了一个很好的历史资料。本书特地将一些志书上辑录的土家语词汇收录进来,并用土家语拼音和国际音标做了注音,以飨读者。

一、《五溪蛮图志》辑录的土家语

　　土家语在历史典籍上出现最早的是明朝沈瓒编纂的《五溪蛮图志》,书中记载了八个土家语词汇:

天言麦 me^{35}[me^{35}]

地言母左 $mu^{53}zuo^{53}$[$mu^{53}tsuo^{53}$]

父言杷 ba^{21}[pa^{21}]

母言叶 ye^{21}[ie^{21}]

米(应为小米)言乌梭 $wo^{53}suo^{53}$[$o^{53}suo^{53}$]

盐言湿喇 $si^{21}la^{53}$[$si^{21}la^{53}$]

茶言亚古 $ra^{35}gu^{53}$[$za^{35}ku^{53}$]

酒言热 re^{35}[ze^{35}]

　　沈氏称这几个土家语单词为"傜之言也"。虽然说得不够准确,但沈瓒开了土家语记入古籍的先河。

二、《楚南苗志》辑录的土家语

　　清朝乾隆二十二年(1753),段汝霖受湖南巡抚杨锡绂的委任,主编《楚南苗志》,乾隆十五年(1750)成书,乾隆二十二年(1752)刻印。并还明确标题《土人语言》。《楚南苗志》所记土家语词条,大都是北部方言的龙山土家语中的词汇:

天曰"墨"me^{35}[me^{35}]

地曰"母主 $mu^{53}zu^{53}$[$mu^{53}tsu^{53}$](待考)"

人曰"赢"luo^{53}[luo^{53}]

日曰"腊窝"la^{21}wo^{53}[la^{21}o^{53}]

又曰"墨拉"me^{35}la^{53}[me^{35}la^{53}]

日色大曰"墨拉地" me^{35}la^{53}di^{35}[me^{35}la^{53}ti^{35}]

月曰"暑暑"su^{35}su^{53}[su^{35}su^{53}]

星仍曰"星"xin^{53}[çin^{53}]

"云""雾"虽皆称勺迫 suo^{53}pie^{21}[suo^{53}phie^{21}]

"上边云""喀哈勺迫梯"ga^{21}ha^{53}suo^{53}pe^{35}ti^{53}[ka^{21}xa^{53}suo^{53}phe^{35}thi^{53}]

"下边雾""帕提勺迫"pa^{21}ti^{2121}suo^{53}pe^{21}[pha^{21}thi^{21}suo^{53}phe^{21}]

风曰"热诗"re^{35}si^{53}[ʐe^{35}si^{53}]

吹风曰"热诗米"re^{21}si^{53}mi^{53}[ʐe^{21}si^{53}mi^{53}]

雷曰"墨翁"me^{35}ong^{21}[me^{35}oŋ^{21}]

雨曰"墨者"me^{35}ze^{21}[me^{35}tse^{21}]

雨大曰"墨者临喀"me^{35}ze^{21}len^{21}ga^{21}[me^{35}tse^{21}len^{21}ka^{21}]

雨小曰"拉皮拉折拉"la^{53}pi^{21}la^{53}ze^{21}la^{21}[la^{53}phi^{21}la^{53}tse^{21}la^{21}]

雪曰"舒西"su^{35}xi^{53}[su^{35}çi^{53}]

山曰"枯鲊"ku^{63}za^{53}[khu^{63}tsa^{53}]

水曰"辄"ce^{21}[tse^{21}]

河曰"勺鲊"suo^{21}za^{21}[suo^{21}tsa^{21}]

天晴曰"墨察"me^{35}ca^{53}[me^{35}tsha^{53}]

天晚曰"纳叶"la^{21}ye^{35}[la^{21}ie^{35}]

夜行曰"纳夜二"la^{21}ye^{35}ei^{35}[la^{21}ie^{35} ei^{35}]

早稻曰"喇"la^{53}[la^{53}]

池塘曰"辄八"ce^{21}pa^{21}[tshe^{21}pha^{21}]

小池塘曰"辄八比必" ce^{21}pa^{21}bi^{53}bi^{53}[tshe^{21}pha^{21}pi^{53}pi^{53}]

大池塘曰"辄八七八" ce^{21}pa^{2}qi^{35}ba^{63}[tshe^{21}pha^{21} tɕhi^{35}pa^{63}]

土曰"八极"ba^{21}ji^{21}[pa^{21}tɕi^{21}]

田曰"夕踢格"xi^{21}te^{53}ke^{21}[çi^{21}the^{53}khe^{21}]

岭曰"克亳"ke^{53}hao^{53}[khe^{53}xau^{53}]

石曰"阿八"a^{21}ba^{21}[a^{21}pa^{21}]

火曰"米"mi^{53}[mi^{53}]

三、《永顺府志》辑录的土家语

乾隆二十八年(1759)《永顺府志》载：

官长曰冲 cong^{35}[tshoŋ^{35}]

又曰送 song^{35}[soŋ^{35}]

又曰踵 zong^{35}[tsoŋ^{35}]

又曰从 cong^{21}[tshoŋ^{21}]

山曰吾 wu^{21}[u^{21}]

山又曰茄 qie^{53}[tɕhie^{53}]

衣服曰体亚 ti^{53}ya^{35}[thi^{53}ia^{35}]

晒衣服曰体亚洒 ti^{53}ya^{35}sa^{53}[thi^{53}ia^{35}sa^{53}]

扇子曰拿切 la^{21}qie^{53}[la^{21}tɕhie^{53}]

扇扇子曰拿切牙 la^{21}qie^{53}ra^{53}[la^{21}tɕhie^{53}ʑa^{53}]

四、《龙山县志》辑录的土家语

清朝嘉庆二十三(1818)版《龙山县志》里面记录了 55 条土家语词汇,其中记录了土家语对钱的称谓为"库喏喏",弥足珍贵。

称长官曰客墨 ga^{35}me^{53}[ka^{35}me^{53}]

称先生曰破解 po^{35}gai^{53}[pho^{35}kai^{53}]

呼山曰扒 pa^{53}[pha^{53}]

山又曰茄 qie^{53}[tɕhie^{53}]

称天曰默 me^{35}[me^{35}]

地(地)li^{53}[li^{53}]

人曰赢 luo^{53}[luo^{53}]

日曰佬 lao^{21}[lau^{21}]

月曰舒舒 su^{35}su^{53}[su^{35}su^{53}]

云曰墨浪纹云(麦浪翁)me^{35}lan^{53}wen^{21}[me^{35}lan^{53}uen^{21}]

雾曰倏忽雾(所迫)suo^{53}pe^{21}[suo^{53}phe^{21}]

风曰热暑 re³⁵su⁵³[ʐe³⁵su⁵³]

雨曰墨遮 me³⁵ze²¹[me³⁵tse²¹]

吃酒曰热腹 re³⁵hu²¹[ʐe³⁵ xu²¹]

箸曰补指 bu⁵³zi⁵³[[pu⁵³tsi⁵³]

吃茶曰辣茶服 la²¹ca²¹hu²¹[la²¹tsha²¹¹xu²¹]

吃饭曰齿颊 zi²¹jia³⁵[tsi²¹tɕia³⁵]

父曰阿巴 a²¹ba⁵³[a²¹pa⁵³]

母曰阿娘 a²¹nian⁵³[a²¹ȵian⁵³]

兄曰阿哥 a²¹kuo⁵³[a²¹khuo⁵³]

弟曰阿挨 a²¹ngai⁵³[a²¹ŋai⁵³]

姊曰阿达 a³⁵da⁵³[a³⁵ta⁵³]

妹曰阿雍 a²¹rong⁵³[a²¹ʐoŋ⁵³]

子曰必 bi³⁵[pi³⁵]

媳曰仆 pu³⁵[phu³⁵]

女曰婢 biu³⁵[piu³⁵]

妻曰乐家宜 luo²¹ga²¹ni³⁵[luo²¹ka²¹ȵi³⁵]

孙曰惹 re⁵³[ʐe⁵³]

行曰喇苦 la⁵³ku⁵³[la⁵³khu⁵³]

坐曰猛比 mong²¹bei³⁵[moŋ²¹pei³⁵]

去曰逝 si³⁵[si³⁵]

有曰谢 xie³⁵[ɕie³⁵]

无曰太 tai³⁵[thai³⁵]

睡曰列 le³⁵[le³⁵]

起曰住 zu³⁵[tsu³⁵]

鸡曰杂 ra²¹[ʐa²¹]

鸭曰撒 sa⁵³[sa⁵³]

牛曰拗 ao³⁵[au³⁵]

马即马 ma⁵⁵[ma⁵⁵]

犬曰哈列 ha⁵³le²¹[xa⁵³le²¹]

猪曰止 zi⁵³[tsi⁵³]

羊曰若 ruo³⁵[ʐuo³⁵]

一曰挐步 la^{35}bu^{53}[la^{35}pu^{53}]

二曰拈步 nie^{53}bu^{53}[n̠ie^{53}pu^{53}]

三曰梭步 suo^{53}bu^{53}[suo^{53}pu^{53}]

四曰惹步 re^{53}bu^{53}[ʑe^{53}pu^{53}]

五曰翁步 ong^{53}bu^{53}[oŋ^{53}pu^{53}]

六曰禾步 wo^{21}bu^{53}[o^{21}pu^{53}]

七曰业步 nie^{35}bu^{53}[n̠ie^{35}pu^{53}]

八曰热步 re^{35}bu^{53}[ʑe^{35}pu^{53}]

九曰革步 ge^{35}bu^{53}[ke^{35}pu^{53}]

十曰那夕 la^{35}xi^{53}[la^{35}ɕi^{53}]

钱曰库喏喏 ku^{35}lu^{53}lu^{21}[khu^{35}lu^{53}lu^{21}]

衣服曰体亚 ti^{53}ya^{35}[thi^{53}ia^{35}]

晒衣服曰体亚洒 ti^{53}ya^{35}sa^{53}[thi^{53}ia^{35}sa^{53}]

扇子曰拿切 la^{21}qie^{53}[la^{21}tɕhie^{53}]

扇扇子曰拿切牙 la^{21}qie^{53}ra^{53}[la^{21}tɕhie^{53}ʑa^{53}]

五、《古丈坪厅志》辑录的土家语

光绪三十三年(1907)版的《古丈坪厅志》记录了 139 个土家语单词。

天(墨)me^{35}[me^{35}]

地(地)li^{53}[li^{53}]

土(亦曰理)li^{53}[li^{53}]

日(硗)lao^{21}[lau^{21}]

月(舒舒)su^{35}su^{53}[su^{35}su^{53}]

云(麦浪翁)me^{35}lan^{53}wen^{21}[me^{35}lan^{53}uen^{21}]

雾(所迫)suo^{53}pe^{21}[suo^{53}phe^{21}]

风(热暑)re^{35}su^{53}[ʑe^{35}su^{53}]

大雨(墨者)me^{35}ze^{21}[me^{35}tse^{21}]

细雨(墨者喧)me^{35}ze^{21}xian^{53}[me^{35}tse^{21}ɕian^{53}]

下雪(舒舒者)su^{35}su^{53}ze^{35})[su^{35}su^{53}tse^{35}]

大山曰卡斜(科)ka²¹kuo²¹[kha²¹khuo²¹]

小山曰卡斜(科)鼻 ka²¹kuo²¹bi³⁵[kha²¹khuo²¹pi³⁵]

水曰辙 ce²¹[tʂhe²¹]

河曰受 suo³⁵[suo³⁵]

路曰喇 la⁵³[la⁵³]

池曰熊节 song³⁵ji⁵³[soŋ³⁵tɕi⁵³]

田曰细列格 si²¹te⁵³ke²¹[si²¹the⁵³khe²¹]

火曰米 mi⁵³[mi⁵³]

烧水(火)曰米那(声上)mi⁵³luo³⁵[mi⁵³luo³⁵]

岩(火炭)曰什体各落 si²¹ti²¹kuo²¹luo²¹[si²¹thi²¹khuo²¹luo²¹]

哄火曰土乌 tu⁵³wu²[thu⁵³u²¹]

热曰古 gei²¹[kei²¹]

冷曰撒 sa⁵³[sa⁵³]

人(那)luo⁵³[luo⁵³]

官(夸)kua⁵³[khua⁵³]

民曰马那 ma⁵³luo⁵³[ma⁵³luo⁵³]

祖曰布帕 bu²¹pa²¹[pu²¹pha²¹]

祖母曰帕八 pa²¹ba⁵³[pha²¹pa⁵³]

父曰阿把 a²¹ba⁵³[a²¹pa⁵³]

母曰阿捏 a²¹nie⁵³[a²¹n̠ie⁵³]

伯曰阿取 a²¹qi⁵³[a²¹tɕhi⁵³]

伯娘曰捏取 nie⁵³ qi⁵³[n̠ie⁵³ tɕhi⁵³]

叔曰阿卑 a⁵⁵bei⁵³[a⁵⁵pei⁵³]

婶娘曰阿蚁 a²¹nie⁵³[a²¹n̠ie⁵³]

兄曰阿科 a²¹kuo⁵³[a²¹khuo⁵³]

弟曰阿米 a²¹mi⁵³[a²¹mi⁵³]

姊曰阿大 a³⁵da⁵³[a³⁵ta⁵³]

妹亦曰阿米 a²¹mi⁵³[a²¹mi⁵³]

子曰必 bi³⁵[pi³⁵]

媳曰帕 pa³⁵[pa³⁵]

女曰必物 biu³⁵[piu³⁵]

夫曰那(声上)把 luo⁵³ba⁵³[luo⁵³pa⁵³]

妻曰那(声上)假力 luo²¹ga²¹ni³⁵[luo²¹ka²¹n̠i³⁵]

外祖曰卡公 ga⁵³gong⁵³[ka⁵³koŋ⁵³]

外祖母曰卡布 ka²¹bu²¹[kha²¹pu²¹]

闺女曰补遂 bu³⁵xi³⁵[pu³⁵ɕi³⁵]

头(卡打)ka⁵³da⁵³[kha⁵³ta⁵³]

眼(落布)luo³⁵bu⁵³[luo³⁵pu⁵³]

眉(落布须加)luo³⁵bu⁵³si³⁵ga⁵³[luo³⁵pu⁵³si³⁵ka⁵³]

鼻(饔起)ong³⁵qi⁵³[oŋ³⁵tɕhi⁵³]

面(骨)gu³⁵[ku³⁵]

口(哲)ze³⁵[tse³⁵]

齿(是是)si⁵³si⁵³[si⁵³si⁵³]

舌(亦腊)yi³⁵la⁵³[i³⁵la⁵³]

须(喇帕)la⁵³pa²¹[la⁵³pha²¹]

耳(饔切)ong³⁵qie⁵³[oŋ³⁵tɕhie⁵³]

胸(历科冲)li³⁵kuo⁵³cong⁵³[li³⁵khuo⁵³tshoŋ⁵³]

手(洁)jie³⁵[tɕie³⁵]

掌(洁里皮)jie³⁵li⁵³pi²¹[tɕie³⁵li⁵³phi²¹]

肚(阿拱)a⁵³gong⁵³[a⁵³koŋ⁵³]

足(骑)ji²¹[tɕi²¹]

作揖(戳咱)cuo⁵³za⁵³[tshuo⁵³tsa⁵³]

叩头(卡把背)ka⁵³ba⁵³bei³⁵[kha⁵³pa⁵³pei³⁵]

好看(察里家)ca³⁵li⁵³jia⁵³[tsha³⁵li⁵³tɕia⁵³]

丑(奚腊)xi²¹la³⁵[ɕi²¹la⁵³]

笑(捏)nie⁵³[n̠ie⁵³]

哭(齐)qi³⁵[tɕhi³⁵]

欠债(拖)tuo⁵³[thuo⁵³]

读书(赤兔)ci⁵³tu⁵³[tshi⁵³thu⁵³]

写字(赤赤鸭)ci⁵³ci⁵³a³⁵[tshi⁵³tshi⁵³a³⁵)]

活(赧波大)se³⁵bo⁵³da³⁵[se³⁵po⁵³ta³⁵]

死(赧故)se³⁵gu²¹[se³⁵ku²¹]

说话(煞力)sa^{21}li^{21}[sa^{21}li^{21}]

相打(打偕)da^{53}hai^{21}[ta^{53}xai^{21}]

不知(哈太)ha^{53}tai^{35}[xa^{53}thai^{35}]

睡(列)le^{35}[le^{35}]

起(住)zu^{35}[tsu^{35}]

坐(猛背)mong^{21}bei^{35}[moŋ^{21}pei^{35}]

树(卡木)ka^{21}mu^{21}[kha^{21}mu^{21}]

柴(卡物)ka^{21}wu^{21}[kha^{21}u^{21}]

竹(猛)mong^{53}[moŋ^{53}]

木(卡帕)ka^{21}pa^{21}[ka^{21}pha^{21}]

水牛(苑)ruan^{35}[ʐuan^{35}]

黄牛(坳坳)ao^{35}ao^{35}[au^{35}au^{35}]

马(马)ma^{55}[ma^{55}]

羊(弱)ruo^{35}[ʐuo^{35}]

猪(止)zi^{53}[tsi^{53}]

狗(哈里)ha^{53}le^{21}[xa^{53}le^{21}]

虎(力)li^{35}[li^{35}]

猴(额上声)e^{53}[e^{53}]

鸡(匝)ra^{21}[ʐa^{21}]

鱼(送)song^{35}[soŋ^{35}]

鸭(撒)sa^{53}[sa^{53}]

鹅(压)ya^{21}[ia^{21}]

碗(切背)qie^{21}bei^{35}[tɕhie^{21}pei^{35}]

杯(切背背)qie^{21}bei^{35}bei^{35}[tɕhie^{21}pei^{35}pei^{35}]

著(补止)bu^{53}zi^{53}[pu^{53}tsi^{53}]

锅(踏枯)ta^{35}ku^{53}[tha^{35}khu^{53}]

桌(席鳖)xi^{21}bie^{53}[çi^{21}pie^{53}]

椅(科椅)kuo^{53}qi^{53}[khuo^{53}tɕhi^{53}]

凳(尖及)yan^{53}ji^{53}[ian^{53}tɕi^{53}]

金(翁可)ong^{53}kuo^{53}[oŋ^{53}khuo^{53}]

银(我)ngo^{53}[ŋo^{53}]

铜(铜)tong²¹[thoŋ²¹]

铁(写)xie⁵³[ɕie⁵³]

锡(言)yan²¹[ian²¹]

盐(腊布)la³⁵bu⁵³[la³⁵pu⁵³]

油(设是)se²¹si⁵³[se²¹si⁵³]

醋(奚扯)xi⁵³ce²¹[ɕi⁵³tshe²¹]

谷(力布)li³⁵bu⁵³[li³⁵pu⁵³]

米(哲)ze²¹[tse²¹]

肉(实)si²¹[si²¹]

帽(帽)mao³⁵[mau³⁵]

衣(西八)xi⁵³ba⁵³[ɕi⁵³pa⁵³]

裤(枯)ku²¹[khu²¹]

被(西纳)xi⁵³lan⁵³[ɕi⁵³lan⁵³]

鞋(戳歇)cuo²¹xie³⁵[tshuo²¹ɕie³⁵]

袜(袜)wa²¹[ua²¹]

扣子(西八布撺)xi⁵³ba⁵³bu³⁵lui⁵³[ɕi⁵³pa⁵³pu³⁵lui⁵³]

带(麦肉腊)me²¹ru⁵³la⁵³[me²¹ʐu²¹la⁵³]

青(浪夹)lan³⁵ga²¹[lan³⁵ka²¹]

蓝(信来)xin³⁵lai²¹[ɕin³⁵lai²¹]

红米(纳节)la²¹jie²¹[la²¹tɕie²¹]

黄(黄)huan²¹[xuan²¹]

白(阿使)a²¹si²¹[a²¹si²¹]

绿(绿)lu²¹[lu²¹]

一(脑聋)lao⁵³long⁵³[lau⁵³loŋ⁵³]

二(捏聋)nie⁵³long⁵³[n̠ie⁵³loŋ⁵³]

三(梭聋)suo⁵³long⁵³[suo⁵³loŋ⁵³]

四(惹聋)re⁵³long⁵³[ʐe⁵³loŋ⁵³]

五(五聋)ong⁵³long⁵³[oŋ⁵³loŋ⁵³]

六(恶聋)wo⁵³long⁵³[o⁵³loŋ⁵³]

七(泥聋)nie⁵³long⁵³[n̠ie⁵³loŋ⁵³]

八(节聋)jie⁵³long⁵³[tɕie⁵³loŋ⁵³]

九(格聋)ge^{53}long^{53}[ke^{53}loŋ^{53}]

十(墨聋)me^{53}long^{53}[me^{53}loŋ^{53}]

一百(那日屋戳)la^{53}ri^{21}wo^{21}cuo^{35}[la^{53}ʐi^{21}o^{21}tshuo^{53}]

六、《保靖县志》辑录的土家语

同治版《保靖县志》辑录土家语 59 条

呼父曰阿巴 a^{21}ba^{53}[a^{21}pa^{53}]

母 曰阿娘 a^{21}nian^{53}[a^{21}ȵian^{53}]

兄曰阿哥 a^{21}kuo^{53}[a^{21}khuo^{53}]

弟曰阿挨 a^{21}ngai^{53}[a^{21}ŋai^{53}]

姊曰阿达 a^{35}da^{53}[a^{35}ta^{53}]

妹曰阿雍 a^{21}rong^{53}[a^{21}ʑoŋ^{53}]

子曰必 bi^{35}[pi^{35}]

媳曰仆 pu^{35}[phu^{35}]

女曰婢 biu^{35}[piu^{35}]

妻曰乐家宜 luo^{21}ga^{21}ni^{35}[luo^{21}ka^{21}ȵi^{35}]

孙曰惹 re^{53}[ʑe^{53}]

人曰挪 luo^{53}[luo^{53}]

吃饭曰齿颊 zi^{21}jia^{35}[tsi^{21}tɕia^{35}]

吃茶曰辣茶 la^{21}ca^{21}[la^{21}tsha^{21}]

吃酒曰 热腹 re^{35}hu^{21}[ʑe^{35} xu^{21}]

著曰补指 bu^{53}zi^{53}[pu^{53}tsi^{53}]

坐曰猛比 mong^{53}bi^{21}[moŋ^{53}pi^{21}]

行曰喇苦 la^{53}ku^{53}[la^{53}khu^{53}]

去曰逝 si^{35}[si^{35}]

睡曰 列 le^{35}[le^{35}]

起曰住 zu^{35}[tsu^{35}]

有曰谢 xie^{35}[ɕie^{35}]

无曰太 tai^{35}[thai^{35}]

先生曰破解 po³⁵gai⁵³[pho³⁵kai⁵³]

官长曰客墨 ke²¹me⁵³[khe²¹me⁵³]

天曰默 me³⁵[me³⁵]

地曰理 li⁵³[li⁵³]

日曰侥 lao²¹[lau²¹]

月曰舒 su³⁵su⁵³[su³⁵su⁵³]

云曰墨浪纹 me³⁵lan⁵³wen²¹[me³⁵lan⁵³uen²¹]

雨曰墨遮 me³⁵ze²¹[me³⁵tse²¹]

风曰热暑 re³⁵su⁵³[ʐe³⁵su⁵³]

雾曰倏忽 su⁵³hu²¹[su⁵³xu²¹]

山曰扒 pa⁵³[pha⁵³]

山又曰茄 qie⁵³[tɕhie⁵³]

马曰马 ma⁵⁵[ma⁵⁵]

牛曰拗 ao³⁵[ao³⁵]

羊曰若 ruo³⁵[ʐuo³⁵]

犬曰哈列 ha⁵³le²¹[xa⁵³le²¹]

猪曰止 zi⁵³[tsi⁵³]

鸡曰杂 ra²¹[ʐa²¹]

鸭曰撒 sa⁵³[sa⁵³]

一曰拿步 la³⁵bu⁵³[la³⁵pu⁵³]

二曰拈步 nie⁵³bu⁵³[ȵie⁵³pu⁵³]

三曰梭步 suo⁵³bu⁵³[suo⁵³pu⁵³]

四曰惹步 re⁵³bu⁵³[ʐe⁵³pu⁵³]

五曰翁步 ong⁵³bu⁵³[oŋ⁵³pu⁵³]

六曰禾步 wo²¹bu⁵³[o²¹pu⁵³]

七曰业步 nie³⁵bu⁵³[ȵie³⁵pu⁵³]

八曰热步 re³⁵bu⁵³[ʐe³⁵pu⁵³]

九曰革步 ge³⁵bu⁵³[ke³⁵pu⁵³]

十曰那兮 la³⁵xi⁵³[la³⁵ɕi⁵³]

一百曰那日屋戳 la⁵³ri²¹wo²¹cuo³⁵[la⁵³ʑi²¹o²¹tshuo³⁵]

钱曰库诺诺 ku³⁵lu⁵³lu²¹[khu³⁵lu⁵³lu²¹]

衣服曰体亚 ti⁵³ya³⁵[thi⁵³ia³⁵]

晒衣服曰体亚洒 ti⁵³ya³⁵sa⁵³[thi⁵³ia³⁵sa⁵³]

扇子曰拿切 la²¹qie⁵³[la²¹tɕhie⁵³]

扇扇子曰拿切牙 la²¹qie⁵³ra⁵³[la²¹tɕhie⁵³ʐa⁵³]

七、《苗防备览》辑录的土家语

嘉庆二十五年（1820）木刻版严如煜编写的《苗防备览》中记录了 140 条土家语词汇：

天曰墨　me³⁵[me³⁵]

地曰理　li⁵³[li⁵³]

土亦曰理　li⁵³[li⁵³]

人曰那（上声）　luo⁵³[luo⁵³]

日曰硗　lao²¹[lau²¹]

月曰舒舒　su³⁵su⁵³[su³⁵su⁵³]

云曰麦浪翁　me³⁵lan⁵³wen²¹[me³⁵lan⁵³uen²¹]

雾曰所帕　suo⁵³pe²¹[suo⁵³phe²¹]

风曰熟暑　re³⁵su⁵³[ʐe³⁵su⁵³]

大雨曰墨者　me³⁵ze²¹[me³⁵tse²¹]

细雨曰墨者喧　me³⁵ze²¹xian⁵³[me³⁵tse²¹ɕian⁵³]

下雪曰舒舒者　su³⁵sui⁵³ze³⁵[su³⁵sui⁵³tse³⁵]

小山曰卡斜鼻　ka²¹kuo²¹bi³⁵[kha²¹khuo²¹pi³⁵]

大山曰卡斜　ka²¹kuo²¹[kha²¹khuo²¹]

水曰辙　ce²¹[tshe²¹]

河曰受　sou³⁵[sou³⁵]

路曰喇　la⁵³[la⁵³]

池曰熊节　song³⁵ji⁵³[soŋ³⁵tɕi⁵³]

田曰细列格　si²¹te⁵³ke²¹[si²¹the⁵³khe²¹]

火曰米　mi⁵³[mi⁵³]

烧水(应为烧火)曰米那(声上) mi⁵³wu³⁵[mi⁵³u³⁵]

岩(应为火炭)曰什体各落 si²¹ti²¹kuo²¹luo²¹[si²¹thi²¹khuo²¹luo²¹]

哄火曰土乌 tu⁵³wu²¹[thu⁵³u²¹]

热曰古 gei²¹[kei²¹]

冷曰撒 sa⁵³[sa⁵³]

树曰卡木 ka²¹mu²¹[kha²¹mu²¹]

柴曰卡物 ka²¹ wu³⁵[kha²¹ u³⁵]

竹曰猛 mong⁵³[moŋ⁵³]

花曰卡帕 ka⁵³pa⁵³[hka⁵³pha⁵³]

吃酒曰喇儿 la⁵³e²¹[la⁵³e²¹]

坐曰猛背 mong²¹bei³⁵[moŋ²¹pei³⁵]

官曰夸 kua⁵³[khua⁵³]

民曰马那 ma⁵³luo⁵³[ma⁵³luo⁵³]

祖曰布帕 bu²¹pa²¹[pu²¹pha²¹]

祖母曰帕八 pa²¹ba⁵³[pha²¹pa⁵³]

父曰阿把 a²¹ba⁵³[a²¹pa⁵³]

母曰阿捏 a²¹nie⁵³[a²¹ȵie⁵³]

伯曰阿取 a²¹qi⁵³[a²¹tɕhi⁵³]

伯娘曰捏取 nie⁵³ qi⁵³[ȵie⁵³ tɕhi⁵³]

叔曰阿卑 a⁵⁵bei⁵³[a⁵⁵pei⁵³]

婶娘曰阿蚁 a²¹nie⁵³[a²¹ȵie⁵³]

兄曰阿科 a²¹kuo⁵³[a²¹khuo⁵³]

弟曰阿米 a²¹mi⁵³[a²¹mi⁵³]

姊曰阿大 a³⁵da⁵³[a³⁵ta⁵³]

妹亦曰阿米 a²¹mi⁵³[a²¹mi⁵³]

子曰必 bi³⁵[pi³⁵]

媳曰帕 pa³⁵[pa³⁵]

女曰必物 biu³⁵[piu³⁵]

外祖曰卡公 ga⁵³gong⁵³[ka⁵³koŋ⁵³]

外祖母曰卡布 ka²¹bu²¹[kha²¹pu²¹]

夫曰那(声上)把 luo⁵³ba⁵³[luo⁵³pa⁵³]

妻曰那(声上)假力　luo²¹ga²¹ni³⁵[luo²¹ka²¹n̩i³⁵]

闺女曰补遂　bu³⁵xi³⁵[pu³⁵çi³⁵]

作揖曰戳咱(呱音)　cuo⁵³za⁵³[tʂhuo⁵³tsa⁵³]

叩头曰卡打背　ka⁵³da⁵³bei³⁵[kha⁵³ta⁵³pei³⁵]

头曰卡打　ka⁵³da⁵³[kha⁵³ta⁵³]

眼曰落布　luo³⁵bu⁵³[luo³⁵pu⁵³]

眉曰落布须加　luo³⁵bu⁵³xi³⁵ga⁵³[luo³⁵pu⁵³çi³⁵ka⁵³]

鼻曰饔起　ong³⁵qi⁵³[oŋ³⁵tɕhi⁵³]

面曰骨　gu³⁵[ku³⁵]

口曰哲　ze³⁵[tse³⁵]

齿曰是是　si⁵³si⁵³[si⁵³si⁵³]

舌曰亦腊　yi³⁵la⁵³[i³⁵la⁵³]

须曰喇帕　la⁵³pa²¹[la⁵³pha²¹]

耳曰甕切　ong²¹qie⁵³[oŋ²¹tɕhie⁵³]

手曰洁　jie³⁵[tɕie³⁵]

掌曰洁里皮　jie³⁵li⁵³pi²¹[tɕie³⁵li⁵³phi²¹]

胸曰力科冲　li³⁵kuo⁵³cong⁵³[li³⁵khuo⁵³tshoŋ⁵³]

肚曰阿拱　a⁵⁵gong⁵³[a⁵⁵koŋ⁵³]

足曰骑　ji²¹[tɕi²¹]

好看曰察里家　ca³⁵li⁵³ga²¹[tsha³⁵li⁵³ka²¹]

丑曰奚腊　xi³⁵la⁵³[çi³⁵la⁵³]

笑曰捏　nie⁵³[n̩ie⁵³]

哭曰齐　qi³⁵[tɕhi³⁵]

水牛曰苑　ruan³⁵[ʐuan³⁵]

黄牛曰坳坳　ao³⁵ao³⁵[au³⁵au³⁵]

马仍曰马　ma⁵³[ma⁵³]

羊曰弱　ruo³⁵[ʐuo³⁵]

猪曰止　zi⁵³[tsi⁵³]

狗曰哈里　ha⁵³le²¹[xa⁵³le²¹]

虎曰力　li³⁵[li³⁵]

猴曰额(声上)　e⁵³[e⁵³]

鸡曰匝　ra^{21}[ʑa^{21}]

鱼曰送　song^{35}[soŋ^{35}]

鸭曰撒　sa^{53}[sa^{53}]

鹅曰压　ya^{35}[ia^{35}]

碗曰切背　qie^{21}bei^{53}[tɕhie^{21}pei^{53}]

杯曰切背背　qie^{21}bei^{53}bei^{53}[tɕhie^{21}pei^{53}pei^{53}]

箸曰补止　bu^{53}zi^{53}[pu^{53}tsi^{53}]

锅曰踏枯　ta^{35}ku^{53}[tha^{35}khu^{53}]

桌曰席别　xi^{21}bie^{53}[ɕi^{21}pie^{53}]

椅曰科椅　kuo^{53}yi^{53}[khuo^{53}i^{53}]

凳曰尖及　yan^{53}ji^{53}[ian^{53}tɕi^{53}]

一曰腊聋　la^{53}long^{53}[la^{53}loŋ^{53}]

二曰捏聋　nie^{53}long^{53}[ȵie^{53}loŋ^{53}]

三曰梭聋　suo^{53}long^{53}[suo^{53}loŋ^{53}]

四曰惹聋　re^{53}long^{53}[ʑe^{53}loŋ^{53}]

五曰翁聋　ong^{53}long^{53}[oŋ^{53}loŋ^{53}]

六曰鹅聋　wo^{53}long^{53}[o^{53}loŋ^{53}]

七曰泥聋　ni^{53}long^{53}[ȵio^{53}loŋ^{53}]

八曰节聋　jie^{53}long^{53}[tɕie^{53}loŋ^{53}]

九曰格聋　ge^{53}long^{53}[ke^{53}loŋ^{53}]

十曰墨聋　me^{53}long^{53}[me^{53}loŋ^{53}]

一百曰那日屋戳　la^{53}ri^{21}wo^{21}cuo^{35}[la^{53}ʑi^{21}o^{21}tʂhuo^{35}]

金曰翁可　ong^{53}kuo^{53}[oŋ^{53}khuo^{53}]

银曰我　ngo^{53}[ŋo^{53}]

铜仍曰铜　tong^{21}[thoŋ^{21}]

铁曰写　xie^{53}[ɕie^{53}]

锡曰言　yan^{21}[ian^{21}]

盐曰腊布　la^{35}bu^{53}[la^{35}pu^{53}]

油曰设是　se^{21}si^{53}[se^{21}si^{53}]

醋曰奚扯　xi^{21}ce^{21}[ɕi^{21}tʂhe^{21}]

谷曰力布　li^{35}bu^{53}[li^{35}pu^{53}]

米曰哲　zi²¹ e²¹[tsi²¹ e²¹]

肉曰实　si²¹[si²¹]

帽曰毛　mao³⁵[mau³⁵]

衣曰西八　xi⁵³ba⁵³[çi⁵³pa⁵³]

裤曰枯　ku²¹[khu²¹]

被曰夕纳　xi⁵³lan⁵³[çi⁵³lan⁵³]

鞋曰戳歇　cuo²¹xie⁵³[tshuo²¹çie⁵³]

袜仍曰袜　wa²¹[ua²¹]

扣子曰西八布擂　xi⁵³ba⁵³bu³⁵lui⁵³[çi⁵³pa⁵³pu³⁵lui⁵³]

带子曰麦肉腊　mie³⁵ru²¹la⁵³[mie³⁵ʐu²¹la⁵³]

欠债曰拖　tuo⁵³[thuo⁵³]

书曰赤　ci⁵³[tshi⁵³]

读书曰赤秃　ci⁵³tu⁵³[tshi⁵³thu⁵³]

写字曰赤赤鸭　ci⁵³ci⁵³a³⁵[tshi⁵³tshi⁵³a³⁵]

活曰赦跛大　se³⁵ bo⁵³ da³⁵[se³⁵ po⁵³ ta³⁵]

死曰赦胡　se³⁵hu²¹[se³⁵xu²¹]

说话曰煞力　sa²¹li²¹[sa²¹li²¹]

相打曰打偕　da⁵³hai³⁵[ta⁵³xai³⁵]

青曰浪夹　lan³⁵ga⁵³[lan³⁵ga⁵³]

蓝曰信夹　xin³⁵ga⁵³[çin³⁵ka⁵³]

红曰米纳节　mi⁵³la²¹jie²¹[mi⁵³la²¹tçie²¹]

黄仍曰黄　huan²¹[xuan²¹]

白曰阿使　a²¹si²¹[a²¹si²¹]

绿仍曰绿　lu²¹[lu²¹]

不知曰哈太　ha⁵³tai³⁵[xa⁵³thai³⁵]

睡曰列　nie³⁵[ȵie³⁵]

起曰住　zu³⁵[tsu³⁵]

后 记

　　语言是人类独有而又最重要的一种文化。语言是人类与其他动物区别的最基本最重要的标志。其他动物虽然也能叫唤,但只能简单地重复,只能相互间传达简单的信息,表达不了复杂的内心世界,动物的叫唤只是声音,不能算是语言。人类的语言可以用来表达人的喜怒哀乐诸方面复杂的思想感情,是人类社会最神圣又必不可少的一种形象的活态载体。可以说,没有语言就没有人类社会,没有语言就没有人类的思想,没有语言就没有纷繁的世界。比如,人在婴儿时期,最先有语言,然后才有思想。小孩的思想是通过语言慢慢熏陶形成的。同时语言对人类的形成是起决定作用的。如果没有语言,人类社会也只能算作一个动物世界。人类也只是和其他动物一样是另外一个物种。

　　一种民族语言,可以增强民族自信心和自豪感,一种民族语言能完整地体现本民族的文化。民族语言对民族的作用和贡献是十分明显的。但是由于人类社会的不断进步,科学技术的发展突飞猛进的时候,人类也趋于同化的潮流,这对民族文化特别是对民族语言是沉重的打击,以致民族文化濒临消失,有的民族语言也濒临消亡。这不能不说是一种遗憾。

　　语言的濒危在英美等西方国家受到高度的重视:"1991 年美国《语言学》发表论文讨论濒危语言问题。1992 年加拿大魁北克濒危语言会上提出了'每一种语言都蕴藏着一个民族独特的文化智慧。语言多样性是人类最重要的遗产。任何一种语言的消亡将是整个人类的损失'的观点。1993 年联合国教科文组织濒危语言专家组通过了《濒危语言方案》《濒危语言红皮书》。2000 年德国科隆濒危语言会上提出了划分濒危语言的 7 个等级。2001 年、2003 年在巴黎会议上分别通过了《世界文化多样性宣传》《保护非物质文化遗产公约》《语言活力与语言濒危》等纲领性文件。"（许鲜明、白碧波《英美濒危语言研究对中国有何借鉴意义》载《中国社会科学报》2014 年 8 月 22 日）

　　土家族语言也是濒临消亡的语言，当今虽然在湘西的偏僻山寨还有一些人讲土家语，但大都是五十岁以上的老年人才用土家语相互交流，青少年却很少有人讲了。有的还改用其他汉语方言。可以预言，再过 50 年，土家语就会在地球上销声匿迹。

　　为了挽救和保护土家语，减缓其消失速度，是土家语研究者义不容辞的责任。为此，笔者撰写了这本《实用土家语》。本书力求通俗易懂，尽量让不懂土家语的读者能接受和运用，所以内容比较全面，还把清朝地方志和类书上所记的土家语词汇注上土家语拼音和国际音标，让大家知道清朝土家语的概貌。另外本书的例句具有一定的代表性和趣味性，以增加读者学习土家语的兴趣。本书专门设了《汉语土家语词汇集锦》一编，收录了 2000 多个土家语单词和词组，便于使用土家语者随时查阅，如果认识掌握了这 2000 多个土家语单词和词组，加上了解土家语的基本语法，用土家语简单交流是不成问题的。如果说该书能对学习和保护土家语有一定的实质性的作用，那么就是笔者的莫大安慰，也是笔者凤愿之所在。

　　由于笔者水平有限，书中的缺点错误一定不少，殷切希望广大同仁及相关学者予以中肯批评，并提出切实可行的改进意见。

　　最后非提一下不可的是：《实用土家语》的问世，得到了三峡大学学科建设项目支助和三峡大学学术委员会的支持；三峡大学民族学院、三峡大学研究生院在知识和技术层面上予以无私襄助；蒙承三峡大学民族学院院长黄柏权教授，三峡大学研究生院院长方子帆教授，三峡大学民族学院副院长廷亮教授悉心指导；同时得到世界图书出版公司编辑杨力军女士全方位的帮助，还有雷正莉女士和三峡大学民族学院的其他老师亦为《实用土家语》的出版，付出了一定的心血。正值《实用土家语》付梓出版之际，笔者怀着感激之情，对以上单位和个人表示诚挚的谢意！

　　爰缀数语志其始末。

张伟权　张　恨

2015 年 6 月 24 日于三峡大学